과학·보건·사회 총서 01

위생의 시대

"이 저서는 2021년 대한민국 교육부와 한국연구재단의 지원을 받아 수행된 연구임."(NRF-2021S1A5C2A02086985)

위생의 시대

초판 1쇄	2024년 8월 26일

엮은이	문만용

출판책임	박성규	펴낸이	이정원
편집주간	선우미정	펴낸곳	도서출판 들녘
기획이사	이지윤	등록일자	1987년 12월 12일
편집	이동하·이수연·김혜민	등록번호	10-156
디자인	하민우·고유단	주소	경기도 파주시 회동길 198
마케팅	전병우	전화	031-955-7374 (대표)
경영지원	김은주·나수정		031-955-7376 (편집)
제작관리	구법모	팩스	031-955-7393
물류관리	엄철용	이메일	dulnyouk@dulnyouk.co.kr

ISBN	979-11-5925-871-8 (94910)
	979-11-5925-870-1 (세트)

과학·보건·사회 총서 01

위생의 시대

문만용 엮음

지은이

김연희 (전북대학교 한국과학문명학연구소 연구교수)
김태호 (전북대학교 한국과학문명학연구소 교수)
마쓰모토 다케노리 (松本武祝, 도쿄대대학원 농학생명과학연구과 교수)
문만용 (전북대학교 한국과학문명학연구소 교수)
신동원 (전북대학교 과학학과 교수 및 한국과학문명학연구소 소장)
신창건 (도쿄이과대학 교양교육연구원 교수)
오재근 (대전대학교 한의예과 교수)
이순영 (고려대학교 역사학과 박사과정)
이희재 (이화여자대학교 사학과 박사과정)
전종욱 (전북대학교 한국과학문명학연구소 교수)
정승진 (성균관대대학원 동아시아학과 교수)
정준호 (인하대학교 의학교육 및 의료인문학교실 연구중점교수)
천명선 (서울대학교 수의학과 교수)

서문

문만용 (전북대학교 과학문명학연구소)

전북대학교 한국과학문명학연구소는 전근대에서 근현대에 이르기까지 학제간 통합적 시각으로 한국의 과학과 문명에 대한 연구를 수행하고 있다. 한국의 전통 과학문명을 중국 문명의 아류로 보는 왜곡된 시각을 바로잡고 한국 과학문명의 독특성과 고유함을 밝혀내는 한편, 한국 현대 과학기술의 압축적 성취를 모델화하여 국내외로 발신하는 연구를 10년 넘게 진행해왔다. 이를 위해 한국 근현대 과학기술자 아카이브를 구축하여 관련 연구에 필요한 자료와 인력을 모았으며, 2023년부터 한국 과학문명의 여러 면모들을 25개 강좌로 만들어 K-MOOC를 통해 국내외에 전파하는 과제도 시작했다. 그리고 이러한 노력의 일환으로 한국 현대사를 과학·보건·사회라는 새로운 틀로 다시 쓰는 연구도 진행하고 있다. 한국연구재단의 인문사회연구소 지원사업으로 2021년부터 추진하고 있는 "과학·보건·사회의 초국적 공진화로 본 한국 현대사"라는 과제가 바로 그것이다.

이 연구 과제는 한국 사회의 보건과 그를 뒷받침한 과학에 초점을 맞춤으로써 한국 현대사를 새롭게 이해하려는 시도이다. 구체적으로는 현대 한국의 건강에 관한 각종 제도와 문화들, 나아가 한국인의 신체와 그를 둘러싼 인식들이 어떻게 역사적으로 구성됐는지 본격적으로 파고드는 연구이다. 즉, 신체와 건강에 대한 개념을 제시하고 이를 해석할 수 있도록 하는 과학, 이러한 인식을 기반으로 개인과 사회에 실질적으로 개입할 수 있도록 하는 보건, 그리고 과학과 보건의 대상이자 맥락으로서 사회, 이렇게 세 가지 영역이 중첩하여 발전해나가는 과정을 역사적으로 추적하고 있다. 최근 코로나-팬데믹 사태가 보여주듯 근현대 보건 문제들과 그에 대한 대응들이 일국적 차원이 아닌 전 세계적 차원에서 일어나는 현상임을 주지하여 국가의 경계를 넘어선 초국적 관점을 유지하고자 노력하고 있다.

2020년부터 전 세계를 휩쓸었던 신종 코로나바이러스 감염증(COVID-19)은 2023년 5월 세계보건기구(WHO)의 더 이상 "국제적인 공중보건 비상사태"가 아니라는 선언에 뒤이어 한국 정부가 8월 코로나19를 4급 감염병으로 전환하면서 약 3년 반 만에 국내외에서 팬데믹이 공식 종료되었다. 팬데믹에 대응하기 위한 한국의 노력이 'K-방역'이라는 이름하에 국제사회의 주목을 받기도 했지만, 이제는 한국의 보건·의료 체제와 관련 정책에 대해 차분한 진단이 필요한 시기가 되었다. 그러한 노력의 일환으로 우리 연구팀은 한국과 한국인의 위생, 방역, 보건, 건강에 대한 개념이 어떻게 형성되었고 개인과 집단 수준에서 작동해왔는지 역사적으로 살펴보는 작업을 시작한 것이다. 우리 연구소는 2022년 9월부터 2023년 1월까지 대한민국역사박물관이 주최한 팬데믹 특별전 "다시 연결: 모두가 안전해질 때까지"를 위한 기초연구를 수행한 바 있다. 물론 이 연구도 "과학·보건·사회의 초국적 공진화로 본 한국 현대사"의 일부였다.

우리 연구팀은 과학·보건·사회의 시기에 따른 특징을 파악하고, 한편으로 통시적·공시적 네트워크 기조를 수립하고자 했다. 여기서 통시적 접근이란 한국에서 근대적 방역과 위생이 도입되어 기존의 전통적 한의학-전통적 보건-유교사회를 특징으로 하는 신체-정치(body-politics) 표준이, 서양의학-위생-식민주의적 근대사회라는 새로운 신체-정치 표준으로 대체된 이후 여러 차례 변화와 도약을 겪으면서 'K-방역'에 이르게 된 역사적 단계를 검토하겠다는 뜻이다. 반면 공시적 접근이란 각 시대의 신체-정치 표준을 구성하는 과학·보건·사회의 유기적 네트워크를 추적하여 재구성하겠다는 의미이다. 이 연구는 개항 이후부터 팬데믹 이후의 한국 사회까지 총 6개 시기로 나누어 진행되고 있다.

이 연구의 첫해는 "'위생'의 시대"로 명명했으며, 개항 이후 문명화와 일제강점기의 무단적 통치를 특징으로 하는 시기의 한국 보건·의료와 관련된 사회상을 구명하고자 했다. 이 책에 담긴 논문들은 바로 이 시기 한국 사회의 건강과 질병 그리고 '위생'이 강조되던 시대상을 보여주는 연구들이다. 구체적으로 이 책은 이 시기에 대한 연구를 종합적으로 검토한 서두의 종설 이후 1부 '식민지 의료: 의사와 병자', 2부 '건강과 식민지의 과학 연구', 3부 '위생과 식민지 조선 사회', 그리고 전사(前史) 격인 보론으로 구성되었다.

우선, 신동원의 "한국 근대 시기 대상 의학 연구의 지형: 신체·위생·방역·병·의·한의·약 전반을 대상으로"는 개항기 이후 일제강점기까지 보건·의료에 대한 선행연구들을 종합한 종설이다. 기존 연구사 정리와 달리 이 글은 가능한 한 많은 논저를 수집하여(1,645편) 그것들이 이룬 연구 지형 전반을 계량적으로 파악하는 접근법[메타분석]을 택했다는 점에서 우리 연구의 출발점이 되었다. 필자는 한국이라는 일국적 조건을 벗어나 동아시아, 세계라는 맥락에서 한국 상황을 이해하려는 시도가 늘어나고 있음을 지적하면서 '위생의 시대'에 대한 연구가 한국의 의학과 보건의료를 얼마나 잘 이해할 수 있을지에 대한 근본적인 질문에 답을 할 것을 촉구했다.

1부 '식민지 의료: 의사와 병자'에는 세 편의 글이 수록되었다.

정승진과 마쓰모토 다케노리의 "식민지기 호남 지역의 위생·의료 문제: 일제 '위생규율'의 지방사회에 대한 침투와 한계"는 식민지 지역사회의 전형적 사례로서 호남의 평야부 도작지대에 주목하여 근대 농촌위생에 대한 미시적인 관찰을 수행했다. 이를 위해 일본인의 진출이 상대적으로 활발했던 호남 지역을 사례 대상으로 삼아 식민지기 농촌사회에 등장한 근대적 위생·의료제도에 대해 지역단위의 조직화 사업 내지 제국주의의 '위생규율'로 규정하고, 그 실태를 지역사회의 관점에서 살펴보았다. 필자들은 일제기 주도한 근대적 위생규율은 호남 지역사회에서 공간적 배치상 우선 도시부에서 제도적으로 정착했고, 그 배후 지역인 농촌에서 일정 정도의 '문명화' 효과를 발휘할 것으로 기대되었지만, 그에 대한 실질적 성과는 충분하지 못했다는 결론을 내렸다.

오재근의 "일제시대 '의생(醫生)' 김광진의 황달 투병기: 김광진의 『치안』, 『치달일기』 분석"은 의생 김광진의 치료기록을 세밀하게 분석한 연구이다. 한의학을 익힌 김광진은 서양의학과 한의학 두 가지 의료 행위를 동시에 실천했으며, 서양의학을 배운 아들과 함께 옛 의학[舊醫]과 신의학[新醫], 양의학[洋醫]과 한의학[漢方]이라는 대립 구도를 넘어 동서의학 결합이라는 새로운 가능성을 모색했다. 비록 그의 시도는 충분한 결실로 이어지지는 못했지만, 필자는 김광진의 사례가 현재도 제기되고 있는 의료 일원화 논쟁을 바라보는 유용한 접근의 하나가 될 수 있음을 시사하고 있다.

이순영의 "경성부립부민병원의 운영과 경성 내 의료접근성 해결의 한계"는 경성부가 부민(府民)의 의료비 부담을 절감하기 위해 설립한 경성부립진료소의 운영 방향과 경성 부민들의 병원 이용을 검토한 연구이다. 필자는 대외적으로 '경성의 최대 사회사업'으로 선전된 부민병원이 실제로는 경성부가 운영한 또 하나의 수익자부담 부영사업임을 주장하면서, 기존 의료기관 이용에 경제적 부담을 느꼈던 부민병원의 유료 환자들이 지불한 사용료가 사실상 부민병원 무료 환자들의 치료비로 충당되고 있었음을 밝혔다.

2부 '건강과 식민지의 과학 연구'는 세 편의 글로 이루어졌다.

정준호의 "제국의 실험실: 일제강점기 한반도의 콜레라 백신 접종과 1926년 국제위생회의"는 당시 첨단 의학 기술이라 할 수 있는 콜레라 백신의 제조 방법에 대한 세계 의학계의 논쟁과 함께 일본에서 콜레라 백신의 제조와 연구가 전개되는 과정을 살폈다. 당시 논쟁적이었던 콜레라 백신은 식민지였던 한반도에서는 상대적으로 쉽게 시험되었고, 이를 통해 본토에서는 시행하기 어려웠던 집중적인 추적 조사가 이루어질 수 있었음을 보였다. 특히 식민지 한반도에서 생산된 지식이 식민지와 제국의 틀을 넘어 국제사회 내 일본제국의 영향력을 강화하고, 과학적 의학에 기반한 통치 역량을 과시할 수 있는 사례로 활용되었다고 주장했다.

신창건의 "경성제국대학 한약 연구의 전개: 1930년대 이후를 중심으로"는 "경성제국대학 한약연구 성립"이라는 필자의 2007년 논문을 확장시켜 경성제대 부속 생약연구소의 역사를 포함하여 1940년대까지 연장하여 고찰한 결과이다. 특히 1930년대 이후 경성제대 약리학 제2강좌가 중심적으로 추진했던 조선인삼 연구에서 조선총독부와 미쓰이물산의 상호의존 관계에 대해 주목했다. 이를 통해 경성제대 한약 연구사에 중요한 역할을 한 상사(商社)나 제약회사와 같은 '기업', 전매국이나 위생시험소 등을 거느린 '총독부' 그리고 '군'의 존재에 더욱 관심을 두어야 함을 주장했다.

김태호의 "치료약과 강장제 사이에서: 근대 한국의 비타민 보충제 도입"

은 근대 일본의 각기병 연구가 비타민 연구로 이어진 역사를 살펴보고, 일제강점기의 한국인들이 비타민에 대한 새로운 지식과 관행을 어떻게 접하고 점차 수용했는지, 그리고 그 과정에서 연관된 담론과 실천들에 어떤 변화가 일어났는지를 살펴본 글이다. 필자는 현재 한국인의 일상에서 비타민 보충제가 차지하고 있는 위상을 보이면서, 비타민제가 시중에서 판매되는 제품을 섭취해 건강을 유지하려는 한국인의 문화 형성에 한몫을 차지했음을 주장했다.

3부 '위생과 식민지 조선 사회'는 4편의 논문을 모았다.

이희재의 "일제강점기 학교신체검사제도의 시행과 특징"은 일제하 학교신체검사제도의 도입과 변천 과정을 통하여 식민지적 근대의 맥락을 추적하는 연구이다. 필자는 학교신체검사제도가 서양의학 지식과 위생 개념을 적용한 근대적 학교보건제도로 도입되었지만 이후 식민통치를 위한 구조적 장치로 구축되어 전시총동원체제의 군사적 수단으로까지 기능하였음을 보였다. 이 연구는 해방 후 현대 한국의 학교신체검사에 대한 연구 필요성을 강하게 제시하고 있다.

김연희의 "경성에서의 위생공학의 실천: 하수정비사업을 중심으로"는 일제강점기 경성에서 수행된 하수정비사업을 설계와 시공 측면에서 검토한 연구이다. 중요한 근대적 위생 기반시설 중 하나인 하수로 건설을 통해 일본 위생공학의 성격과 특징을 살피고 그러한 전문성에 기초한 기술력이 경성에서 구현되는 과정을 살펴보았다. 필자는 비록 일본의 위생공학에 바탕을 두고 있지만 경성 하수정비사업은 전염병 예방, 수해 방지, 청결한 환경 조성 등의 목표를 달성하지 못했고, 경성에 남겨진 위생공학적 기술 역시 거의 전무했다고 평가했다.

천명선의 "제국의 수의학과 식민지의 가축: 일제강점기 가축 전염병 관리"는 통감부 시기부터 일제강점기에 이르기까지 가축 질병 발생과 방역의 변화, 수의(獸醫) 인력 활용의 특성을 추적한 연구이다. 필자는 제국 수의학이라고 부를 수 있는 식민통치의 흐름을 반영한 일관적인 방향성이나 성과가 제시되지 못했다고 지적하며, 이 시기 조선총독부의 전염병 관리는 단순히 식민지의 가축 질병을 관리하는 정도에 머물렀다고 보았다. 따라서, 일제강점기의 근대 수의학과 가축 방역제도의 도입에 대해 식민지 근대화나 발전이라는 평가를 내리는 것은 부적절함을 주장했다.

신동원의 "한국 근대 한의학 정책사, 1876-1945"는 대한제국기에서 일제강점기를 거치면서 형성된 한국 근대 한의학의 성격을 파악하려는 시도이다. 필자는 식민지 초기 한의학 정책에 대해 한의학 제도의 근대적 형식화, 한의학의 식민지적 주변화, 한의학의 조선인 주력 의료기관화 등으로 결론을 내렸다. 또한 총독부 한의 정책의 가장 큰 골격은 "한의학을 근대적 형식으로 묶고, 그것을 주변화하고, 한의에게 서양의학과 위생학을 지도·학습했음"에도 불구하고 한의학을 대다수 조선인의 기본적인 의료로 삼았다는 점을 강조했다. 즉, 모든 시기 동안 식민지 보건·의료 전 체계 내에서 한의학이 차지하는 비중이 서양의학의 그것보다 월등히 높게 나타났지만, 식민통치자는 이데올로기적으로 한의학을 서양의학보다 열등한 것으로 규정하면서 그것의 양성을 억제했음을 보였다.

마지막에 보론으로 실린 전종욱의 "19세기 조선 의약 풍경과 '약로(藥露)': 신대우 가계 기록물과 서유구, 이규경의 저술을 중심으로"는 이 책이 다루는 시기의 이전인 19세기에 대한 논의이다. 필자는 조선의 사대부 지식인의 건강, 질병에 대한 대처에 유의하여 신대우 가계의 기록물을 살펴보았으며, 특히 수분이 함유된 각종 화초, 약재 등을 증류하여 그 엑기스를 추출한 '약로(藥露)'의 사용에 주목했다. 약로는 『동의보감』에는 실리지 않은 내용으로 조선 후기 의약 생활의 한 특징이며, 이를 통해 당대 최고 지식인들이 새로운 약의 제형을 받아들여 의약 생활을 첨단화하는 데 주저함이 없었음을 보이고 있다. 이러한 논의는 뒤이은 개항기와 일제강점기에 한국인이 새롭게 들어오는 의학 담론과 제도를 어떻게 수용하고 변용시켰는지를 이해하는 배경이 된다는 점에서 주목된다.

이 책의 첫 번째를 장식한 신동원의 종설이 잘 보여주듯이 개항기와 일제강점기에 이르는 시기의 질병, 의료, 방역, 건강 등에 대해서는 너무도 다양한 연구가 존재하며, 이 책에 실린 글들은 그러한 논의의 일부이다. 우리 연구팀이 여러 차례의 세미나를 통해 이 책에 실린 논문들을 힘들여 선정했지만, 이 책의 서술로 당시 한국인의 보건·의료 생활의 전모를 파악할 수 있다고 생각하지는 않는다. 그럼에도 불구하고 우리 연구팀이 책을 내는 이유는 이를 통해 앞으로 더욱 심화된 논의가 전개될 수 있는 바탕이 되리라는 기대 때문이다. 이 책은 이 시기에 대한 연구의 쉼표이지 마침표는 될 수가 없을 것이다. 이 총서에 참여한 필자 외에도 우리 연구소가 추진한 학술 활동에 참여하고 관심을 보인 모든 연구자들에게 감사 인사를 전한다.

3부 위생과 식민지 조선 사회

보론

종설

한국 근대 시기 대상 의사학 연구의 지형: 신체·위생·방역·병·의(醫)·한의·약 전반을 대상으로

신동원 (전북대학교 과학학과, 한국과학문명학연구소)

1. 머리말

이 종설은 한국 근대 시기를 대상으로 한 연구 논저의 전반적인 양상과 특징을 살피기 위한 것이다. 본격적인 논의에 앞서 개인적인 소감을 잠깐 용인한다면, 이에 대한 내 관심이 석사 및 박사논문 주제와 연관되어 있음을 먼저 말하고자 한다. 나는 1986년 "일제하 보건의료정책 및 한국인의 건강상태"라는 석사논문을 썼다. 당시에는 회고 형태의 글이나 기관의 역사가 있기는 했지만 이런 주제로 본격적인 연구를 삼은 것은 없었다. 대학원의 은사가 이 주제로 논문을 쓴다고 하니까, '과연 연구 대상으로 삼을 만한 자료가 있을까'라는 충고를 해주실 정도의 상황이었다. 자료를 찾다 보니 너무 방대해서 일제의 전반적인 정책의 윤곽을 겨우 확인하고, 전염병 통계 추세를 대략 보이는 데 그쳤다. 이 작업을 하다 보니 이전 시기에 대해 잘 모른다는 문제를 절실히 깨달았으며, 그리하여 이를 박사논문

주제로 선택해 1996년에 "한국 근대보건의료체제의 형성, 1876-1910"을 냈다. 이 시기도 자료가 방대해서 조선 정부에 관한 부분만 가까스로 정리했지, 선교의료에 관한 부분이나 일본인 동향은 연구에 제대로 포함시키지 못했다. 이번 종설을 쓰기 위해, 이 두 시기를 대상으로 한 논저 목록을 수집해보았더니 1,640편을 상회했다. 1,500여 편이 1992년 내가 박사논문을 쓰기 시작한 이후 생산된 것으로서 격세지감을 느낀다.

기존의 훌륭한 연구사 정리가 있는데, 최종 것보다 불과 3년밖에 지나지 않은 이 시점에서 새로운 연구사 정리가 필요할까? 이미 박윤재는 세 차례에 걸쳐 연구 논저를 살핀 연구사 논문을 냈다. 2010년 학술잡지 『의사학』 20주년에 즈음하여 이 잡지에 실린 논저 위주로 살핀 "한국 근대 의학사 연구의 성과와 전망", 2020년에 다시 이후 10년간의 주요 논저 전반을 대상으로 한 "한국근현대의료사 연구동향과 전망", 도시위생사 분야를 특화해서 살핀 "한국 근현대 도시위생사 연구의 성과와 전망" 등이 그것이다. 이 분야를 집중적으로 연구해온 연구자의 작업답게, 이 세 편 모두 높은 식견에 따라 그간의 연구 추세와 특징을 잘 정리한 것이었다.[1]

---

1 박윤재, "한국 근대 의학사 연구의 성과와 전망", 『의사학』 19:1 (2010), 45-68쪽; "한국근현대의료사 연구동향과 전망: 사회사적 관점의 부상과 민족주의적 이분법의 약화", 『의사학』 29:2 (2020), 425-463쪽; "한국 근현대 도시위생사 연구의 성과와 전망", 『도시연구』 23 (2020), 7-33쪽. 그의 2010년도 연구사에서는 논저가 단적으로 이분화로 이해해왔던 전통/근대의 양분하는 경계를 흐릿하게 했다는 점, 대상 영역이 의학에서 한의학, 치의학, 간호학 등으로, 다시 환자·소비자로 확대되었다는 점, 연구가 사실을 밝히는 데서 더 나아가 근대성, 헤게모니 등으로 이론화하는 경향을 보였다는 점을 지적했다. 2020년 연구사는 부제로 '사회사적 관점의 부상과 민족주의적 이분법의 약화'가 붙어 있듯, 우선 그간의 인물, 기관 중심의 연구 경향과 다른 의학 교육 매체로서 교과서, 위생 분야, 한의계의 구체적인 상황, 전염병과 성병·한센병 같은 만성병이나 정신병 상황에 대한 연구 경향의 대두를 언급하고, 이어서 의사, 의료, 의학 연구의 사회적 측면을 다룬 연구의 등장과 함께 새로운 연구에서는 식민지배에 대한 민족주의적 관점에 따른 단선적 해석 대신에 의료·위생·한의학 등을 둘러싼 개인, 집단, 공동체 구성원(한국인·일본인·서양인)의 다양한 이해관계에 대한 고려, 국제적 맥락 파악으로 새로운 연구에서는 식민지배에 대한 민족주의적 관점에 따른 단선적 해석이 지양되었음을 보였다. 도시위생에 관한 연구사(2020)는 민족성 여부와 상관없이 식민권력과 일본이 공유하는 공통적인 공간이지만 식민권력에게는 지배의 수단, 피지배 한국인에게는 저항의 도구가 된 상황을 정리했다.

여기 내 종설은 이들과 접근법이 다르다. 전문가의 안목에 따라 선정한 300여 편을 대상으로 삼아 정성적인 해석을 내리는 대신에, 우선 가능한 한 많은 논저를 수집하여(현재 1,645편) 그것들이 이룬 연구 지형 전반을 계량적으로 파악하는 접근법을 택했다.[2] 그런 연후에 필요한 경우 연구의 흐름에 중요하다고 판단한 것에 대해 간단한 설명을 덧붙이고자 했다.[3] 이런 방법을 택함으로써, 기존 연구사 정리에서 제외된 의료 내적인 연구나 국문학계 등의 성과도 포함하여 나란히 검토할 수 있었다. 비유컨대, 역사에서 근본과 지엽은 서로 얽혀져 있는데, 이 종설은 한국 근대 시기를 대상으로 한 의사학 연구가 밝힌 뿌리와 몸통, 지엽까지를 동시에 파악하는 것을 목표로 한다. 이런 측면에서 연구 동향이라는 말 대신에 지형이라는 표현을 쓴다.

이 종설이 대상으로 삼는 논저 목록의 수집은 네 가지 방식으로 이루어졌다. 첫째, 4개의 의사학 관련 학회지, 즉 『의사학』(1992-), 『한국의사학회지』(1999-)와 이 잡지의 전신인 『대한한의학원전의학회지』(1987-98), 『연세의사학』(1997-), 『의료사회사연구』(2018-) 등에 실린 논문은 전수 조사했다. 둘째, 앞에서 언급한 3종의 연구사에 수록된 논저 모두를 대상으로 삼았다.[4] 셋째, 한국학술연구정보서비스(RISS) 검색을 적극 활용했다. RISS 검

---

2 박윤재의 첫 번째 연구사(2010)는 『의사학』 출간 이후 이 잡지에 실린 근현대사 논문 97편과 다른 매체에 실린 논저 62편 등 159편을 대상으로, 두 번째 연구사(2020)는 이후 10년 동안 발표된 단행본 18편, 논문 92편 등 110편을 대상으로, 세 번째 도시위생에 관한 연구사(2020)는 단행본 10편, 논문 35편을 대상으로 삼았다. 여기에는 해방 이후의 논저도 수십 편 포함되어 있으며, 약간의 중복을 제외하면 전체 대상 논저는 대략 300편 내외가 된다.

3 이 종설의 중요도 평가를 위해서 연구 분야 개척, 박사논문, 단행본, 박윤재가 높이 평가한 부분을 고려했다. 여전히 선택에는 자의성이 개입되어 있고, 지면의 제약으로 많은 내용을 소개할 수 없었다. 다만 대상 논저의 제목과 저자 등의 서지사항을 모두 제공하여 독자 스스로 전반적인 흐름을 헤아릴 수 있게 했다.

4 박윤재의 연구사 정리 이전에 당시까지 의사학 연구 전반에 대한 2종의 연구사 정리가 있었다. 신동원, "한국보건의료사연구동향", 『한국보건사학회지』 2:1 (1992), 101-116쪽; 정경희·황상익, "우리나라 의사학의 연구 동향―의학 역사를 다룬 저작을 통한 고찰", 『한국의학도서관협의회지』 24:1 (1997), 85-99쪽.

색 시스템은 매우 잘 구축되어 있어서, 이를 활용해 그간 출간된 수많은 신체·위생·전염병·질병·의료·의학 등의 논저 목록을 찾을 수 있었고, 또 많은 경우 초록, 목차, 본문 등을 활용할 수 있었다.[5] 이 밖에도 기존 연구의 참고문헌에 실린 논저 목록을 보완했다.[6] 다행히도 이 종설 작업은 연구의 완료가 아니라 시작점이다. 모든 논저가 파일로 정리되어 공개될 것이다. 그러므로 필요로 하는 연구자가 새로 추가하거나 제외할 논저를 계속 수정, 보완하여 더욱 완벽한 형태를 갖출 수 있게 될 것이다.[7] 아울러 이는 각 부분이나 전체를 대상으로 한 논의의 심화에 하나의 토대를 제공할 수 있게 될 것이다.

수집된 논저를 분야별로 살피기에 앞서 관련 용어에 대해 생각해보고자 한다. 이 종설이 대상으로 삼는 분야는 영어로는 주로 'history of medicine'이다. 영어의 medicine은 의학학술을 뜻하는 medical science와 전문가의 의료시술을 뜻하는 medical art 또는 medical care 양 측면을 포괄한다. 따라서 'history of medicine'의 적절한 번역어로는 '의사(醫史)'가 선택되었고, 『의사학』이라는 학회지 이름에도 이런 내용이 반영되어 있다. 그런데, '의사(醫史)'는 강력한 동음어인 '의사(醫師)'와 쉽게 혼용되므로 일상적인 사용은 매우 제한된다. 따라서 의나 의료 또는 위생, 보건 따위의 하나의 용어나 개념으로 관련 영역을 다 정의하는 것은 쉽지 않은 일이며, 어떤 용어

---

5 검색은 개항·개화·한말·조선말·근대·현대 등 시대를 나타내는 검색어와 위생·신체·보건·전염병·방역·종두법·콜레라·결핵·나병(한센병)·성병·의료·의학·간호·한의학·사상의학 같은 분야별 검색어나 주요 연구자 이름을 결합하여 이루어졌다.

6 가능한 한 많은 논저 목록을 수집하려고 했으나, 당연히 모든 것을 포괄했다고 자신하지는 않는다. 검색 시스템 자체에 등록되지 않은 것, 검색어 설정에서 챙기지 못한 것, 사상의학처럼 수많은 임상 논문을 다 다룰 수 없었던 것 등 여러 가지 한계가 있었다.

7 논문 논저를 정리한 파일은 한국과학사학회 홈페이지(http://www.khss.or.kr/index.php?mid=kjhs&category=11724)에 수록된 본 논문의 부록으로 제공된다. 이 부록에는 총목과 함께 범주별 시트가 마련되어 있기 때문에 논의 대상으로 삼는 모든 논저 목록은 여기서 확인하면 된다. 특별히 언급된 논저의 경우만 원고 각주에 싣는다.

를 선택해 결정한다 해도 편의적인 성격을 띨 수밖에 없다. 한국어의 경우 의학과 의료를 다 포괄하는 의(醫)라는 일상적으로 거의 사용하지 않는 낱 글자를 사용하기도 어렵고, 여기에 사(史)를 붙인 의사(醫史)라는 단어 사 용까지도 동음어로 인해 제한된다. 게다가 이런 문제 이외에도 역사적 흐 름으로 볼 때 두 개의 시각이 동시에 가능하다. 하나는 의(醫)의 영역이 확 대되어 위생, 보건, 신체를 아우른 것으로 볼 수도 있지만, 반면에 위생·보 건·신체의 관점을 위주로 하고, 거기에 의료·의학 등을 포섭하는 식으로 볼 수도 있다. 이런 양 측면 때문에 연구자 개개인이 어디에 더 중점을 두 느냐에 따라 선택하는 대표 용어가 의학사, 의료사, 의사학, 보건의료사 따 위로 달라질 수밖에 없다. 이 종설에서는 학계의 관행을 따라 일단 의사학 이라는 용어를 사용한다.

이 종설이 대상 논저를 다룬 범주는 논저의 경향과 편수를 고려하여 정 했다. 거시적으로, 전체 논저는 오랜 전통을 지닌 한의학, 개항 이후 본격 적으로 수입되어 주류가 된 서양의학, 역시 개항 이후 근대 국가적 체계로 자리잡으면서 사회 전반을 지배한 위생으로 구성된다. 서양의의 경우 시술 측면의 의료와 교육, 학술 측면의 의학으로 구분된다. 약의 경우는 한의와 서양의 양자가 관여하므로 별도로 범주화했다. 위생의 경우는, 법적으로는 한의와 서양의 모두를 포괄하기도 하고, 내용 면으로는 병과 신체·생명에 관한 모든 것을 포괄한다. 논저의 경향으로 봤을 때, 병의 경우는 급성전염 병(오늘날 법적 용어는 감염병이라 쓰나 여기서는 당시 용어인 전염병을 사용함) 방역이 독립 범주를 이룰 만하여 독립 범주로 하고, 주로 결핵·나병(한센 병) 등 만성병인 나머지 질병을 하나의 범주로 삼았다. 역시 논저의 경향으 로 봤을 때, 신체의 건강이나 신체 자체에 관한 편저는 장기설·세균설 같 은 위생론, 단속 위주의 행정을 위주로 한 일반적인 위생과 크게 구별되므 로 별도 신체 범주를 두었다. 따라서 위의 모든 것을 독립시키고 남은 부분, 즉 위생론과 각종 위생사업(상수와 식품, 도축과 도축장, 숙박업소·음식점, 예·창기와 작부, 행려병인과 사망자, 소물소제, 묘지, 화장장과 매장·화장 등)을 위생의 범주로 삼았다. 한의학, 서양의료, 서양의학, 급성전염병 방역, 기타 질병, 위생, 신체의 두 분야 이상 연관된 논저는 종합의 범주로 묶었다.

대체로 이런 범주는 당대의 범주와 똑같지는 않지만, 그 체제를 크게 벗어나지 않는다. 오늘날과 같지 않지만, 당대인도 이런 상황에 대한 범주적 질서를 마련했다. 그것은 서양, 일본, 조선으로 이어지는 일반적인 양상과 함께 문명개화 또는 식민통치라는 국내 상황이 결합한 모습을 띤다. 조선말 갑오개혁을 단행하면서 위생국 체제가 만들어졌는데, 이때 위생국이 설치되었으며, 그것이 위생사무와 의약사무를 포괄하는 조직으로 구상되었다. 여기에는 한의학 위주의 왕실의료는 포함되지 않았다.[8] 대한제국기에도 왕실의료는 왕실 소속 태의원에서 담당했고, 위생사무와 의약사무는 국가기구인 내부의 위생국이 담당했다. 의학 교육이 국가기구인 학부 소속으로 새로 규정되었다. 일제강점 이후에는 이전의 내부 위생국 사무가 모두 경무총감부 산하 위생국으로 편재되었으며, 의학 교육까지도 여기에 포함되었고, 왕실의료는 사실상 없어졌다.[9] 양 시기 모두 위생국의 상위조직에는 일반 행정 대 경찰 행정이라는 큰 차이가 있지만, 위생을 최고 범주로 하여 제도, 병원, 의료, 방역, 각종 위생사무 등이 규정되었다. 1917년 조선총독부 경무총감부에서 펴낸 『조선위생법규유집(朝鮮衛生法規類集)』에서는 위생법규라는 대표 명칭을 썼고 그 안에 위생행정기관·보건·방역 등 셋을 두었다. 세부 내역은 〈표 1-1〉과 같다.

---

8 신동원, 『한국근대보건의료사』 (한울, 1997), 137-147쪽.
9 같은 책, 195-203쪽.

〈표 1-1〉 식민지 위생체제의 구조

위생의 구성	세부 분야	비고(종설 논문의 범주)
제1편 위생행정기관	– 위생 담당 행정 부서	종합
	– 총독부 관장 병원(조선총독부의원, 도 자혜의원) – 맹인 복지 기관인 제생원	의료
	– 교육기관(조선총독부 전문학교, 경성의학전문학교, 도 자혜의원조산부·간호부양성)	의학
제2편 보건편	– 의사·치과의사·의생(한의)·산파·간호부 – 입치영업자·안마술·침술·구술영업자 등	의료
	– 상수와 식품 – 도축과 도축장 – 숙박업소·음식점 – 예·창기와 작부 – 행려병인과 사망자 – 소물소제 – 묘지, 화장장과 매장·화장	위생
	– 매약·아편흡용과 모르핀주사	약
제3편 방역편	– 전염병 예방 – 해항 검역 – 전염병원과 격리병사 – 종두 – 수역 예방과 이출우 검역	전염병(방역)
	– 지방병	질병
제4편 잡편	– 행정집행령, 경찰범처벌규정, 봄·가을 청결법	위생
	– 의료인의 진료 회피 처벌, 빈민 구료	의료
	– 조혼금지, 이발사 영업 취체	신체

　　이 구조에 따라 식민지 모든 영역에 걸쳐 '위생'이 행사되었으므로, 이보다 더 역사적 실체를 지닌 범주를 생각하기 힘들 것이다. 국가적인 레벨에서 본다면, 이 시기는 단연코 '위생의 시대'라 할 수 있겠다.[10] 다만 이것이 통치의 관점에 따른 것이므로 더 세부적인 의학 또는 한의학 학술 부분을 별도로 규정하지 않았고, 식민통치 중반 이후에서야 국가적 사무로 대두된 나병(한센병), 결핵 같은 질병, 후반에 통치 의제로 떠오른 체력이나 건

10　고미숙은 개화기의 상황에 대해 '위생의 시대'라는 표현을 쓴 바 있다. 고미숙, 『위생의 시대: 병리학과 근대적 신체의 탄생』(북드라망, 2014).

강 향상 같은 범주도 마련되어 있지는 않다.

이 범주 중에서 '위생'이라는 범주에 대해서는 다시 한번 환기할 필요가 있겠다. 이 종설에서는, 사용하는 범주로서 '위생'은 위 법전의 '보건편'에서 의료인·유사의료시술자 분야와 매약·마약류 등 약 분야를 제외한 것으로 규정한다. 대체로 이는 오늘날 우리가 생각하는 '위생' 분야와 비슷하다. 따라서 전반적인 상황을 나타내기 위해서 이 시기의 특징으로서 위생의 경우에는 '위생의 시대'라는 표현을 썼고, 위생은 다른 부분을 다 독립시키고 남은 것을 범주화한 것을 뜻한다.

2. 논저 목록의 전반적인 특징

1) 시기별 추세

현재 내가 위와 같은 방식으로 모은 논저는 모두 1,645편이다. 이를 시기별로 살펴보면 다음과 같다. 〈표 1-2〉를 보면, 의사학 연구가 1990년대를 기점으로 폭증했음을 알 수 있고, 2000년대 이후 또다시 크게 증가했음을 알 수 있다. 특히 2020년 이후 편수는 사실상 2년 치 통계지만 추세로 보아 2010년대보다 훨씬 더 많은 논저가 나올 것으로 추정된다. 기존 추세의 연장에다 2020년부터 세계적으로 크게 유행한 코로나에 대한 사회적, 학계적 관심의 증폭되었고, 무엇보다도 최근 의사학 관련 주제로 대형 연구 사업이 진행되고 있기 때문이다.[11]

---

11 2018년도 이후 잇따른 의사학 관련 대형 연구사업은 다음과 같다: 청암대 재일코리안연구소의 '한국의 근대기획과 신체정치'(2018-); 경희대 인문학연구원의 '4차 산업혁명 시대 인간 가치의 정립과 통합의료인문학'(2019-); 이화여대 이화사학연구소의 '질병과 국가'(2020-); 전북대 한국과학문명학연구소의 '과학·보건·사

<표 1-2> 연대별 논저 편수

연대	1910	1920	1930	1940	1950	1960	1970	1980	1990	2000	2010	2020	합계
편수	1	3	5	3	2	18	24	43	202	393	650	271	1,645

이를 1990년대 이후 누적 편수의 기울기가 매우 가파른 모양을 보이는 <그림 1-1>로도 표현해보았다.

<그림 1-1> 연대별 논저 누적 그래프

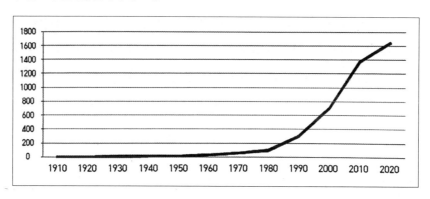

이 통계는 논저가 대상으로 삼은 시기별로 나눠 살필 수 있다. 시기별로 보면, 조선말-한말, 이른바 '개화기'를 다룬 것이 553편, 식민시기를 다룬 것이 762편, 양 시기를 다 다룬 것이 318편, 해방 이후를 다룬 것이 12편으로 집계되었다. 논저가 대상으로 삼은 시기를 좀더 들여다보면, 흥미로운 사실이 발견된다. 1990년대까지는 개화기를 다룬 논문이 140편, 식민시기를 다룬 81편보다 훨씬 많았으나, 2000년대부터는 153편 : 160편으로 역전되기 시작하더니, 2010년 이후에는 259편 : 521편으로 추세가 완전히 뒤

회의 초국적 공진화를 통해 본 한국현대사'(2021-).

바뀌었다. 이에는 2000년대 전후 왕성했던 '현대의학'의 기원을 따지기 위한 '개화기'에 대한 관심이 대체로 정리되었다는 점, 신체·건강·역병·질병·의료·의학·매약 등 식민시기에 대한 관심이 다양화했다는 점이 반영되어 있다. 이 글에서는 이후의 상황에 대한 논저는 소수(11편)만 논저 목록에 포함시켰는데, 박윤재의『한국현대의료사』처럼 이전 시기의 상황과 연관된 것들이다.[12]

여기에다 일국적 관심을 넘어서는 연구에 대해서는 별도의 관심을 가질 필요가 있다. 1990년대까지는 양 시기 모두 1편에 지나지 않았으나, 2000년대 이후에는 44편이나 집계되었다. 여기에는 한국 근대 시기를 중국, 일본 등 동아시아적인 직접적인 연관 속에서 살핀 논저, 그렇지는 않다고 해도 한국 근대 위생·의료·의학 등을 이해하기 위한 배경으로서 중국, 일본의 상황을 다룬 논저가 포함된다. 이런 사실은 아직 시작 단계이기는 하지만 한국 의사학 연구의 시야가 국제적으로 넓어지고 있음을 뜻한다.

2) 분야별 논저 편수

논저 목록을 분야별로 살피면, 가장 많은 연구가 의료 분야로 481편이며, 다음에 한의학이 314편, 위생 188편, 신체 139편, 의학 137편, 질병 115편, 전염병(방역) 87편, 약 분야 61편의 순서를 이룬다. 종합 분야는 120편이다 (표 1-3, 그림 1-2).

12　박윤재,『한국현대의료사』 (들녘, 2021).

〈표 1-3〉 각 항목별 논저 편수

분야	종합	신체	위생	전염병(방역)	질병	의료	의학	한의학	약	합계
편수	120	139	188	87	115	482	137	316	61	1,645

〈그림 1-2〉 각 항목별 논저 그래프

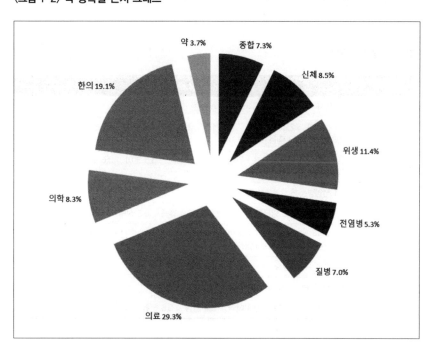

의료에는 제중원, 선교의료를 포함한 병원, 의사 인물에 관한 다수의
연구 덕택에 최다 편수를 보이며, 한의학의 경우에는 사상의학에 관한
200여 편의 논저 때문에 두 번째 위치를 차지한다.[13] 질병에 대한 연구는

13 한의학을 한의학/사상의학으로 양분한 것은 사상의학을 다룬 논저가 주로 압도적으로 많았기 때문이다. 대
다수가 학술 영역에 해당한다. 따라서 이 종설에서 상대적으로 적게 포집된 한의학 학술 논저에 사상의학 관련
논저를 포함한다면, 그 비중은 훨씬 크게 나타날 것이다.

1990년대부터 활성화되었으나 2010년대에 63편으로 크게 증가했다. 약 분야 연구는 2000년대 이후에서야 본격화한 양상을 띤다. 교육과 학술을 거느린 의학 분야가 적다는 사실은 서양의학사의 연구 경향과 견줄 때 크게 대비된다. 이 분야에 대한 연구자의 관심 부족 때문만이 아니라, 이 분야에서 주목할 만한 성과가 적었음을 반영한다.

각각의 대범주에 속한 논저는 소범주로 세분화된다(표 1-4).

〈표 1-4〉 범주 소분류

대분류	소분류
1. 종합	1.1 통사 1.2 서지 1.3 제도 1.4 총론
2. 신체	2.1 신체관 2.2 신체규율 2.3 건강 2.4 체육 2.5 우생 2.6 성 2.7 소아 2.8 장애 2.9 죽음
3. 위생	3.1 총론 3.2 제도 3.3 위생론 3.4 위생학 3.5 분야 3.6 도시위생 3.7 문화 3.7 민속치병
4. 전염병	4.1 전염병총론 4.2 방역
5. 질병	5.1 병총론 5.2 병문화 5.3 한센병 5.4 결핵 5.5 성병 5.6 정신병 5.7 기타
6. 의료	6.1 총론 6.2 의사직 6.3 병원 6.4 의사(인물) 6.5 분과 6.6 치의 6.7 수의 6.8 간호 6.9 문화 6.10 생활
7. 의학	7.1 교육 7.2 학술
8. 한의학	8.1 한의일반 8.2 사상의학
9. 약	9.1 총론 9.2 제도 9.3 매약 9.4 인삼 9.5 생활 9.6 문화

이하 이어지는 각론에 대한 논의는 비교적 단순한 의료·의학·한의학·약·방역·질병 범주로부터 복잡성을 띠는 위생·신체·종합을 살피는 방식으로 서술한다.

3. 세부 분야별 연구 지형

1) 의료 분야

의료 분야에 대한 연구 편수를 보면, 의사인물 연구가 156편으로 수위를 차지하고, 병원 126편, 간호 52편, 총론 36편, 의사직 24편, 의료분과 23편, 수의학 19편, 의료문화 17편, 치의학 16편, 의료생활 13편의 순으로 〈표 1-5〉와 같다[부표 파일의 6. 의료 참조].

〈표 1-5〉 의료 분야에 관한 논저 편수

분야	의료총론	의사직	병원	의사	분과	치의	수의	간호	의료문화	의료생활	합계
편수	36	24	126	156	23	16	19	52	17	13	482

한국 근대의료 전반에 대한 풍경을 잘 보여주는 것은 이만열의 『한국기독교의료사』(2003)와 황상익의 『근대의료의 풍경』(2013)이다.[14] 개화기 선교의료에 대해서는 일찍이 백낙준(1929)의 저서가 있었지만,[15] 이만열은 식민시기까지를 대상으로 국내 선교의료 전반에 걸쳐, 시기별 진전, 의료, 의학교육, 각 유파별 지역 의료 사업 등 총체적으로 알게 해주었다. 황상익은 『근대의료의 풍경』에서 제중원, 의학교, 광제원, 대한의원, 식민 초기의 의사들이 펼친 '풍경'을 세밀하게 보여주었다. 여기에 실린 '친일파 의사들이 생존법' 부분은 대체로 독립운동 등 의사들의 밝은 측면을 보여주고자 한 기존 연구와 결을 달리한다. 주지하듯, 식민시기 선교의료는 일본의 식민의

---

14   이만열, 『한국기독교의료사』, (한국기독교의료사, 2003); 황상익, 『근대의료의 풍경』(아카넷, 2013).

15   Paik L. George, *The History of Protestant Mission in Korea, 1832-1910* (Pyeng Yang Union College Press, 1929).

료와 경쟁 구도를 이뤘다. 대체로 이만열의 연구처럼 선교의료에 대한 연구는 긍정적인데, 김윤성(1994, 1998)은 그것을 문화적 헤게모니 시각으로 파악했다. 선교의료와 공식적 식민의료 사이의 헤게모니에 대해서는 조형근(2009)이 다뤘다. 이는 식민지 경성제대 의학부 설립을 세브란스 사이의 헤게모니 경쟁으로 파악한 정준영(2010)의 연구와 짝을 이룬다.

의사인물 관련 논저는 조선인, 일본인, 서양인, 서양인 선교의, 선교의 관련 자료 등으로 세분된다. 여기서 조선인 의사를 다룬 논저는 83편이다. 한국인 의사인물에 대한 연구는 1985년 정구충의 『한국의학의 개척자 I·II』로부터 본격화했다. 이 책은 한말-일제강점기를 살았던 서재필, 지석영, 오긍선을 비롯한 81명의 의사 열전으로서 이 시기 중요한 의사 전반을 소개했다. 이 중 18편은 의사의 독립운동에 관한 것으로 한 편을 제외하고는 모두 2010년대 이후의 연구들이다. 대학 또는 전문학교를 재학 또는 졸업한 엘리트로서 그들이 펼친 독립운동에 대한 연구자의 관심이 이 시기에 크게 고취되었다. 당연히 당시 의학전문학교나 의과대학 졸업자로서 세브란스 출신과 경의전 출신이 많았다. 독립운동이 아니라 의(醫) 분야에서 식민시기 활약한 의사 상당수가 이 두 학교 출신이었으며, 후신이라 할 수 있는 연세의대와 서울의대에 관련된 연구자가 식민시기 의사의 활동을 밝히는 연구를 주도했다. 개화기 인물로는 서재필, 지석영, (관립)의학교, 제중원의학교 인물 등이 연구되었다. 황상익의 『김익남과 그의 시대: 개화기 한국 최초의 의사·의학교수·군의장』(2017)은 의사 김익남이라는 인물을 통해 한말의 의료, 사회 상황까지 보여주었다.[16] 선교의사의 활동에 대해서는 이광린의 알렌 전기 번역(1973), 민경배의 알렌 전기(1991)[17] 이후 전기·회

---

16 황상익, 『김익남과 그의 시대: 개화기 한국 최초의 의사·의학교수·군의장』(청년의사, 2017).
17 프레드 하비 해링턴 저, 이광린 역, 『개화기의 한미관계—알렌박사의 활동을 중심으로』(일조각, 1973); 민경배, 『알렌의 宣敎와 近代韓美外交』(연세대출판부, 1991).

고록을 포함한 34편의 논저가 출간되었다. 이 밖에도 여인석의 에바 필드 번역(1997-99), 이만열·옥성득의 언더우드 자료집(2005-10), 박형우의 에비슨 자료집(2015-21) 번역이 있었다. 선교의 이외의 서양인에 대해서는 고종의 시의 분쉬에 관한 것 5편이 있었는데, 김회은은 긍정적인 측면을 부각한 다른 연구와 달리 분쉬의 한국인 기형 질병 등의 사진 보고가 스승인 독일인 우생학자에 의해 제국주의를 정당화하는 데 이용되었음을 보여주었다.[18] 일본 의사에 관한 것은 6편으로, 이 중 마쓰다 도시히코(松田利彥)는 세계적 명성의 세균학자이자 조선총독부병원장·경성의전 교장, 경성제대 총장을 지낸 시가 기요시(志賀潔)가 식민체제에서는 가치중립적인 의학자로 남을 수 없음을 보여주었고,[19] 최재목 등은 일본인 부인과 의사였던 구도 다케키(工藤武城)의 황도 유교(2015), 불교적 의료선교(2019)라는 그간 학계가 주목하지 않았던 측면을 일러주었다.[20] 이 밖에 여성의사라는 관점으로 접근한 연구도 12편이 확인된다.

전문인으로서 의사직 자체에 대한 연구가 25편 집계되는데, 식민시기 양성된 한국인 의사에 대한 면허와 개업 활동을 살핀 조병희의 선구적인 연구(1988)[21]가 있었으며, 신동원은 박사논문(1996)[22]에서 대한제국기 의사면허에 대해 밝혔으며, 이흥기의 박사논문 "한국 근대 의사직의 형성과정 (1885~1945)"에서 식민시기 일본인 의사-한국인의사-의생 등의 서열화

18 Kim Hoieun, *Doctors of Empire: Medical and Cultural Encounters between Imperial Germany and Meiji Japan* (Toronto, Buffalo & London: University of Toronto Press, 2014).

19 마쓰다 도시히코(松田利彥), "시가 기요시(志賀潔)와 식민지 조선", 『한림일본학』 26 (2014), 33-58쪽.

20 최재목 외, "구도 다케키(工藤武城)의 '의학'과 '황도유교'에 관한 고찰", 『의사학』 24:4 (2015), 659-708쪽; Choi Jae-Mok, Kim Jeong-Gon, "Kud? Takeki, Director of Keij? Women's Hospital, and His Medical Service for Women and Buddhist Activities in Colonial Korea", *Sungkyun Journal of East Asian Studies* 19:1 (2019), pp. 59-91.

21 Byong-Hee Cho, "The State and Physicians in South Korea, 1910-1985: An analysis of Professionalization" (Ph.D Dissertation of University of Wisconsin-Madison, 1988).

22 신동원, "한국 근대보건의료체제의 형성, 1876-1910", (서울대 박사논문, 1996).

를 특징으로 한 면허제의 특징을 밝혔다.[23] 그렇기에 식민지에서도 의학, 의료계 상층부는 일본인이 장악했고, 한국인 의사는 개업 이외의 다른 활동은 거의 허용되지 않는 구조가 구축되었다. 조형근(2014)은 식민지 한국인 의사의 직업적인 삶에 대해 다뤘다.[24] 개업의의 길을 택할 수밖에 없었지만, 사회 중상층부 계층으로서 비교적 넉넉한 경제 형편, 그럼에도 민족의 엘리트로서 소명이 있다고 느꼈기에 이에 부응하려는 의사의 삶을 다뤘다. 이 연구는 그들의 열정에도 불구하고 민중의 무지와 불신과 불화 등의 모습까지 입체적으로 잘 그려냈고, 김태호(2013)는 안과의사 공병우의 자수성가기를 서술했다. 김근배(2014)는 해방 직후 북한의 의과대학 교원 78명의 이력서, 자서전, 평정서를 바탕으로 하여 당시 한국인 의사 집단의 집안 배경, 학교 진학, 졸업 후 진로와 활동 등을 포착하는 데 성공했다.[25] 이 밖에 문명기(2014)의 식민지 한국과 대만의 공의(公醫) 제도에 대한 비교 연구를 통해 같은 식민지라 해도 한국의 상황이 더 열악했음을 보여주었다.[26]

병원 126편에 관한 세부 내용은 〈표 1-6〉과 같다[부표 파일의 6. 의료 참조].

〈표 1-6〉 병원에 관련된 논저 편수

소분류	총론	제중원	대한의원	세브란스	지방	선교	서울대	건축	기타	합계
편수	12	35	5	9	41	8	7	5	4	126

23 이흥기, "한국 근대 의사직의 형성과정 1885~1945", (서울대 박사논문, 2010).
24 조형근, "식민지근대에서 좋은 의사로 살기", 『역사비평』 108 (2014), 274-306쪽.
25 김근배, "일제강점기 조선인들의 의사되기", 『의사학』 23:3 (2014), 429-468쪽.
26 문명기, "일제하 대만 조선 공의(公醫)제도 비교연구—제도 운영과 그 효과", 『의사학』 23:2 (2014), 157-202쪽.

여기서 제중원, 대한의원, 세브란스, 서울대에 관한 논문 다수는 이 기관의 기원 찾기와 관련되어 있다. 의학 교육, 교과서, 간호 교육까지 함께 살펴면 제중원에 관한 논문은 숫자가 늘어나 총 56편으로 집계된다. 1986년 이광린의 "제중원 연구"[27]를 필두로 하여, 2021년 "동아시아 해부학 전통과 제중원 해부학 교과서"[28]까지 나왔다. 제중원 의학 교육과 교과서 관련 연구 6편을 제외하고는 모두 한국 최초의 서양의학 기관으로서 제중원의 성격에 초점이 맞추어져 있다. 개항 직후 조선 정부가 선교사와 합작해 세운 서양식 병원인 제중원은 현대 한국 의학의 기원을 규명한다는 차원에서 많은 관심을 모았다. 게다가 현대의학 교육의 양대 산맥을 형성한 연세대 의대와 서울대 의대의 '뿌리'를 판정한다는 측면에서 일반적인 역사 연구보다 훨씬 더 현미경을 들이댄 연구가 이루어졌다. 이처럼 제중원에 대한 적지 않은 연구는 현대의학의 계승자라는 대학 간의 정통성 확인과 관련되어 있어서, 의사학 연구가 단지 옛것만 캐는 데 국한하지 않음을 보여준다.

의료 각 분과에 관한 논문들은 1) 의료 전문 분과, 2) 간호, 3) 치과의료, 4) 수의(獸醫) 네 가지 범주 안에 모을 수 있었다. 보통 의학은 인간에 관한 것을 분과 단위로 하지만, 이 글에서는 가축을 대상으로 하는 수의학도 분과 범주에 넣었다. 이 네 분야는 서양의학의 전통에 따라 개항 이후 오늘날까지 각각 독립 영역을 이루고 있다. 오늘날 의과, 치과, 간호과, 수의과 모두 대학의 단과대학의 지위를 누리고 있으므로, 각 학문 집단에서는 당연히 자신 학문의 기원과 발전과정에 관심을 지닐 수밖에 없다. 의과는 다양한 전문 영역으로 이미 분화되어 있었으므로, 각각의 학계에서는 자신의 역사를 정리해왔다.

의과 관련 논저 24편 가운데 절반인 12편이 정신의학과에 관한 것이다.

27 이광린, 『제중원 연구(韓國開化史의 諸問題)』 (일조각, 1986).
28 연세대학교 의학사연구소, 『동아시아 해부학 전통과 제중원 해부학 교과서』 (역사공간, 2021).

1986년 이후 이부영과 그의 제자들이 이 연구 분야를 이끌었다. 개항 이후 일제강점기까지 국내 정신의학의 진전이 밝혀졌다. 특히 박사논문이 2편이나 출현하여 연구의 넓은 폭과 깊이를 보여주었다. 이나미의 "서양정신의학의 도입과 그 변천과정: 17세기부터 일제초기까지"(1995)[29], 정원용의 "근대 서양정신의학의 전개와 변천과정: 1920년대 초부터 8·15광복이전까지"(1997)[30]가 그것이다. 여인석(2008)은 맥라렌과 이중철의 활동을 중심으로 세브란스 정신과 설립과 활동에 초점을 맞춘 연구를 내어 선교계 정신과 부문을 보완했다.[31] 특히 민성길·이창호·이규박의 "일제시대 조선총독부의원과 경성제대의 정신의학자들의 연구"는 이 분야 연구 전반을 분석했다는 점에서 주목을 끈다.[32] 그들은 일제강점기 조선총독부의원과 경성제국대학교 의학부 신경정신의학과 연구진에 의해 연구된 모든 연구(학술대회 초록 등 114편 중, 일차적으로 임상연구 83편)를 대상으로 하여 당시 정신병이 다룬 주제(증상성 정신병과 아편류 중독, 마비성 치매, 정신병, "정신분열병"(또는 조발성치매), 기타 신경학적 장애, 기면병, 뇌전증, 신경쇠약), 정신의학자가 파악한 병인, 일본인보다 한국인의 정신병 발병이 적다는 사실, 한국인 정신장애 환자와 범죄인에 대한 체형 연구 등이 이루어졌음을 보여주었다. 반면에 "정신장애와 관련하여 식민지배하의 조선인들의 정치적 경제적 어려움이나 정신문화적 상황에 대한 인식이나 언급은 전혀 찾아 볼 수 없었다."고 했다.[33]

---

29 이나미, "서양정신의학의 도입과 그 변천과정: 17세기부터 일제초기까지", (서울대 박사논문, 1995).

30 정원용, "근대 서양정신의학의 전개와 변천과정: 1920년대 초부터 8·15광복이전까지", (서울대 박사논문, 1997).

31 여인석, "세브란스 정신과의 설립과정과 인도주의적 치료전통의 형성: 맥라렌과 이중철의 활동을 중심으로", 『의사학』 17:1 (2008), 57-74쪽.

32 민성길·이창호·이규박, "일제시대 조선총독부의원과 경성제대의 정신의학자들의 연구", 『신경정신의학』 55:3 (2016), 147-171쪽.

33 같은 논문, 168쪽.

의과 관련 나머지 분야에 관한 것은 해부학 2편, 피부과 2편, 병리학 1편, 부인과 1편, 비뇨기과 1편, 사회의학 1편, 외과 1편, 흉부외과 1편, 이비인후과 1편 등과 같다. 의학의 사회성을 함께 살핀 연구로는 장근호(2008), 홍양희(2013), 최규진(2016) 등이 있다. 장근호는 "개항에서 일제식민통치로부터의 해방까지 이비인후과학의 도입과 전개 과정"이라는 박사논문에서 한국 근대 이비인후과의 교육, 병원 내 분과, 진료, 연구, 소설 속의 이미지 등을 총체적으로 보여주었다.[34] 홍양희는 조선 거주 의사 구도(工藤武城)의 조선 여성 범죄에 대한 부인과학적 지식 적용이 과학적으로 '불안정'했으며, 민족성이라는 선험적 가정에 입각해 이루어진 것임을 보여주었다.[35] 최규진은 한국 근대 보건의료운동의 역사라는 관점에서 일제강점기 사회의학의 등장을 다뤘다.

간호 분야는 그 자체로 독립된 영역을 이룬다. 한국 근대 간호의 역사는 일찍이 1933년 두 선교간호사가 선교의료의 관점으로 정리한 바 있으나,[36] 이 분야 전반의 역사에 관한 본격적인 탐구는 이꽃메의 박사논문(1999) "일제시대 우리나라 간호제도에 관한 보건사적 연구"에서 시작되었다고 해도 지나친 말이 아니다.[37] 이 논문은 2003년 『한국근대간호사』로 보완 출간되었다.[38] 간호 분야 52편 논저는 통사와 자료 12편, 제도 7편, 교육 10편, 분과 12편, 인물 4편, 선교인물 7편 등으로 분류 집계되었다. 이로써 간호 분야에서도 국가의 제도 영역과 선교 영역 양자가 빚어낸 대체적인 실상이 파악되었다. 병원에서 의사를 보조하는 여성 전문인력으로서

---

34 장근호, "개항에서 일제식민통치로부터의 해방까지 이비인후과학의 도입과 전개 과정", (서울대 박사논문, 2008).

35 홍양희, "식민지시기 '의학'·'지식'과 조선의 '전통' — 쿠도(工藤武城)의 '婦人科學'적 지식을 중심으로", 『의사학』 22:2 (2013), 579-616쪽.

36 닥크 라빈니아·스투월 이사벨, 『조선간호사(朝鮮看護史)』 (조선간호부회, 1933).

37 이꽃메, "일제시대 우리나라 간호제도에 관한 보건사적 연구", (서울대 박사논문, 1999).

38 이꽃메, 『한국근대간호사』(한울, 2003).

간호부의 등장이라는 점이 가장 특징적이다. 여기에는 간호의 특화 전문직이라 할 수 있는 산파에 관한 연구 3편이 포함되어 있다. 거의 대부분 연구가 간호 내적인 접근을 택하고 있으나, 이꽃메(2012)[39], 이방원(2020)[40], 최규진·선우상(2020)[41]의 연구는 간호부의 사회활동까지 시야를 넓혔으며, 호소연(2022)은 식민시기 경성 산파 직업의 노동환경과 사회적 위치를 탐구했으며,[42] 신규환(2008)은 동아시아 국제적 맥락에서 한국의 조산제도를 고찰했다.[43]

치의에 관한 논저는 총 18편이 집계되었다. 김두종 사단에서 치의학사를 연구한 최진한의 선구적인 연구 "한국치의학사의 연구초"(1966) 이래 맥이 끊긴 이 분야는 기창덕이 이어서 『한국치과의학사』(1995)로 일단락을 지었다. 이후 연구는 더욱 심화되어 신재의(2001)는 한말 서양치과의학 도입을 주제로 박사논문을 냈고, 이주연은 개항 이후 일제강점기 전 시기를 대상으로 치의학 교육, 치과 의료체제, 치과의사 단체의 조직과 활동, 조선인의 구강위생 상태, 주민의 치과 이용 등을 연구해 『한국 근현대 치과의료체계의 형성과 발전』(2006)에 결집했다. 신재의(2011)는 치과 관련 약품과 기자재 전반의 역사를 다뤘는데, 치약·칫솔 치과용품 광고 분석을 통해 일상생활사까지 다뤘다.

수의 논저는 총 15편이 집계되었는데, 11편이 가축방역에 관한 것이며, 근대 수의 제도와 기관, 자료집에 관한 것은 4편에 불과하다. 수의사와 수의 교육기관의 연구마저도 본색을 갖추지 못했다. 2009년부터 연구 결과

39 이꽃메, "일제강점기 산파 정종명의 삶과 대중운동", 『의사학』 21:3 (2012), 551-591쪽.

40 이방원, "세브란스 간호사의 독립운동: 1919년 독립운동을 중심으로", 『연세의사학』 22:1 (2019), 89-118쪽.

41 최규진·선우상, "'행동하는 간호사'의 원조, 정종명", 『의료와 사회』 10 (2020), 146-161쪽.

42 호소연, "신문 기사를 통해 본 식민지기 조선인 산파의 노동 환경과 사회적 위치 —1920년대 도시 경성의 산파를 중심으로—", 『일본역사연구』 59 (2022), 321-356쪽.

43 신규환, "20세기 전후 동아시아 조산제도의 성립과 발전", 『연세의사학』 11:2 (2008). 7-33쪽.

가 나오기 시작했으니, 아직 초창기라 할 수 있다. 천명선은 수의학사 전문 연구자로 광견병, 가축전염병 등에 관한 성과를 냈는데, 2022년 논문은 일 제강점기 수역 방역을 제국의 관점에서 파악하는 데까지 시야를 넓혔다. 노성룡(2021)은 일제의 통치 정책이라는 관점에서 가축방역을 주제로 삼 았다.

이 밖에 의문화와 의료생활에 관한 연구는 최근에 나오기 시작했다. 그 중에서도 최은경의 "신문 상담란 「지상 병원」을 중심으로 본 1930년대 식 민지 조선 대중들의 신체인식과 의학 지식 수용"(2015), "조선일보 의학상담 코너 「가정의학」에서 드러난 1930년대 의학 지식의 특징"(2018)은 기존의 문학작품이 표상한 의료문화를 분석한 경향과 구별된다.

2) 의학 분야

한국 근대의학 교육에 관한 연구는 103편으로 집계되었다. 세부 내역은 〈표 1-7〉과 같다[부표 파일의 7. 의학 참조].

〈표 1-7〉 의학 교육에 관한 논저 편수

소분류	총론	제중원	공립	사립	국제	지방	교과서	합계
편수	18	8	15	29	6	8	19	103

의학 교육 관련 연구로는 1956년 일제강점기 초반 의학 교육 설계를 담 당했던 사토 고조(佐藤剛藏)의 회고적인 『조선의육사』가 발간되었지만,[44] 이 분야의 실증적인 연구는 1990년대 기창덕이 닦았다. 그는 제중원의 의학

---

44 佐藤剛藏, 『朝鮮醫育史』(茨木: セイク印刷工業主式會社, 1956).

교육, 선교의료기관의 의학 교육, 경성의학전문학교, 경성제국대학의 의학 교육, 대구와 평양 등 지방의 의학 교육, 여자 의학 교육, 한의학 교육 등을 전반적으로 꼼꼼하게 연구하여 그 결과를 기념비적인 저작 『한국근대의학 교육사』(1995)로 발표했다.[45] 비슷한 시기에 이충호는 일제강점기 의사 교육에 관한 전반적인 내용을 주제로 박사논문을 제출했으며,[46] 사토 고조의 식민지 옹호적인 시각을 논박했다. 10여 년 지난 후 박형우는 『한국근대서양의학 교육사』(2008)를 펴내 기창덕의 연구를 업그레이드했다.[47]

기관별 의학 교육에 관한 연구가 풍성했다. 세브란스의학교에 관한 것이 31편으로 가장 많았으며, 제중원 의학 교육 8편, (관립)의학교 연구가 7편으로 뒤를 잇는다. 두 학교가 각기 초기 한국 의학 교육의 두 주체였다는 점, 게다가 오늘날 각기 연세대학교, 서울대학교와 연관되거나 연관될 수 있다는 점 때문에 이 두 학교에 대한 연구가 활발했다. 세브란스의학교의 경우 출신자의 독립운동을 부각한 연구가 15편이나 차지한다. 대체로 이때 설립된 일부 의학교가 오늘날까지 이어진다는 점에서 계승에 관한 논의가 펼쳐지기도 했다. 일제강점기의 의학 교육을 의학교 개별 차원에만 국한하지 않는 연구가 등장했다. 정준영(2010)은 조선총독부가 의학 교육과 선교회 설립 세브란스의학전문학교 사이의 역동을 의료의 주도권을 쥐기 위한, 또는 빼앗기지 않기 위한 헤게모니의 관점으로 해석했다.[48] 김자중(2018)은 박사논문에서 일제강점기 의학 교육을 전문학교 교육정책 전반과 관련지어 파악했다.[49] 이 밖에 중국이나 대만 상황과 연관 지어 국내 의학 교육을

---

45 기창덕, 『한국근대의학교육사』 (아카데미아, 1995).

46 이충호, "일제침략하 의사교육 활동에 관한 연구: 1900년대 초에서 1945년까지를 중심으로", (성신여대 박사논문, 1997).

47 박형우, 『한국근대서양의학 교육사』 (청년의사, 2008).

48 정준영, "경성제국대학과 식민지 헤게모니", (서울대 박사논문, 2010).

49 김자중, "일제 강점기 전문학교에 관한 연구", (고려대 박사논문, 2018).

보는 연구도 여럿 나왔다.

의학 교육 내용의 뼈대를 이루는 의학 교육 교과서에 관한 연구도 19편 등장했다. 거의 모든 연구가 개항개화기 제중원 의학 교육에서 썼던 교과서를 대상으로 삼았다. 일본어로 된 교과서를 사용한 일제강점기와 달리, 이 시기에는 서양서이든 일본서적이든 번역하여 썼다는 점에서 여러 연구가 의학에서 '번역의 근대'에 주목했다.

〈표 1-8〉 의학학술에 관한 논저 편수

소분류	총론	연구	학교	학회지	합계
편수	3	14	12	5	34

의학학술 분야 선구적인 연구로 전종휘의 『한국급성전염병개관』(1950 초판, 1953 2판, 1965, 1975 개정3판)이 있었지만,[50] 의학 전반에 걸친 연구의 모습은 『한국의학100년사: 1884-1983』(1984)에서 선보였고,[51] 유형식의 『한국근대의학연구사: 1910-1945』(2011)에서 일단락되었다.[52] 특히 유형식의 연구는 의학용어, 일제강점기 의학연구기관으로서 각 의학교, 의학회, 의학학술지, 기초의학 연구논문, 임상의학 연구논문, 질환 및 장기별 연구논문, 의학박사 학위논문 등을 포괄적으로, 구체적으로 다뤘다. 서양의학적 학술연구는 일제강점기 때부터 시작되었는데, 연구를 수행한 학교별 연구 12편, 주제별 연구 14편으로 대별된다. 사실상 식민지 경성제대, 경성의전, 세브란스의전을 제외한 다른 곳에서는 본격적인 연구를 수행하기 힘들었다고 해도 과언이 아니다. 여인석(2004)은 세브란스의전 연구부의 설립과

---

50 전종휘, 『한국급성전염병개관』(개정3판) (최신의학사, 1975).
51 의학신보, 『한국의학100년사: 1884-1983』(의학신보사, 1984).
52 유형식, 『한국근대의학연구사: 1910-1945』(한국의학원, 2011).

정, 그곳에서 수행한 전통의학과 식물학 연구, 식생활 연구, 풍토병 연구를 잘 보여주었으며,[53] 신창건(2007)은 경성제대 의학부에서 수행한 생약 연구를 본격적으로 다뤘다.[54] 박지영은 박사논문(2019)에서 경성제대 위생학예방의학교실의 인구통계연구를 다뤘는데, 단순히 의학 내적으로 분석하는 데서 더 나아가 '경성제대 위생학예방의학교실이 인구통계의 설계와 해석에서 조선총독부보다 더 적극적으로 일본의 제국주의적 인구 관리 기획을 받아들이고, 조선총독부의 인도자 역할을 자임했다'는 거시적인 권력 관계까지 보여주었다.[55] 연구주제별로 보면, 체질이나 혈통에 관한 연구, 부인병, 폐디스토마인 지방병, 사회위생 등을 연구 대상으로 삼았다. 이 분야 연구는 체질, 부인병 연구에 내재한 민족성이라는 편견, 폐디스토마 치료를 위한 식민권력의 강요, 사회위생조사로 드러난 조선 농촌과 토막민의 열악한 건강 상태를 드러냈다. 기관별, 주제별 연구 이외에 일제강점기 학회지 자체에 대한 약간의 연구가 있었다.

3) 한의 분야

이번 조사에서 한의(韓醫) 관련 논저는 316편, 이 중 한의 일반 112편, 사상의학에 관한 것이 204편으로 집계되었다. 큰 범주를 이루는 사상의학 관련 논저는 뒤에서 따로 다룰 것이며, 여기서는 한의학 일반에 관한 내용을 다룬다. 이 외에 서양의학과 접촉면을 형성한 것을 다룬 동서의학 논쟁 20여 편의 연구가 있는데, 이는 '종합' 부분의 논의에서 살핀다.

---

53 여인석, "세브란스의전 연구부의 의학연구 활동", 『의사학』 13:2 (2004), 233-250쪽.
54 신창건, "경성제국대학에 있어서 한약연구의 성립", 『사회와 역사』 76 (2007), 105-139쪽.
55 박지영, "제국의 생명력: 경성제국대학 의학부 위생학예방의학교실의 인구통계 연구 1926-1945", (서울대 박사논문, 2019).

개항 이후 해방 이전까지 한국 근대 한의 일반에 관한 연구는 이종형의 선구적인 연구(1976)[56] 이래 현재까지 꾸준히 진행되었으며, 여기서는 〈표 1-9〉와 같이 총 131편이 집계되었다[부표 파일의 8. 한의 참조].

〈표 1-9〉 한의 일반에 관한 논저 편수

소분류	총론	제도	교육	인물	의료	학술	합계
편수	15	16	5	39	7	30	112

통사적 접근이 4편, 전반적인 상황을 다룬 것이 11편으로 집계되었다. 서양의학의 중심화와 한의학의 주변화를 정책, 제도적인 측면에서 살핀 연구도 16편 나왔다. 신동원(2002, 2003, 2008)은 식민지 한의학 정책의 확립과 이후의 수정, 더 거시적으로 조선, 대한제국, 일제 식민지, 해방 이후 한의학제도의 변천을 주권을 가진 왕조, 근대화를 시도한 대한제국, 식민지, 해방 이후 주권국가라는 네 개의 상이한 체제에 따라 달라졌는지를 종합적으로 살폈다.[57] 연세대 의학사연구소에서 펴낸 『한의학, 식민지를 앓다』 (2008)는 일제강점기 한의학 상황을 정책, 제도, 교육, 사상, 한의 유파, 매약, 한의학에 대한 조선인의 인식 등에 관한 논문을 묶었다.[58]

한의학 학술은 인물적 접근, 의서 분석으로 양분된다. 인물적 접근으로는 39편이 보이는데, 이제마 연구보다는 적지만, 한말 『소문』을 독자적으로 해석하여 부양론이라는 학설을 제창한 이규준에 관한 연구가 가장 많

56 이종형, "한국동의학사", 『한국현대문화사대계 3』 (고려대 민족문화연구소, 1976).
57 신동원, "1910년대 일제의 보건의료 정책 —한의학 정책을 중심으로—", 『한국문화』 30 (2002), 333-370쪽; 신동원, "조선총독부의 한의학 정책—1930년대 이후의 변화를 중심으로—", 『의사학』 12:2 (2003), 110-128쪽; Shin Dongwon, "How Four Different Political Systems Have Shaped the Modernization of traditional Korean Medicine between 1900 and 1960", *Historia Scientiarum* 17:3 (2008), pp. 225-241.
58 연세대 의학사연구소, 『한의학, 식민지를 앓다』 (아카넷, 2008).

은 14편이며, 일제강점기 대표적인 한의 인물인 김영훈에 관한 것이 8편으로 뒤를 잇는다. 김남일의 『근현대 한의학 인물 실록』(2011)은 개항-일제강점기 한의인물 수십 명의 삶과 행적을 드러낸 노작이다.[59] 의서를 통한 의학학술 관련 연구로는 30편이 보이며, 그 가운데 7편이 한의학 잡지에 관한 것이다. 근대적 한의교육에 관한 것은 7편밖에 보이지 않는다. 이는 일제강점기 한의학 교육의 공식적인 억제와 관련된다. 신창건(2014)은 한의계 내부가 아니라 일제의 약학 위주의 '전통의학' 연구를 동북아시아라는 맥락에서 다뤘다.[60]

2000년대 이후 한국 근대 한의학에 관한 박사논문이 출현하면서 연구가 다양화하고 깊어지는 모습을 띤다. 일제강점기 한의계 잡지에 대한 정지훈의 연구(2001), 이규준의 사상과 의학에 대한 종합적인 이규준 연구(2010)[61], 김영훈이 남긴 방대한 진료기록에 대한 김동율의 연구(2016)[62], 일제강점기 영년 의생 전반을 대상으로 한 박훈평의 연구(2016)[63], 부산 지역 의생 김광진의 사상과 의학을 다룬 박지현의 연구(2017)[64], 한의 단체의 활동을 통해 일제강점기 한의학의 상황을 구체적으로 보여준 황영원의 연구(2019)[65] 등은 특기할 만하다. 해외에서도 한국 근현대 한의학을 주제로 김종영(2005)을 필두로 김태우(2010), 나선삼(2015) 등이 인류학적 연구로 박사학위를 취득했으며, 김현구(2021)는 사상의학을 주제로 연구했다.[66]

59 김남일, 『근현대 한의학 인물 실록』, (들녘, 2011).

60 愼蒼健, "帝国における伝統医学研究の系譜-京都, 京城, 臺北, 満洲, 北京", 『神戸STS叢書』 11 (2014), 1-5쪽.

61 권오민, "석곡 이규준의 인간관과 의학론 연구", (경희대 박사논문, 2010).

62 김동율, "청강 김영훈의 진료기록 분석 연구: 병명, 병인, 처방명을 중심으로", (경희대 박사논문, 2016).

63 박훈평, "일제강점기 영년의생 연구", 『한국의사학회지』 29:1 (2016), 33-45쪽.

64 박지현, "한말 식민지기 유교 지식인 해악 김광진의 도시 이주와 의생 활동 그리고 지적 전환", (동아대 박사논문, 2017).

65 황영원, "일제하 조선 한의계와 한의학의 식민지적 근대", (고려대 박사논문, 2019).

66 Jongyoung KIM, "Hybrid Modernity: The Scientific Construction of Korean Medicine in a Global Age" (Ph. D Dissertation of University of Illinois, 2005); Taewoo Kim, "Medicine Without The Medical Gaze: Theory,

놀랍게도, 사상의학 관련 논저 204편은 전체 1,645편 가운데 단일 최다 연구주제로 나타난다. 사상의학에 관한 본격적인 첫 글은 1918년에 보이며, 가장 최근의 것은 2022년에 나온 것이다. 해방 이전에 6편, 60년대 6편, 70년대 12편, 80년대 2편에 그쳤으나, 90년대 이후 크게 증가해서 90년대 32편, 2000년대 60편, 2011년 이후 83편으로 시기별로도 꾸준히 연구 성과가 나왔다. 특히 90년대 이후 폭발적으로 증가했으며, 그 추세는 가라앉지 않고 있다. 동무 이제마가 『동의수세보원』(1894 초고, 1901 중간본)을 펴낸 이후, 한국은 근·현대를 관통하면서 사상의학이 한의학의 주요 학술, 임상 분야로 확고하게 자리잡았다. 첫 글은 이능화의 『조선불교통사』(1918)인데, 그는 이 글에서 조선말에 이르는 유교, 불교, 기독교사까지 망라하는 조선사상사의 결론에서 "사상학설인품성정(四象學說人稟性情)"을 조선사상사의 최고봉으로 평가했다.[67] 이후 『동의수세보원』은 사상체질 의학의 경전이자 사상인(四象人) 철학 경전으로 자리 매겨졌고, 연구는 의학학술, 철학, 역사 등 다방면에 걸쳐 이루어졌다. 전통으로 치부된 의학의 성행, 그것을 뒤쫓는 역사·철학·의학적 연구의 왕성이라는 현상은 전통/근대, 의학의 동/서를 어떻게 봐야 할지 좌표 설정의 과제를 안긴다. 사상의학 202편 논저의 지형은 〈표 1-10〉과 같다[부표 파일의 8. 한의 참조].

Practice and Phenomenology in Korean Medicine" (Ph.D Dissertation of State University of New York, 2010); Seonsam Na, "A Rebellion in the Korean Medicine Community: An Ethnography of Healthcare Politics in Contemporary South Korea" (Ph.D Dissertation of University of Oxford, 2015); Hyunkoo Kim, "A medicine of constitutions : Sasang medicine in contemporary South Korea" (Ph.D Dissertation of University of Oxford, 2021). 상기 논문을 발전시켜 김종영은 『하이브리드 한의학: 근대, 권력, 창조』 (돌베개, 2019)를, 김태우는 『한의원의 인류학: 몸-마음-자연을 연결하는 사유와 치유』(돌베개, 2019)를 펴냈다. 해외 박사학위 논문 중 이 종설과 직접 연관되는 김현구의 논문은 부표 파일에 추가했다.
67 이능화, "四象學說人稟性情", "高麗末世 儒風始起"(『朝鮮佛教通史』下編, 신문관, 1918).

<표 1-10> 사상의학에 관한 논저 편수

소분류	총론	원전	생애	역사	연원	사상	임상	합계
편수	27	47	10	12	44	33	29	204

사상의학 창시자인 이제마의 생애와 관련된 연구는 1929년 김병제의 "통쾌무쌍 기인편(奇人篇), 사상의학의 원조, 근대 기인 이제마 선생"[68] 이 후 총 10편이 집계되었다. 1980년대까지는 일화 위주의 서술을 못 벗어났으나, 1990년대 후반 박성식은 이제마의 가계와 생애에 대해 상세하게 살폈으며,[69] 2002년에는 김종덕·이경성·안상우 등이 '허구와 상상을 걷어낸 동무(東武)의 참모습'이라는 부제를 가진 『이제마 평전』이 나오기에 이르렀다.[70] 이제마의 저작에 대해서는 『동의수세보원』의 번역, 주해, 강의, 『격치고』, 『동무유고』 등과 관련해 46편이 집계되었다. 1980년대를 제외하고는 1960년대부터 2020년대까지 꾸준히 출간되고 있다. 안상우의 "東醫壽世保元 甲午本; 東醫壽世保元" 영인본 출간(2001)[71], 지규용의 『격치고 역해』[72](2001), 이창일의 『東武遺稿: 동무 이제마가 남긴 글』 역주(2004)[73]는 이제마가 남긴 사상의학 이해의 새로운 발판을 제공했다. 영문판 *Longevity & Life Preservation in Oriental Medicine*(1996)과 *The Essential Teachings of Sasang Medicine: An Annotated Translation of Lee Je-ma's Dongeui Susei Bowon*(2016)도 출간되었다. 『동의수세보원』의 뜻을 계승한 『동의사상신편』(1941) 같은 저술도 9편이 확인된다. 서지적 연구도 11편 나왔다.

68 김병제, "통쾌무쌍 기인편(奇人篇), 사상의학의 원조, 근대 기인 이제마 선생", 『별건곤』 22 (1929), 18-19쪽.

69 박성식, "동무 이제마의 가계와 생애에 대한 연구", 『사상의학회지』 8:1 (1996), 17-32쪽.

70 김종덕·이경성·안상우, 『이제마 평전』(한국방송출판, 2002).

71 안상우, "東醫壽世保元 甲午本. 東醫壽世保元" (영인본: 안상우, 『한국의학자료집성』 II, 한국한의학연구원, 2001).

72 지규용, 『격치고 역해』 (영림사, 2001).

73 이창일, 『東武遺稿: 동무 이제마가 남긴 글』 (청계, 1999).

사상의학의 구조, 특징 등 전반에 관한 연구는 33편으로 집계되었다. 이 중 15편이 단행본이라는 사실은 한의과대학 교재용, 사상의학에 대한 총체적인 이해, 대중과 소통을 위한 작업이 동시에 펼쳐졌음을 뜻한다. 좀 더 구체적으로 집계된 논저는 사상적 측면의 연구와 임상적 측면의 연구로 대별된다. 임상적 측면의 연구로는 기존 의학사 논문에 소개된 29편만을 여기서 집계했다. 사상의학의 구조와 성격을 이해하기 위한 연구 못지 않게, 그것의 연원에 대한 탐구가 다수(44편) 이루어졌다. 이 역시 사상적 연원과 의학적 연원으로 대별된다. 사상적으로 유교 경학, 주역, 오행론, 불교, 도교 등 다방면에서 연구된 점이 이채롭다. 이제마가 결과물로서 사상의학을 던져놓았을 뿐이지, 그것의 형성과정에 대해서는 따로 밝히지 않았기 때문에 이에 대한 다양한 해석이 나왔고, 적어도 현재까지는 그것이 수렴될 전망은 보이지 않는다.

이제마의 사상의학에 관한 의학사적 연구로는 13편이 집계되었다. 신동원(2006)은 사상의학이 하나의 학문분과로 형성되는 초창기의 상황을 밝혔다.[74] 그는 사상의학이 의학적으로 충분히 검증받지 않은 상황에서, 이제마가 기존 사상과 의학 전통을 혁신해 한국적인 의학체계를 창시했다는 국학계의 높은 평가에 힘입어 대중이나 의학계에 각인되기 시작했음을 보였다. 의학사적인 측면에서, 이기복의 박사논문 "동무 이제마(1837-1900)의 의학 사상과 실천: 동아시아 의학 전통의 재구성과 '천인성명 장부의학'의 탄생"(2016)은 특기할 만하다.[75] 사상의학의 경학적 전통과 의학적 전통을 역사적인 접근법을 써서 실증하는 논의를 펼쳐, 기존의 '주장 중심'의 연구

74 Shin Dongwon, "Nationalistic Acceptance of Sasang Medicine", *The Review of Korean Studies* 9:2 (2006), pp. 143-163.
75 이기복, "동무 이제마(1837-1900)의 의학 사상과 실천: 동아시아 의학 전통의 재구성과 '천인성명 장부의학'의 탄생", (서울대 박사논문, 2014).

를 극복하는 모습을 보이고 있기 때문이다.

4) 약 분야

한국 근대시기 약에 관한 연구는 〈표 1-11〉과 같이 61편이 집계되었다[부표 파일의 9. 약 참조].

〈표 1-11〉 약에 관한 논저 편수

소분류	약총론	제도	매약	인삼	약생활	약문화	합계
편수	1	7	16	15	3	19	61

일찍이 1934-40년 조선총독부 촉탁인 이마무라 도모(今村鞆)의 『인삼사』(전 7권)의 방대한 인삼 연구가 있었지만,[76] 국내 학자의 연구는 홍현오의 『한국약업사』(1972)[77], 권병탁의 『약령시연구』(1986)[78] 이후 본격화했다. 약에 관한 논저는 제도, 인삼, 매약, 매약 광고를 통한 사회상의 이해, 생활사적인 측면의 연구로 구분했다. 이 중 조선의 특산 약용식물인 인삼에 관한 연구가 가장 많아 15편이었다. 이는 양정필이 경제적인 측면에서 근대 인삼사에 관한 박사논문(2012)[79]을 쓴 이래 줄곧 이 주제 연구에 매진해온 데서 상당 부분 기인한다. 인삼 연구 논저 가운데 세계사적인 맥락에서 고찰한 설혜심의 작업(2020)이 돋보인다.[80] 매약에 관한 논문으로는 16편이 집계되었는데, 박윤재가 꾸준히 이 주제에 관심을 기울여왔다. 의사학계

---

76 이마무라 도모(今村鞆), 『인삼사(전 7권, 조선총독부 전매국, 1934-1940)』 (민속원, 2009).

77 홍현오, 『한국약업사』 (한독약품, 1972).

78 권병탁, 『약령시연구』 (약령시연구, 1986).

79 양정필, "근대 개성상인의 상업적 전통과 자본 축적", (연세대 박사논문, 2012).

80 설혜심, 『인삼의 세계사: 서양이 은폐한 '세계상품' 인삼을 찾아서』 (휴머니스트, 2020).

이외에도 문학, 사회학, 경제학, 예술 분야의 연구자도 이 분야에 적지 않은 관심을 기울였다. 서소영의 영문 단행본(2017)에 실린 글은 복합적인 상황을 잘 포착했다는 점에서 특기할 만하다.[81] 그는 한국인이 설립한 4개 약방 광고와 1개의 기업 광고 사례를 통해 자본주의의 도래, 일본 기업 위주 일제의 약업 정책, 신문 광고를 입체적으로 고찰해 일제강점기 매약 상황을 밝혔다. 최근에 개항기 강진의 약국 운영을 전면 분석한 김덕진의 치밀한 연구 성과(2022)가 나왔는데, 약방의 약업이 전통적인 요소를 계승하면서도 새로운 상황에 맞춰 변모하는 모습을 생생하게 포착했다.[82] 이 밖에 제도적 연구는 아직 많지 않은 편인데, 마약 정책까지 포함하여 7편이 확인된다. 마약의 경우 독립 소 범주의 성격을 띠지만, 연구 논저가 적어 따로 항목을 마련하지 않았다.

5) 전염병과 방역에 관한 연구 지형

전염병과 방역에 관한 논저는 〈표 1-12〉와 같이 총 87건으로 집계되었다 [부표 파일의 4. 전염병 참조]

〈표 1-12〉 전염병과 방역에 관한 논저 편수

소분류	총론(전염병/방역)		두창	콜레라	장티푸스	페스트	독감	피병원	합계
편수	9	19	23	17	2	7	7	3	87

---

81 Soyoung Suh, "Chapter Four Lifesaving Water: Managing the Indigenous for Medical Advertisements", in *Naming the Local: Medicine, Language, and Identity in Korea since the Fifteenth Century* (Cambridge: The Harvard University of Asia Center, 2017), pp. 105-136.

82 김덕진, 『전라도 강진 병영의 박약국 연구』 (선인, 2022).

위에서 언급했듯이 일찍이 전종휘는 1950년대부터 식민시기 이루어진 급성전염병 연구를 개괄하는 연구를 시작하여 1975년 개정3판으로 자신의 연구를 종결했으며,[83] 2009년 대한감염학회는 『한국전염병사』를 내어 이 시기 전염병의 유행과 대응을 통사로 정리했다.[84] 신동원(1996 박사논문, 1997 단행본)은 개항 이후 조선, 대한제국 정부의 전염병 관리와 방역체계 구축에 대해 종합적으로 살폈고, 박윤재는 박사논문(2002)에서 경찰 위주의 식민지 방역체계로 재편됨을 보였다.[85] 2021년 백선례는 일제강점기 식민당국의 콜레라, 장티푸스 같은 수인성 급성전염병 관리에 대한 박사논문을 제출했다.[86] 이 논문은 수인성 전염병이 상수와 밀접하게 관련되는데, 식민지 상황에서는 경제적인 사정으로 이 부분의 해결이 구조적으로 어려워서 식민당국은 예방접종을 늘이는 정책을 펼쳤으나, 그것이 크게 효과적이지 못했고 예방접종에도 민족적 차별이 존재했음을 보였다. 백선례는 석사논문(2010)으로 일제강점기 콜레라 유행으로 연구를 시작한 이후, 여러 편의 논문을 발표해오면서 이 분야 연구 영역을 넓혀왔다. 배우성은 경성의 전통적인 조선인 엘리트들이 적극적으로 나서 한방의료를 제공하는 피병원 설립 운동을 주도하는 모습을 포착함으로써 식민당국의 일방적인 방역 대책 기조 속에서도, 민족·신분을 달리하는 등 다양한 이해관계에 대한 역동적 분석의 중요성을 일깨워주었다.[87]

전염병 각론으로 들어가면, 종두법은 일찍부터 연구자가 관심을 보여온 주제로, 미키 사카에의 "조선종두사"(1935)[88], 김두종의 "우리나라의 두창의

---

83 전종휘, 『한국급성 전염병개관』 (1950 초판, 1953 2판, 1965, 1975 개정3판), (최신의학사, 1975).

84 대한감염학회, 『한국전염병사』 (군자출판사, 2009).

85 박윤재, "한말·일제 초 근대적 의학체계의 형성과 식민 지배", (연세대 박사논문, 2002).

86 백선례, "조선총독부의 급성전염병 예방 대책 변화—수인성 전염병을 중심으로", (한양대 박사논문, 2021).

87 배우성, 1920년대 피병원 건립 캠페인과 경성 조선인사회 ─ 조선후기적 관성과 식민지 시기의 단면 ─, 『서울학연구』 56 (2014), 37-79쪽.

88 三木榮, 『朝鮮種痘史』(『東京醫事新誌』 第2928, 2933, 2936號 拔冊) (1935).

유행과 종두법의 실시"(1956)[89]가 있었으며, 이들은 개항 이후 지석영을 비롯한 주요 인물의 종두법 시술을 알려주었다. 신동원은 박사논문(1996)에서 1880년대 중반 이후 조선 정부의 전 국민 대상 의무접종 활동을 보여줌으로써 그간 인물 중심의 차원을 넘어 국가 정책의 일환으로 종두법이 추진되었음을 밝혔으며, "한국 우두법의 정치학: 계몽된 근대인가? 근대의 계몽인가?"(2000)에서는 우두법의 기준으로 인두법을 낮추어 평가하고, 무속적 치료를 미신으로 치부하는 데 식민주의적, 근대주의적 편견이 작동했음을 보이고자 했다.[90] 박윤재는 대한제국기 종두의양성소(2009), 또 식민시기 조선총독부의 두창 대책(2012)을 밝혔다.[91] 최규진은 박사논문(2014)에서 조선과 대만을 대상으로 한 일제의 종두 대책을 비교함으로써 일제의 식민정책을 국제적 시각에서 파악할 수 있도록 해주었다.[92]

콜레라 유행에 대해서는 신동원의 개화기 대상 연구(1989, 1996)가 있었고,[93] 박윤재는 두 편의 영문 논문(2005, 2010)에서 경찰 위주 일제의 콜레라 방역 대책을 살폈다.[94] 이규원(2021)은 1907년도 통감부 주도 콜레라 방역에 대해,[95] 백선례(2011)는 3·1운동 직후인 1919-20년 콜레라 유행에 대해 심화 연구를 수행했다.[96] 정준호(2022)는 콜레라 방역과 관련해 그간의

---

89 김두종, "우리나라의 두창의 유행과 종두법의 실시", 『서울대학교논문집 인문사회학편』 4 (1956), 31-76쪽.

90 신동원, "한국 근대보건의료체제의 형성, 1876-1910", (서울대 박사논문, 1996); 신동원, "한국 우두법의 정치학: 계몽된 근대인가?, 근대의 계몽인가?", 『한국과학사학회지』 22:2 (2000), 149-169쪽.

91 박윤재, "대한제국기 종두의양성소의 설립과 활동", 『한국학』(구 정신문화연구) 32:4 (2009), 29-54쪽; 박윤재, "조선총독부의 우두정책과 두창의 지속", 『의사학』 21:3 (2012), 377-401쪽.

92 최규진, "종두정책을 통해 본 일제의 식민 통치: 조선과 대만을 중심으로" (서울대 박사논문, 2014).

93 신동원, "조선말의 콜레라 유행, 1821-1910", 『한국과학사학회지』 11:1 (1989), 53-86쪽; 신동원, "한국 근대보건의료체제의 형성, 1876-1910", (1996).

94 Park Yunjae, "Anti-Cholera Measures by the Japanese Colonial Government and the Reaction of Koreans in the Early 1920s", The Review of Korean Studies 8:4 (2005), pp. 169-186; Park Yunjae, "Sanitizing Korea: Anti-Cholera Activities of the Police in Early Colonial Korea", Seoul Journal of Korean Studies 23:2 (2010), pp. 151-171.

95 이규원, "1907년 한국의 콜레라 유행과 식민지 방역 체계의 형성", 『의사학』 30:3 (2021), 547-578쪽.

96 백선례, "1919·20년 식민지 조선의 콜레라 유행과 방역활동", (한양대 석사논문, 2011).

식민 방역정책 위주의 연구 경향을 벗어나 초국적 맥락을 보여주었다.[97] 일제는 조선에서 실시한 대규모 콜레라 예방접종 데이터를 제시하면서, 국제사회에서 일본의 위상을 높이는 데 활용했다.

1918년 인플루엔자 유행에 대해서는 천명선(2007), 백선례(2011), 임채성 (2011) 등의 연구가 나왔다.[98] 임채성의 영문 논문은 조선총독부의 민족차별 정책, 경찰 위주 방역의 실패, 쌀값 폭등 같은 경제 혼란이 겹쳐 반(反)식민지적 분위기가 3·1운동 이면에 팽배해 있었음을 보였다. 이 밖에 페스트 유행에 대해서는 신규환의 일련의 연구가 돋보였는데, 2020년『페스트 제국의 탄생: 제3차 페스트 팬데믹과 동아시아』라는 묵직한 연구서 출간으로 귀결되었다.[99]

6) 질병에 관한 연구 지형

한국 근대기 급성전염병 이외의 여러 질병이 존재했으며, 이에 대한 연구 논저가 출현했다. 여기에는 이전에는 개인 차원의 질병에 그쳤지만, 격리 통제, 도시환경의 악화, 매춘의 만연 등의 이유로 사회적인 성격을 강하게 띤 한센병·결핵·성병 같은 만성전염병이 포함된다. 의학자들이 종족적 특성이 작용했을 것으로 의심한 정신병도 사회적 성격을 띠었다. 이 밖에 학질(말라리아)이나 기생충병도 국내에 만연해 있었다. 이 분야 연구 논저로는 〈표 1-13〉에서처럼 총론 13편, 병문화 10편, 한센병 43편, 결핵 24편, 성

---

97 정준호, "제국의 실험실: 일제강점기 한반도의 콜레라 백신 접종과 1926년 국제위생회의",『한국과학사학회지』44:1 (2022), 143-169쪽.

98 천명선·양일석, "1918년 한국 내 인플루엔자 유행의 양상과 연구 현황: 스코필드 박사의 논문을 중심으로",『의사학』16:2 (2007), 177-191쪽; 백선례, "1919·20년 식민지 조선의 콜레라 유행과 방역활동", (한양대 석사논문, 2011); Chaisung Lim, "The Pandemic of the Spanish Influenza in Colonial Korea", *Korea Journal* 51:4 (2011), pp. 59-88.

99 신규환,『페스트 제국의 탄생 : 제3차 페스트 팬데믹과 동아시아』(역사공간, 2020).

병 10편, 정신병 10편, 기타(학질, 장내기생충, 암, 화병) 5편이 집계되었다[부표 파일의 5. 질병 참조].

⟨표 1-13⟩ 질병에 관한 논저 편수

소분류	병총론	병문화	한센병	결핵	성병	정신병	기타	합계
편수	13	10	43	24	10	10	5	115

개항 이후 조선인이 앓던 전반적인 질병 양상은, 제중원이라는 단일 병원 환자라는 제한성이 있기는 하지만, 여기에 근무한 서양인 의사가 남긴 두 개의 보고서(1886, 1901년도)를 통해서 어느 정도 가늠할 수 있는데, 1886년도 보고서에 대해서는 일찍이 1947년 최동의 발췌 번역[100]으로 소개된 바 있지만, 1999년 박형우·여인석이 전체 내용을 소개함으로써 다시 연구의 수면으로 올라왔다.[101] 장근호·최규진(2019)은 이전의 연구자가 주목하지 않았던 1901년도 보고서에 실린 질병까지 대상으로 삼아 질병 양상을 전면 분석했다.[102] 한국 근대기 질병 병명과 범주 전반에 대해서는 신동원의 『호환 마마 천연두』(2012)에서 다뤘다.[103] 그는 1886년도 제중원 환자 분류, 1913년 조선총독부의 '내선병명대조표(內鮮病名對照表)'를 통해 이 시기 병명과 범주에 대해 살폈다. 개항 이전 민간과 한의학의 질병 분류, 개항 이전 최한기의 서양의학 분류와 비교하여 전근대와 근대의 연속과 단절이라는 측면도 함께 살폈다. 2000년대 이후 한국 근현대소설, 교과서,

---

100 알렌 저, 최동 역, "조선왕실병원 제1년도 보고서(1886년도)", 『조선의보』 1:7·8 (1947), 104-108쪽.

101 박형우·여인석, "제중원 일차년도 보고서", 『연세의사학』 3:1 (1999), 1-44쪽.

102 이 두 보고서에 실린 연구에 대해서는 장근호·최규진, "서양인 의사의 눈으로 본 한국인의 질병: '조선정부병원 제1차년도 보고서'(1886년)와 '대한제국병원 연례보고서'(1901년)를 중심으로", 『역사연구』 36 (2019), 48쪽의 주)7을 참조할 것.

103 신동원, 『호환 마마 천연두』 (돌베개, 2012).

신문 매체 등에 표상된 질병 표상에 대한 연구가 꾸준히 이루어졌는데, 한순미(2016)는 이때까지 이루어진 한국 근현대소설 속 질병 연구 쟁점과 흐름 전반을 살폈다.[104]

한센병(나병)에 대한 연구는 일찍부터 시작되어 총 38편의 논문이 집계되었다. 한센병 수용 병원인 소록도에 관한 기관 내부적인 연구(1979, 1988)가 있었지만,[105] 이 병의 사회적인 성격에 대해서는 1990년대 들어 본격화했다. 정근식이 격리, 차별 위주 식민지 한센 정책, 제도에 관한 전반적인 연구의 포문을 열었다면, 김재형이 소외자로서 한센병 환자들의 삶에 대한 부분까지 연구를 심화했다. 김재형의 박사논문 "한센인의 격리제도와 낙인, 차별에 관한 연구"(2019)는 한센병에 대한 차별 대응이 근대적인 것으로 의학적, 공중보건학적 지식 이외의 제국주의·인종주의 등 정치적 요인이 개입되었다는 점, 세계적으로 격리의 주장만 있었던 것은 아니지만 식민시기에는 격리 위주의 정책을 채택한 결과 낙인과 차별이 더욱 강화되었다는 점, 식민정책이 단순히 당국만이 결정한 것이 아니라, 이들의 격리가 사회의 발전이라는 일반사회의 강고한 뒷받침이 있었다는 점, 이들에 대한 격리가 복지가 아닌 실제 예산 절감 위주로서 인간적인 기본권의 침해를 특징으로 했다는 점 등을 종합적으로 밝혔다.[106] 한순미 등 문학작품을 대상으로 한 여러 연구는 한센병 환자의 내면과 사회의 인식을 포착해냈다.

결핵에 관한 연구는 29편 집계되었다. 대한결핵협회의 두툼한 『한국결핵사』(1998)[107] 이후 박윤재(2008)의 조선총독부의 정책이 있었고,[108] 더욱 본

---

104 한순미, "한국 근현대소설 속 질병 연구 쟁점과 흐름(1)", 『한국언어문학』 98 (2016), 255-301쪽.
105 심전황, 『소록도 반세기』 (전남일보출판국, 1979); 대한나관리협회, 『한국나병사』 (대한나관리협회, 1988).
106 김재형, "한센인의 격리제도와 낙인, 차별에 관한 연구", (서울대 박사논문, 2019).
107 대한결핵협회, 『한국결핵사』 (대한결핵협회, 1998).
108 박윤재, "조선총독부의 결핵 인식과 대책", 『한국근현대사연구』 47 (2008), 216-234쪽.

격적으로 최은경의 박사논문 "일제강점기 조선 사회 결핵 유행과 대응에 관한 연구"(2011)[109]로 나타났다. 이 논문에서는 일제강점기 결핵에 대한 대응을 식민당국의 정책, 의학계, 선교계, 사회담론 등을 종합적으로 살폈는데, 결핵이 크게 증가하고 있었음에도 이에 대한 식민당국의 급성전염병 방역 대책이 별 효과가 없었고, 일본 본토에서와 마찬가지로 적극적인 대책이 펼쳐지지 않았음을 보였다. 그는 2019년의 연구에서 신체의 피로를 뜻하는 전통적인 용어가 세균설을 함축한 결핵이라는 용어로 변천한 것을 꼼꼼히 연구했다.[110] 이는 전통적인 학질 개념이 새로운 말라리아로 바뀌는 과정을 밝힌 여인석의 연구(2011)[111]와 함께 병명의 근대적 변화를 잘 보여준 사례 연구였다. 이 밖에 식민지 지식인의 표상으로서 문학작품에 실린 결핵에 관한 연구도 8편 확인된다.

7) 위생에 관한 연구 지형

위생 분야 논저는 총 188편이 집계되었다. 그것은 위생총론, 위생제도, 위생론, 각종 위생 분야, 도시위생, 위생문화, 민속치병 등으로 구성된다[부표 파일의 3. 위생 참조].

〈표 1-14〉 위생에 관한 논저 편수

소분류	총론	제도	위생론	위생학	분야	도시위생	문화	민속치병	합계
편수	6	26	32	9	13	75	9	18	188

109 최은경, "일제강점기 조선 사회 결핵 유행과 대응에 관한 연구", (서울대 박사논문, 2011).
110 최은경, "개항 후 서양의학 도입과 '결핵' 용어의 변천", 『계몽의 기획과 신체』 (선인, 2019).
111 여인석, "학질에서 말라리아로: 한국 근대 말라리아의 역사(1876-1945)", 『의사학』 20:1 (2011), 53-82쪽.

한국 근대 위생에 관한 연구는 손정목(1979, 1982)[112]의 도시사 연구의 일환으로 위생 상태에 관한 것이 포괄되면서 이 분야에 대한 학계의 관심이 시작되었다. 위생제도 전반에 관해서는 신동원이 박사논문(1996)에서 개항 이후 일제강점까지 위생제도를 종합적으로 고찰했으며, 박윤재는 박사논문(2002)에서 식민 초기 위생정책, 제도 형성을 밝혔다. 정근식(2011)은 "식민지 위생경찰의 형성과 변화, 그리고 유산: 식민지 통치성의 시각에서"라는 논문에서 경찰·헌병 위주 식민지 위생제도의 운영을 본격적으로 밝혔으며,[113] 마쓰다 도시히코(2020)는 식민시기 경찰위생행정을 더 넓은 경찰의 지배라는 맥락에서 살폈다.[114] 정승진, 마쓰모토 다케노리(2018)는 위생제도가 호남이라는 지방에서 어떻게 미시적으로 작동했는지 꼼꼼하게 밝혔다.[115] 이 밖에 일본 자체의 위생에 대한 연구도 여러 편 나왔는데, 한국의 상황과 비교, 고찰할 수 있는 터전을 제시했다.

위생론에 관해서도 신동원과 박윤재가 여러 편의 논문을 발표했으며, 최근에 청암대 재일코리안연구소에서 펴낸 편저(2021)에서는 조선총독부 발행 교과서의 내용 분석을 통해 식민시기 보건·위생론을 분석했으며,[116] 신규환(2022)은 동아시아적 맥락에서 위생 개념을 짚었다.[117] 위생 지식의 원천으로서 식민지 조선에서 이루어진 과학 연구를 대상으로 삼았다는 점에서 박지영의 연구 "식민지 공중위생 지식의 형성과 그 유산: 위생시험실

---

112 손정목, "개항기 도시시설의 도입과정: 청소 및 위생", 『도시문제』 14:8 (1979), 83-95쪽; 손정목, 『(한국 개항기) 도시사회경제사연구』, (일지사, 1982).

113 정근식, "식민지 위생경찰의 형성과 변화, 그리고 유산: 식민지 통치성의 시각에서", 『사회와 역사』(구 한국사회사학회논문집) 90 (2011), 221-270쪽.

114 마쓰다 도시히코, 『일본의 조선 식민지 지배와 경찰 : 1905~1945』, (경인문화사, 2020).

115 정승진·마쓰모토 다케노리, "호남 지역의 위생·의료문제: 일제 '위생규율'의 식민지 지역사회에 대한 침투와 한계", 『의사학』 27:3 (2018), 357-395쪽.

116 청암대 재일코리안연구소, "건강 담론과 사회정책", 『건강 담론과 사회정책』, (선인, 2021).

117 신규환, "근대 동아시아 위생 개념의 확산과 공공의료 담론의 형성", 『의사학』 31:3 (2022), 613-646쪽.

의 활동을 중심으로"(2022)가 주목된다.[118] 이 밖에 위생 각 분야에 대해서는 식품·이발·장묘·사회사업 등에 관한 논저가 발표되었고, 현재환(2022)의 위생 마스크에 관한 논문[119]은 우리가 겪고 있는 코로나 상황이 촉발한 연구라 볼 수 있다.

도시위생이라는 주제는 한국 근대 위생 관련 연구를 촉발했을 뿐만 아니라 가장 많이 연구되었다. 활발하게 이루어진 이 분야 연구 전반에 대해서는 머리말에서 언급했듯이 박윤재(2020)가 이미 정리한 바 있다.[120] 도시위생에 관해서는 주거환경 조건이나 상수도·오물처리·목욕탕 설치 등에 관한 연구도 나왔지만, 특정한 도시공간을 대상으로 한 연구가 집중적으로 이루어졌다. 서울을 대상으로 한 것과 지방을 대상으로 한 연구가 대략 절반씩을 이룬다. 도시위생 연구는 사람들이 사는 생활공간인 도시를 다룬다는 점에서 다양한 주민의 활동을 입체적으로 살필 수 있고, 국가권력과 주민, 주민 사이의 이해가 발현된다는 점에서 역동성을 보여줄 수 있기 때문이었다. 토드 헨리(Todd A. Henry)의 박사논문(2014, 국내번역본 2020)은 서울이라는 공간에서 상수도 설치 등 '위생'을 둘러싸고 식민권력, 일본인, 한국인 엘리트, 일반주민의 이해관계가 충돌했고, 그런 가운데에서 서울이라는 도시의 위생화가 진전되었음을 보여줌으로써 한·일 민족의 차별이라는 단선적인 시각을 넘어설 수 있었다.[121] 서울의 하층민인 토막민의 위생상(2010), 농촌의 위생상을 담은 두 책자가 번역된 사실(2008)도 구체적인

---

118 박지영, "식민지 공중위생 지식의 형성과 그 유산: 위생시험실의 활동을 중심으로", 『의사학』 31:2 (2022), 429-465쪽.
119 현재환, "일제강점기 위생 마스크의 등장과 정착", 『의사학』 31:1 (2022), 181-220쪽.
120 박윤재, "한국 근현대 도시위생사 연구의 성과와 전망", 『도시연구』 23 (2020), 7-33쪽.
121 Todd A. Henry, *Assimilating Seoul: Japanese Rule and the Politics of Public Space in Colonial Korea, 1910-1945* (Berkeley, Los Angeles & London: University of California Press, 2014); 토드 A. 헨리 저, 김백영·정준영·이향아·이연경 역, 『서울, 권력 도시─일본 식민 지배와 공공 공간의 생활 정치』 (산처럼, 2020).

상황을 읽게 해준다는 점에서 주목할 필요가 있다.[122]

이 밖에 위생문화의 근대적인 표상에 대한 연구가 문학, 예술작품 분석을 통해 이루어졌으며, 일본이 식민통치를 정당화하기 위해 한국인의 낮은 위생관념을 비난할 목적으로 수행된 '미신적' 치병 조사에 대한 연구도 계속 수행되었다. 원보영·한지원·황익구 등이 이 분야 연구를 개척했다.

8) 신체에 관한 연구 지형

신체를 대상으로 한 논저는 총 139편으로 집계되었다. 세부 내역으로는 〈표 1-15〉처럼 신체관 24편, 신체규율 12편, 건강 32편, 체육 11편, 우생 17편, 성 25편, 소아 8편, 장애 6편, 죽음 4편 등과 같다[부표 파일의 2. 신체 참조].

〈표 1-15〉 신체에 관한 논저 편수

소분류	신체관	신체규율	건강	체육	우생	성	소아	장애	죽음	합계
편수	24	12	32	11	17	25	8	6	4	139

이 분야에 대한 연구는 1990년대 들어 시작되었다. 1996년 신동원의 박사논문에서는 1896년도에 단행된 단발령을 둘러싸고 전통적인 몸과 근대적인 위생-신체관의 충돌을 살피고, 같은 해 김진균·정근식이 "한국에서의 '근대적 주체'의 형성—식민지체제와 학교 규율"(1996)을 발표했지만,[123]

---

122 조선농촌사회위생조사회 저, 임경택 역, 『조선의 농촌위생: 경상남도 달리의 사회위생학적 조사』 (국립민속박물관, 2008); 경성제국대학위생조사부 저, 박현숙 역, 『토막민의 생활과 위생: 1940년, 경성의 풍경』 (민속원, 2010).

123 김진균·정근식·강이수, "한국에서의 '근대적 주체'의 형성—식민지체제와 학교 규율", 『경제와 사회』 32 (1996), 106-140쪽.

이듬해 나온 김진균·정근식의 편저『근대주체와 식민지 규율권력』(1997)이 푸코가 제기한 신체-권력이라는 관점에 따른 국내 연구 활성화의 기점이 되었다.[124] 이 책에서는 노동·학교·의료·가정·사회사업 등 제반 분야에서 규율화가 진행되었고, 그것을 근대적 특징으로 읽어냈다. 여기서 조형근은 "식민지체제와 의료적 규율화"를 폭넓게 다뤘다.

근대적 신체관의 탄생과 관련해서는 이영아의 연구가 주목된다. 그는 "신소설에 나타난 육체 인식과 형상화 방식 연구"(2005)라는 박사논문을 썼고,[125] 사료 범위를 신문, 잡지까지 넓혀『육체의 탄생—몸, 그 안에 새겨진 근대의 자국』(2008)이라는 단행본을 펴냈다.[126] 이 책은 몸의 탄생, 몸 공부하기, 몸 관리하기, 몸 이야기하기, 몸 욕망하기라는 주제로 전통적인 신체관이 새로운 것으로 바뀌었는지를 상세하게 밝힌 역작이었다. 이후 고미숙(2014)은 '위생의 시대'에 초점을 맞추어 개화기 새로운 서양병리학에 입각해 새롭게 형성된 신체관에 대해, 권창규(2014)는 건강·위생이 식민시기에 형성된 출세·교양·섹스·애국 같은 것과 나란히 하는 중요한 코드라는 인식에 따른 연구였다.[127] 철학적인 관점에서 전통적인 몸/근대적인 신체 전반에 대해서는 강신익이『(동과 서, 전통과 현대의 눈으로 본) 몸의 역사 몸의 문화』(2007)에서 성찰적으로 다뤘다.[128] 이 밖에 한국 근대 신체에 관한 종합적인 연구로는 신체·건강·의학 등 여러 측면을 동시에 고찰할 수 있도록 한 2019년 이후 청암대 재일코리안연구소에서 펴낸 3권의 편저와 3권의 자료집이 출간되었다.[129]

124 김진균, 정근식,『근대주체와 식민지 규율권력』(문화과학사, 1997).
125 이영아, "신소설에 나타난 육체 인식과 형상화 방식 연구" (서울대 박사논문, 2005).
126 이영아,『육체의 탄생: 몸, 그 안에 새겨진 근대의 자국』(민음사, 2008).
127 고미숙,『위생의 시대: 병리학과 근대적 신체의 탄생』(북드라망, 2014); 권창규,『상품의 시대: 출세·교양·건강·섹스·애국 다섯 가지 키워드로 본 한국 소비 사회의 기원』(민음사, 2014).
128 강신익,『(동과 서, 전통과 현대의 눈으로 본) 몸의 역사 몸의 문화』(휴머니스트, 2007).
129 청암대 재일코리안연구소,『지식장의 변동과 공중위생』(선인, 2019); 청암대 재일코리안연구소,『지식의

각론으로 들어가면, 건강에 관한 논저는 건강 상태와 신체검사를 다룬 것이 20편으로 가장 많은데, 인구와 건강 관련 통계, 신장, 체력과 발육, 노동자, 농민의 건강 상태 등에 관한 연구가 다수를 이뤘다. 이 밖에 건강 담론에 관한 연구 9편, 건강증진운동에 관한 연구가 3편 보인다. 체육 분야를 보면, 1990년대부터 체육학계에서 개화기 근대 신체관의 도입과 함께 생겨난 체육 담론에 대해 관심을 보여왔다. 우생학 분야 연구 논저는 주로 식민시기에 형성된 민족성을 따지거나 인종 또는 민족 개량의 구호와 함께 나타났음을 다뤘다. 성에 대한 논저는 신체-정치의 하나로서 성의 정치학을 파악한 연구, 근대적 섹슈얼리티의 형성, 출산·낙태·모성에 관한 연구 등이 나왔다. 이 밖에 소아의 발육, 어린이 이미지 형성, 장애인 형상화, 죽음을 다룬 논문도 여럿 발표되었다.

9) 종합적인 연구의 지형

여기서는 통시적 고찰, 서지적 연구와 함께 전 분야를 포괄적으로 살피거나, 위생·의료 등 두 개 이상의 영역을 가로지른 연구를 살피고자 한다. 〈표 1-16〉과 같이 그것은 총 121편이며, 통시적 고찰 26편, 서지적 연구 23편, 총론 48편, 제도 23편으로 나타난다[부표 파일의 1. 종합 참조].

〈표 1-16〉 종합 연구에 관한 논저 편수

소분류	통사	서지	제도	총론	합계
편수	26	23	23	48	121

변동과 공중위생』 (선인, 2021); 『건강담론과 사회정책』, (선인, 2021); 청암대 재일코리안연구소, 『근대 건강담론과 신체 자료집 1』 (선인, 2019); 청암대 재일코리안연구소, 『근대 건강담론과 신체 자료집 2.3』 (선인, 2021).

통시적 고찰에 관한 논저를 보면, 1960년 김두종이 전 시기에 걸쳐 서양의학 수용 전반에 대해 예비적으로 고찰했으며, 그것은 『한국의학사』(1966)[130]와 『한국의학문화대연표』(1966)[131]에 담겼다. 미키 사카에도 통사 (1963)와 연표(1985)에서 조선말, 한말 시기의 의료·의학 상황에 대해 간단히 서술했다.[132] 북한에서는 홍순원이 이 시기 보건의료에 관한 본격적인 통사인 『조선보건사』(1981)[133]를 냈고, 남한에서는 전종휘의 『우리나라 현대의학 그 첫 세기』(1987)[134], 『한국현대의학사』[135]가 출간되어 한국 근대의학의 시기별 파악이 가능해졌다. 2001년 김신근은 『한국의약사(韓國醫藥事)』에서 법전류(法典類) 사료 위주로 한국 근대보건의료제도 전반을 보여주었다.[136] 2004년 신동원은 『호열자. 조선을 습격하다—몸과 의학의 한국사』에서 전 시기 한국 보건의료의 흐름에서 이 시기를 살폈으며,[137] 2012년 여인석·신규환·박윤형·박윤재 등은 『한국의학사』에서 한국 근대의료사 통사를 깔끔하게 정리했다.[138] 의사학 연구 성과가 쌓이면서 2000년대 후반부터 일반 한국사의 맥락에서 한국 근대의사학을 자리매김하는 작업도 계속되고 있다.

이 시기를 다룬 연구사에 관한 내용은 직접적으로 한국 근대의사학을 다룬 것 이외에도, 2010년대 이후 중국의료사, 일본의료사, 서양의학사, 의료인류학, 의료사회학 분야에 대한 여러 연구사 논문이 나왔다.[139] 한국 근

---

130 김두종, 『한국의학사』 (탐구당, 1966).

131 김두종, 『한국의학문화대연표』 (탐구당, 1966).

132 三木榮, 『朝鮮醫學史及疾病史』 (大阪: 富士精版印刷, 1963).

133 三木榮, 『朝鮮醫事年表』 (京都: 思文閣, 1985).

134 전종휘, 『우리나라 현대의학 그 첫 세기』 (최신의학사, 1987).

135 대한의학회, 『한국현대의학사』 (대한의학회, 1988).

136 김신근, 『한국의약사(韓國醫藥事)』 (서울대 출판부, 2001).

137 신동원, 『호열자. 조선을 습격하다—몸과 의학의 한국사』 (역사비평사, 2004).

138 여인석·이현숙·김성수·신규환·박윤형·박윤재, 『한국의학사』 (대한의사협회 의료정책연구소, 2012).

139 신규환, "동아시아 의학사 연구의 동향과 전망", 『의사학』 19:1 (2010), 69-87쪽; 김정란, "일본 사회사 무

대의사학적 논의를 국제적, 연관 학문적 맥락에서 살피게 해준다는 점에서 이런 연구사 정리는 국내 연구의 성장을 반영한 것으로 매우 값진 것이었다. 한국 의사학 연구를 개척한 양대 인물인 김두종, 미키 사카에에 대한 연구도 여러 편 선보였다.

의료제도에 관한 연구를 보면, 신동원은 석사논문(1986)에서 식민시기 보건의료정책과 제도에 대해,[140] 박사논문(1996)에서는 개화기 국가보건의료체계의 형성을 연구했다. 박윤재는 박사논문(2002)에서 통감부 설치 이후 식민 초기 '의학체계'의 형성과 식민지배 구조를 밝혔다. 신규환(2007)은 중국 제도와 비교의 맥락에서,[141] 박윤재·신규환·김영수(2016) 등은 한국 국가제도의 역사라는 관점에서 시기 의료체계를 검토했다.[142] 이렇게 국가체제를 중심으로 살핌으로써 일본·선교의 등 서양의학 운반자 중심의 관점과 다른 구조적인 해석이 가능해졌다. 이 종설이 다루는 모든 범주를 총괄해서 보면, 선교라는 용어가 들어간 논저 편수는 대략 202편(의사인물 156, 병원 26, 의료총론 19, 방역 1)로 집계되나 선교가 관련된 제중원이나 세브란스까지 확대해서 보면 전체 숫자는 이보다 훨씬 많아진다. 선교의료가

엇을 할 것인가—의학사를 중심으로", 『일본역사연구』 40 (2014), 139-180쪽; 이상덕, "영미 의료사의 연구동향: 1990-2020』 『역사학연구』 77 (2020), 51-85쪽; 유연실, "중국 근현대 의료사 연구의 새로운 흐름과 전망", 77 (2020), 1-49쪽; 김태우, "의료인류학의 연구동향과 전망: 개념의 전개와 의료사와의 접점을 중심으로", 『의사학』 29:2 (2020), 903-958쪽; 이향아, "의료사회학의 연구동향과 전망: 개념의 전개와 의료사와의 접점을 중심으로", 『의사학』 29:2 (2020), 843-902쪽; 김대기, "중국 의학사 연구동향과 전망: 융합·소통을 통한 의학사 연구의 다원화", 『의사학』 29:2 (2020), 735-782쪽; 이현주, "서양의학사 연구 동향과 전망, 2011~2020: 연구주제의 확장과 새로운 방법론의 모색", 『의사학』 29:2 (2020), 783-842쪽; 박윤재, "한국근현대의료사 연구동향과 전망", 『의사학』 29:2 (2020), 425-463쪽; 김영수, "일본 의료사의 연구동향과 전망—개념 정의와 근대 의료사 연구를 중심으로, 『의사학』 29:2 (2020), 465-501쪽. 2020년도 『의사학』, 『역사학연구』에 실린 연구사 동향은 김대기 외 10인, 『의료사 연구의 현황과 과제』 (모시는 사람들, 2021)라는 단행본으로 엮여 나왔다.

140 신동원, "일제의 보건의료 정책 및 한국인의 건강상태에 관한 연구", (서울대 석사논문, 1986).

141 신규환, "병존과 절충의 이중주 —일제하 한의학의 서양의학 인식과 수용—", 『역사교육』 101 (2007), 227-256쪽.

142 박윤재·신규환·김영수 외, 『한국 근대의학의 탄생과 국가』 (역사공간, 2016).

한국 근대의료를 풍성하게 해주었다는 주장은 이런 다수 논문 편수로도 입증된다고 할 수 있겠다. 선교의 부각 이면에는 본격적인 서양의학 전공자가 식민시기에 형성되기 시작했다는 점, 식민시기에 한국인 의사 양성이 억제되고, 그들의 영역이 정치적, 학문적 영역에서 배제되어 위축된 현실이 자리잡고 있다.

이 시기 의료의 근대성에 관한 논의는 2000년대의 화두였다. 주로 개화기를 대상으로 했는데, 고미숙(2001)은 '민족·섹슈얼리티·병리학'이라는 관점에서,[143] 이종찬(2002)은 오리엔탈리즘의 관점에서,[144] 조현범(2003)은 문명과 야만이라는 관점에서 살폈다.[145] 김윤성(2004)은 근대의학의 양대 수로인 의료선교와 식민의료의 이면에는 근대적인 속성이 있지만 그것이 제국주의와 시민지성이 내재된 것임을 지적했다.[146]

서양문물과 접촉하면서 생겨난 것과 관련하여 전통적인 한의학 사이의 상호 관계가 형성되었다. 이에 대해서는 1996년 이종찬·기창덕의 연구, 임병묵의 1930년대 한의학 부흥 논쟁 검토,[147] 정근식의 일제하 서양의료체계의 헤게모니 형성과 동서의학 논쟁 등의 연구[148] 이후 20편의 연구가 나왔다. 대체로 한의학이 서양의학을 수용하는 연구가 많았지만, 여인석은 "한말과 일제시기 선교의사들의 전통의학 인식과 연구"(2006)[149], "서양의학의 한의학 인식과 수용"(2008)[150]을 통해 반대의 사례가 있었음도 보여주었

143 고미숙, 『한국의 근대성, 그 기원을 찾아서: 민족·섹슈얼리티·병리학』 (책세상, 2001).
144 이종찬, "의와 오리엔탈리즘: 개화기 조선을 중심으로", 『의사학』 11:1 (2002), 49-64쪽.
145 조현범, 『문명과 야만: 타자의 시선으로 본 19세기 조선』 (책세상, 2003).
146 김윤성, "몸, 질병, 근대성: 근대의학과 개항기 한국사회", 『한신인문학연구』 5 (2004), 283-312쪽.
147 임병묵, "1930년대 한의학 복흥 논쟁", (서울대 석사논문, 1996).
148 정근식, "일제하 서양 의료 체계의 헤게모니 형성과 동서 의학 논쟁", 『한국사회사학회 논문집』 50 (1996), 270-327쪽.
149 여인석, "한말과 일제시기 선교의사들의 전통의학 인식과 연구", 『의사학』 15:1 (2006), 1-21쪽.
150 여인석, "서양의학의 한의학 인식과 수용", 『한의학, 식민지를 앓다』 (아카넷, 2008).

다. 이 밖에 중국의 사례 3편(이종찬:2003, 조정은:2015, 조홍균:2020)[151]도 나왔고, 선교의의 한의학 차원을 넘어 전통적인 치유 전반을 검토한 김윤성의 연구(1995)도 있었다.[152] 최근의 두 연구 오재근의 "대구 의생 김광진의 동서의학 절충"(2016),[153] 박지현의 "일제시기 의생의 양방 치료에 대한 식민권력의 인식과 대응"은 개념적 차원을 넘어 실제 행위를 분석했다는 점에서 주목된다.[154]

4. 에필로그

이 종설이 대상으로 삼은 1,645편의 논저를 생산해낸 저자는 832명에 달한다. 편수별 연구자 통계는 다음 표와 같다. 저자별로 보면, 1편만 낸 저자가 595명이며, 이를 제외한 237명이 의사학 분야에 연속적인 관심을 가진 연구자다. 이 중 3편 이상 생산한 106명은 본격적인 연구자로, 4~9편 연구자 66명과 10편 이상 연구자 22명은 이 분야를 자신의 주력 연구 분야로 삼은 연구자로 간주해도 무방할 것이다.[155] 이런 사실은 의사학 분야가 몇

151 이종찬, "근대 중국에서 의학의 문화적 헤게모니: 근대화론자와 신전통주의자 사이의 논쟁을 중심으로, 1900년대~1930년대", 『의사학』 12:1 (2003), 13-33쪽; 조정은, "의료선교사의 중의학에 대한 인식: 박의회보(博醫會報)를 중심으로(1887-1932)", 『의사학』 24:1 (2015), 163-194쪽; 조홍균, 『근대 중국 동서의학 논쟁사』(집문당, 2020).
152 김윤성, "선교사와 한국의 전통 치유체계-민간신앙과 한의학에 대한 그들의 비판 매커니즘-", 『한국보건사학회지』 3:1 (1995), 17-30.
153 오재근, "대구 의생 김광진의 동서의학 절충 그리고 한의학 혁신 —『의학승강법』을 중심으로—", 『대한한의학원전학회지』 29:2 (2016), 91-119쪽.
154 박지현, "일제시기 의생의 양방 치료에 대한 식민권력의 인식과 대응, 『진단학보』 139 (2022), 95-118쪽.
155 특히 20편 이상 발표자인 여인석(60편)·박윤재(57편)·박형우(55편)·신규환(42편)·신동원(38편)·기창덕(28편)·이꽃메(23편)·황상익(22편) 등을 이 분야 중견 연구자라 할 수 있다. 여기에다 10편 이상 저자로 임병학·김영수·이영아·박성식·김남일·차웅석·이방원·정지훈·송일병·옥성득·이만열·정근식·최대우 등이 뒤를 잇는다.

몇 인물의 연구에서 벗어나 집단적인 연구가 이루어졌음을 뜻한다.

전체 논저는 발표 유형별로 학회지 발표 논문, 학위논문, 연구서, 편저, 자료집, 강의록 등으로 구분된다. 적지 않은 학위논문이 학회지 발표로 이어졌고, 일부 논문은 편저 단행본으로 묶여 출간된다. 내용은 엇비슷하지만 이 종설에서는 이 셋을 별개의 것으로 취급했다. 매체를 바꿀 때 대체로 수정, 보완이 이루어지며, 편저에는 총설 또는 해제가 들어간다는 점을 고려했기 때문이다. 논저의 발행 유형별 추세는 〈표 1-17〉과 같다.

〈표 1-17〉 출간 유형별 논저 편수

출간 유형	논문	학위논문	연구서	편저	자료집	강의록	합계
편수	1,067	167	263	83	62	3	1,645

이를 보면 전체 논저는 논문 1,067편, 연구서 263편, 학위논문 167편, 편저와 수록 논문 83편, 단행본 자료집 62편, 미출간 강의록 3편으로 집계되었다. 학술 논문 가운데 4대 의사학 관련 잡지에 실린 것이 349편으로 전체의 21퍼센트를 차지한다[표 1-18].

〈표 1-18〉 4대 의사학 잡지 수록 논문 편수와 전체 비중

학술지	의사학	연세의사회	한국의사학회지	의료사회사연구	합계
편수	182	103	48	16	349
비중	11.08%	6.30%	2.92%	0.97%	21.24%

이 표를 보면, 관련 학술 잡지의 출간이 논저 증가의 주된 요인 중 하나임이 분명하게 드러난다. 학위논문 167편이라는 숫자는 초학자도 이 분야에 많은 관심을 나타냈음을 보여준다. 연구서 263편이란 수치는 단행본을

낼 정도의 중견 연구 또한 활발하게 이루어졌음을 뜻한다.

이런 측면과 관련하여 〈표 1-17〉에서 제시된 167인(석사 90, 박사 77)이라는 석·박사의 양성이 주목된다. 1980년대까지 이 분야 학위자가 5인에 불과했지만, 90년대 20인, 2000년대 46인, 2010년대 77인, 2020년대 19인이나 된다. 특히 학위를 받은 이 가운데 박사 취득자 통계 77인이라는 수치는 이 분야 전문가의 탄생을 뜻하기 때문에 더욱 눈여겨볼 가치가 있다. 게다가 의사학 분야로 학위논문을 쓰지는 않았지만, 중국·일본의 의사학 연구자가 한국을 대상으로 하거나, 전근대 시기의 연구자가 근대로 연구 범위를 확장하거나, 의학, 한국사 등 다른 분야 연구자가 의사학 분야에도 연구를 수행하여 연구의 폭을 넓히고, 내용을 심화했다.

이들이 수행한 연구 논저는 크게 의(醫)의 동/서에 따라 서양의 대(對) 한의, 의(醫)/비의(非醫)에 따라 의 대(對) 위생(신체·방역·질병 포괄)으로 구분된다. 1,645편은 서양의(西洋醫)에 관한 것이 628편(38퍼센트), 한의와 (대부분이 한약을 다룬) 약까지 합친 것이 378편(23퍼센트), 의보다는 신체·위생·방역·질병 등에 초점을 둔 것이 528편(32퍼센트)이다. 종합적인 것이 나머지 121편(7퍼센트)이다. 이를 보면, 그간의 논저가 서양의에 관한 것이 우위를 차지하지만, 한의에 관한 것도 적지 않았음을 알 수 있다.

1,645편의 논저로 어떤 것이 밝혀졌는가? 이 부분은 본 종설 논문의 주 목표가 아니었으므로 상세한 고찰은 이후의 과제로 남기고, 여기서는 굵직한 성과를 매우 간단히 스케치하는 것으로 그치고자 한다. 여러 논저로 서양식 국가 보건의료 기구의 창설, 서양식 방역 방법의 채택, 식민지적 경찰위생의 시대가 분명히 드러났다. 두창과 종두법, 콜레라·장티푸스·인플루엔자의 유행과 방역 등이 속속 밝혀졌다. 온 나라, 온 생활의 위생화의 모습이 포착되기 시작했다. 조선·대한제국의 병원, 선교병원, 식민지 병원 등의 기능과 구체적인 운영이 상당 정도 밝혀졌다. 제중원의 경우에는 현

미경을 들이댈 정도의 결과가 나오기도 했다. 의학과 의료를 둘러싼 조선 (대한제국) 정부, 식민 세력과 서양 선교 세력 간의 헤게모니 구도도 밝혀졌다. 빈약한 학술연구, 거기에 담긴 식민지성도 밝혀졌다. 의료전문직 제도의 계서화와 각 분과, 간호에 관한 내용도 많이 밝혀졌으며, 미흡하지만 치의·수의에 관한 부분도 알게 되었다. 구체적으로 의사(한국인·서양인·일본인)와 간호사, 한의사의 개별 활동도 속속 밝혀졌다. 한의학이 공식적으로 주변화했지만, 그런 가운데에서도 적응하기 위한 노력이 활발하게 펼쳐졌고, 사상의학이 융기의 발판을 마련했음도 알 수 있었다.

어떤 것을 더 밝혀야 하는가? 의약의 자본주의화, 청결/불결과 야만/문명의 대립을 특징으로 하는 근대문명화, 병리학·위생을 통한 한국인의 훈육, 세균설·사회진화론·우생학이라는 '과학관'의 대두도 차츰 알려지고 있다. 일방적인 훈육의 대상에 그치지 않고, 그런 가운데에서도 소수지만 조선인의 자발성과 열렬함을 역동적으로 파악하기 시작했다. 신체·질병·위생 등과 연관된 문화적 현상을 다룬 담론 분석과 문화사적 접근법도 제법 틀을 잡았다. 일기, 진료기록, 약 판매 장부 등의 사료를 대상으로 한 미시사적 연구로 의료인이나 주민의 세세한 영역까지 알아나가고 있다. 한국이라는 일국적 맥락을 벗어나 동아시아, 세계라는 맥락에서 한국 상황을 이해하려는 시도가 잇따르고 있다. 마지막으로, 최근에는 '과학'이라는 블랙박스도 의사학 연구라는 도마에 올리면서 위생·의학 이면에 깔린 과학을 선험적으로 가정한 기존의 연구가 보이지 못한 심층을 드러낼 태세가 막 갖추어졌다. 궁극적으로는 '위생의 시대' 연구가 한국의 의학과 보건의료를 얼마나 잘 이해할 수 있을 것인가, 한국의 역사와 문화에 대해 어떤 점에서 어떻게 기여해야 할 것인가, 한국 상황의 이해가 인류의 역사 이해에 어떻게 기여할 수 있는가, 이 세 질문에 미시적, 거시적인 답을 추구하는 연구가 계속 수행될 것이다.

1부

식민지 의료:
의사와 병자

식민지기 호남 지역의 위생·의료문제:
일제 '위생규율'의 지방사회에 대한 침투와 한계[*]

정승진 (성균관대대학원 동아시아학과)

마쓰모토 다케노리 (松本武祝, 도쿄대대학원 농학생명과학연구과)

1. 머리말: 식민지 지역사회의 관점

러일전쟁(1904~05) 이래 일본인 식민자의 대륙 진출과 '조선척식(拓植)'에 의해 한반도 최대의 곡창지대인 호남평야는 식량 식민지로서의 새로운 운명을 맞고 있었다. 제국주의로 면모를 일신한 일본은 구래의 식민지 농촌사회에 새로운 환경을 조성하려 했던 것인데, 당시 '내지(內地)'에서 '조선열'로 대변되는 지역 개발 바람이 그 실체였다. 호남 농촌에서는 이른 시기부터 일본인 이민자사회가 형성되고, 재래 농촌을 식민지에 적합한 형태로 재편하기 위한 다양한 '농촌-인프라' 사업이 전개되었다.[1] 그 동력은 직접 식민

---

[*] 이 글은 『의사학』 제27권 제3호(2018년 12월)에 발표된 논문을 일부 수정·보완한 것이다.

[1] Matsumoto, Takenori & Chung, Seung-Jin, "On the Hosokawa Farm and the History of Daejangchon, a Japanese-Style Village in Colonial Korea: Dilemmas in Rural Development," *Korea Journal* 49:3 (2009), pp. 121-150; Matsumoto, Takenori & Chung, Seung-Jin, "Japanese Colonizers in the Honam Plain of Colonial Korea," *Sungkyun Journal of East Asian Studies* 15:2 (2015), pp. 263-289; 정승진, "근대동아시아 규율권력의 지방침투와

통치 아래의 동화주의[內地延長主義]에 있었다고 생각된다.

　서구의 '문명화 사명'을 답습하려 한 일제는 근대화의 구호 아래 산업화, 도시화, 교육, 위생·의료 사업에서 일정한 '성과'를 전시하였다. 이는 제국주의를 경험하고 실현시켰던 선진국의 '식민지근대화론'이 말하는 그대로이다.[2] 그러나 에드워드 사이드(Edward Said)가 말한, 제국주의적 '프로젝트'가 초래한 '본국 내지'와 식민지 간 문명도의 격차도 뚜렷했다.[3] 근대화에 능동적으로 대응해간 소수의 협력자들이 있었던 반면, 새로운 근대화 내지 '문명화'에 적응하지 못한 다수의 농민들이 존재했던 것이다. 그만큼의 간극 사이에서 일제의 식민정책, 즉 동화주의 정책·사업은 표류하고 있었다.

　식민지기 호남평야 일대에서는 미곡 증산과 함께 대규모 인구증가 및 인구이동이 연출되었다. 동시에 농민 궁핍화도 병존하였다. 일본인의 내주가 빈발하면서 새로운 식민도시가 출현하였다. 구래 식량 문제의 해결 및 공중보건·위생의 진전 등이 당시 인구팽창 및 도시화의 요인을 이루고 있음은 기존 연구사가 지적하는 그대로이다.[4] 흥미로운 사실은 제국주의적 '개발사업'에 따라 호남에서는 기존의 개항장인 군산(群山)뿐 아니라, 신설된 호남선을 따라 이리(裡里)와 같은 신흥 읍내 등이 우후죽순 등장하고 있었다는 것이다.[5] 남궁봉(1990)의 호남 지역 연구에 따르면, 만경강(萬頃江) 및 동진강(東津江) 중·하류 일대의 촌락들은 자연지리적 조건 때문에 마을의 형성 연대가 상대적으로 짧았다는 특징을 보이고 있는데, 이러한 농촌 환경은 일본인들이 식민 초기부터 '척식'하기 순조로운 좋은 조건을 제공하

제국의 관변단체: 일본의 지방개량운동(1900~1918)을 중심으로", 『대동문화연구』 102 (2018), 275-336쪽.

2　見市雅俊·齊藤修·脇村孝平·飯島涉, 『疾病, 開發, 帝國醫療: アジアにおける病氣と醫療の歷史學』 (東京大學出版會, 2001); 김낙년, 『한국의 장기통계: 국민계정 1911-2010』 (서울대학교출판문화원, 2012).

3　에드워드 사이드 저, 박홍규 역, 『문화와 제국주의』 (문예출판사, 2005).

4　신동원, 『한국근대보건의료사』 (한울아카데미, 1997); 박윤재, 『한국 근대의학의 기원』 (혜안, 2005); 황상익, 『역사가 의학을 만났을 때』 (푸른역사, 2015).

5　정승진, "위계적 복합공간으로서의 식민도시, 이리", 『아세아연구』 55:4 (2012), 41-75쪽.

고 있었다.[6] 따라서 이 글에서는 이러한 지역적 환경을 고려해 형성 과정에 있는 식민도시와 그것을 둘러싼 배후 농촌지역을 하나의 세트로 묶는 '식민지 지역사회'라는 개념을 구사하고자 한다.[7] 이는 제국의 '내지'와 달리 식민지 지방사회에서는 도시의 역사가 상대적으로 짧았거나 여전히 형성 과정에 있었다는 사실과 함께 서구의 전통적 상업도시와는 상이한 농업적 기반을 가진 '준(準)도시·준읍내' 등이 존재했기 때문이다. 여기서는 동남아시아나 남미, 아프리카 등지에서 볼 수 있는 '농업도시' 또는 '근접지·준읍내'라는 일견 모순된 개념도 성립한다.

호남평야 일대에 주목하는 한, 일제의 '개발을 통한 동화', 즉 지역 개발을 통해 제국의 '내지'와 식민지 간 문명도의 격차를 줄여 궁극적으로 '내선융화(內鮮融和)'를 도모하고자 한 일제의 식민정책은 수다하게 확인된다. 동화주의 '개발' 정책은, 최근 '식민지 근대성(또는 공공성)'론에서 제기하고 있듯이,[8] 토지 개량(수리·치수), 철도 부설, 미곡 증산, 학교 증설, 위생·의료시설, 생활편의시설 및 각종 문화시설 등 실로 다양한 차원에서 벌어지고 있었다. 동시에 지역 '개발' 과정에서 신흥 읍내를 중심으로 인구증가·이동이 빈발하고, 호남 농촌에서는 이례적으로 '내선잡거(內鮮雜居)'라는 흥미로운 사회현상이 일본인 '농장촌'(이민촌)을 중심으로 포착되었다.[9] 이는

6 남궁봉, "하천유역일대 干潟地상의 간척취락 유형에 관한 연구: 만경강·동진강 유역을 사례지역으로" (서울대학교 박사학위논문, 1990).

7 李炯植, "1910年代植民地朝鮮における衛生行政と地域社會", 『地域社會から見る帝國日本と植民地: 朝鮮·臺灣·滿洲』 (思文出版社, 2013).

8 松本武祝, 『朝鮮農村の〈植民地近代〉經驗』 (社會評論社, 2005); 신동원, "20세기 전후 한국사회의 위생, 의학과 근대성", 『한국 근대성 연구의 길을 묻다』 (돌베개, 2006); 윤해동, 황병주, 『식민지 공공성: 실체와 은유의 거리』 (책과함께, 2010).

9 '내선잡거'는 호남의 식민지 농촌사회에서 일본인 이민자와 현지 조선인이 혼재해 거주하는 양상을 일컫는다. 특히, 유력 일본인 대지주의 농장촌(이민촌)에서 소작제농장의 운영방침 속에 일종의 '이민자거주지침'으로서 확인되었다. Matsumoto & Chung, op. cit. (2009; 2015). 이 현상이 중요한 이유는 식민도시사 연구에서는 일반적으로 '내지인'과 현지인 사이에 공간적 분리 내지 격리 현상만을 강조하고 있지만, 호남 농촌사회에서는 사례 지역에 따라 동화주의를 실현하기 위한 '거주원칙'으로서 '내선잡거'가 권장되기도 했던 것이다.

'내선융화'를 촉진하기 위한 인적 기초구조를 제공하고 있었다. 이론적으로 미셸 푸코(Michel Foucault)[10]의 등장 이래 근대 규율·권력이 개인 자신과 그(그녀)를 둘러싼 공동체를 미시적·비공식적 레벨에서 주도하게 관통해나간다는 사실은,[11] 직접 식민통치하 동화주의 식민지에서는 '내선융합'의 구호 아래 보다 선명하게 나타나고 있다. 결론을 앞세운다면, 호남과 같은 인구 밀집 지역에 있어서 '내선잡거' 양상은 다양한 형태의 '인프라 개발'을 둘러싸고 지역단위의 조직화 사업을 통해 공중 위생규율을 식민지 농촌사회에 효과적으로 침투시키고 있었다. 당시 교육 사업이나 위생·의료 문제를 둘러싼 농촌의 조직화 사업은 전술한 '문명화 사명'과 관련해 '민도(民度)'의 척도로서 주목받는 '개발' 시책의 일환이었다고 생각된다.[12]

이 글은 식민지 지역사회의 전형적 사례로서 호남의 평야부 도작지대에 주목하는 가운데 근대 농촌위생에 대한 미시적인 관찰을 주요한 목적으로 한다. 먼저, 20세기 동아시아 지역의 일반적 특징으로서 인구증가·이동 및 도시화를 논의의 전제로 삼아, 인구팽창이 초래한 새로운 사회문제로서 공중위생·의료 문제를 전술한 지역단위의 조직화 사업의 차원에서 살펴보고자 한다.[13] 이는 농업지대에서의 지역 '개발'과 농촌사회의 위생 문제

---

10 미셸 푸코 저, 이규현 역, 『광기의 역사』 (나남, 2003); 미셸 푸코 저, 오생근 역, 『감시와 처벌』 (나남, 1994).
11 조형근, "식민지체제와 의료적 규율화", 『근대주체와 식민지 규율권력』 (문학과학사, 1997); 小野芳朗, 『〈淸潔〉の近代』 (講談社, 1997); 松本武祝, "植民地期朝鮮農村における衛生·醫療事業の展開: '植民地的近代性'に關する試論", 『商業論叢』 34:4 (1999), 1-35쪽.
12 小野芳朗, 앞의 책 (1997); 見市雅俊 外, 앞의 책 (2001).
13 의학사의 관점에서 위생과 의료는 별개의 개념이다(이 점에 대한 사실 환기는 전북대 신동원 교수의 귀중한 지적에 의거한다). 이 글에서는 '농촌위생'이라는 여전히 형성 단계에 있는 위생 개념에 중점을 두고 논의를 전개하고 있는데, 이 글의 주요한 논거를 이루는 호남의 지방지들은 예컨대 보건, 위생, 방역, 의료 등의 개념을 혼용해서 사용하는 경우가 빈번할 뿐만 아니라, 위생이라는 언설에 대해 의료 등 여타 개념을 포괄하는 용례도 빈발하고 있다. 이는 당시 '위생과 의료의 미분리'라는 '의료근대화'의 발전 단계와 깊은 연관이 있다고 생각된다. 후술하겠지만(제4절 호남 도시부의 위생조합), '농촌위생' 문제라는 동일한 사안에 대해 "위생"보다는 "의료" 개념의 사용 빈도가 1910년대에서 1930년대로 갈수록 높아지고, 의료기관(병원, 의원)의 중요성은 한층 중요해지고 있다는 사실도 이 글의 논점과 관련된 주요한 개념·용례 상의 변화였다고 생각된다. 기존 연구에서 양

를 종합적으로 취급함으로써 식민지기 농촌 모순의 실태를 보다 실재적인 (substantive) 차원에서 다루고자 하는 학제 간 융복합 연구의 일환이다. 식민지 '조선척식'은 지역 '개발'을 둘러싸고 새로운 사회문제, 가령 환경(재해) 문제, 보건·위생, 교육, 종교 문제 등을 초래하고 있었다. 여기서는 식민지 규율 권력의 행위 패턴과 관련된 '위생규율' 개념을 통해 지역단위 내지 직능단위 조직화 사업의 실체에 다가가고자 한다.[14] 특히, 기존 연구사가 주목했던 위생경찰의 문제 위에,[15] 위생조합이나 모범위생부락에 관한 새로운 사례를 발굴함으로써 일제가 모색한 근대적 위생규율과 그것의 지역사회에 대한 침투·관통 양상을 미시적 레벨에서 구명하고자 한다.

한편, 식민지기에 들어서 신설·재편되고 있는 근대적 공중위생·의료제도는, 구래 농촌사회에 '전통과 근대의 병존'이라는 과도기적 사회현상, 즉 근대적 제도의 확산과 병행하는 '전통적 요소의 강고한 잔존'이라는, 새로운 지역사회상을 연출하고 있었다.[16] 가령, 식민도시 및 신흥 읍내를 중심으로 근대적 의료기관이 등장해 기존의 재래 의생(약종상 포함)과 병존하고 있는 모습은 조선 농촌 읍내에서는 흔히 볼 수 있는 흥미로운 현상이라고 할 수 있다.[17] 이는 마치 지방의 '5일장'[定期市]에서 근대적 상설점포

자를 동시에 사용한 사례로서 松本武祝, 앞 논문 (1999); 신규환, 『질병의 사회사: 동아시아 의학의 재발견』(살림, 2006)을 참고할 수 있다.

14 조형근, 앞의 책; 松本武祝, 앞의 논문; 李炯植, 앞의 책.

15 박윤재, "한말·일제 초 방역법규의 반포와 방역체계의 형성", 연세대학교 국학연구원 편, 『일제의 식민지배와 일상생활』(혜안, 2004); 신동원, "위생경찰, 식민지 조선의 통치 기반: 일제강점기의 위생경찰", 『의학 오디세이』(역사비평사, 2007); 정근식, "식민지 위생경찰의 형성과 변화, 그리고 유산: 식민지 통치성의 시각에서", 『사회와 역사』 90 (2011), 221–270쪽.

16 신동원, 『호열자, 조선을 습격하다』(역사비평사, 2004); 신규환, "병존과 절충의 이중주: 일제하 한의학의 서양의학 인식과 수용", 『역사교육』 101 (2007), 227–256쪽.

17 의생의 경우 「의생규칙」, 약종상의 경우 '약품급약품영업취체령규칙'이라는 '근대적' 제도에 의거해, 총독부 및 도지사의 감독하에 관리·통제되었다. 그 위에서 총독부는, 서양의사 부족을 보완하기 위해 의생을 공공위생 업무에 동원할 필요성에서, 당해 면허·시험제도를 통해 의생에 대한 서양의학의 수용을 강요했다. 이것에 대해 의생 측에서는, 자신들의 정체성을 지키기 위해, '동서병존' 및 '동서절충'이라는 다양한 반응·대응이 나타났다.

와 전통 난전(보부상)이 병존하고 있는 모습을 연상시키고 있다. 이 글에서는 근대적 의료시설과 대비시켜 의생 및 약종상(약재상) 등 전통적 의료시설에도 관심을 기울임으로써 거시적 차원에서 발생하고 있는 '전통과 근대의 병존' 문제의 일단에 접근해보고자 한다.[18] 이는 근대 전환기에 발생하는 전통적 요소의 '자기 재편' 내지 시대적 변화상과 관련된 거시적인 사회변동의 일환이라고 할 수 있다.

2. 호남 지역의 인구증가와 도시화

식민지기에 들어서 전라북도의 인구는 팽창 일로에 있었다. 인구이동의 폭도 상대적으로 높았음이 당시 식민도시의 부상에서 드러나고 있다. 1930년 《동아일보》에 따르면, "인구 최다는 경북, 인구밀도는 전북, 도시부 가운데 수위는 경성, 최저로는 군산, 면(面)으로는 전주가 최고…"를 기록했다.[19] 손정목의 지방자치사 연구에 따르면,[20] 개항장인 군산을 중심으로 이른바 식민도시 내지 신흥 읍내가 철도선을 따라 우후죽순 부상하고 있었다(1931년 이리, 전주, 김제, 남원 읍(邑) 승격, 1935년 전주 부(府) 승격, 1940년 신태인(정읍) 읍 승격). 1912년 호남선의 전북 개통은 도시 발달을 촉진하는 인구이동의 기폭제가 되었다고 평가된다. 최근의 재조일본인사회 연구

신규환, 앞 논문 (2007). 이 글에서는, 신규환이 제기한 논점에 의거하면서, '근대와 전통의 병존'이라는 문제를, 총독부가 추진했던 '근대적' 의료제도·시설의 영향력과 의생·약종상이라는 '전통' 측의 주체적 대응 간의 상호관련성이라는 관점에서 파악하고자 한다.

18 이 글에서 구사하는 '전통과 근대의 병존'이라는 개념은 에릭 홉스봄(Eric Hobsbawm)의 근대 전환기 '전통의 부활'(Invented tradition) 개념으로부터 시사 받은 것이다. 에릭 홉스봄 저, 박지향·장문석 역, 『만들어진 전통』(휴머니스트, 2004).

19 "조선내인구총수 이천백오만칠천", 《동아일보》, 1930. 12. 10.

20 손정목, 『한국지방제도·자치사연구(上): 갑오경장~일제강점기』(일지사, 1992).

는 이러한 신흥 식민도시의 부상을 계기로 하는 최근의 연구 경향을 대변
하고 있다.[21] 다음의 〈표 2-1〉은 전북의 인구증가 추이 및 일본인의 인구
동향을 제시한 것이다.

〈표 2-1〉 1925~34년 전라북도 지역별 인구추이 (『조선총독부통계연보』, 각년판)

(단위: 평방km, 人, %)

	지역별	면적	1925년	1935년	1925년 인구밀도	인구 증가율	1935년 일본인	일본인 비율
	군산부	7.7	21,027	41,077	**2,730.8**	**1.95%**	9,711	**23.6%**
평야부	**전주부**	11.3	160,833	40,593	157.5	1.15%	5,841	**14.4%**
	완주군	1,010.1		145,053			1,282	0.9%
	정읍군	695.0	144,798	168,789	**208.3**	**1.17%**	2,555	1.5%
	고창군	591.6	109,542	119,827	**185.2**	1.09%	461	0.4%
	부안군	414.1	76,479	92,536	**184.7**	**1.21%**	783	0.8%
	김제군	538.6	120,741	160,368	**224.2**	**1.33%**	2,862	1.8%
	옥구군	380.8	85,005	102,375	**223.2**	**1.20%**	3,079	**3.0%**
	익산군	535.4	133,630	160,405	**249.6**	**1.20%**	6,001	**3.7%**
산간부	진안군	788.9	65,919	68,598	83.6	1.04%	204	0.3%
	금산군	576.5	68,388	75,153	118.6	1.10%	440	0.6%
	무주군	629.2	50,038	49,961	79.5	1.00%	275	0.6%
	장수군	532.0	50,446	51,406	94.8	1.02%	275	0.5%
	임실군	592.7	75,928	76,833	128.1	1.01%	424	0.6%
	남원군	751.7	107,817	110,957	143.4	1.03%	1,001	0.9%
	순창군	497.8	70,004	71,896	140.6	1.03%	281	0.4%
	합계	8,553.3	1,340,595	1,535,827	**156.7**	**1.05%**	34,475	**2.3%**

* 이 표는 군산과 옥구, 전주와 완주 지역이 분리된 통계이다.

〈표 2-1〉에 의하면, 호남 지역에서는 "산간부"보다 "평야부"에서 인구밀

21 이규수, 『식민지 조선과 일본, 일본인: 호남 지역 일본인의 사회사』 (다할미디어, 2007); 李炯植, 앞 책.

도 및 인구증가율이 높은데, 도시부(府·邑)가 주로 평야부에 편중되어 있었기에 어찌 보면 당연한 결과이다. 그 요인은 주로 도시부에 집주한 "일본인(비율)"과 깊은 관련을 갖고 있다.[22] 평야부에서는 만경강 및 동진강 일대에 대규모 소작제 농장 및 수리조합이 이른 시기부터 창설되어, 수리·치수를 필두로 한 지역 '개발'이 농업 부문을 중심으로 전개되었던 사실과 함께, 영세 소농의 빈궁화에 따른 평야부로의 인구이동에 기인한 것으로 추정된다.[23]

평야부 농촌지역 가운데에는 군산부 배후의 옥구군과 함께 익산군에서 일본인(비율)이 이례적으로 높은 수준(3.7%)을 기록하고 있음이 위의 사실을 뒷받침하고 있다. 다음의 〈표 2-2〉는 익산군 지방지에 등장한 호남의 주요 읍내 및 도시지역의 인구 실태를 민족별로 제시한 것이다.

---

22 Matsumoto & Chung, op. cit. (2015).

23 재해나 기근 시에 산간부의 영세한 농민들이 평야부[읍내·도시]로 향하고 있음이 당시 《동아일보》 기사에 빈출하고 있다. 손정목, 앞의 책 (1992); 이규수, 앞의 책 (2007). 이들이 옥구나 익산 근교의 일본인 농장에 소작인으로 등장함으로써 이후 소작지 차지(借地) 경쟁을 유발했음은 당시의 새로운 인구이동 현상으로서 주목할 만하다. 蘇淳烈, "植民地後期朝鮮地主制の研究: 全羅北道を中心に" (교토대학 박사학위논문, 1994); 홍성찬, 『일제하 만경강 유역의 사회사: 수리조합, 지주제, 지역정치』 (혜안, 2006).

〈표 2-2〉 1927년 전북 주요 읍내·도시의 민족별 인구 실태 (『익산군사정』, 1928: 90~91)

(단위: 人, %)

지역별	일본인		조선인		외국인		합계	
	호수	인구수	호수	인구수	호수	인구수	호수	인구수
군산부 전체	1,962 (35.8)	7,858 (33.1)	3,400 (62.1)	15,403 (64.8)	113 (2.1)	508 (2.1)	5,475 (100.0)	23,769 (100.0)
전주군 전주면	1,060 (21.7)	4,103 (18.6)	3,729 (76.5)	17,662 (80.2)	85 (1.7)	269(1.2)	4,874 (100.0)	22,035 (100.0)
금산군 금산면	82 (7.4)	293	1,010	5,253	9	31	1,101	5,576
남원군 남원면	144 (8.9)	511	1,450	7,014	15	43	1,609	7,568
정읍군 정읍면	308 (16.4)	1,258	1,535	7,142	34	73	1,877	8,473
김제군 김제면	280 (23.8)	1,065	860	5,399	34	131	1,174	5,594
익산군 이리	882 (45.4)	3,322 (38.8)	1,046 (53.8)	5,149 (60.2)	15 (0.8)	81 (0.9)	1,943 (100.0)	8,552 (100.0)
익산군 익산면	920 (29.9)	3,473 (24.8)	2,131 (69.3)	10,413 (74.3)	25 (0.8)	126 (0.9)	3,076 (100.0)	14,012 (100.0)
익산군 전체	1,344 (5.1)	5,206 (3.9)	25,026 (94.7)	128,108 (96.0)	51 (0.2)	181 (0.1)	26,421 (100.0)	133,495 (100.0)
전라북도 전체	7,518 (2.9)	29,189 (2.1)	260,028 (96.9)	1,327,538 (97.7)	909 (0.3)	2,457 (0.2)	268,455 (100.0)	1,359,184 (100.0)

* ① 상기 자료에는 "1925年 國勢調査에 나타난 것을 정리했다"는 부기가 있다. ② 행정구역상 "익산군 裡里" 는 "익산군 익산면"의 하부 행정리[법정리]로서 그 수치가 후자에 합산되어 있다. 이리의 邑 승격은 1931년이다.

이 표에서는 호남의 신흥 도시로 부상한 군산부 및 이리에서 일본인 호수 비율(각각 35.8%, 45.4%)이 상대적으로 높고, 이리를 포함한 익산면 또한 30%에 육박하고 있음이 인상적이다. '전통도시'인 전주면의 당해 수치 (21.7%)도 결코 낮은 수준이라고 볼 수 없다. 자료가 기초하고 있는 국세조사(1925)의 결과, 당시 이리의 인구 순위는 전 조선의 도시 가운데 26위를 기록할 정도로 높은 증가세를 보여주었다.[24] "익산군 전체"의 일본인(호수)

24 식민지기 인구 1만 이상 40대 도시(읍내)를 열거하면(괄호 안은 인구수), 다음과 같다. 1 경성(306,363인), 2 평양(109,285인), 3 부산(106,323인), 4 대구(77,263인), 5 인천(53,741인), 6 개성(45,037인), 7 원산(35,435인),

비율이 5%를 상회하는 가운데, 이리는 익산군 내에서도 여타 농촌지역에 비해 상당한 격차를 연출한다는 사실을 확인할 수 있다. 대체로 호남 지역의 평야부에서는 일제가 내세운 '내지연장주의'['일본인'식민]가 식민지 지역사회의 인구 실태로서 실현되고 있었다고 생각된다. 이는 일본적 동화주의(정책)의 인적 토대를 형성하고 있다.[25]

3. 지역사회의 의료시설 실태

1) 도·군 단위 의료시설 분포

먼저, 전국적 단위의 의료시설을 개황하는 가운데, 전라북도의 위치 설정을 시도하고자 한다. 전술한 인구동향을 의식하면서 1930년 현재 의사, 의생 등의 도별 의료자 분포를 제시하면 다음의 〈표 2-3〉과 같다.

---

8 함흥(32,095인), 9 진남포(28,096인), 10 **목포(27,521인)**, 11 신의주(23,893인), 12 **군산(23,071인)**, 13 마산(22,901), 14 **광주(22,102인)**, 15 **전주(21,851인)**, 16 청진(21,549인), 17 통영(19,334인), 18 진주(18,002인), 19 해주(17,960인), 20 사리원(17,241인), 21 경주(16,828인), 22 **대전(15,904인)**, 23 경성(15,132인), 24 진해(15,252인), 25 여수(14,991인), 26 **이리(14,735인)**, 27 회령(13,067인), 28 나남(12,612인), 29 철원(12,586인), 30 수원(11,965인), 31 청주(10,584인), 32 공주(10,029인), 이하 강경, 송정리, 성진, 춘천, 웅기, 영등포, 논산, 겸이포 순이다 (『익산군사정』, 1928: 100).

25 이규수, 앞 논문 (2007); 정승진, "개발농정의 선전과 '동화주의': 전북 이리발행 〈조선지산업〉(1929~36)의 분석", 『대동문화연구』 84 (2013), 495-541쪽.

〈표 2-3〉 1930년 전국 도별 의료자 분포 (『조선총독부통계연보』, 1930년판)

도별	인구(인)	의사	한지개업의	의생	인구 10,000명당 의료자		
					의사	의사 + 한지개업의	의생
경기	2,041,408	502	31	484	**2.46**	**2.61**	**2.37**
충북	875,708	33	7	156	0.38	0.46	1.78
충남	1,352,082	75	9	187	0.55	0.62	1.38
전북	1,455,946	86	17	193	0.59	0.71	1.33
전남	2,239,556	122	15	274	0.54	0.61	1.22
경북	2,333,577	113	28	438	0.48	0.60	1.88
경남	2,059,705	189	23	574	**0.92**	**1.03**	**2.79**
황해	1,491,602	103	17	226	0.69	0.80	1.52
평남	1,298,180	168	25	405	**1.29**	**1.49**	**3.12**
평북	1,496,799	118	20	444	0.79	0.92	**2.97**
강원	1,411,174	54	8	269	0.38	0.44	1.91
함남	1,484,910	124	6	615	0.84	0.88	**4.14**
함북	715,916	62	12	329	**0.87**	**1.03**	**4.60**
합계	20,256,563	1,749	218	4,594	0.86	0.97	2.27

* 이 표에서 "약종상"은 의료자에서 제외된 것이다.

"인구 10,000명당 의료자 수"(이하, 의료자 밀도)라는 관점에서 보면, 전국적 차원에서 전북의 위치는 상대적으로 낮은 수준이다(의사 0.59, 의사+한지개업의 0.71, 의생 1.33). 〈표 2-3〉 상에서는 경기, 평남, 경남, 함북 순으로 의료자 수의 분포가 높게 나타나고 있다. 그러나 의료자 밀도가 상대적으로 낮은 충북, 경북, 강원 등지를 고려한다면, 전북은 당시 조선 남부 농촌사회의 평균적 수준에 해당하는 사례 지역이라고 할 수 있다.

〈표 2-3〉에서는 근대적 의료자인 의사 및 한지개업의보다 전통적 의료자인 의생이 상대적 강세를 보이고 있다(의사 0.86, 의사+개업의 0.97 대 의생 2.27). 조선 전체의 경향으로서 근대적 의료자의 '결핍'을 전통적 의생

이 보완하고 있다고 할 수 있다. 흥미로운 현상으로서, 의사 및 한지개업의 등 근대적 의료자가 많은 곳에 전통적 의료자인 의생도 빈출했음이 이 표에서 확인되고 있다. 당시의 사정에 대해 『조선위생요람』은 산간벽지에 개업한 의생의 '도시부 이동·집중 현상'을 우려하는 가운데, 그 대책으로서 1921년 12월 『의생규칙』이 개정되었던 저간의 사정을 토로하고 있다.[26] 요컨대, 전통 의생도 시세에 따라 평야부 도시로 이주·개업해 일본인(의료자)처럼 읍내에서 영업했던 것이다. 제도적으로 의생은 『의생규칙』(1913)에 의해 행정 권력에 의한 규제를 받고 점차 후대로 가면서 감소 경향에 있었다.[27] 또 근대의료서비스에 대한 수요 및 도시부에서 구매력의 우위라는 '시장원리'에 기초한 경제적 변화도 나타나고 있었다. 따라서 여기서 나타난 근대적 의료자와 전통적 의생의 병존 현상은 일종의 과도기적 사회현상으로서, '전통'의 역할은 제한적 의미로 해석될 필요가 있다고 생각된다.

분석 단위를 보다 미시적 레벨로 낮추어 전북 도내 각 군(郡)별 의료자 분포를 제시한 것이 다음의 〈표 2-4〉이다. 여기에는 공의 및 전통 약종상도 추가되어 있다.

---

26 『조선위생요람』(1929), 38쪽.
27 『의생규칙』(1913).

〈표 2-4〉 1930년 전라북도 지역별 의료자의 분포 (『전라북도요람』, 1931년판)

부·군별		인구	밀도	의사	한지개업의	의생	공의	약종상	인구 10,000인당 의료자			
									의사	의사+한지개업의	의생	약종상
평야부	군산	328	23	3	21	3	71	1.81	2.04	1.65	5.58	
	전주	179	20	4	24	3	127	1.09	1.31	1.31	6.94
	정읍	231	6	1	23	1	104	0.37	0.44	1.43	6.48
	고창	194	3		13	3	53	0.26	0.26	1.13	4.61
	부안	198	3	2	9	2	63	0.37	0.61	1.10	7.68
	김제	260	3	2	22	2	84	0.21	0.36	1.57	6.00
	익산	277	11	2	25	3	95	0.74	0.88	1.69	6.41
산간부	진안	87	3	1	5	1	34	0.44	0.58	0.73	4.94
	금산	124	2		8	1	47	0.28	0.28	1.12	6.58
	무주	81	1		8	1	31	0.20	0.20	1.58	6.11
	장수	86	1	1	5	1	33	0.20	0.39	0.98	6.49
	임실	130	4	2	8	1	31	0.52	0.78	1.04	4.03
	남원	147	5	1	16	1	68	0.45	0.54	1.45	6.16
	순창	142	1		6	1	45	0.14	0.14	0.85	6.36
합계		170	86	19	193	24	886	0.59	0.72	1.33	6.09

* ① "부군별"에서 군산부는 옥구군, 전주부는 완주군을 포함한 것이다. ② 원자료에서 현지개업의 총수는 17명으로 표기되어 있지만, 여기서는 군별 당해 수치의 합계를 제시한 것이다. ③ "약종상"은 읍내에서 상설 점포를 갖추고 주로 전통 약재를 취급하는 약재상을 지칭하지만, 도시지역의 경우 일부 양약이 포함될 수 있음에 유의할 필요가 있다.

〈표 2-4〉를 통해 전라북도 각 부·군별 의료자의 분포를 보면, ① 의사는 도시부(군산, 전주, 이리)를 가진 평야부 지역에서 의료자 밀도(인구 10,000인당 의사 수)가 높고, 산간부의 밀도는 상대적으로 낮다. 정책적으로 농촌에서의 배속을 목적으로 했던 한지개업의를 고려하더라도 마찬가지의 경향이다. ② 공의는 제도적으로 각 군에 최소 1명씩은 배치하도록 고안되었는데, 익산, 김제, 부안과 같은 평야부 '거읍(巨邑)'의 경우 2명 이상 배치되어 있는 상황이다. 호남선 개통에 따른 당해 군(郡)소재지의 도시화

와 일정한 관련이 있다고 생각된다. ③ 의생은 전술한 전국 통계와 마찬가지로 그 의료자 수가 의사의 2배 이상을 기록하고, 따라서 의료자 밀도도 높다. 그러나 부·군별 의료자 밀도의 차이에 관한 경향성은 의사의 그것과 유사하다. ④ 약종상(약재상)은 재래 전통의 의료자인 의생보다도 의료자 밀도가 한층 높다. 여기서는 인구밀도와의 상관관계는 포착되지 않으며, 평야부·산간부이건 지역별 격차도 크지 않다. 약종상은 압도적인 비율로 전 2자(의사, 한지개업의)를 상회하고 있음이 인상적인데, 전술한 근대적 의료의 한계를 상쇄·보완하는 '근대와 전통의 병존' 양상이라고 부를 수 있을 것이다.

2) 익산군 내 면별 의료기관 실태

호남 지역의 평야부에 위치하는 익산군은 1914~17년 행정구역의 확대·개편 이후 기존의 4개 군이 합병해 18개 면의 '거읍(巨邑)'으로 재편되었다. 합방 직후 개설된 호남선과 전북경편철도(구 전라선)가 군내 이리[역]에서 교차하고 군소재지가 여기로 옮겨오면서 이리(1931년 읍 승격)는 신흥 식민도시로서 집중 '개발'되었다.[28] 익산군은 러일전쟁 직후 비교적 이른 시기부터 대장촌(춘포면), 오산리(오산면), 황등리(황등면) 등 이른바 '근접지'가 조기에 '척식'된 지역사를 보유하고 있다. 지역 내 일본인의 농장 창업 및 수리 개발을 계기로 이리는 당시 호남 수리·치수 사업의 중심지로서 팽창 일로에 있었던 것이다. 이후, 호남선을 따라 평야부인 김제, 신태인(정읍) 등이 차례로 '개발'되고 있었는데, 동진강 중·하류 일대 일본인의 진출이 지역 '개발'의 주요한 계기를 이루기는 군산·익산 일대와 마찬가지의 상황이었다.

---

28 정승진, 앞의 논문 (2012); Matsumoto & Chung, op. cit. (2015).

〈표 2-5〉 익산군 18개 면(面)내 공공시설 및 의료기관 일람 (『익산군사정』, 1928)

면별	인구수	일본인비율(%)	철도역	우편소·국	금융조합	장시	향교	의사(인)		한지개업의	의생	공의
								일본	조선			
익산	17,964	21.0	◎	◎	◎	◎		5	2		7	1(K)
오산	13,687	4.7				○					2	
북일	8,199	1.5										
황등	8,068	2.9	○	○	○	○			1		1	
함라	6,120	0.3		○							1	
웅포	5,745	0.2				○					2	
성당	5,077	0.3									1	
용안	11,732	0.5					○		1		2	
함열	6,601	3.1	○	○	○	○	○		1		1	1(K)
낭산	7,271	0.1										
망성	9,550	1.7									2	
황화	7,760	0.2										
여산	7,012	2.3		○	○	○	○			1(K)	1	
금마	5,334	0.9				○	○				1	
왕궁	8,776	0.3									1	
춘포	11,065	1.9	○	○						1(J)	1	1(J)
팔봉	7,280	0.1									1	
삼기	5,777	0.2									1	
합계	153,018	3.7						5	5	2	25	3

* ① "공의"란의 (J), (K)는 각각 일본인, 조선인을 지칭한다. ② "◎"표시는 당해 시설이 2개소 존재함을 보여준다.

위의 〈표 2-5〉는 익산군 내 18개 면 전체의 의료자를 인구비(%) 및 여타 공공시설과 관련시켜 제시한 것이다. 여기에 나타난 의료기관 또한 여타 단체·조직과 마찬가지로 근대적 의미의 공공시설로 등장하고 있는 셈이다. 그 분포 상황은 구(舊) 군소재지(익산, 여산, 함열, 용안)와 일정한 관련이 있다. 군내 "합계"로서 의사 수는 일본인과 조선인이 5명으로 동수인 가운데, 일본인 의사의 거주지는 모두 익산면(이리)이고, 조선인 의사는 익산 및 철도역 소재면(황등, 함열) 또는 인구가 많은 구 군청소재면(용안)에 분산 거주하였다(함열의 조선인 의사는 공의를 겸했다). 한지개업의 1인도 철도역 소재면(춘포면 대장촌)에 거주하였는데, 일본인임에 주목할 필요가 있다. 춘포면(대장촌)의 일본인 한지개업의는 공의를 겸임하고 있었는데, 전술한 경편철도선을 따라 의료자의 진출이 이루어졌던 당시의 정황을 보여주고 있다.

의생은 "합계" 수에서 의사(한지개업의, 공의 포함)를 상회하고 있을 뿐만 아니라, 모두 조선인으로 대부분의 지역[面]에 소재했다는 점에서 일본인 의료자의 분포와 크게 다르다. 그러나 다른 한편, 의생은 "익산면(이리)"에 집중되는 경향성이 엿보이는데(7인), 이는 식민지기 들어 도시지역에 근대적 의료시설이 증가함에 따라 재래 전통 의생도 동시에 활황을 띠는, 일종의 과도기적 사회현상이라고 할 수 있다. 이러한 '혼종적' 현상은 거시적 레벨의 분석에서도 확인된 사실이지만, 평야부 지역(주로 도시)에서 '의료시장'을 둘러싸고 양자(전통-근대) 간에 일정 부분 분업 관계를 형성하며 당해 지역의 '의료자 밀도'를 높였던 주요한 요인이었다.

4. 호남 도시부의 위생조합

군산의 개항(1899)과 호남선의 전북 개통(1912)은 인구팽창에 따른 식민도시의 출현과 함께 호남 지역사회에 커다란 변화의 물결을 일으키고 있었다. 전술한 공공시설 및 근대적 교육·문화시설 등이, 새롭게 건설된 신작로, 철로, 수로 등과 더불어 당시의 시대적 변화상을 표상하고 있었다. 이 과정에서 근대적 위생·의료제도로서 등장하는 것이 이른바 위생조합(衛生組合)이다. 당시 남설되고 있던 일본식 조합의 형태를 취하는 가운데 위생·

의료 문제가 비로소 집합적 공공재로서 본격적으로 취급되었던 것이다. '합방' 이래 일본인이 주도한 위생조합은 다음의 두 가지 경로를 통해 식민지 지역사회에 정착하고 있었다. 하나는 개항장 주변의 일본 거류민단이 합방 이후 학교조합으로 개편되면서 그 하부 조직으로서 위생조합이 탄생한 경우이고,[29] 다른 하나는 학교조합을 거치지 않고 곧바로 관(官)의 지도·감독하에 주민 '자치기구'의 형태로 위생조합이 설치·운영된 경우이다. 기존 연구가 주로 후자의 경로에서 위생경찰의 폭력성에 주목한 바 있는데,[30] 이하에서는 두 개의 사례를 통해 일제 '위생규율'의 지방 침투 과정에서 학교조합 및 관(경찰)이 어떠한 역할을 담당했는지를 구체적으로 살펴보고자 한다.

전라북도에서 위생조합의 활동은 이리와 전주에서 관찰되고 있다. 익산 (이리)의 지방지는 식민 초기의 흥미로운 지방 상황을 담고 있는데, 여기서는 먼저 이리 배후의 농촌지역부터 살펴볼 필요가 있다.[31] 먼저 익산군 오산리(오산면 면사무소 소재지)에서는 학교조합, 소방조합 등과 함께 위생조합이 등장하고 있다. 이 오산면은 '조선의 수리왕(水利王)'으로 알려진 후지이 간타로(藤井寬太郞)의 불이농장(不二興業) 소재지이자 동척(東拓)의 이민처로서 각광받았던 일본인 농장촌이었다. 그보다 먼저 '모범적 이민촌'으로 널리 알려진 익산군 대장촌(춘포면)에서는 이례적으로 의원 개업도 확인되었다. 전술한 일본인 공의[限地開業医]라고 추정된다. 호남선이 통과하는 황등리에서는 정기시(定期市)의 활황이 보고되는 가운데, 학교조합, 수리조합 등과 함께 의료시설로서 보생당의원출장소(保生堂醫院出張所)가 등장하고 있

29 정승진, "식민지기 학교조합과 호남의 일본인 이민자사회: 전북 익산(이리), 군산, 김제, 전주의 단편 사례", 『대동문화연구』 90 (2015), 329-370쪽.
30 조형근, 앞의 책 (1997); 박윤재, 앞의 책, (2004); 신동원, 앞의 책 (2007); 정근식, 앞의 논문 (2011).
31 『裡里案內』 (1915), 155, 159, 163쪽.

다. 이와 같이 일본인 이민자사회가 형성되어 학교조합이 가동되고 있던 농촌지역에서는 소방조합 등과 함께 위생·의료기관이 등장하고 있음이 호남평야(부)의 지역적 특징으로 확인된다.

1912년 호남선의 이리역 개통을 계기로 발간된 『이리안내』는 당시 신도시로서 개발되고 있던 당해 지역을 일본 '내지'에 홍보·선전하기 위한 '팸플릿'이다. 이 책자의 제5장 위생 편에 공중위생·의료 관련 사회기반시설로서 ① 이리위생조합, ② 도축장(屠獸場), ③ 격리병사(避疫舍), ④ 공동묘지, ⑤ 의원·산파, ⑥ 약종·매약점, ⑦ 목욕탕(湯屋) 등이 소개되어 있는데, 주요한 사항만을 간추리면 다음과 같다. 먼저, ① 이리위생조합에 대한 다음의 언설을 주목해보자.

> "위생에 관한 사항은, 1913년까지 내지인에 대해서는 학교조합에서, 조선인에 대해서는 면사무소에서 각각 처리해왔지만… 내선인은 물론 외국인 누구라도 조합원으로 편입해 이리위생조합을 조직하고, 학교조합과 면사무소에서 취급해오던 위생사무를 총괄해 이를 계승하고, 1914년부터 오물의 소제, 하수거 준설, 기타 공중위생의 보전 등을 장려하고자…"(『이리안내』, 1915: 54)

당시 학교조합에 가담했던 일본인 '유력자'들이 신설된 위생조합의 조합장 및 평의원으로 선임·겸직되었던 정황으로 보아, 양 조합 간의 연관성은 긴밀했다고 추정된다. ② 도축장 또한 당초에는 이리번영조합에서 건설했다가 학교조합에 이관된 경우인데, 그것이 다시 위생조합으로 편입되었던 사실이 후술된다. 먼저, 일본인 유력 지주 및 상인이 참여했던 별도의 이리조합이 1914년 설립되어, "토목, 위생, 소방 사무를 처리하고, 기타 이리의 번영 상 필요한 시설경영을 위한 자치기구"라는 학교조합과 유사한 사업 목적을 밝히고 있다.[32] 그 사무소는 학교조합 내에 설치하고, 조합장 및 평의원은 학교조합의 위원이 겸직하도록 했다. 전술한 학교조합의 위생 업무가 신설된 위생조합으로 이관되었던 것으로 보아, 이리조합의 경우도 동 업무가 위생조합으로 이관되었을 가능성을 시사하고 있다. 문제의 이리번영조합은 1911년 "이리 공공의 사무를 처리하기 위해 자치조직으로서… 이리개발을 위해 진력한 것은 일일이 열거할 수 없는 정도인데, 그중 중요한 것만을 열거하면, 시가의 신설, 교사의 건축, 도축장의 권리매수 및 건설, 소방조합의 조직, 피역사의 건설 등" 공중 보건 및 위생과 관련된 흥미로운 보고를 남기고 있다.[33] 여기서 도축장과 피역소는 후일 위생조합의 소관 사항으로 승계되었는데, ③ 피역소의 경우 1913년 이리학교조합에서 건설해, 위생조합으로 그 사무가 인계되었다. ④ 공동묘지는 일본인들만의 공동묘지로서, 그 위치 및 소관 부처는 불명하다. ⑤ 의원·산파로서는 "高芝醫院(鐵道囑託醫), 保生堂醫院(朝鮮總督府公醫), 新井齒科專門院, 宮川醫院(前警察醫) 등" 일본인계 의료기관이 차례로 소개되고 있다. ⑥ 약종·매약점 2개소, ⑦ 목욕탕 4개소 등이 당시 보건위생·의료 관계 공공시설로 선전되고 있음이 이색적이다.[34] 대체로 신흥 식민도시 이리에서 위생·의료서비스를 둘러싼 사회적 분업이 일본인 중심의 자치조직을 통해 개시되고 있던 1910년대 전반의 정황을 엿볼 수 있는데, 문제의 학교조합뿐 아니라 번영조합(후일, 상업회의소)도 당해 위생 업무를 신설된 위생조합으로 이관했던 사실을 확인시켜 주고 있다. 단, 여기서는 기존 연구가 강조한 경찰서(파출소)의 개입, 즉 위생경찰과의 관련 양상은 포착되지 않는다.

1927년 개정·증보되는 『이리안내』는 제4장에 위생기관 편을 담고 있는

32 『裡里案內』(1915), 32쪽.
33 같은 책, 37쪽.
34 같은 책, 55-59쪽.

데, 그 내용은 전편(1915)보다 소략할뿐더러 위생 부문이 없어지고 의료 부문에 대한 소개만이 이루어지는 차이점을 보이고 있다. "현재(1927년) 위생에 관한 기관으로서는 의원, 치과의원, 격리병사, 간호부회, 산파, 욕탕, 기타 이발업 등"이 망라되는 가운데, 이리철도병원 이외에 개인 의원 5개소, 안과의원 1개소, 치과의원 2개소, 간호부회 2개소(간호부 12인), 산파 5인, 목욕탕 4개소, 이발소 13개소 등이 보고되고 있다.[35] 위생조합에 대한 후일담이 없는 것이 1910년대와의 커다란 차이점이라고 할 수 있는데, 이를 고려한다면 1915~27년간 이리에서 공중보건·위생 문제는 도시화의 진전에 따라 위생 문제에서 의료 부문으로 이동하는, 시대적 변화상이 포착되고 있다고 할 수 있다.

호남 평야부에서 여타 지방지를 살펴보면, 근대적 지방지인 『김제발전사』(1934)에는 위생 관련 항목이 익산의 사례와 달리 전혀 확인되지 않는다.[36] 한편, 전통 읍지인 『정읍지』(1918)에는 "약재" 편에 봉밀과 인삼을 필두로 23종의 전통 약재명이 보고되고, 별도로 "산약(山藥)" 편에 27종이 소개되고 있다.[37] 전술한 전통 한의약 관련 약종이다. 또 전통 읍지인 『부안읍지』(연도 미상)는 전통 약재 편뿐 아니라 위생 관련 항목 자체가 김제의 사례처럼 없다.[38] 후대로 내려와 해방 이후 1957년에 중간된 『부안군지』에도 관련 사항은 전무한 형편이다.[39] 그런데 1931년 읍, 1935년 부로 승격되는 전주 지역 지방지 『전주부사』(1942)에서는 제6장 사회 편에 화장장 및 공동묘지 항이 등장하고, 제7장 보건 편에서 위생 관련 사항이 본격적으로

---

35 『裡里案內』(1927), 22-23쪽.
36 『金堤發展史』(1934).
37 『井邑誌』(1918).
38 『扶安邑誌』(연도 미상).
39 『扶安郡誌』(1957).

서술되고 있다.[40] 여기서는 먼저 1930년대 후반의 전염병 발병이 인상적으로 보고되고, 이어서 상수도(제2절), 하수도(제3절), 오물제거(제4절) 등이 열거되는 가운데, 제5절에 위생조합 편이 별도로 등장하고 있다. 다음의 인용문을 통해 1930년대 중반의 상황을 살펴보자.

"전주경찰서에서는 전주부민의 보건위생에 관한 당국의 시행에 충실히 따르게 할 뿐만 아니라 위생사상을 철저히 보급해 각 호가 자발적으로 청결을 유지하고 나쁜 질병을 예방케 하는 등 모든 일에 만전을 기하기 위해 부내를 30구역으로 나누고, 각 구당 위생조합을 조직해 각 호가 형편에 따라 비용(위생조합비)을 부담토록 하고 있다. 그 창설은 1935년으로 1936년 4월 현재 가입 호수는 일본인 1,221호, 조선인 5,464호, 외국인 79호, 합계 6,850호로서 조합 수는 30개소. (조합의 주요 사업을 일람하면) •전염병 신고, •불결한 장소의 소독 및 청결, •파리발생 예방 및 구제 보급, •구내 청결유지 및 청소의 날 준수, •기타 위생시설, •위생사상의 보급, •당국 지시사항의 주지엄수. 그리고 이 30개 조합의 통제·지도 기관으로 전주부 위생조합연합회를 설치하고… 사무소는 전주경찰서 안에 두었다. 회장은 전주경찰서장이 맡으며, 전주 부윤 및 도 위생과장을 고문으로 두고, 이사·간사는 부·경찰서의 담당 간부·직원으로 충당하고 있다. (주요 사업을 보면) 위생사상의 보급, 전염병 예방, 청결 및 소독 역행, 소독약품 공동구입, 각 조합의 연락협조, 기타 필요한 사항."[41]

이상의 사실을 하나의 표로 정리하면 다음과 같다.

40 『全州府史』(1942).
41 같은 책, 498쪽.

<표 2-6> 1936년도 전주부(府) 내 위생조합 실태 (『(국역)전주부사』, 1942: 498)

지역단위 조합 수	조합원(호수)				1조합당 조합원 수	1조합당 평의원 수
	일본인	조선인	외국인	계		
30개소	1,221호 (18.0%)	5,464호 (80.8%)	79호 (1.2%)	6,764호 (100.0%)	225.5인	8.1인

* 외국인은 주로 중국인이다.

개별 조합당 조합원(호수)은 약 225호, 1인의 조합장 및 부조합장이 선임되고, 평균 8인의 평의원 및 8인의 위원이 위촉되었으며, 조합 사무소는 조합장의 가택에 두었다. 무엇보다 위생조합연합회를 통해 경찰서의 지도·감독을 받는다는 점이 이리 사례와의 커다란 차이점으로 확인된다. 그러나 전주의 사례에서도 도시화 및 인구팽창에 따른 전염병의 예방·관리, 위생사상의 함양이라는 위생조합의 기본 취지는 재차 확인되고 있으며, 무엇보다 일본식 자치조직의 형태를 취한다는 점에서 모종의 유사점을 발견할 수 있다. 이 외에 『전주부사』(1942)에는 살수(撒水, 제6절), 격리병사(제7절), 의료·약료·건재국(제8절), 도축장(제9절) 등이 수록되어, 당시 위생·의료 문제가 부로 승격한 전주의 도시 문제에서 어느 정도로 주요한 관심사였는가를 가늠케 해주고 있다.[42] 그것은 근대적 시가지(구획)에 걸맞은 사회기반시설의 확충 과정이었다고 할 수 있다. 흥미로운 의료시설로서 "전주 약령시가 개설된 이후부터는 건재약종상도 상당한 호황을 구가"하고 있다는 언설이 눈길을 끌고 있다.[43] 1920년대부터 개시되는 전주약령시는 전술한

---

[42] 『전주부사』(1942)에서는 보건, 위생, 방역, 의료 문제가 별개의 범주로서 비교적 상세히 취급되고 있음이 인상적이다. 1930년대 사회적 분업의 진전에 따라 상기 사항을 파악하는 인식 수준도 한층 제고되고 있었던 모양이다. 그러나 후술하는 『군산부사』(1935)에서는 위생과 의료 등이 여전히 동질적인 차원에서 취급되고 있는데, 전술한 호남 지방지들과 유사한 상황이라고 할 수 있다. 서두에서 언급된 사실이지만, 이는 당시의 사회발전 단계상 여전히 양자(위생·의료)가 완전히 분리되지 못한 상태에 있었던, 식민지의 시대상을 표상하고 있다.
[43] 『全州府史』(1942), 500쪽.

약종상 및 의생과 관련해, 시대적 변화를 담고 있는 '전통의 부활'이자 '근대와의 공존' 양상이지 않았을까 생각된다.[44] 다른 한편, 이상과 같은 활동에도 불구하고 지역사회에서 확산 일로에 있던 아편·몰핀(morphine) 중독자의 실태는,[45] 인구증대 및 도시화에 따라 예전에는 미처 예기치 못한 심각한 사회문제가 초래될 수 있다는 사실을 경고하고 있었다.

마지막으로 군산의 사례를 보면, 『군산부사』 제27장에 '위생 및 의료기관'이 보고되고 있다. 그 추이를 보면, "군산부의 위생시설은 시가의 발전에 수반해 착착 시행·개선되고 있는데, 근년(1930년대 전반)에 이르러서는 거의 완비되기에 이르렀다. 특히, 상하수도의 완공에 따라 유행병이 현저히 감소하고 있다."[46] 군산에서 상수도공사는 1913년 준공, 1915년 완공, 이후 확장공사를 거듭해, 1932년까지 완공됨으로써, 약 3만 인이 급수 가능했다고 알려져 있다. 하수도공사는 도로개수공사와 병행해, 1920년대에 대대적으로 시행되어, 1930년대에 들어서는 "근년 유행병이 현저하게 감소한 것은 이 때문"이라고 지적하고 있다.[47] 한편, 의료기관으로서 기존의 도립 회생병원이 확장해 1932년 도립 군산병원에 위탁 관리되고, 군산자혜의원이 도립 군산의원으로 전환되고 있는 상황을 소개하는 가운데, 여타 부

---

44 1920년대 《동아일보》에 등장하는 전주약령시 관련 기사를 소개하면 다음과 같다. "전주 약령시 계획 착착 진행중", 《동아일보》, 1923. 9. 21.; "전주약령시 개시, 금 5일부터", 《동아일보》, 1926. 12. 5.; "전주약령시 후보", 《동아일보》, 1927. 1. 1.; "전주약령시 개시, 작년보다 민원 감소", 《동아일보》, 1927. 2. 3.; "약력 개시 준비, 전주 후보", 《동아일보》, 1927. 11. 19.; "전주약령시 임박", 《동아일보》, 1927. 12. 2.

45 1920년대 《동아일보》에는 이에 대한 고발 기사가 속출하고 있었는데, 이를 간추려 소개하면 다음과 같다. "'모르히네' 중독자 대검거, 군산에서 9명, 동시에 밀매자도 검거", 《동아일보》, 1921. 9. 23.; "중독자를 소멸하고자 전북 줄포경찰서장의 발기로 '모르히네' 폐해 막을 귀성회", 《동아일보》, 1922. 2. 26.; "(완주군) 고산에도 연침자 환자 1명 검거", 《동아일보》, 1922. 3. 4.; "익산 연침 환자, 10여명이 출몰해…", 《동아일보》, 1922. 4. 8.; "전주방독단 조직, 아편 및 '모르히네' 중독자가 다수이므로", 《동아일보》, 1922. 4. 16.; "전주 아편 방독단 주최 강연회: 방독의 3요소(해각), 모르히네와 사회의 전도(김창희), 모르히네 중독 근치방법(高橋), 모르히네 해독의 진상(김장문)", 《동아일보》, 1922. 4. 19.; "고창 아편중독자 박멸시위 행렬", 《동아일보》, 1926. 9. 23.

46 『群山府史』(1935), 227쪽.

47 같은 책, 228쪽.

대시설로서 행려병자구호소의 신축(1933년)을 보고하고 있다. 여기서는 특히 오물류, 오물(주로 인분) 소거 등 1930년대 전반 시가지 확장·정비에 따른 위생시설의 구비가 인상적으로 강조되고 있는데, 전술한 전염병 방제와 깊은 관련을 갖고 있다고 볼 수 있다. 이상, 도시화(의 진전)에 수반한 '위생 인프라'시설, 근대적 의료기관 등이 소개되고 있지만, 전주나 이리의 사례와 같은 위생조합이나 위생경찰 업무는 별도로 확인되지 않는다. 아마도 1930년대의 변화상만을 담고 있는 군산 지방지의 특질이자 한계라고 생각된다.

5. 호남 농촌지역의 모범위생부락

위생조합이 일본인 이민자를 중심으로 도시[읍내] 지역에서 1910년대라는 비교적 이른 시기부터 조직되었다면, 호남 농촌에서는 모범위생부락(模範衛生部落)이 1920년대 말부터 확인되고 있다. 이 모범위생부락(사업)은 1920년대 모범부락장려정책 및 1930년대 농촌진흥운동이라는 총독부 농정의 일환으로 등장하고 있었다. 마쓰모토 다케노리에 따르면, 위생부락은 전 조선 가운데 전북에서 이례적으로 성행했으며, 1930년대 지역단위의 직능단체로서 농촌위생을 둘러싼 조직화 사업을 담당하였다.[48] 기존 연구가 주목했던 위생경찰의 역할을 고려한다면,[49] 여기서 다루는 위생부락(사업)은 위생경찰 및 위생조합과 함께 식민지기 위생 조직화를 담당한 사회적 분업화의 한 축으로서 새롭게 조명될 필요가 있다고 생각된다. 다음의 〈표 2-7〉은 지역 레벨에서 확인되고 있는 위생부락의 구체상을 제시한 것이다.

48 松本武祝, 앞의 책, 83쪽.
49 박윤재, 앞의 책 (2004); 정근식, 앞의 논문.

〈표 2-7〉 1930년대 모범위생부락 수 및 은사구료상(恩賜救療箱) 이용의 추이 (『전라북도요람』, 각년판)

지역별		읍·면 수	모범위생부락 수				은사구료상			
			1930	1931	1934	1면당	설치 수 (1933)	1면당 설치 수	약품 배포인 수	약품 이용자율
평야부	전주	20	8	5	2	0.10	34	1.70	4,302	2.4%
	정읍	19	24	24	26	**1.37**	32	1.68	4,620	3.0%
	고창	17	2	2	7	0.41	33	**1.94**	4,506	4.0%
	부안	10	6	6	10	**1.00**	17	1.70	4,257	**4.9%**
	김제	17	14	17	18	**1.06**	28	1.65	2,369	1.6%
	옥구	10	5	6	11	**1.10**	18	**1.80**	5,058	3.9%
	익산	18	20	20	22	**1.22**	31	1.72	5,261	3.5%
산간부	진안	11	3	3	13	**1.18**	20	**1.82**	4,105	**6.1%**
	금산	10	3	3	11	**1.10**	18	**1.80**	6,375	**9.1%**
	무주	6	5	5	6	**1.00**	11	**1.83**	2,577	**5.3%**
	장수	7	7	7	7	**1.00**	13	**1.86**	2,454	**5.0%**
	임실	12	11	11	11	**0.92**	22	**1.83**	4,691	**6.2%**
	남원	19	18	18	17	**0.89**	33	1.74	8,961	**8.1%**
	순창	12	5	5	5	0.42	20	1.67	6,502	**9.4%**
합계		188	131	132	166	0.88	330	1.76	66,038	4.6%

* ① "지역별"에서 전주는 완주군, 옥구는 군산부를 포함한 수치이다. ② 읍·면 수는 1934년의 수치이다. ③ 약품이용자율은 1932년 군 인구에 대한 약품배포인 수의 비율이다. ④ 약품배포인 수는 1932년 10월~1933년 9월의 1개년간 수치이다.

　　전라북도 내에서는 1929년부터 모범위생부락이 지정되어, 〈표 2-7〉에서 보는 바와 같이, 1934년까지 1개 면당 평균 0.88개소의 위생부락이 설치되었다. 이 사업은 전북에서 선행적으로 실시되어, 그 성과 위에서 조선총독부가 1933년부터 각 도(道)에 명해 자력갱생운동과 교류시키는 형태로 장려했던 것이다.[50] 이 때문에 이후 전국적 단위에서 실시되었지만 이례적으

50 《조선신문》, 1933. 2. 24.

로 전북 지역에서만 활발한 활동이 확인되고 있다. 구체적 활동을 보면, 동리 단위의 우물 수리, 변소 개량, 공동목욕탕, 청소 등 전염병 예방이 주된 사업이었으며, 이와 같은 방역사업을 통한 청결 유지(정신 함양)와 근대적 위생관념의 계몽·선전이 주요한 사업 목적을 이루고 있었다. 표에서 보는 한, 전술한 도시부를 중심으로 분포했던 의료자(의사·의생)와 달리 위생부락은 "산간부" 지역에도 다수 설치되어, 평야부와의 격차는 거의 없었다고 할 수 있다. 이는 후술하는 "은사구료상" 수의 추이에서도 마찬가지이다.

은사구료상은 1930년대 농촌진흥운동기(농촌계몽운동)에 개시된 궁민의료구제 사업의 일환으로서, 의료서비스로부터 배제된 최하층 농민들에게 의약품을 무상으로 교부하는 제도이다.[51] 〈표 2-7〉에서는 평야부보다 산간부에서 은사구료상 수가 상대적으로 높은 수준에 있다는 사실을 볼 수 있다. 은사구료상은 제도적으로 평야부나 산간부와 상관없이 지역적으로 균등하게 배치하도록 고안되었지만, "1면당 설치 수" 및 "약품이용자율"에서 보는 한 산간부의 상대적 우위는 두드러진다(모두 5% 이상). 전술한 의료자 밀도(인구 10,000인당 의료자)와 약품이용자율 간에는 통계상 약한 부(-)의 상관관계가 연출되어, 은사구료상(의 배부)이 근대적 의료기관의 부재를 어느 정도 보완하고 있었다고 추정된다. 주지하다시피, 산간부 지역은 근대적 의료의 사각지대로서 주로 약종상 등 전통 의료에 의존했던 만큼 관(官)으로부터의 의료 시혜는 이와 같이 지역단위 위생 조직화의 일환으로 시행될 수밖에 없었다. 그러나 산간부라는 지역적 한계상(거리상의 한계) 그 구체적 이용 실태가 양호한 것이었는가는 여전히 의문이다(10% 미만의 "약

---

51 도립병원과 공의가 설치되지 않은 전북 도내 165개 면에 1932년부터 은사구료상이 설치되었다. 『전라북도요람』(1933), 278-229쪽. 그에 앞서 1926년부터 이미 도비(道費)에 의해 구료상을 경찰주재소(파출소) 및 소학교·보통학교 등에 배치하였다. 은사구료상의 설치 이래 내용약품은 "은사구급상"에, 외용약품은 "구급상"에 각각 별도로 배치하는 방침을 채택했다. 『전라북도요람』(1934), 388-389쪽.

품이용자율"). 또한 조선인의 입장에서는 구료상이 비치된 경찰주재소 내지 학교라는 식민권력의 말단 기구로 향하는 것의 정신적 부담감(내지 거부감)도 일정 부분 작용했다고 생각된다. 다음의 〈표 2-8〉은 모범위생부락에 대해 익산군 내에서의 구체적 상황을 제시한 것이다.

〈표 2-8〉 익산군 내 모범위생부락(1934년)의 소재지 (『전라북도요람』, 1934.)

모범위생부락명	당해 부락 소재면의 행정동리				
	행정동리	면사무소 소재지와의 위치 관계	행정동리 수	면사무소 소재 동리 인접리 수	비(非)인접리 수
황등면 보삼리	황등리	소재리	6	3	2
용안면 중신리	중신리	인접리	17	6	10
함열면 와리	와리	소재리	6	3	2
낭산면 삼담리	삼담리	인접리	7	4	2
황화면 마전리	마전리	인접리	6	3	2
왕궁면 발산리	발산리	인접안함	13	3	9
팔봉면 팔봉리	팔봉리	소재리	10	4	5
여산면 신막리	원수리	인접안함	6	4	1
망성면 화산리	화산리	인접리	6	3	2
오산면 오산리	오산리	소재리	7	6	0
춘포면 석탄리	석탄리	인접리	12	4	7
웅포면 웅포리	웅포리	소재리	7	2	4
삼기면 하갈리	서두리	인접리	6	4	1
금마면 기양리	기양리	인접안함	7	2	4
함라면 장등리	신등리	인접안함	6	2	3
려산면 가재리	두여리	인접리	6	4	1
익산군 고봉리	마동리	인접리	5	4	0
북일면 신리	신리	소재리	9	3	5
황등면 황등시장	황등리	소재리	6	3	2
총 19개리 평균			7.8	3.5	3.3

* ① 인접관계는 『익산군사정』(1928) 부록의 지도에 의거 판정했음. ② 부락명과 행정동리의 대조는 『신구대조조선전도부군면리동명칭일람』(1917)에 의거함. ③ 여산면 가재리는 현재의 지도를 통해 판단했음.

〈표 2-8〉에서는 모범위생부락이 익산군 내 18개 면 가운데 성당면 이외 모든 지역에 배치된 것으로 확인된다. 이례적으로 황등면과 여산면에서는 위생부락이 2개소 지정되었는데, 각 면(面)이 평균 7.8개의 행정리로 구성되었음을 감안한다면, 위생부락의 대체적인 밀도(분포도)를 짐작해볼 수 있다(12.8%=1/7.8). 여기서 주목하는 것은 그것의 공간적 위치 관계이다. 군 내 총 19개 사례 중 7개 위생부락(36.8%)은 면사무소 소재지(행정리) 내에 지정되었고, 8개 부락(42.1%)은 면소재지에 인접하는 행정리에 배치되었다. 나머지 4개 부락(21.1%)은 인접하지 않은 원격지에 소재한 것으로 확인된다. 대체로, 면사무소 소재지 및 그에 인접한 행정리에 배치되는 비율이 '비(非)인접'의 비율보다 상대적으로 높다는 사실을 확인할 수 있다.

이 같은 통계적 결과는 농촌위생을 둘러싼 지역단위 조직화 사업이 동리라는 말단부의 지방 단위에까지 미치고 있지만, 여전히 면사무소라는 식민지권력의 행정소재지 및 그 인접지에 한정되었다는 공간적 한계를 여과 없이 드러내고 있다. 요컨대, 모범위생부락은 호남 농촌사회에서 위생사업의 계몽·실천을 표방하고 이를 조직화하는 데 일정한 성과를 거둔 듯했지만, 결과적으로는 농촌 말단부 행정권력의 근방(인접지)에서만 실시되었고, 공간적 분포(내지 확대)라는 관점에서는 여전히 그 효과가 한정적이었다는 사실에 유의할 필요가 있다.

6. 식민지 위생·의료의 실태와 한계

전술한 도시지역의 위생조합이나 농촌지역의 모범위생부락(사업)은 궁극적으로 '문명화 사명'['청결의 근대']을 내걸고 공중보건·위생사상을 함양함으로써 농촌사회에 만연해 있는 전염병을 예방·퇴치하려는 방역사업에 집중하고 있었다. 그렇다면 이러한 일제의 위생 조직화 사업 내지 '위생규율'의 관통은 식민지 지역사회에서 어느 정도의 '성과'를 올리고 있었는가? 기존의 통설은 낙후된 농촌지역에 있어서 근대적 위생·의료서비스의 제도적 저위성과 위생경찰로 상징되는 식민지적 폭력성을 강조하고 있는데,[52] 이상의 위생조합과 모범위생부락의 사례는 '자치조직'의 외관을 취하면서 보다 '소프트한' 차원에서의 '위생규율'의 침투 양상을 연출하고 있다. 지역사회 레벨에서 그 구체적 실태를 검정하기 위해 제시한 것이 다음의 〈표 2-9〉이다.

〈표 2-9〉 1927~33년 평균 전라북도 전염병리환자 수 동향 (『전북지위생』, 1932; 『전라북도요람』, 각년판)

(단위: 인)

지역별(부·군)		이환자 수		10,000인당 이환자 수		10,000인당 의료자 수
		일본인	조선인	일본인	조선인	
평야부	군산·옥구	94.1	27.3	**80.7**	**2.4**	**3.7**
	전주·완주	95.9	34.3	**147.8**	2.0	2.6
	정읍	9.6	7.0	40.2	0.4	1.9
	고창	2.0	7.4	57.8	0.6	1.4
	부안	2.4	5.7	33.1	0.7	1.7
	김제	8.4	11.7	31.3	0.9	1.9
	익산	23.3	9.4	40.6	0.7	2.6
산간부	진안	3.3	7.9	**178.6**	1.1	1.3
	금산	1.7	36.1	48.6	**5.1**	1.4
	무주	1.0	13.0	40.2	**2.6**	1.8
	장수	1.7	3.1	72.6	0.6	1.4
	임실	3.4	4.0	77.7	0.5	1.8
	남원	5.6	5.7	64.5	0.5	2.0
	순창	1.0	1.9	48.1	0.3	1.0
합계		253.4	174.6	77.8	1.2	2.0

* ① 인구와 의료자 수는 1930년도의 수치를 이용했음. ② 의료기관 수는 의사, 한지개업의, 의생 등을 합산한 것임(약종상은 제외). ③ 조사 대상 전염병은 콜레라, 이질, 장티프스, 파라티프스, 천연두(마마), 발진티프스, 성홍열, 디프테리아, 유행성뇌척수막염임.

52 신동원, 앞의 책 (1997); 조형근, 앞의 책 (1997); 박윤재, 앞의 책 (2005).

먼저, 예비적 고찰로서 〈표 2-9〉 상의 의료자 밀도(인구 10,000인당 의료자 수)는 도시·읍내를 가진 평야부에서 상대적 우위를 보이고(군산, 전주, 익산), 산간부에서는 전통적 중심지였던 남원군이 수위, 나머지 지역은 어느 군에서나 그 밀도가 2인 미만에서 낮은 수준임을 재차 확인할 수 있다(도 평균 2인). 이 표에서는 일제가 내세운 '내선간(內鮮間) 평등·융화' 내지 동화주의 정책의 관점을 의식하면서 민족별 동향과 지역별 분포 간의 상관관계에 주목할 필요가 있다.

인구 10,000인당 전염병리환자 수(비율)는 조선인에 비해 일본인이 압도적으로 높은 수준을 보이고 있는데, 여기서 당시 통계상의 특질과 한계를 여실히 확인할 수 있다.[53] 앞 절에서 고찰한 근대적 의료자나 위생조합 및 모범위생부락 등을 고려한다면, 인구비례 상 조선인의 전염병 환자 수는 일본인의 그것을 압도적으로 상회해야 한다.

일본인의 경우, 의료자 밀도와 인구 10,000인당 전염병리환자 수 간의 상관관계는 통계상 거의 없는 것으로 확인된다. 일본인들이 주로 거주하는 도시부에는 의료시설이 상시 존재하고 스스로 검진하는 습관(규율)과 검진을 가능케 하는 경제력이 있었으므로, 인구 10,000인당 일본인 전염병 환자 수는 조선인에 비해 압도적으로 높은 수준을 보이고 있었다(77.8인 대 1.2인). 일본인의 경우 실제의 전염병환자 수와 〈표 2-9〉 상의 수치 간에는 큰 차이가 없었을 것이다. 이것에 대해서 조선인의 경우 실제의 전염병환자 수는 〈표 2-9〉 상의 수치를 크게 상회할 것이다. 주지하다시피, 조선인에게 있어서 근대적 의료기관에 대한 접근은 용이하지 않았다고 할 수 있다. 여기에는 물리적 거리, 경제적 코스트(빈곤), 심리적 거부감(언어, 식민지 의료기관에 대한 괴리), 상대적으로 높은 이환자사망률에 대한 공포(격리병

---

53 황상익, 앞의 책, 263~268, 274~275쪽.

사의 빈약함), 서양의학 지식의 결여·불신 등이 작용했을 가능성이 높았다고 추정된다.[54] 이러한 요인 때문에 조선인의 '수진률(收診率)'이 낮고, 그 결과 전염병리환자의 '발견율'도 낮았다고 볼 수 있다.[55]

대체로 조선인의 낮은 '검병(檢病)' 수준을 고려할 때, 그 성과는 위에서 본 바와 같이 실망스러운 수준이었다고 평가할 만하다. 따라서 조선인-일본인 간에 위생·의료서비스를 둘러싼 제도적 격차는 더욱 커지고 농촌지역으로 갈수록 한층 심화되고 있었다고 추정된다. 단, 조선인의 경우, 의료자 밀도가 낮았음에도 불구하고 10,000인당 전염병환자 수가 많았던 금산군의 경우를 예외로 한다면, 양자 간에는 약한 정(+)의 상관관계가 연출되고 있다. 근대적 의료시설에 대한 접근(공간적 근접성)이 그나마 조선인 전염병환자의 '발견율'을 높이는 효과를 어느 정도 발휘하고 있었다고 생각된다. 다른 한편, 전염병의 경우 행정 측이 유행병을 인지하게 되면 개별 '호구조사'가 위생경찰에 의해 실시되고, 이를 통해 발견·적발되는 경우도 있었다. 이 점은 전술한 상관도가 낮은 요인 가운데 하나라고 볼 수 있다.

식민지적 위생규율 내지 조직화 사업이 주로 일본인 거주지인 도시부를 중심으로 주변의 농촌부로 확산되고 있음은 널리 알려진 사실이지만, 식민지 지주제를 배경으로 농촌부에도 일본인의 거주가 빈발했던 호남 지역에서는 전술한 '내선잡거'와 관련해 보다 흥미로운 사실도 확인되고 있다. 1920년대 전라북도 옥구군 개정면(開井面)에는 구체적인 농촌위생 통계가 존재한다. 1935년 4월, 전북 유수의 대지주인 구마모토농장(熊本農場)이 옥

---

54 신창건은 의사와 조선 민중 간에 신체·정신의 변조(変調)에 즈음해 그 주소(主訴)를 말하는 문화가 공유되지 못했던 저간의 사정을 위와 같이 지적하고 있다. 愼蒼健, "植民地衛生学に包摂されない朝鮮人: 1930年代朝鮮社会の「謎」から",『帝国の視角 / 死角〈昭和期〉日本の地とメディア』(青弓社, 2010), 42-43쪽.

55 신창건은 1930년대 경성에서는 전염병(이질, 장티프스)의 조선인 '환자발생률'이 일본인의 그것을 대폭 하회하고 있었던 경성부·경성제대의 공동연구를 소개하는 가운데, 경성의 조선인은 전염병에 감염되더라도 '환자'화하는 비율이 낮았던 점을 지적하고 있다. 愼蒼健, 앞의 논문, 31-33쪽.

구군 개정면(철도역 소재지)에서 구마모토자혜진료소(熊本慈惠診療所)를 설립하고, 이영춘(李永春) 박사를 소장으로 초빙했다는 개별 사례가 존재한다.[56] 여기서 발굴된 의료자료(『보건사회백서』, 1965)는 상기 병원(진료소)과 어느 정도의 관련이 있었다고 추정된다.[57] 단, 1924년까지 소급되고 있는 이 자료가 존재하는 경위에 대해서는 불명하다.

1950년대까지를 시야에 담고 있는 개정면의 사례에 주목해보자. "1924년부터 1953년 사이의 30년간을 10년 간격으로 집계해 관찰하면, 이 기간 중 무(無)치료사망이 약 50%를 점하였고 보건 사업 실시 후 1956~61년간 비록 감소되기는 하였으나 아직도 30.9%의 무치료사망이 있다 함은 일견 기이감이 없지 않다"는 다소 충격적인 사실을 보고하고 있다. 이 보고서의 저자는 "무치료사망"의 원인으로서 당시 농촌에 만연해 있던 빈곤(궁핍상)과 관습상의 '미신'[58]을 지적하고 있다.[59] 그 실태를 구체적으로 살피면, 다음의 〈표 2-10〉과 같다.

---

56 소순열, 앞의 논문 (1992; 1994).

57 박윤재, "조선총독부의 지방 의료정책과 의료 소비", 『역사문제연구』 21 (2009), 161-183쪽.

58 여기서 언급된 '미신'(〈표 10〉 상의 '미신행위'도 포함)은 무녀(巫女)에 의한 치료 등을 의미한다고 생각된다. 이러한 의료 행위를 모두 '미신'이라고 평가하는 의료자 및 행정당국의 인식 자체는 한편으로 근대주의의 산물이라고 할 수 있을 것이다.

59 『保健社會白書』 (1965).

〈표 2-10〉 1924~61년간 전북 옥구군 개정면 사망자의 치료 추이 (『보건사회백서』, 1965: 124)

(단위: 人, %)

치료종류별	1924~33년간 사망자 수	1934~43년간 사망자 수	1944~53년간 사망자 수	1956~61년간 사망자 수
무치료	199 (51.9)	269 (51.1)	460 (48.9)	102 (30.9)
병원치료	30 (7.9)	74 (14.0)	204 (21.7)	116 (35.2)
한방의치료	100 (26.0)	123 (23.4)	152 (16.2)	49 (14.8)
병원한의겸치료	17 (4.4)	28 (5.3)	46 (4.9)	30 (9.1)
미신행위	10 (2.6)	17 (2.3)	48 (5.1)	1 (0.3)
미신한방의겸용	7 (1.8)	2 (0.4)	11 (1.2)	2 (0.6)
매약치료	1 (0.3)	5 (0.9)	8 (0.8)	14 (4.2)
민간요법	21 (5.4)	9 (1.7)	11 (1.2)	16 (4.8)
계	385 (100.0)	527 (100.0)	940 (100.0)	330 (99.9)

　무엇보다, 1920~30년대에 51%를 점했던 "무치료"사망자가 해방 이후 40%, 30%대로 점차 하락하는 양상이 포착되고 있다. 그 감소분만큼 "병원치료"의 비중은 7%대에서 35%대로 꾸준히 상승하고 있다. 1956~61년간에 들어서야 "병원치료"는 "무치료"의 비중을 상회하기 시작했다. "한방치료"는 20%대에서 점감 추이를 보이나 해방 이후에도 10%대에서 강고하게 잔존하고 있는 양상이다. 1920~30년대에는 "무치료"사망 이외 사망자의 반수(26.0%~23.4%)가 여전히 전통 "한방의치료"에 의존하고 있는 실정이었다. 여타 "미신행위, 미신한방의겸용, 매약치료, 민간요법" 등의 잔존 양상은, 역으로 근대적 의료서비스가 농촌 일대에서 어느 정도로 더디게 진행되고 있는가를 보여주고 있다. 더구나 개정면이 호남선(군산지선)의 철도역 소재지(준읍내)였음을 감안한다면, 근대적 의료 수준의 저위성은 결코 용이하게 극복 가능한 것이 아니었음을 시사하고 있다.

7. 맺음말에 대신하여

이 글에서는 식민지기 농촌사회에 등장한 근대적 위생·의료제도에 대해 지역단위의 조직화 사업 내지 제국주의의 '위생규율'로 규정하고, 그 실태를 일본인의 진출이 상대적으로 활발했던 호남 지역을 사례 대상으로 삼아 구체적으로 살펴보았다. 식민지 지주제가 고도로 발달했던 전라북도 호남 지역에서는 러일전쟁 이래 일본인의 조기 진출과 그에 따른 농촌 '개발'이 특히 수리·농업 부문을 중심으로 나타났다. 당시의 인구팽창 및 도시화는 군산을 필두로 호남선을 따라 평야부 지역에 이리와 같은 새로운 식민도시들을 탄생시키고 있었다. 이하, 여기서 확인된 몇 가지 사실을 정리하면 다음과 같다.

첫째, 인구증가 및 도시화에 따라 근대적 의료자(의사, 한지개업의)의 일반적 확대라는 기존 연구사의 성과 위에서, 호남평야와 같은 식민지 지역사회에서는 그것이 주로 평야부 도시(군산, 전주, 이리)에 집중되는 지역적 경향성을 보이고, 농촌의 제 지역(주로 산간부)에서는 군청소재지인 읍내에 소재한다는 사실을 확인할 수 있다(면소재지와 같은 '준읍내'도 포함). 이 점에 있어서는 전통적 의료자인 의생도 의사와 유사한 분포를 보이고 있었다. 산간부 농촌지역에는 전통적 의료기관인 약종상(한약재상)이 다수 산재해 평야부와의 지역적 차이를 보이고 있었다.

둘째, 호남 평야부에 속하는 익산군의 사례에 주목하는 한, 근대적 의료자는 주요 공공시설과 함께 군청소재지(이리) 및 구군(舊郡)소재지(함열, 여산, 용안)에 집중되는 경향을 읽을 수 있다. 당시 호남의 수리·치수 및 철도의 중심지였던 이리는 군산을 경유한 일본인의 진출이 상대적으로 활발한 신흥 식민도시였다. 여기서는 근대적 의료자와 함께 의생과 같은 전통적 의료자도 다수 확인되고 있는데, '근대와 공존하는 전통의 잔존' 양상을 여과 없이 노정하고 있다. 단, 전통적 의생·약종상은 이후 감퇴 경향에 들어선다는 한계점에도 유의할 필요가 있다.

셋째, 군산과 함께 호남평야의 도시부를 대표하는 이리에서는 위생조합의 사례가 1910년대의 이른 시기부터 나타나고 있다. 이리의 사례는 기존의 일본인 거류민단이 합방 이후 학교조합으로 개편되어 그 하부 조직으로 당해 조합이 탄생한 경우인데, 이리(변영)조합과 같은 자치조직도 그 모체로 등장하기도 하고, 소방조합도 이때 같은 경로를 통해 설립되고 있음을 확인할 수 있다. 반면, 1930년대 중반의 상황을 보여주는 전주의 사례는 전술한 학교조합을 거치지 않고 곧바로 관(官)의 지도하에 조합이 '자치적으로' 조직·운영된 경우이다. 여기서는 '경찰서-위생조합연합회-(단위)위생조합-조합원'이라는 위계적인 계통구조를 확인할 수 있다.

넷째, 호남 농촌의 위생 조직화 사업은 도시지역과 달리 모범위생부락 및 은사구료상(도비구급상)을 통해 시행되었다. 사업 목적은 위생조합과 마찬가지로 위생사상의 보급과 전염병 예방·퇴치에 있었다. 전북의 지역 레벨에서 판단하는 한 모범위생부락은 근대적 의료시설과 달리 산간부 지역에도 다수 배치되었고, 평야부와의 격차는 거의 확인되지 않는다. 오히려 산간부에서 은사구료상 수·이용률은 상대적으로 높은 수준을 기록하였다. 요컨대, 익산군의 사례에 주목한다면, 모범위생부락(사업)은 식민지 '위생규율'의 지방 농촌에 대한 침투·관통(농촌위생을 둘러싼 지역 조직화 사업)을 보여주는 실증적 근거이다. 단, 위생부락의 공간적 분포(또는 밀도)는 여전히 규율 권력의 말단 기구인 면사무소 소재지나 인근 동리였다는 공간적 한계도 엄존했다.

다섯째, 인구비례 상 조선인 전염병리환자의 낮은 '검병(檢病)' 수준을 고려할 때, 식민지 지역사회를 대상으로 한 일제의 위생 조직화(사업)는 그 성과 면에서 실망스러운 수준이었다고 평가할 만하다. 위생·의료서비스를 둘러싼 민족 간 격차는 더욱 벌어지고, 도시부에서 농촌지역으로 갈수록 한층 심화되고 있었다. 그 요인은 주지하다시피 영세 소농민의 빈곤, 의사에 대한 심리적 거부감 또는 서양의학 지식의 부재 등에 기인한 것이다. 당시 호남 일대의 농촌 빈곤상은 이른바 "무치료"사망의 고위성이라는, 어찌 보면 당연한 사실로 귀결되었다. 전북 옥구군 개정면의 사례는 "무치료"사망과 함께 오히려 전통 "한방의치료"의 강고한 잔존이라는 식민지적 정황 [전통과 근대의 과도기적 병존]을 여과 없이 노출시켰다.

식민지 농촌사회에 대한 일제 위생규율의 침투, 즉 지역단위의 위생 조직화 사업과 관련해서는, 다음과 같은 잠정적 사실만을 도출할 수 있을 뿐이다. 위생조합, 모범위생부락 등에서 보는 바와 같이, 일제가 주도한 근대적 위생규율은 호남 지역사회에서 공간적 배치상 제도적으로 정착한 것으로 확인되고, 또 어느 정도의 '문명화' 효과를 발휘할 것으로 기대되었지만, 그것에 대한 실질적 성과는 이상에서 본 바와 같이 의문시되는 수준이었다고 말할 수 있다. 대체로 호남평야를 배경으로 한 식민지 농민사회는 여전히 농촌 빈곤과 의료 분포의 편중성 등에 기인해 '문명화된 근대'로의 '적응 불충분'과 심리적 거부감 사이에서 배회하고 있었다고 생각된다.

일제시대 '의생(醫生)' 김광진의 황달 투병기*
—김광진의 『치안』, 『치달일기』 분석—

오재근 (대전대학교 한의예과)

위선마취된정면으로부터입체와입체를위한입체가구비된전부를평면경에
영상시킴. 평면경에수은을현재와반대측면에도말塗抹이전함. (광선침입방
지에주의하여) 서서히마취를해독함. 일축철필과일장백지를지급함. (시험
담임인은피시험인과포옹함을절대기피할것) 순차수술실로부터피시험인을해
방함. 익일. 평면경의종축을통과하여평면경을2편에절단함. 수은도말2회.

_"오감도 시 제8호 해부" 중 일부

눈이 오는데
토방에서는 질화로 우에 곱돌탕관에 약이 끓는다
삼에 숙변에 목단에 백복령에 산약에 택사의 몸을 보한다는 六味湯이다
약탕관에서는 김이 오르며 달콤한 구수한 향기로운 내음새가 나고
약이 끓는 소리는 삐삐 즐거움기도 하다

_"탕약" 중 일부

1. 머리말

1934년 시인 이상(李箱, 1910-1937)은 "해부"를 발표했다.[1] 그리고 1936년 시인 백석(白石, 1912-1995)은 "탕약"을 발표했다.[2] 서양의학을 대표하는 "해부"와 한의학을 대표하는 "탕약"이 당대 문인들의 시적 소재로 활용됐다는 사실은 무척 흥미롭다. 일제시기부터 서양의학과 한의학이 동시에 대중과 함께하고 있었음을 보여주기 때문이다. 조선을 지배하던 일본 식민정부가 선택한 의학은 서구에서 발원한 이른바 서양의학이었다. 식민지 조선에서 활동하던 기존 전통 의사들에게도 서양의학을 전공한 의사들에게 적용되는 의사규칙이 준용됐지만, 의학을 공부하는 생도라는 의미의 의생(醫生)으로 전락하고 말았다.[3] 의생들은 임상 경력을 인정받아 면허를 발급받았음에도 경찰서 등에서 주관하는 의생강습회에 참석해 새롭게 서양의학을 교육받아야 했다. 또 신규 의생 면허 발급을 위해 서양의학 지식의 숙지 정도를 묻는 면허시험을 통과해야만 했다.[4] 전통의학과 서양의학 혼용의 시대가 열린 것이다. 한의학과 서양의학의 병용이 허용되던 일제시기, 그 경계에 놓여 있던 의생들은 한의약 치료만을 고수했을까, 아니면 적극적으로 서양의학을 활용하려 했을까? 두 의학을 함께 사용하려 했다면 그 결합은 어떻게 이뤄졌고 이를 실천하는 의생들은 어떤 생각을 지니고 있었을까?

　일본 식민권력으로부터 소외된 의생들이 서양의학에 대해 지녔던 태도는 크게 세 가지 정도로 나눠볼 수 있다. 먼저 당대의 한의학을 대표하는

---

* 이 글은 『의사학』 제27권 제3호(2018년 12월)에 발표된 논문을 일부 수정·보완한 것이다.
1　이상 저, 이범상 펴냄, 『오감도·권태』 (서울: 애플북스, 2014), 94쪽.
2　이숭원 주해, 이지나 편, 『원본 백석 시집』 (서울: 깊은샘, 2006), 122쪽.
3　신동원, "1910년대 일제의 보건의료 정책: 한의학 정책을 중심으로", 『한국문화』 30 (2002), 349쪽.
4　신규환, "한의학의 서양의학 인식과 수용", 연세대학교 의학사연구소 엮음, 『한의학, 식민지를 앓다』 (서울: 아카넷, 2008), 114-120쪽; 박지현, "식민지기 醫生 제도와 정책의 운영", 『대동문화연구』 106 (2019), 329쪽.

김영훈(金永勳)이 보여준 기존 한의학 체제를 유지하면서 도구로서 서양의학을 활용하는 태도다. 김영훈은 당시 조선인들에게 가장 편리하고 용이하고 이상적이라는 판단하에 동아시아 전통의서 『동의보감(東醫寶鑑)』, 『의학입문(醫學入門)』 등에서 유래한 한의학 중심의 의료를 실시했다. 그러면서도 2층 벽돌식 건물에 진찰실, 조제실, 대합실 등 현대식 설비를 갖추고 청진기, 체온계 등의 진찰 도구를 사용하며 퀴닌과 같은 서양의약품을 활용했다.[5] 두 번째 남채우(南采祐)가 보인 기존 한의학 체제를 유지하면서 서양의학 지식을 소극적으로 수용하는 태도다. 남채우의 저작 『청낭결(靑囊訣)』에는 해부도를 비롯한 서양의학의 해부 및 생리학, 전염병학 지식이 담겨 있을 뿐 아니라 동서의학 병명도 비교되고 있었지만,[6] 내경(內景)·외형(外形)·잡병(雜病)으로 대표되는 한의학의 기본 골격만큼은 보전하고 있었나. 세 번째는 도진우(都鎭羽)가 보여준 적극적으로 서양의학을 수용하는 태도다. 도진우는 의생 면허시험 대비 저작 『동서의학요의(東西醫學要義)』를 편찬하며 전염병·소화기·호흡기·순환기·비뇨생식기 등 계통적으로 병명을 구분하고 매 항목마다 한의학과 서양의학의 내용을 각각 병기했다.[7] 기존 전통의서 체제 또는 한의학 지식 체계로부터 탈피한 것이다.

의생들이 서양의학과의 관계에서 동서병존이나 동서절충과 같은 다양한 태도를 표출한 것에 대해 신규환은 일제가 서양의학을 강요하는 상황에서 자신들의 정체성을 지키기 위해 다양한 외피가 필요했기 때문이라고 분석했다.[8] 김남일 역시 일제시기에 이뤄진 동서의학 병명 대조의 작업은 학술적인 차원에서만이 아니라 의생시험 대비라는 당시의 현실적 목적을

---

5 이종형, 『韓國東醫學史』, 『韓國現代文化史大系』 3 (서울: 고려대학교 민족문화연구소, 1978), 329쪽; 김영훈, "한방의학부흥론에 대하여", 김영훈 저, 이종형 편, 『청강의감』 (서울: 성보사, 2001), 463쪽.
6 남채우, 『靑囊訣』 (京城: 한성도서주식회사, 1933).
7 도진우, 『增補東西醫學要義』 (서울: 掌苑文化社, 1975).
8 신규환, 앞 글, 136쪽.

달성하기 위해 진행되었음을 지적했다.[9] 당시 의료 체제의 경계에 놓여 있던 의생들에게 있어 한의학 또는 서양의학을 학습하고 그 능력을 평가받는 것은 어떻게 생존해나갈 것인지를 결정하는 중요한 문제였다. 그와 별개로 눈앞에서 신음하는 환자의 고통을 덜어줄 수 있는 더 나은 치료 도구를 확보하기 위해 서양의학이나 한의학은 끊임없이 절충되어왔다.[10] 한국 근대의학의 개척자로 평가받는 지석영(池錫永)의 『우두신설(牛痘新說)』 중에도 두창의 수반 증상을 치료하는 한의학 방제, 패독산(敗毒散)·생기산(生肌散)·금화산(金華散) 등이 수록되어 있다. 실제 지석영은 스스로를 전통의학을 약간 섭렵하고 서양의학도 널리 수집한 것으로 자평했으며 1914년 의생으로 등록한 뒤 1915년에는 전선의생회 회장에 선임되기도 했다.[11] 이 외에 서양의학을 전공했던 장기무(張基茂)는 쇠퇴해가는 동양의학의 장점을 강조했을 뿐 아니라 와다 게이주로(和田啓十郞)의 『의계지철추(醫界之鐵錘)』를 번역해 서양의학과 동양의학을 합병 연구해 완성시켜야 한다는 주장을 소개했다.[12] 그리고 조헌영(趙憲泳)은 한의학과 서양의학 모두 연구 대상을 사람의 몸과 병 그리고 약물로 삼고 있으므로 합치점과 조화성이 있을 것이라고 생각하며 두 의학을 비교하고 조화시키려 했다.[13] 기존의 한의학과 새롭게 들어온 서양의학이 충돌하는, 전통과 근대의 경계에서 새로운 변화들이 꿈틀거리고 있던 것이다.[14]

이번 연구에서는 전환 시기의 유교 지식인으로서 독립운동가, 교육자, 사상가 그리고 의생으로 활동했던 김광진(金光鎭, 海岳, 1885-1940)의 환자

9 김남일, 『근현대 한의학 인물 실록』 (파주: 들녘, 2011), 323쪽.

10 皮國立은 최근 저작에서 1980년대 이후 대만과 중국에서 발표된 중서의학융합 관련 연구 성과를 정리해 소개한 바 있다. 皮國立, 『醫通中西: 唐宗海與近代中醫危機』 (臺北: 東大圖書公司, 2006), 7-17쪽.

11 대한의사학회, 『송촌 지석영』 (서울: 아카데미아, 1994), 145, 225쪽.

12 張基茂 述, 『東西醫學新論』 (京城: 和平堂藥房, 1915), 137쪽.

13 조헌영, 『통속한의학원론』 (서울: 진현, 1980), 6쪽.

14 이훈상, "역사의 신화를 부수는 힘겨운 여정", 『한국사 시민강좌』 26 (서울: 일조각, 2000), 170쪽.

치료기록 『치안(治案)』과 자신의 병증 치료기록 『치달일기(治疸日記)』를 분석하고자 한다.[15] 『치안』은 1925년부터 1930년까지 김광진이 치료한 79개 사례를 남긴 의안(醫案)이다. 전문 의학 기록인 만큼 환자의 일반적인 특징, 병증 분석 및 진찰, 변증 진단, 치료 원칙, 방제 구성 등이 담겨 있으며 기존의 의안 분석 방법을 통해 그 내용상의 특징을 살펴볼 수 있다.[16] 『치달일기』는 1938년 12월부터 1940년 8월까지 2년이 조금 못 미치는 기간 동안 김광진이 황달을 치료한 내용을 기록한 일종의 투병 일기다. 전문 의학 기록은 아니지만 황달의 진단, 경과, 복용 약물 및 음식 등 의생이었던 저자가 경험한 의학 관련 정보가 꼼꼼하게 기입되어 있어 의료사적 가치가 매우 높다. 조선 후기에 편찬된 의안 저작에 대한 분석은 여러 차례 시도됐지만[17] 김영훈을 제외한 일제시기 의생의 의학 기록 분석은 여전히 희소한 편이다.[18] 따라서 의안을 통해 일제시기의 의생들이 어떻게 환자를 치료했는지를 살펴보는 것은 그것만으로도 충분한 학술적 의

---

15 김광진의 황달 투병기 1권은 『치달일기(治疸日記)』, 2권은 『치병일기(治病日記)』로 표제 되어 있다. 1권은 1938년 12월 16일부터 1939년 10월 23일, 2권은 1939년 10월 24일부터 1940년 8월 5일까지의 연속 기록이나 표제 변경에 대한 설명은 실려 있지 않다. 각주에서는 『치달일기』, 『치병일기』를 구분 기재해 출처를 표기했지만, 본문에서는 독자의 혼란을 피하기 위해 『치달일기』로 통일했다. 『치달일기』, 『치병일기』 필사본은 모두 학교법인 춘해학원 춘해보건대학교 역사관에 소장되어 있다.

16 苏礼 主编, 『中医医案学概论』(北京: 人民卫生出版社, 2009), 31쪽.

17 신동원 외, 『역시만필』(서울: 들녘, 2015); 이기복, "의안(醫案)으로 살펴보는 조선 후기 의학", 『한국과학사학회지』 34:3 (2012), 429-459쪽.

18 김영훈의 생애, 의학사상, 저술, 진료기록, 빈용 방제 등에 대해서는 상세한 분석이 이뤄져 있다. 관련 연구 목록은 김동율·정지훈·차웅석의 연구 참조. 위 목록에 누락된 것으로는 신동원, 오준호, 신동원·전종욱 등의 연구가 있다. 김동율·정지훈·차웅석, "청강 김영훈의 거서화중탕 임상 활용에 대한 연구", 『한국의사학회지』 28:1 (2015), 143-158쪽; 신동원, 『조선의약생활사』, (서울: 들녘, 2014), 850-855쪽; 오준호, "『청강의감』의 구성과 내용", 『한국의사학회지』 27:2 (2016), 63-74쪽; 전종욱·신동원, "일제강점기 경성 지역 한의원 이용 실태: 1931년도 보춘의원 장부 분석을 통해 본 경우", 『의사학』 33:1 (2024), 59-101쪽. 김영훈 외 의생의 진료기록에 대해서는 박훈평에 의해 전석희(田錫熙)가 남긴 진료부에 대한 연구가 발표되어 있다. 그리고 박지현은 당시 발간된 신문 기사를 분석해 의생들의 서양의약 활용한 진료 양태에 대해 분석했다. 박훈평, "일제강점기 달성의생 전석희의 진료기록 연구", 『한국의사학회지』 32:2 (2019), 71-78쪽; 박지현, "일제시기 의생의 양방 치료에 대한 식민권력의 인식과 대응", 『진단학보』 139 (2022), 95-118쪽.

미를 지닌다. 기존에 발표된 김광진의 한의학 이론 저작 『의학승강법(醫學
升降法)』에 대한 분석 성과를 기반으로 김광진이 저술한 의안과 투병 일기
를 동시에 분석해 그가 보이는 임상의학적 특징을 확인하는 한편 황달이
라는 병증을 인식한 일제시대 의생이 당대의 가용한 모든 자원을 활용해
벌이는 사투(死鬪)를 개인의 신체사, 질병사의 관점에서 살펴보고자 한다.
그리고 그중에서 동서의학이 절충되어가는 모습을 하나의 사례로서 검토
할 예정이다.[19]

　김광진은 의생시험을 통과한 전문 의료인이었지만 의학을 가업으로 삼
는 의관 집안 출신은 아니었다. 전문적인 한의학 교육을 받지도 못했으며,
비교적 늦은 나이인 30대 이후에 의료계에 합류했다. 의료 정보가 집중되
던 경성(京城)이 아닌 대구 지역에서 주로 활동했기에 그의 사례를 당대 조
선 한의계의 일반적인 모습으로 간주할 수는 없다.[20] 다만 그는 신학문을
받아들이고 교육했던 지식인이자 신간회 대구 지부장을 역임했던 사회적
리더였다. 또 대구 지역을 대표하는 의생 이호진(李浩珍, 學圃, 1884-1963), 김
관제(金觀濟, 月岡, 1886-1951), 송병학(宋秉學) 등과 친밀하게 교류했던 만큼[21]

19　저자는 김광진의 의학 저작인 『의학승강법』에 대한 별도 분석 논문을 발표한 바 있다. 앞 논문에서는 승강
론으로 대별되는 김광진의 의학 이론을 주로 분석한 반면, 이번 연구에서는 임상의료 기록인 『치안』, 『치달일기』
를 매개로 1930년대를 살아간 의생 김광진이 실제 환자를 어떻게 치료했는지, 그리고 황달 투병을 하는 과정에
서 동서의학은 어떻게 활용됐는지를 사례 분석 차원에서 접근하고 있다. 의학적 추론과 실제 임상의료에서의
적용 여부는 의학사 연구의 고전적인 주제이기도 하다. 논문 후반부의 동서의학에 대한 인식과 결합 부분은 『의
학승강법』 분석 본문의 성과를 기반으로 재구성했음을 밝혀둔다. 오재근, "대구 의생 김광진의 동서의학 절충
그리고 한의학 혁신", 『대한한의학원전학회지』 29:2 (2016), 91-119쪽.

20　황영원은 김광진과 같은 사례는 드물기 때문에 이를 전체 의생의 상황으로 일반화하기 위해서는 보다 많은
연구가 필요하다고 지적하기도 했다. 황영원, "일제하 조선 한의계와 한의학의 식민지적 근대" (고려대학교 대학
원 박사학위논문, 2018), 12쪽.

21　1938년 이호진, 김관제, 송병학은 경북의생회 이사를 역임했다. 1940년 4월 4일 임홍재의 사망으로 김관제
가 임시회장에 임명되었다가 4월 15일 투표를 통해 이호진이 경북의생회 신임 회장으로 선출됐다. 이후 이호진
은 대구한의사회 초대 회장을 역임하기도 했다. 김남일, "1938년 慶北醫生會의 조직과 한의학 부흥을 위한 노력",
《한의신문》 2012. 3. 26., 18면; 『治病日記』 권2 1940년 4월 15일; 박훈평 편저, 『일제 강점기 의생 총목록 2 限年醫
生』 上 (대전: 한국한의학연구원, 2017), 240쪽.

새로운 의학 지식, 신의(新醫) 또는 서양의학[洋醫]을 수용해 기존 의학, 구의(舊醫) 또는 한의학[漢醫]을 혁신하고자 했던 그의 관점은 당대에 상당한 영향력을 행사했을 것임이 분명하다.

2. 의생 김광진의 한의학을 활용한 질병 치료: 『치안』 분석

〈그림 3-1〉 김광진과 둘째 아들 김영소의 유영(遺影) 그리고 『치달일기』

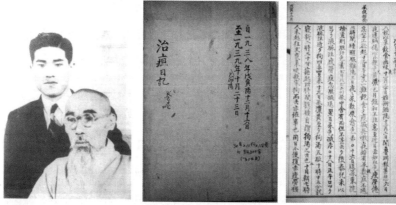

사진 출처 : (왼쪽) 김광진 원작, 조원경 편역, 『해악문집』 (대구: 나라얼연구소, 2013); (가운데) 『치달일기』 표지; (오른쪽) 『치달일기』 첫 면.

김광진은 경북 의성군 비안면 출신으로 20세까지 유학 경전을 학습하다가 대구 우현서루와 협성학교에서 수학하며 새로운 학문을 접했다. 1915년 조선국권회복단의 교육부장으로 활동하던 중 1919년 3·1운동에 참여했고 이후 본격적인 독립운동을 위해 중국으로 망명했다. 1921년 질병으로 귀향했으며 3년 동안 덕산학교 교장으로 부임해 있다가 1924년 대구로 이주했다. 그리고 같은 해 11월 의생시험에 합격해 산격동에 약점(藥店)을 개업했다. 개업 후 임상 의가뿐 아니라 신간회 대구 지부장을 역임하며 사회문화 운동가로서 활동했다.[22] 김광진의 의학 공부는 1915년 부친의 병을 고쳐보고자 하는 열망에서부터 시작됐다. 초창기 그의 의학은 당대 대구 지역을 중심으로 활동하던 조선 의가 이규준의 의학으로부터 비롯됐지만, 리가오(李杲), 주전형(朱震亨), 장제빈(張介賓), 천스둬(陳士鐸) 등 중국 의가들의 의학을 습득해가며 그 폭을 확장시켰다. 1932년 병리와 약리에 대한 깨달음을 얻은 뒤 1936년 하나의 기운[一氣]이 오르내리는 승강(升降) 운동을 매개로 인체의 생리·병리 기전, 치료 원칙과 약물의 활용 방법을 설명하는 의학 이론 전문 저작 『의학승강법』을 집필했다.[23] 김광진 또한 여느 의생들과 마찬가지로 정규적인 서양의학 교육을 받지 못했다. 그가 평생 지녔던 서양의학 지식의 토대는 의생들의 필수 참고서이자 수험서였던 『의방강요(醫方綱要)』였으며, 의생이 된 후 의학강습회, 종두술 강습회 등을 통해 신의학을 학습했다.[24]

34. 여름철에 머리와 온몸이 아프면서 설사를 하거나 마치 학질과 같이 오한하고 땀이 줄줄 흐르는 증상. 1927년 8월. 여성. 60세. 머리와 온몸이 아프면서 설사를 했다. 이것은 한습(寒濕)으로 인한 병이었다. 제습강활탕(除濕羌活湯)에 건강·부자 1돈반, 백출·복령·감초 1돈, 초두구·귤피 5분을 더해주었다. 2첩을 먹고 좋아졌다. 이것이 내가 제습강활탕을 사

---

22 박지현, "한말 식민지기 유교 지식인 海岳 金光鎭의 도시 이주와 의생 활동 그리고 지적 전환" (동아대학교 대학원 박사학위논문, 2016a), 49-68쪽. 김광진의 저술과 그에 대한 분석은 박지현·이훈상의 연구 참조. 박지현·이훈상 편, 『해악 김광진 총서』 I II (울산·부산: 춘해보건대학교출판부·동아대학교 석당학술원 한국학연구소, 2015); 박지현·이훈상 편, 『해악 김광진 총서』 III (울산·부산: 춘해보건대학교출판부·동아대학교 석당학술원 한국학연구소, 2017).
23 오재근, 앞 논문, 103쪽.
24 박지현, "유교 지식인 해악 김광진의 醫生 활동과 그 의미", 『역사학보』 229 (2016b), 164쪽. 『의방강요』에 대해서는 오재근과 김태우의 연구 참조. 오재근, 앞 논문, 105-106쪽; 김태우, "식민지 조선에서의 의료의 근대적 변화", 『의료사회사연구』 2 (2018), 91-95쪽.

용한 첫 사례였다. 이병필(李柄弼)의 아들이 학질에 걸린 듯 머리가 아프고 오한을 하며 땀이 줄줄 흐를 때도 이 처방에 인삼·부자·초과·하수오·황기를 1돈씩 더해 주었다. 5첩에 좋아졌다. 이후 사용할 때마다 모두 효과가 있었다. 이 경험을 통해 사람이 두 계절을 살아가면서 겨울에는 한(寒)에 손상을 받고 여름에는 습(濕)에 손상을 받는다는 것에 대해 생각하게 되었다.[25]

47. 이명이롱. 1928년 10월. 이문희(李文熙)가 귀에서 소리가 나는 이명(耳鳴) 증상이 있은 지 이미 1달째였다. 이제 소리는 멎었지만 5-6일째 귀가 먹어 있었다. 감기 기운도 있어 패독산(敗毒散)에 신장을 따뜻하게 덥혀주는 온신재(溫腎材)를 더해 3첩을 복용시켰다. 효과는 없었다. 이것은 신수(腎水)가 말라 허화(虛火)가 위로 타오르고 있는 것이므로 가감계규탕(加減啓竅湯)으로 치료해야 했다. 3첩을 복용하자 다시 귀에서 소리가 나기 시작했고 재차 7첩을 복용하자 이롱(耳聾)이 완전히 나았다. 이후에도 이 환자는 이 증상이 발생할 때마다 이 처방을 복용하면 반드시 나았다. 『변증기문』의 이 방제는 정말 신묘하다.[26]

이상은 『치안』 중에 실려 있는 2개 임상 사례다. 인용문을 통해 살펴볼 수 있듯이 『치안』의 내용은 병증 명칭, 진료 날짜, 환자 이름, 병증 분석, 변증(辨證)과 치료 방법, 방제, 예후, 출처 등으로 구성되어 있다(부록 1). 병증 분석이나 치료 방법이 매번 기록되어 있는 것은 아니지만 『치안』 35에서 속을 따뜻하게 덥히고 습기를 제거하기[溫中治濕] 위해 가미출부탕(加味朮附湯)을 사용하거나 『치안』 39, 76에서 담화(痰火)를 치료하기 위해 화담청화탕(化

---

25 『治案』 34.
26 『治案』 47.

痰淸火湯)을 사용하고 있는 것으로 보아 한의학의 전통적인 접근 방법을 그대로 활용하고 있음을 알 수 있다. 『치안』 54에서는 카타르성황달(加答兒性黃疸)로 진단한 뒤 가감팔물탕(加減八物湯)이나 인진으로 감주(甘酒)를 만들어 복용하도록 처방하며 당대에 유통되던 서양의학 지식을 활용하려는 일면을 보이기도 한다. 김광진의 병증에 대한 이해는 기본적으로 『동의보감』에 기반하고 있었다. 41과 65에서는 각각 학질(瘧疾)과 관격(關格)의 병리 증상을 설명하며 『동의보감』의 문장을 그대로 활용했다. 한편 월경혈이 자흑색을 보이는 것을 열증으로 분류했던 주전형의 견해를 부정하기도 하고,[27] 담화증(痰火證)에 대한 치료 경험을 근거로 장제빈의 견해를 부정하고 주전형의 견해를 받아들이는[28] 등 의학 지식의 지평이 넓어지고 있음을 보여준다. 『치안』 뒷부분에 수록된 "조기법(調氣法)"에서는 자신이 의학적 깨달음을 얻었던 과정에 대해 설명하고 있다. 그에 따르면 초반에는 열성을 지니고 있는 부자(附子)를 자주 사용하며 양기를 북돋워야 사람이 살아갈 수 있다는 이규준(李圭晙)의 논의를 받아들였지만, 1928년 자신이 치료하지 못한 병증을 동료 서용범(徐龍範)이 담화(痰火)를 내려주는 방제 10첩으로 치료하는 것을 목도하면서[29] 의학 지식에 균열을 보이기 시작했다. 그리고 1931년 자신 또한 청금강화탕(淸金降火湯)의 효과를 경험하며 담화(痰火)가 병증을 일으킬 수 있음을 믿게 됐다. 이후 리가오의 『비위론(脾胃論)』을 통해 승강(升降)의 이치를 맛본 뒤, 1932년 부종으로 인해 발생한 기침과 호흡 곤란으로 실신 지경에 이르렀던 사람을 기운을 끌어내리는[降氣] 약물만으로 치료하게 되면서 승강의 이치와 기운을 조절하는[調氣] 방법을 깨달았다.[30]

27 『治案』 23.
28 『治案』 39.
29 『治案』 39.
30 『治案』「調氣法」. 오재근, 앞 논문, 103쪽.

『치안』에 수록된 79개 의안에서 활용된 97개 방제 중 출처가 확인되는 것은 15개 정도다. 구체적으로 『치안』 79에서는 거악산(去惡散)과 소식산(消蝕散)을 합방해서 만든 거악소신산(去惡消蝕散)의 유래를 "『보감』「거악육방(去惡肉方)」"으로 명기하고 있다.[31] 그 외 7개 의안에서 천문(喘門), 창문(瘡門), 담음문(痰飲門) 등의 『동의보감』 항목을 표기하고 있으며, 실제 『동의보감』 해당 항목에서 동일 명칭의 방제를 확인할 수 있다.[32] 『동의보감』 외에 『치안』 9의 사미사양음(四味四陽飲)과 78의 시진전(柴陳煎)은 장제빈의 의서, 47의 가감계규탕(加減啓竅湯)은 『변증기문』에서 유래했다. 그리고 31의 오별탕(烏鼈湯)은 이규준, 65의 팔미회양음(八味回陽飲)은 김관제, 44의 사물안신탕(四物安神湯)은 권석채(權碩采)에게서 유래했고, 60의 청금강화탕(淸金降火湯)과 70의 소래소거산(笑來笑去散)은 환자가 가르쳐준 것을 전재하고 있다. 물론 『치안』 중에는 김광진 자신이 만든 방제의 효과나 개별 방제에 대한 효과 역시 수록하고 있다. 예를 들어 『치안』 48에서는 자신이 만든 리요탕(利腰湯)의 사용 경험을 기재하고 있고, 4에서는 인후통 치료에 필용방감길탕(必用方甘桔湯)을 사용해 그때마다 효과를 얻었다거나, 15에서는 유종(乳腫)에 가미지패산(加味芷貝散)을 써서 그때마다 효과를 얻었다는 등의 내용을 기재해두기도 했다. 일부 방제의 출처만이 확인되어 김광진 임상의학의 주된 경향을 확정할 수는 없지만, 『동의보감』의 의학 정보에 의존하고 있을 뿐 아니라 주전형, 장제빈, 천스둬 등과 같은 중국 의가와 이규준, 김관제, 권석채, 서용범 등 당대 조선 의가들의 경험 그리고 환자와의 교유를 통해 실제적인 임상의학 지식과 경험을 습득하고 자기화해갔음을 알 수

---

31 『治案』79.

32 구체적으로 『치안』 21의 신비탕(神秘湯)은 『동의보감』「수천(水喘)」, 22의 가미소요산(加味逍遙散)은 「해혈수혈타혈각혈(咳血嗽血唾血咯血)」, 52의 소감패독산(消疳敗毒散)은 「음식창(陰蝕瘡)」, 56의 연교음(連翹飲)은 「제창(諸瘡)」, 66의 삼소온폐탕(蔘蘇溫肺湯)은 「풍한천(風寒喘)」, 76의 화담청화탕은 「조잡(嘈雜)」, 78의 영계출감탕(苓桂朮甘湯)은 「담음(痰飲)」에서 유래한 것으로 보인다.

있다.

요컨대 『치안』은 김광진이 1924년 말 개업 이후 1930년까지의 환자 진료기록으로, 1932년 병리와 약리에 대한 깨달음을 얻기 이전, 자신이 효과를 거두었던 치험 사례가 정리되어 있다. 그의 핵심적인 의학 이론인 승강본에 대한 논의는 포함되어 있지 않지만, 한의학의 전통적인 방식으로 병증을 서술하고, 진단하며, 방제 및 약물을 운용해 해당 병증을 치료했음을 확인할 수 있다. 덧붙여 단 1개의 사례에 불과하지만 카타르성황달과 같이 서양의학 질병명으로 진단한 병증 역시 한약 처방으로 치료하려 시도했음을 확인할 수 있다.

3. 의생 김광진의 동서의학을 활용한 황달 투병: 『치병일기』 분석

『치병일기』 권1, 권2는 1938년 12월 16일부터 1940년 8월 5일까지 2년간 기록된 김광진의 실제 투병 기록이다. 그중에는 황달을 치료하기 위해 사용했던 한의약, 서양의약, 음식물 등에 대한 정보가 자필로 빼곡하게 기록되어 있다.[33] 50대 중반 무렵이었던 1939년, 황달에 걸렸음을 확인한 뒤, 자신의 병증이 심상치 않음을 인지하고 기록을 이어갔던 것으로 보인다. 이하에서는 『치병일기』의 병증에 대한 대처와 경과를 중심으로 황달임을 확인한 초기, 황달 및 수반 병증을 효과적으로 관리하던 중기, 더 이상 관리

---

33 그의 투병 기록이 위의 기간 동안에만 이뤄진 것은 아니다. 『성홍열』로 표제 되어 있는 기록물에서는 "나의 병(吾病)"과 "복약일기(服藥日記)"를 통해 1929년 자신이 앓았던 오한, 설사, 어깨와 등 부분의 근육통, 음주 후 치은종통 등의 병증과 그에 대처하기 위해 복용한 이음전, 패독산, 보중익기탕 그리고 명칭 없이 약물로만 구성된 무명 방제들을 짤막하게 기록해두기도 했다.

되지 못하고 악화되어가는 말기의 세 개 시기로 구분하고 시기별 특징을
살펴본다.

1) 황달의 진단과 한약 활용(1939년 1월–5월)

1938년 겨울 김광진은 소변을 통해 자신이 황달을 앓고 있음을 확인했
다.[34] 황달은 소변뿐 아니라 피부와 눈자위가 모두 노랗게 되는 병증이었기
에 포착해내기 어렵지 않았을 것이다. 둘째 아들 김영소(金永韶)가 1938년
3월 세브란스의학전문학교를 졸업해 대구 동산병원에서 근무하고 있었기
에[35] 그곳으로 소변을 보내 검사를 받았다. 검사 결과 빌리루빈(ビリルビン)
이 함유되어 있기는 했지만 수치가 높지 않았다.[36] 김영소가 집에 와서 롯
구액(ロック液)을 주사했다. 이후 대변으로 담즙을 배출시키는 아고비린환(ア
ゴビリン丸)을 복용했으며 포도당[葡糖] 주사를 맞기도 했다.[37] 사망 직전까지
아고비린환은 몇 차례 복용하지 않았지만 포도당 주사는 계속해서 이어
졌다.

발병 초기 김광진은 황달과 함께 주로 부종을 치료하고자 했다. 『변증기
문』 중에 비달(脾疸)을 치료한다고 기재되어 있는 출부탕(朮附湯), 신달(腎疸)
을 치료한다고 기재되어 있는 제수탕(濟水湯)이 처음 선택됐다.[38] 얼마 지나
지 않아 가려움이 그를 괴롭혔다. 1939년 2월 2일부터 시작된 가려움은 점

---

34 『治病日記』 권2 1939년 5월 20일. 관련된 시문과 설명이 『해악문집』 중에 실려 있다. 김광진 원작, 조원경 편
역, 『해악문집』 (대구: 나라얼연구소, 2013). 390쪽.

35 김영소, "추모의 글", 김광진 원작, 조원경 편역, 『해악문집』 (대구: 나라얼연구소, 2013), 468쪽. 『治疸日記』 일
기 중에는 동원(東院)으로만 기재되어 있으나 김영소의 기록에 따라 동산병원으로 기재했다.

36 『治疸日記』 권1 1938년 12월 16일.

37 『治疸日記』 권1 1939년 1월 12일.

38 『治疸日記』 권1 1939년 1월 17, 26일.

점 심해져 이제 잠을 이루지 못하도록 했다.[39] 정맥 주사를 통해 투여한 포도당은 가려움 해소에 도움이 되었지만 포도당을 주입할 때마다 찾아오는 강력한 오한(惡寒) 증상 때문인지 한약에 주로 의존했다.[40] 스스로 처방한 부강향부탕(附干香附湯),[41] 부강탕변방(附干湯變方) 등은 효과를 내지 못했다.[42] 대구읍성에서 활동하던 의생 김관제로부터 대보탕(大補湯) 가감방을 처방받아 복용해야 했다.[43] 대보탕을 복용한 뒤, 2월 20일 무렵부터는 가려움증은 서서히 잦아들었다.[44] 김광진은 왜 가려움이 발생했는지 또 왜 감소했는지 궁금해했지만 명확히 답변해내지는 못했다. "담즙이 피부를 자극해 가려움증이 발생했다. 소변을 자주 보면 반드시 가려움증이 발생했는데 이제는 가려움도 소변을 자주 보는 증상도 모두 줄어든 것 같다",[45] "잠잘 때 땀이 나는 증상이 시작되면서 가려움이 줄어들은 것 같다"[46]고 짐작할 뿐이었다.

김광진의 하지 부종이 감소하지 않고 등에서 오한까지도 발생하자 의학을 공부하던 둘째 아들 김영소와 셋째 아들 김영삼(金永三)은 모두 신장염

39 『治疸日記』 권1 1939년 2월 2일.

40 『治疸日記』 권1 1939년 1월 31일. 김광진은 포도당을 주입할 때마다 찾아오는 오한 증상으로 무척 고생했다. 1939년 5월 26일에는 포도당 주입 이후 발생한 이빨이 부딪히는 오한의 고통을 잊기 위해 모르핀 주사를 맞기도 했다. 이에 대해서는 주사 도구의 소독이나 포도당 및 칼슘이 깨끗하지 못해 발생했을 것이라고 추정하고 있다.

41 일반적으로 간(干)은 건강(乾薑)의 건(乾)의 약자로 사용된다. 본문에 기재된 부간(附干)의 경우 부자와 건강을 의미하는 것이며, 생강 3편 대추 2개 '干三召二'이라고 기재하는 것에 근거해 '건(乾)'이 아닌 '강(薑)'으로 표기했다.

42 『治疸日記』 권1 1939년 1월 29일, 2월 5일.

43 『治疸日記』 권1 1939년 2월 9일.

44 『治疸日記』 권1 1939년 2월 20일.

45 『治疸日記』 권1 1939년 4월 28일. 가려움은 지맥(遲脈)과 함께 황달의 대표적인 수반 증상으로 담즙색소와 혈중에 저류되어 있던 담즙산에 의한 중독 현상으로 설명되고 있다. 朴鐘璿, 「解離性黃疸に就て」, 京城帝國大學醫學部岩井內科教室 編, 『臨床內科學』 1:3 (1933), 3쪽.

46 『治疸日記』 권1 1939년 2월 20일.

이 아닌지 의심했다.[47] 다시 대구 동산병원으로 소변을 보내 검사해보았지만 신장염은 아닌 것으로 판명됐다.[48] 김관제가 처방했던 십전대보탕 21첩을 모두 복용한 뒤 2월 21일부터는 스스로 부강백출탕(附干白朮湯)을 처방해 복용하기 시작했다.[49] 음식 소화가 잘 되지 않고, 하루에 대변을 오전, 오후, 저녁 그리고 한밤중에 이르기까지 총 4번씩 보았다. 배 속에 가스[瓦斯]가 차기 때문이었다.[50] 3월 3일부터는 처방을 대보원전(大補元煎)으로 바꾸고 배꼽 아래 위치한 혈자리 관원(關元)에 하루에 5장씩 뜸을 떴다.[51] 대보원전은 이전의 대보탕과 비슷했지만 택사, 적복령을 빼고 산약, 산수유, 구기자를 추가한 처방이었다. 설사를 막지는 못했다. 3월 17일 부강탕(附干湯)에 향부자를 제거하고 백출과 인진호를 더하는 쪽으로 변경됐다.[52] 그리고 3월 20일 물설사[水泄]가 겨우 줄어들었다.[53] 관원에 뜸을 뜨던 치료는 3월 9일부터 3월 26일까지 이어지다가 기운을 과도하게 소진시켜 소변을 더욱 자주 보도록 만든다고 여겨져 중단됐다.[54]

자신의 병증이 황달임을 알게 된 1938년 12월부터 생식을 시작하기로 결정한 1939년 5월 25일까지의 기록 중 처방이 변경되고 있는 날짜와 방제의 구성 약물을 정리하면 다음과 같다(표 3-1). 5개월간 매일같이 한약을 복용했다고 말해도 지나치지 않다.

47 『治疸日記』 권1 1939년 2월 10, 11일.
48 『治疸日記』 권1 1939년 2월 17일. 김광진의 소변 검사는 이후에도 여러 차례 진행됐다. 1938년 3월 18일 소변 검사에서 황달 기운이 전혀 확인되지 않았고, 1938년 4월 6일에 실시한 대소변 검사 결과 소변에서 황달 기운은 확인됐지만 신장염 증후는 확인되지 않았다. 대변에서 이질균이나 아메바가 확인되지도 않았다.
49 『治疸日記』 권1 1939년 2월 21일.
50 『治疸日記』 권1 1939년 2월 20일.
51 『治疸日記』 권1 1939년 3월 3일.
52 『治疸日記』 권1 1939년 3월 17일.
53 『治疸日記』 권1 1939년 3월 20일.
54 『治疸日記』 권1 1939년 3월 25일.

〈표 3-1〉 김광진이 황달 및 수반 병증 치료를 위해 복용한 한약(1939년 1월-5월)

날짜	방제 명칭	약물 구성	비고
1/17	朮附湯	백출 3냥 복령 1냥 부자 건강 인진 반하 3돈	『변증기문』
1/26	濟水湯	백출 2냥 복령 산약 의이인 각1냥 산수유 인진 5돈 육계 3돈 부자 건강 소회향 2돈	『변증기문』
1/29	附干香附湯	부자 건강 향부자 2돈 복령 오약 1돈반 관계 감초 1돈 인진 2돈	–
2/5	附干湯變方	부자 건강 백출 2돈 복령 택사 1돈반 관계 감초 1돈 인진 3돈	–
2/9	大補湯	十全大補湯 加 인진 3돈 적복령 택사 1돈	김관제에게서 처방을 받음
2/12	六味湯	六味湯 加 계피 우슬 1돈반	–
2/13	大補湯	十全大補湯 加 인진 3돈 적복령 택사 1돈	–
2/14	六味湯 合 大補湯	六味湯 加 계피 우슬 1돈반 合 大補湯 加 인진 3돈 적복령 택사 1돈	–
2/19	大補湯	十全大補湯 加 인진 3돈 적복령 택사 1돈	–
2/21	附干白朮湯	건강 백출 2돈 복령 택사 1돈반 부자 인삼 관계 감초 1돈 인진 3돈	–
2/25	–	인삼 백출 인진 복령 가루 5푼	–
3/3	大補元煎變方	숙지 당귀 산수유 산약 구기자 인삼 백출 황기 관계 감초 복령 각1돈 인진호 3돈	–
3/6	大補湯	숙지 당귀 산수유 산약 구기자 인삼 백출 황기 관계 감초 복령 각1돈 인진호 3돈	–
3/17	附干湯	附干湯 去 향부 加 백출 2돈 인진 3돈	–
3/19	大補湯	인삼 백출 복령 감초 숙지 구기자 산약 관계 황기 건강 각3돈 인진 2돈	–
3/31	硫參散	유황 8푼 인삼 백출 인진 4푼	–
4/1	硫參散	유황 1돈 인삼 백출 인진 4푼	–
4/5	參附湯	인삼 5돈 건강 부자 2돈 파고지 육두구 1돈	–
4/13	金匱腎氣湯	숙지황 산약 산수유 1돈반 복령 택사 목단피 1돈 부자 건강 인진 2돈 계피 1돈	–
4/14	腎氣湯	腎氣湯 加 인진 3돈	–
4/16	硫朮散	硫朮散 加 인진 5푼	–
4/24	加味大補元煎	숙지황 5돈 구기자 인삼 당귀신 황기 두충 2돈 백복령 택사 우슬 1돈반 산수유 육계 부자 감초 1돈	–
5/2	附子白朮湯	부자 백출 2돈 복령 택사 1돈반 계피 1돈 인진 2돈	–
5/5	茵蔯附干湯	부자 건강 백출 복령 2돈 계피 1돈 인진 3돈	–
5/6	附干香附湯	부자 건강 향부자 복령 2돈 오약 관계 감초 1돈 인진호 3돈	–
5/8	大補元煎	大補元煎 去 부자 감초 減 인삼 당귀 1돈 加 인진 3돈	–
5/9	大補元煎	大補元煎 去 택사 부자 감초 減 당귀 加 인진 2돈	–
5/12	十全大補	十全大補 加 인진 2돈	–
5/15	十全大補	十全大補 加 구기자 1돈 인진 2돈	–
5/21	附干香附湯	附干香附湯 加 인진 3돈	–

황달 치료에 인진호가 좋다는 것은 의학 고전 『상한론』 이래 한의계의 정설이었다. 김종일(金鐘壹), 이수환(李守煥) 등을 통해 인진호를 활용한 치료 경험담을 전해 들었지만,[55] 자신은 위장이 약해 인진호만을 복용할 수는 없다며 대보탕 중심의 처방을 선택했다.[56] 한편 황달로 인해 발생한 설사를 멈추기 위해 열성 약물[熱藥]인 부자, 건강을 지속적으로 복용했다. 그래도 설사가 완전히 멎지는 않았고, 김광진 스스로도 의아해했다.[57] 이후 복용한 유삼산(硫參散), 삼부탕(參附湯), 금궤신기탕(金匱腎氣湯) 등은 여전히 열성 약물로 구성된 설사 치료 방제들이었다.

> 지난 12월 19일 황달이 가장 치성했을 때 부강탕(附干湯) 9첩을 복용한 뒤 복부 중에 단단하던(腹硬) 증상이 사라졌다. 나의 병은 따뜻한 약물로 보충하는 온보(溫補)의 방법으로 치료해야지 서늘한 약물로 덜어내는 량사(凉瀉)의 방법으로 치료해서는 안됨이 분명하다.[58]

3월 18일 김광진은 특단의 대책을 강구하기에 이르렀다. 사위인 병룡(秉龍)에게서 자신의 아버지가 수년 전에 황달을 앓다가 생닭 2마리를 먹고 나았다는 말을 듣고 자신도 닭고기 위장, 가슴살, 다리를 날것으로 먹기로 결심했다.[59]

---

55 『治疸日記』 권1 1939년 2월 1일, 3월 6일.
56 『治疸日記』 권1 1939년 3월 6일.
57 『治疸日記』 권1 1939년 3월 17일.
58 『治疸日記』 권1 1939년 3월 19일.
59 『治疸日記』 권1 1939년 3월 18일.

2) 소화불량, 부종에 대처하기 위한 생식 그리고 에지산(1939년 5월–1940년 6월)

황달의 경우 단단하고 질긴 음식과 지방이 많은 음식을 피하고 죽, 묽은 고깃국, 차, 우유 등을 복용하라는 것은 의생들의 서양의학 교재인 『의방 강요』 중에 실려 있던 정보였다.[60] 김광진 역시 1938년 12월부터 반년 동안 이어진 투병 생활을 통해 황달과 음식이 밀접한 관련이 있음을 체득하고 있었다.[61] 1929년 1월 27일 우측 배꼽 부분이 뚜렷하게 팽대되고 누르면 아픈 것이 전과 달랐다며 복부 변화에 주목한 이래[62] 음식 섭취 후 변화하는 복부 증상과 대변 양상에 각별한 주의를 기울이고 있었다. 교묵(蕎墨) 때문에 복부 팽창이 발생한 것은 아닌지,[63] 쑥떡이 소화되지 않아 설사가 발생한 것은 아닌지,[64] 계곽갱(鷄藿羹)과 대두채(大豆菜)가 소화되지 않아 대변을 하루에 4번씩 보는 것은 아닌지,[65] 음식을 과도하게 먹어 대변 횟수가 증가한 것은 아닌지[66] 등을 살폈다. 4월 27일부터는 복부 검사를 뜻하는 '검복(檢腹)'이라는 단어를 사용하며[67] 매일 아침 눈을 뜨면 우선 복부 변화부터 챙겼다.

> 마을에서 나와 같은 병을 앓다가 죽은 사람이 3명이었다. 정성진, 서상 윤, 임원재가 그들이다. 저들은 죽었는데 나만 홀로 살아 있는 것은 무

---

60 朝鮮總督府警務總監部衛生課, 『醫方綱要』 第一編 (朝鮮總督府警務總監部衛生課, 1918), 68쪽.
61 『治瘟日記』 권1 1939년 5월 25일.
62 『治瘟日記』 권1 1939년 1월 27일.
63 『治瘟日記』 권1 1939년 2월 11일.
64 『治瘟日記』 권1 1939년 2월 18일.
65 『治瘟日記』 권1 1939년 2월 21일.
66 『治瘟日記』 권1 1939년 2월 14일.
67 『治瘟日記』 권1 1939년 4월 27일.

엇 때문인가? 사람이 죽고 사는 것은 지식에 달려 있다. 이 병과 매일 세끼 음식은 절대적인 관계에 놓여 있다. 음식의 이로움과 해로움을 알지 못한 채 약만 복용하는 것은 모두 헛된 일이다. 4월 26일부터 밤에는 음식을 먹지 않고 아침 5-6시면 빈속의 배를 진찰해 그릇 모양과 몽둥이 모양이 높아지는지 낮아지는지에 따라 음식의 이로움과 해로움을 살폈다.[68]

미음으로 음식 섭취량을 줄이고[69] 닭고기 회를 먹어가며 설사 조절을 시도했던[70] 김광진은 5월 25일 급기야 생식을 단행하기에 이르렀다. 51세부터 66세까지 흰쌀을 갈아 먹으며 천식(喘滿)을 치료하던 이재숙(李在淑) 노인의 권고에 따른 것이었다.[71] 화식(火食)을 물리고 동화약수(桐華藥水)에 쌀을 담근 뒤 갈아서 만든 생쌀즙[生米汁]을 먹기 시작했다.[72] 닭고기회가 설사를 줄이는 데 효과를 보이는 것 같자 소고기도 회로 먹기 시작했다. 6월 5일 아침, 문득 생식으로 황달을 치료할 수 있겠다는 생각이 들었다.[73] 이후 소금에 절인 청어[74], 배추 멸칫국[75], 생미나리[76] 등도 시도해보았다. 효과는 썩 좋지 않았다. 아침을 먹다가 설사를 하기도 하고,[77] 낮잠을 자다가 갑작스럽게 설사가 나와 옷을 버리기도 했다.[78] 찹쌀즙을 먹어보기도 하고,

68 『治疸日記』 권1 1939년 9월 15일.
69 『治疸日記』 권1 1939년 2월 3일.
70 『治疸日記』 권1 1939년 3월 18, 20일.
71 『治病日記』 권2 1939년 12월 20일. 관련된 시문과 설명이 『해악문집』 중에 실려 있다. 김광진, 앞 책, 390쪽.
72 『治疸日記』 권1 1939년 5월 27일.
73 『治疸日記』 권1 1939년 6월 5일.
74 『治疸日記』 권1 1939년 6월 9일.
75 『治疸日記』 권1 1939년 6월 14일.
76 『治疸日記』 권1 1939년 6월 16일.
77 『治疸日記』 권1 1939년 6월 23일.
78 『治疸日記』 권1 1939년 6월 24일.

오이를 먹어보기도 했다.[79] 날것으로 생식을 하자니 설사와 복통이 괴로웠고, 익혀서 숙식을 하자니 황달이 심해지면서 부종이 발생하는 것이 괴로웠다.[80] 지속적으로 설사를 한 탓인지 기운이 없고 정신이 혼미했다.[81] 그래도 꿋꿋이 생식을 이어갔다. 개고기탕,[82] 우유,[83] 토마토,[84] 돼지고기탕,[85] 삼계탕,[86] 우혈갱(牛血羹),[87] 대구(大口魚),[88] 현미,[89] 방합(蚌)[90] 등이 시도됐다. 가장 효과가 좋았던 것은 소의 피로 만든 우혈갱과 현미가루였다.

> 9월 처음 우혈갱을 먹으면서 대변이 1일 2회가 되었고, 지난 13일 오후 3시에는 단단한 대변을 1회 보았다. 14일 오후 3시까지는 만 24시간 동안 대변이 전혀 나오지 않아 과한 것이 아닌가 우려할 정도였다.[91]

흰쌀을 현미로 대체하게 된 것은 황달 치료를 위해 56세부터 8년 동안 생식을 진행했던 김덕숙(金德淑) 노인을 만나면서부터였다.[92] 12월 28일 저녁부터 김덕숙 노인의 가르침에 따라 현미가루 6숟가락과 흰김치[白沈菜], 말린 고기[乾脯]만으로 한 끼 식사를 마쳤다.[93]

79 『治疸日記』권1 1939년 6월 29일.
80 『治疸日記』권1 1939년 6월 30일.
81 『治疸日記』권1 1939년 6월 30일.
82 『治疸日記』권1 1939년 6월 1일.
83 『治疸日記』권1 1939년 7월 8일.
84 『治疸日記』권1 1939년 7월 9일.
85 『治疸日記』권1 1939년 7월 12일.
86 『治疸日記』권1 1939년 7월 29일.
87 『治疸日記』권1 1939년 9월 4일.
88 『治病日記』권2 1939년 12월 31일.
89 『治病日記』권2 1940년 1월 28일.
90 『治病日記』권2 1940년 3월 4일.
91 『治疸日記』권1 1939년 9월 15일.
92 『治病日記』권2 1939년 12월 20, 22일.
93 『治病日記』권2 1939년 12월 28일.

저녁으로 현미가루 아홉 숟가락을 먹고 방합[蚌] 4개를 먹었다. 이로운
지 해로운지를 몰라 두려웠다. 밤이 되자 소변은 붉어지고 양은 적게 나
왔다. 과연 해로운 음식이었다. 이후 생식법에 따라 음식을 먹으며 몸을
실험 도구로 사용해서는 안 되겠다.[94]

기운이 아래로 내려가면[氣降] 정신이 혼미해지는 것을 깨달았다. 음식
과 밀접하게 관련되어 있음도 알았다. 징험해보니 설사를 하면 기운이
아래로 까라진다. 대구는 설사를 일으키지만 명태는 설사를 일으키지
않는다. 채소 중에서 시금치, 부추, 파는 설사를 일으키지 않지만 미나
리는 많이 먹으면 설사를 일으킨다. 술과 흰죽은 상반된다. 기운이 위로
올라가면[氣升] 정신이 맑아진다[神悅]. 쌀가루[米粉]는 기운을 오르내리
도록 하는 것이 완전하다.[95]

김광진이 2년 동안 황달 투병을 지속할 수 있었던 것은 스스로도 밝히
고 있듯 혹독한 음식 통제에 있었다.[96] 그는 무려 1년 동안 생식을 유지하
며 설사와 부종을 통제했다. 그에게 있어 음식은 또 다른 치료 약물이었
다. 주변에서 얻은 이야기를 토대로 가짓수를 조심스레 늘려가며 끊임없
이 자신에게 이로운지 또는 해로운지를 탐색했다. 판단 기준은 복부 증상
및 소변, 대변의 변화였다.[97] 또 위의 두 번째 인용문처럼 개별 음식이 일으
키는 신체 반응과 자신이 세운 승강 이론을 집요하게 결부시키고자 했다.
의학을 전공한 아들 김영소는 날음식이 오히려 해를 일으킨다며 생식을

94 『治病日記』 권2 1940년 3월 4일.
95 『治病日記』 권2 1940년 6월 23일.
96 『治疸日記』 권1 1939년 9월 15일.
97 『治病日記』 권2 1940년 1월 15일.

반대했지만 김광진의 닭고기회 섭취는 사망하기 두 달 전인 1940년 6월 27일,[98] 현미가루 복용과 우혈(牛血)의 섭취는 6월 30일까지 이어졌다.[99]

앞서 언급했다시피 김광진이 생식을 시작했던 계기는 설사 때문이었다. 소화력이 떨어져서인지 추어탕의 짜고 매운 양념이나 개고기탕의 채소나 무청과 같은 자극적이거나 단단하고 질긴 음식을 먹으면 바로 설사를 했다.[100] 설사를 하면 기운이 빠졌다.[101] 생식을 하면서 설사는 줄어들었지만 문제가 완전히 해소되지는 않았다. 복부 중에 늘 몽둥이 또는 그릇을 엎어둔 것 같은 간장과 담낭의 팽창 증상이 존재하고 있었으며 소화는 여전히 잘 이뤄지지 않았다. 더구나 설사가 멎게 되자 상하지, 음낭 등에서 부종이 발생했다.[102] 화식(火食)을 할 때는 간장 부근에서 팽창감이 느껴지면 곧바로 부강탕(附干湯)을 복용했지만 생식을 시작한 이상 변동 상황을 지켜보기로 했다.[103] 물약[水藥]인 한약 전탕액이 배 속을 불안하게 만들어 설사를 유발하지 않을까 걱정스러웠기 때문이었다.[104] 이러한 김광진의 고민을 덜어준 것이 바로 에지산(エヂ散)이었다.

음낭 부종이 거의 사라졌고, 피부 인설[皮鱗]도 사라졌으며, 두 발등에 부종도 없다. 이것은 에지산(エヂ散)의 효능이다. 밤에 잠들기 전 소변색이 희고 양이 많아진 것을 보니 음식을 소화시키고 수분을 배출시키는 효능이 크다는 것을 알 수 있다. 에지산은 황달의 대중 치료에 꼭 필요

98 『治病日記』 권2 1940년 6월 27일.
99 『治病日記』 권2 1940년 6월 30일.
100 『治疸日記』 권1 1939년 6월 1일, 6월 7일, 9월 7일.
101 『治疸日記』 권1 1939년 9월 5일.
102 『治疸日記』 권1 1939년 9월 5일.
103 『治疸日記』 권1 1939년 5월 29일.
104 『治疸日記』 권1 1939년 3월 23일, 4월 6일.

한 약물이다.[105]

배를 살펴도 그릇 엎어둔 것 같은, 그리고 몽둥이 같은 것이 노출되지 않고 눌러도 아프지 않으니 에지산의 효능이 찬탄할 만하고 놀랄 만하다.[106]

에지산은 김광진이 1939년 7월 13일 처음 만들어 복용하기 시작한 소화제[消化藥]로 1939년 9월 9일 스스로 '에지산(エヂ散)'이라고 명명했다. 1940년 2월까지 거의 매일같이 복용했으며, 1940년 7월 14일까지 사망 한 달 전까지 복용이 이어졌다. 그러는 도중 "이제 병이 다 나았다"[107]는 자신감을 내비치기도 했다.

1월에서 8월말까지 대변을 하루에 3-4회 보고 살이 빠지고 머리카락도 빠져 사람들이 나보고 반드시 죽을 것이라고 했다. 나도 쉽지 않을 것이라고 생각했다. 돌아보니 감개무량하다. 9월 들어 서늘한 바람이 조금씩 일어나고 있다. 우혈갱을 먹은 뒤 대변이 점차 굳어져 3번 보던 것이 2번, 2번 보던 것이 1번, 1번 보던 것이 24시간 동안 대변을 보지 않는 정도에까지 이르렀다. 부종은 간간히 생겼다. 단단하고 질긴 음식을 물리치면서 조절하고 치료한 효과가 이와 같았다.[108]

생식을 시작하며 설사가 줄고 에지산의 도움으로 소화 불량과 부종 등에 대처할 수 있게 되자 다리에 힘이 붙었다. 걸을 수도 있었고 도랑도 뛰

105 『治疽日記』 권1 1939년 9월 10일.
106 『治疽日記』 권1 1939년 9월 13일.
107 『治疽日記』 권1 1939년 9월 21일.
108 『治病日記』 권2 1939년 10월 26일.

어넘을 수도 있었다.[109] 하지만 완전히 낫지는 않았다. 여전히 어딘가에 좋은 약[良藥]이 있을 것이라고 생각했다.[110]

3) 부종, 설사의 악화 그리고 사망(1940년 6월–1940년 8월)

1940년 4월 8일, 동산병원 손인식(孫仁植), 천종화(千鐘華)에게서 고무추를 쓸개 부위에 도달하게 해 담즙을 끌어내는 시술을 받았다. 담즙이 축적되어 쓸개가 팽창하는 바람에 복부 중에 그릇 엎어둔 것 같은, 그리고 몽둥이 같은 것이 솟아올랐다고 생각했기 때문이었다.[111] 끌어낸 담즙 중에 간디스토마(간흡충, Clonorchis sinensis) 충란이 있는지 찾아보기도 했다.[112] 김광진의 연보를 기록한 김영소는 아버지의 질병을 간디스토마에 의한 황달이었다고 기재했지만,[113] 4월 8일 이후, 물론 그 이전에 작성된 『치달일기』 중에도 간디스토마에 대한 언급은 전혀 등장하고 있지 않다. 따라서 김광진이 간디스토마를 황달의 원인으로 인지했는지 또는 간디스토마를 치료하려 했었는지 여부는 확인할 수 없다.

1940년 4월 19일 무렵 늑막염 증상이 나타났다. 가래 기침이 일고, 갈빗대 부위에 통증과 부종이 발생했다.[114] 『의방강요』를 살펴보며 건성 늑막염

---

109 『治疸日記』 권1 1939년 9월 15일.
110 『治病日記』 권2 1940년 5월 2일.
111 『治病日記』 권2 1940년 1월 22일.
112 『治病日記』 권2 1940년 4월 8일.
113 김광진, 앞 책, 481쪽. 1936년 4월 26일 김광진이 김영소에게 보낸 편지, 『가신(家信)』 중에는 대소변 검사 결과 소변에 단백질이 없고 대변에는 간디스토마가 약간 있다는 기록이 남아 있다. 그러나 1938년 황달 발생 이전에 간디스토마 치료를 받았는지 여부는 확인되지 않는다. 『치달일기』에서는 1938년 4월 6일에 대변 검사를 실시했으며 이질균이나 아메바가 확인되지 않았지만 간디스토마 원충의 존재 여부에 대해서는 기재되어 있지 않다. 『家信』은 동아대 박지현 교수로부터 제공받았다. 『家信』 1936년 4월 26일.
114 『治病日記』 권2 1940년 4월 19, 29일, 5월 2일.

일 것이라고 추측하고,[115] 외용약인 옥도정기[沃丁]를 발랐다.[116] 5월 12일에
는 남산의원(南山醫院)에서 X선 촬영을 한 뒤 원장 김재명(金在明)에게서 피
하늑간농양은 아니며 모세관과 폐문임파선이 좋지 않아서 발생한 것이라
는 진단을 받았다. 그리고 카피라루산(カピラルサン)과 호루몬(ホルモン) 주사
를 맞았다.[117] 5월 26일 밤 10시 그날의 세 번째 대변을 보았다. 물 설사였
다. 밤 12시, 12시 10분 물 설사가 연달아 나왔다. 급기야 구토까지 발생했
다.[118] 다음 날 복부에 그릇 엎어둔 것 같은, 그리고 몽둥이 같은 것이 불룩
하게 솟아올랐다. 통증도 무척 심했다.[119]

> 6시 15분 발등과 좌측 장딴지, 음낭의 부기가 더욱 심해졌다. 슬프다. 내
> 가 이것을 고칠 수 있을까?[120]

다시 한약 복용이 시작됐다. 부온탕(附溫湯), 위관전(胃關煎), 승양탕(升陽
湯), 십전탕(十全湯), 강부육군자탕(干附六君子湯), 지황탕(地黃湯), 신기탕(腎氣湯),
팔미탕(八味湯), 부강향부탕(附干香附湯) 등이 투여됐다. 간간이 에지산도 복
용하고, 포도당 및 호르몬 주사도 맞았지만 증상은 걷잡을 수 없이 악화되
어갔다.

> 12시 한밤중에 설사 부종의 원인에 대해 깨달았다. 6월 15일 설사가 시
> 작되어 7월 정도에 설사가 멎었었다. 지금 부종이 발생하는 것은 소변이

---

115 『治病日記』 권2 1940년 4월 29일.
116 『治病日記』 권2 1940년 5월 5, 6, 10일.
117 『治病日記』 권2 1940년 5월 12일.
118 『治病日記』 권2 1940년 5월 26일.
119 『治病日記』 권2 1940년 5월 27일.
120 『治病日記』 권2 1940년 6월 7일.

잘 나가지 않기 때문이고, 하초가 허약해지고 차가워졌기[下焦虛寒] 때문이다. 육미탕에 부자 2돈을 쓰고, 인진부자탕에 인진과 부자를 각 1냥으로 동일하게 해야 한다. 오랫동안 설사를 하면서 몸에 어떤 변화가 있었는지 살펴보았다. 실제로 하초가 허약해지고 차가워지면 소변이 잘 나가지 않게 된다. 음식을 배불리 먹으면 연소시킬 수 있는 열[燃燒熱]이 발생해 소년처럼 소변이 잘 나가게 된다. 나는 가만히 앉아만 있다 보니 위장이 약해졌다. 몇 점의 고기에 채소만 복용할 뿐이니 어디서 연소열이 일어날 수 있겠는가?[121]

7월 4일부터는 아침에는 따뜻한 밥을 배불리 먹고 저녁에 쌀가루를 2~3 순가락 먹으며 오전에는 고기를 먹고 오후에는 채소를 먹는 것으로 식이 요법을 전환했다.[122] 얼마 지나지 않아 몸이 무거워 움직이기 힘들었고 정신이 혼탁하고 눈앞이 혼미해 주변 사람과 이야기 나누기도 힘들었다.[123] 13일 새벽 2시 45분 첫 번째 설사, 아침 5시 반 두 번째 설사, 아침 7시 세 번째 설사를 보았다. 강부육군자탕을 복용했지만 네 번째 설사가 나왔고 정오에 다섯 번째 설사, 오후 1시 반 여섯 번째 설사, 오후 3시 15분 일곱 번째 설사, 밤 10시 11시 12시 여덟, 아홉, 열 번째 설사를 보았다.[124]

설사, 복통, 설사. 횟수를 셀 수도 없다. 정신이 혼미해 일기를 복원하지 못하겠다.[125]

121 『治病日記』 권2 1940년 7월 6일.
122 『治病日記』 권2 1940년 7월 4일.
123 『治病日記』 권2 1940년 7월 6일.
124 『治病日記』 권2 1940년 7월 13일.
125 『治病日記』 권2 1940년 7월 15일.

부종이 온몸을 덮었다. 나는 사선에 서 있다. 부강향부탕에 목통을 더한다.[126]

1938년 겨울, 자신이 황달에 걸렸음을 확인한 김광진은 초기에는 한약으로 치료하려 시도했지만 별다른 성과를 거두지 못했다. 이후 약물 대신 황달 치료에 효과가 있다고 알려진 여러 가지 음식을 섭취하며 황달에 수반되는 증상인 부종과 설사를 관리했고 심지어 생식까지도 감행했다. 투병 기간 동안 지속적으로 포도당 주사를 맞았고, 황달, 변비, 통증 치료를 위해 몇 가지 서양의약품을 사용하기도 했지만, 깊이 의존하지는 않았다. 다만 에지산만큼은 증상 관리를 위해 애용했다. 1940년 5월 복부 및 설사 증상이 악화되어 다시 한약을 찾았지만 걷잡을 수 없었다. 2년에 걸친 의생 김광진의 황달 투병은 이렇게 막을 내렸다.

4. 김광진의 황달에 대한 인식과 처치

황달과 그에 수반되는 부종, 설사 그리고 복부 증상은 눈으로 보거나 손으로 만지면 알 수 있기 때문에 병증 인식을 위해 반드시 전문적인 의학 지식이 필요한 것은 아니다. 증상의 변화를 인식하고 그 기전을 파악하는 지점에 도달해야 그가 지니고 있던 의학 지식의 수준이 드러나고 또 어떤 의학적 관점을 지니고 있는지가 포착될 수 있다.

『치달일기』를 기록하기 이전이었던 1936년, 김광진은 장딴지 근육의 통증과 마비감, 힘이 없어 땅에 주저앉을 듯한 병증을 앓았다. 의생 김광진과

---

126 『治病日記』 권2 1940년 8월 5일.

김관제는 모두 습비(濕痺)로 판단했다. 김관제는 기운을 소통시키고 습기를 제거하는[行氣治濕] 약을 처방했다. 반면 대구에 있던 서양식 의원인 남원(南院)의 김재명과 동원(東院)의 한 여의사는 모두 각기(脚氣)로 진단했다. 그리고 김재명은 빠라스토린(パラストリン) 주사를 처방했다. 한약을 복용했는지 여부는 확인되지 않지만 김광진은 이틀에 걸쳐 빠라스토린 주사를 맞았다.[127] 하지에서 발생한 한 가지 병증을 두고 한의학과 서양의학 간에 병증에 대한 인식과 치료법 상의 차이가 분명하게 존재하고 있었으며 서로 간에 경쟁이 벌어지고 있던 것이다. 황달 역시 마찬가지였다. 김광진이 학습했던 『동의보감』 등의 한의학 저작들은 황달의 원인을 습열과 소화되지 않고 정체하는 숙식으로 간주했기 때문에 황달과 쓸개즙과의 상관성에 대해서는 살피지 않았다.[128] 명대 의가 장제빈이 담황(膽黃)을 언급하며 황달과 담액(膽液)을 연관시키기는 했지만 해부생리학적인 지식에 기반한 것은 아니었다.[129] 따라서 김광진은 황달과 쓸개즙과의 관련성을 『의방강요』를 비롯한 서양의학 저작을 통해 파악했을 가능성이 높다.[130] 다만 그는 황달로 인해 발생한, 설사, 부종과 자신이 수립한 승강(升降) 이론을 결부시키며 쓸개, 담(膽)에 대한 새로운 풀이를 제시했다.

『내경』에서는 십이장(十二臟) 모두가 담(膽)에서 결단을 취한다고 했는데, 이제 그 이유가 담이 몸의 저울추에 해당하기 때문임을 알았다. 저울대[權]는 저울추가 있기 때문에 오르락내리락[升降] 할 수 있다. 이제 나의 담병(膽病)이 저울추의 병임을 알았다. 승강에 문제가 발생하여 설사를

127 『家信』 1936년 4월 26일.
128 『東醫寶鑑』 「雜病篇」, 「黃疸」, 「黃疸之因」.
129 张伯臾 主编, 『中医内科学』 (北京: 人民卫生出版社, 1997), 392-393쪽.
130 朝鮮總督府警務總監部衛生課, 앞 책, 65-66쪽.

하지 않으면 붓는 것이다. 기운이 위로 올라가면 화기[火]가 위로 떠올라 자주 분노하고 건망하게 된다. 기운이 아래로 내려가 수기[水]가 아래로 내려가면 정신이 맑아진다.[131]

특기할 만한 것은 승강의 원동력으로 담(膽)을 지목한 것이다. 기운의 승강 운동으로 몸의 생리 및 병리 기전을 설명하려는 시도는 예전에도 있었지만, 김광진은 심(心), 비위(脾胃), 명문(命門) 등을 중심으로 한 기존의 논의와 달리 담을 전면에 내세웠다.[132] 결단(決斷)을 담당하는 장기로 간주되던 『황제내경』의 고전적인 논의로부터 벗어나,[133] 담을 설사, 부종, 분노, 건망 등을 일으키는 중요 장기, 곧 저울추로 인식했던 것이다.

1933년 경성제국대학 의학부 이와이(岩井) 내과 교실에서 편찬한 학술잡지 『임상내과학』 중에는 44세 남성 환자의 황달 치료 사례가 수록되어 있다. 환자는 황달과 가려움을 주로 호소하며 입원한 뒤, 혈액·위액·담즙에 대한 이화학적 검사, 위장 및 창자에 대한 엑스선 검사 등을 거친 이후 간디스토마에 의해 유발된 기계적 황달로 진단을 받았다. 치료를 위해 구충의 효과를 지닌 아메친(アメチン) 및 안티몬(アンチモン) 제제를 사용했고, 담낭과 담관의 반사 작용을 일으켜 디스토마 충란을 배출시키는 십이지장 존데(ゾンデ) 요법을 사용했다. 그리고 입원 1달 만에 호전되어 퇴원할 수 있었다.[134] 위의 사례는 간디스토마 특효약이 개발되기 이전 1930년대 식민

---

131 『치달일기』 권2. 1940년 7월 4일.
132 중국 의학의 서열화된 인체관에 대해서는 파울 U. 운슐트의 연구 참조. 중국 의학의 심 중심의 의학관은 김희정, 그리고 명문 중심의 의학관은 林殷의 연구 참조. 파울 U. 운슐트 지음, 홍세영 옮김, 『의학이란 무엇인가』(서울: 궁리, 2010), 98-99, 230-231쪽; 김희정, 『몸 국가 우주 하나를 꿈꾸다』(서울: 궁리, 2008), 240-250쪽; 林殷 지음, 문재곤 옮김, 『한의학과 유교문화의 만남』(서울: 예문서원, 1999). 144-165쪽.
133 『黃帝內經素問』「靈蘭秘典論」.
134 柳錫均, "肝臟ヂストマに依る機械的黃疸の1例", 京城帝國大學醫學部岩井內科教室 編, 『臨床內科學』 1:3 (1933), 29-33쪽.

지 조선 최고의 병원에서 이뤄진 치험 사례 중 하나였을 것이다. 김광진 역시 동산병원에서 고무추를 쓸개 부위에 도달하게 해 담즙을 끌어내는 시술을 받았다. 『의방강요』를 비롯한 서양의학 저작 중에 기록된 담즙과 황달과의 관련성을 지식이 아닌 온몸으로 확인하는 순간이었다. 그러나 김광진은 자신의 황달 치료 경험을 바탕으로 서양의학의 내과 치료를 불신하고 있었다. 사실 한의학은 내과 질병 치료에 뛰어나며 서양의학은 외과 질병 치료에 뛰어나다는 것은 김광진을 비롯한 일제시기 다수의 의생들이 지니고 있던 통념이었다.[135]

> 서양의술[洋醫術]은 외과 병증을 치료하는 양의(瘍醫)가 발달하여 사용하는 약물이 모두 광물질, 금석 종류이다. 한방 외과에서 다섯 가지 독성을 지닌[五毒] 금석 재료를 전문으로 사용하는 것과 의미가 동일하다. 양의(洋醫)는 외과 병증은 치료할 수 있지만, 내과 병증은 돌아볼 가치조차 없다. 금번에 달증(疸症) 치료에 시험해보면서 양방을 한 푼도 신용할 수 없음을 알게 됐다.[136]

다만 서양의학에 대한 부정적인 의견은 발병 초기에 국한되어 있었다. 김광진은 황달, 변비, 복통 및 협통 치료를 위해 메다포린(メダポリン)[137], 모르핀(モヒ)[138], 토안민(土安民)[139], 카피라루산(カピラルサン)과 호루몬(ホルモン), 칸

---

135 김영훈, 앞 책, 460; 張基茂, 앞 책, 13쪽.
136 『治疸日記』 권1 1939년 3월 8일.
137 『治疸日記』 권1 1939년 4월 25일.
138 『治疸日記』 권1 1939년 5월 26일, 『治病日記』 권2 1940년 5월 27일.
139 『治疸日記』 권1 1939년 6월 11일.

(カン)[140] 등을 주사 맞았고,[141] 마게네시야(マゲネシヤ)[142], 에지마쿠산(エヂマク散)[143] 등의 양약을 복용했을 뿐 아니라 포도당의 경우 1939년 1월 10일부터 사망 한 달 전인 1940년 7월 14일까지 26차례 정도 정맥 주입했다. 일기 중에 개별적인 서양 약물 복용과 주사제 주입을 누가 처방하고 지시했는지 밝혀져 있지 않다. 다만 『치달일기』 중에 설사를 치료하는 양약 광고지와 한약 처방전이 별도로 첨부되어 있는 것으로 미뤄볼 때(그림 3-2) 김광진 스스로 한의학뿐 아니라 서양의학에도 관심을 기울이고 의존하고 있었음을 알 수 있다.

〈그림 3-2〉 『치달일기』에 수록된 설사 치료 약품 광고지(좌)와 한약 처방전(우)

김광진의 황달 치료에서 가장 눈길을 잡아끄는 것은 에지산(エヂ散)의 운용이다. 그는 에지산의 효능을 "부자(附子), 유황(硫黃)만큼 대변을 부드럽게 만들어 소통시킬 수는 없지만 소화를 돕고 수분을 배출시키는 효능은 뛰어나다"[144]라고 인식하고 있었다. 스스로 직접 만들기도 하고[145] 셋째 아들

---

140 『治病日記』 권2 1940년 5월 27일, 6월 8일.
141 『治病日記』 권2 1940년 5월 12일.
142 『治痘日記』 권1 1939년 10월 11일.
143 『治痘日記』 권1 1939년 10월 14일.
144 『治痘日記』 권1 1939년 9월 17일.
145 『治病日記』 권2 1939년 12월 19일, 1940년 1월 6, 15, 24, 27일, 2월 4일, 3월 2, 13일.

제록(濟錄)[146] 또는 손자 방영(邦榮)과 함께 만들거나[147] 만들게 시키는 등[148] 제작과 관련된 총 11차례의 기록이 남겨져 있다. 그러나 안타깝게도 『치달일기』 중에는 에지산이 어떤 약물들로 구성되어 있는지 또 어떻게 만드는지에 대한 구체적인 설명은 남겨져 있지 않다. 에지산을 만들려 했는데 "안식향산이 부족했다",[149] "셋째 아들 영삼(永三)이 안식향산을 사왔다",[150] "괴로움을 견뎌가며 당재(唐材)를 골랐다",[151] "에지산이 없어서 에지마쿠산(エヂマク散)을 복용했다"[152]는 기록을 통해 양약과 한약이 혼합된 약물이었을 것으로 추정할 뿐이다. 1900년을 전후로 국내에서는 동화약방(同和藥房), 제생당(濟生堂), 화평당(和平堂) 등의 대형 약방이 출범했다. 동화약방에서는 인소환(引蘇丸), 백응고(百應膏), 활명수(活命水), 개안수(開眼水) 등 한약 재료를 기본으로 하면서 양제(洋製)와 신법(新法)을 혼합한 약물을 제조 및 유통하고 있었으며, 활명수는 한약재인 아선약, 계피, 정향, 현호색, 육두구, 건강, 창출, 진피, 후박 그리고 서양 약물인 클로로포름과 멘톨을 배합해 판매하던 대표적인 신약 중 하나였다.[153] 충분한 정보가 확보되어 있지는 않지만 에지산 역시 위의 흐름에 편승한, 한약과 양약을 혼합한 신약이었을 것으로 여겨진다.

실제 김광진이 진료하던 침산동 한의원에는 한약 외에 신약을 진열하는

---

146 『治病日記』 권2 1939년 12월 19일.

147 『治病日記』 권2 1940년 3월 27일.

148 『治病日記』 권2 1940년 6월 25일.

149 『治病日記』 권2 1940년 1월 24일.

150 『治病日記』 권2 1940년 1월 27일.

151 『治病日記』 권2 1939년 12월 19일.

152 『治病日記』 권2 1939년 11월 4일.

153 박윤재, "한말 일제 초 대형 약방의 신약 발매와 한약의 변화", 『역사와 현실』 90 (2013), 240, 247, 250쪽. 한국에서 생산된 근대적 매약과 그 특징에 대해서는 김영수의 연구 참조. 위의 약물 정보는 1912년 경무총감부 허가 사항에 기재된 약물과 그 구성이 다르다. 활명수 허가 사항과 관련해서는 예종석의 연구 참조. 김영수, "20세기 초 일본 매약의 수입과 근대 한국의 의약광고의 형성", 『인문논총』 75-4 (2018), 183-187쪽; 예종석, 『활명수 100년 성장의 비밀』 (서울: 리더스북, 2009), 18쪽.

신약실이 구비되어 있었다. 의생시험을 준비하면서 기본적인 서양의약 지식을 습득했고 신문이나 의학 잡지, 세브란스의학전문학교를 졸업한 둘째 아들 김영소를 통해 새로운 의약 정보를 받아들이기도 했다.[154] 김광진의 의학 연구 기록인 『해악의연(海岳醫研)』에는 서양의학 병명, 병증 설명 말미에 사용 가능한 한의학 방제가 수록되어 있지만 한약 외에 양약 또는 에지산과 같은 한약과 양약을 혼합한 신약을 환자에게 투여했는지에 대한 여부는 확인되지 않는다. 그저 부인의 흉통 치료를 위해 에지산을 주었다는[155] 간단한 기록만 남아 있을 뿐이다.

세균학은 근래 들어 알려지기 시작해 세균의 범주에 속하는 병들은 세균으로 치료할 수 있다. 그 외 세균에 속하지 않은 것들에 대해 앞사람들의 논의가 어찌 모두 틀리고 허망하기만 할 것인가. 그리고 지금 사람들의 견해가 어찌 홀로 뛰어날 수만 있겠는가. 풍한병(風寒病), 어혈병(瘀血病)과 같이 세균에 속하지 않는 질병들은 옛 처방[古方]을 찾아본다면 무한한 쓰임이 있을 것이다.[156]

과거 의사들은 소변이 소장의 아랫부분에서 분리된다고 여겨 설사가 발생하면 소변을 분리해내는 것을 주된 치료 방법으로 여겼다.… 소변을 분리시켜 설사를 멎게 하는 것은 옛 의사들이 누차례 경험했던 것이기에 그 방법을 사용하고 있다. 소변은 이미 승강 작용을 통해 변화가 되어버린 것인데 소변을 분리시켜 설사를 그치게 한다는 이 논의는 어떻게 설명해야 할 것인가?… 소변을 배출시켜 신장과 방광에서 소변으로

---

154 박지현, 앞 논문 (2016b), 176-177쪽.
155 『治病日記』 권2 1940년 2월 18일.
156 『醫學升降法』 권2 (1936), No.92.

이어지는 부위를 말려버린다면, 대장 중의 수분이 어떻게 홀로 아래로 내려가 설사가 될 수 있을 것인가. 소변을 배출시켜 설사를 그치도록 한다는 것은 이러한 이치인 것이다.⋯『소문』, 『난경』, 『영추』 중에는 앞이 안 보이는 맹인이 더듬어가는 듯한 논의가 말할 수 없이 많이 실려 있다. 초창기 의학은 그러할 수밖에 없었다.[157]

전통의학을 학습하고 실제 임상의료를 수행했던 김광진이 지니고 있던 한의학과 서양의학에 대한 태도는 대체로 위의 인용문과 같았다. 우선, 당대에 새롭게 소개되고 있는 과학, 의학의 새로운 성취를 존중하고, 동아시아의 의학 경전 중에 기재된 의학적 오류와 한계를 인정했다. 한센병, 폐결핵, 콜레라, 성홍열, 두창, 마진 등의 질병이 모두 세균과 관련되어 있음에 대해 알고 있었을 뿐 아니라[158] 경성제대 오자와(大澤) 교수가 발표한 뜸에 대한 실험적 성과에 대해서도 깊은 관심을 보였다.[159] 그렇다고 해서 과거 의사들이 누차례 경험했고 지금 자신도 활용하고 있는 의학적 경험을 홀시하지는 않았다. 풍한병(風寒病), 어혈병(瘀血病) 등 여전히 설명되지 못하고 있는 전통의학의 치료 영역과 그 가능성을 존중했다. 그리고 서양의학의 새로운 성과를 활용해 생리, 병리 및 치료 이론과 관련된 한의학 저작의 오류를 혁신하고자 했다.[160] 두 번째 인용문 중에는 소변이 소장 아랫부분에서 분리되므로 소변을 배출시키면 설사를 치료할 수 있다는 한의학 치료법과 서양의학 지식을 근거로 그 오류를 수정하고자 했던 김광진의 의학

---

157 『醫學升降法』 권2 (1936), No.60.
158 『醫學升降法』 권2 (1936), No.70.
159 김광진의 『치달일기』 중에는 경성제국대학 오자와(大澤) 교수가 개구리 피부에 뜸을 뜬 뒤 피부에서 火毒을 방어하는 물질이 만들어지는 것을 확인하고 목소루-히스타민 히스토톡신(Histotoxin)이라고 명명했음이 인용 기록되어 있다. 『治疸日記』 권1 1939년 3월 9일.
160 오재근, 앞 논문, 102-108쪽.

관이 잘 나타나 있다. 그의 이러한 모습은 서양의학을 적극적으로 수용했지만 동아시아 전통의학과 서양의학 지식을 병렬하는 수준에 그쳤던 도진우의 『동서의학요의』를 넘어 적극적으로 동서의학의 이론적 결합을 시도했던 사례로 평가할 수 있다. 김광진의 의학은 서양의학을 전공한 그의 아들 김영소에 의해 고전을 연찬한 결과 새로운 의론을 세우고 후세를 계도했다는 평가를 받기도 했다.[161]

5. 에필로그: 일제시기 한의학에 대한 새로운 해석

이상과 백석 그리고 김광진은 모두 1930년대 식민지 조선에서 활동했다. 폐결핵으로 고생했던 시인 이상은 서양의약 치료를 받으며 환자의 용태, 수술대, 평면경 등에 대한 시를 남겼고, 향토와 고향에 대한 관심이 많았던 시인 백석은 한약 육미탕을 소재로 한 시를 남겼다.[162] 김광진은 이상과 백석이 남긴 서양의학과 한의학 두 가지 의료 행위를 동시에 실천했던 의생이었다. 환자 치료를 위해 자신의 장기인 한의학을 활용했을 뿐 아니라 서양의학을 학습해 한의학 이론의 혁신을 꾀하기도 했다. 그 역시 병마로부터 자유롭지는 않았다. 생애 말년, 자신을 괴롭히는 황달로부터 벗어나기 위해 모든 치료 수단을 동원했다. 끊임없이 음식을 테스트했고, 현미가루만으로 끼니를 때우기도 했다. 부자와 같은 독성이 강한 한약을 복용했을 뿐 아니라 오한에 시달리며 포도당 주사를 맞고 괴로움을 참아가며 인위적으로 담즙을 제거해보기도 했다. 심지어 한약과 양약을 혼용한 새로운 약물, 에지산(エヂ散)을 제작해 복용하기도 했다. 이처럼 황달을 앓던 의

161 김영소, "序", 김광진, 『海岳醫論』 (1985, 미간행), 3쪽.
162 소래섭, "백석 시의 '넷적'에 담긴 전통의 의미", 『한국현대문학연구』 57 (2019), 85쪽.

생 김광진의 몸은 일제시대 가용할 수 있던 모든 의료 자원이 집약되던 치료 현장이었다. 자신의 몸을 실험 도구로까지 사용하던 목숨을 건 그의 도전은 의료 행위에 대한 단순한 보상, '돈'을 준다고 해서 가능한 것은 아니었다. 그것은 그가 죽음을 앞둔 의생이었기 때문에 가능했으며 일제시대의 의생이었던 그에게 의사에 관한 규정이 준용됐기 때문에 가능했다. 김광진은 별다른 제약 없이 의약품, 심지어 모르핀까지도 사용할 수 있는 자신의 조건을 활용해 2년간 투병했다. 그사이 황달을 앓았던 의생 임홍재는 개복 수술을 받고 사망했으며,[163] 한동네에서 같이 살던 정성진, 서상윤, 임원재 역시 세상을 떠났다.[164]

  서양의학의 진작과 한의약의 궁극적 부정은 일본제국의 일관된 논리였으며 식민지 조선에서 한의약을 점진적으로 폐지시키겠다는 것이 바로 일본 식민정부의 한의학 정책이었다.[165] 다만 불충분한 의사의 숫자, 농촌지역 조선인들의 의생에 대한 의존 등의 당시 여건을 고려하지 않을 수 없었던 일본 식민정부는 위생행정에 동원하기 위해 의생들에게 서양의학 기초 지식을 가르쳤다. 의생의 전문성을 제고하거나 의술의 질과 신뢰성을 보장하려는 의도는 아니었다.[166] 그 결과 의생이 이미 되었거나, 되기를 희망하는 사람들은 『의방강요』와 같은 서양의학 교재를 필수적으로 학습해야 했다.[167] 강요된 동서의학의 결합이었다. 의생의 자연 소멸을 기획했던 식민정부의 의도는 적중하지 않았다. 그보다 먼저 일본제국이 패망했고 일본 식민정부 역시 몰락했다. 이제 한반도에는 서양의학을 전공한 의사와 함께 한의학은 물론 기초적인 서양의학 지식도 학습한 의생이 남겨져 있었다.

---

163 『治病日記』 권2 1940년 4월 4일.
164 『治疸日記』 권1 1939년 9월 15일.
165 신동원, 앞 논문, 345쪽.
166 황영원, 앞 논문, 73-99쪽.
167 신규환, 앞 글, 114-115쪽.

한편 광복을 이룬 대한민국 정부는 이원적 의료 체제를 선택했다. 새롭게 제정된 의료법은 한의사의 존재를 인정하고[168] 대학 교육을 통한 한의사의 배출은 허락했지만, 한의사들이 서양의학에서 유래한 치료 도구 및 의약품을 사용하지 못하도록 강제했다. 의학적 이념으로 현실을 지배한 일종의 의학적 퇴행이었다. 의생 김광진이 온 삶을 통해 보여준 의학적 성과뿐 아니라 식민지 한반도에서 수십 년 동안 진행되었던 의료 통합의 프로세스는 수면 아래로 침잠해 들어갔다.

일제시기 한의학을 해석하는 지배적인 관점 중의 하나는, 일본 식민정부가 제국과 식민지를 효과적으로 통치하기 위해 서양의학을 선택하고 활용했으며 식민지의 전통의학이자 민족의학이었던 한의학을 탄압했다는 것이다.[169] '서양의학, 일제 식민정부 vs. 전통의학, 피지배 민중'이라는 대립 구도는 광복 이후 현재까지 주변 의학으로 평가 절하되어온 한의계의 현재 모습을 분명하게 드러내는 논리 장치는 될 수 있지만 근대 이후 숨가쁘게 변화해온 한국 의료의 다양한 변화상을 충실하게 보여주지는 못한다. 서양의학을 전공한 의사들 역시 일제시대, 광복 이후, 한국전쟁, 경제 부흥기 내내 시민들의 질병을 치료하고 건강을 증진시키기 위해 희생하고 노력했다. 말라리아, 신증후군출혈열 등 한반도에서 유래한 질병 문제를 해결하기 위해 최선의 노력을 경주했을 뿐 아니라 2006년 11월 7일에는 서태평양 지역에서 최초로 홍역을 퇴치했다는 선언을 발표하기도 했다.[170] 더욱이 일본 식민정부의 의도는 의생, 전통의학의 자연 소멸에 있었지만, 김광

168 이현지, 『동아시아 전통의학의 현대화』 (파주: 한국학술정보, 2008), 102-145쪽.
169 이종형, 앞 책, 283-288쪽. 2015년 광복 70주년을 맞이해 대한한의사협회 유튜브에 공개된 "한의학은 어떻게 일제의 말살 정책을 이겨냈는가"라는 동영상은 위의 기조를 유지하고 있다.
170 여인석, "학질에서 말라리아로: 한국 근대 말라리아의 역사(1876-1945)", 『의사학』 20:1 (2011), 53-82. 53-82쪽; 신미영, "한국에서 국제적 연구자로 성장하기: 이호왕의 유행성출혈열 연구 활동을 중심으로", 『의사학』 26:1 (2017), 95-124쪽; 이종구·최원석, "우리나라의 백신 정책", 『감염과 화학요법』 40:1 (2008), 16쪽.

진을 비롯한 일부 의생들은 옛 의학[舊醫]과 신의학[新醫], 양의학[洋醫]과 한의학[漢方]이라는 대립 구도를 넘어 동서의학 결합이라는 새로운 가능성을 모색했다. 구한말에서 일제시기는 전통과 현대가 어울려 존재하던 '무지개'와도 같던 시기다. 단순한 이원론으로 이 시기를 규정할 수는 없다. 한의학을 전공한 의생 김광진은 아들 김영소를 세브란스의학전문학교에 보내 서양의학을 전공한 의사로 키워냈다. 최신식 의료 기구를 구비한 병원을 개업해 한약부(漢藥部)는 자신이 맡고 양약부(洋藥部)는 아들이 맡는 것이 김광진의 본래 계획이었다.[171] 김광진의 죽음과 함께 그 계획은 물거품이 되었지만, 아들 김영소는 아버지 김광진의 전통의학 유작을 정리해 그의 새로운 의학 이론, 의학승강론이 세상에 알려질 수 있도록 이끌었다.

2019년 다시 한번 의료 일원화 논쟁이 일었다.[172] 이 논쟁은 조선 정부에 의해 잠시 시도되었다가[173] 일제시기 식민정부에 의해 강제 진행한 동서의학 결합의 연장선상에 놓여 있다. 서양의학과 한의학은 오랜 기간 다른 문명권에서 발전해오며 나름의 학문적 논리를 구축한 만큼 그 차이를 억지로 좁힐 수 없다. 다만 두 의학이 학문적 또는 임상적 필요에 의해 협력하거나 경쟁할 수 있는 중간 지대는 필요하다. 근대 시기 동서의학을 넘나들며 목숨을 건 투병을 이어갔던 김광진의 삶이 논쟁의 시금석이 되기를 고대한다.

---

171 박지현, 앞 논문 (2016b), 178쪽.

172 2019년 1월 7일 한의사협회장(최혁용)은 의료일원화, 의료통합이야말로 우리의 미래이자 대한민국 의료의 미래라는 논지의 신년사를 한의신문에 게재했으며 취임 후 의료일원화와 관련된 정책을 지속적으로 추진하고 있다. 최혁용, "일차의료 통합의사 길을 개척할 것", 《한의신문》, 2019. 1. 7., 3면.

173 신동원, 『한국근대보건의료사』 (서울: 한울, 1997), 76-104쪽; 박윤재, 『한국 근대의학의 기원』 (서울: 혜안, 2005), 38-47쪽.

[부록 1] 『치안(治案)』 No.1-22

번호	날짜	이름/나이	병증	방제	추가 약물	복용량	효과	출처
1	1925.1.9	徐昌鎬의 아들/17세	疝氣	當歸四逆湯	−	3첩	漸愈	−
2	1925.3.15	徐錫宙	淋疾後脚腫	補腎除濕湯	−	−	不復見脚腫之作	−
3	1925.4	金鳳祚	癮疹	補中益氣湯	枳實 牛蒡子	−	少有應驗	−
4	−	金鳳祚	咽喉痛	必用方甘桔湯	牛蒡子 金銀花 連翹	1첩	卽安	−
5	1925.6	陸相喆의 외손	麻疹 중 泄瀉咳嗽	四苓散加味	−	−	治之無害	−
6	1925.6.14	李根玉/27세	血痢	加減平胃散	地楡 側柏 歸尾 赤芍	4첩	卽愈	−
7	1925.7	元山家의 친부/70세	血痢	胃關煎	罌粟殼 附子 木香 烏梅 五味子 破故紙	5첩	卽愈	−
8-1	1925.7	金九潭/20	泄瀉	附子溫中湯	蒼朮 苡仁 車前	2첩	卽安	−
8-2	1925	徐熙奎	懸雍垂長	鹽礬散	−	−	卽差	−
9	1925.7	徐錫淇/60여세	霍亂脈絶	四味四陽飮	−	−	明日出效	『경악전서』
10	1925.9	張末壽의 아들/4세	百日咳後浮腫	六味湯	車前 牛膝 五味子 杏仁 橘紅 木香 烏藥 附子	3첩	安	−
11	1925.12	徐■■의 모친/70세	戴陽證	陶氏益元湯	菖蒲	2첩	醒起	−
12	1925.12	李根玉/27세	腎傷寒	半夏桂甘湯	牛蒡 細辛 蘇葉 桔梗	2첩	安	−
13	−	徐鎭達	聲嘶	−	−	−	−	−
14	1926.2	徐德洙의 아들/12세	尿血腹痛	增味導赤散	瞿麥 燈心 當歸 滑石 木香 只壳	2첩	痛止	−
15	1926.3	−	乳腫	加味芷貝散	川芎 連翹 沒藥 桃仁 靑皮	3첩	安	−
16	1926.4	徐昌鎬의 아들/19세	頭痛嘔氣眩暈	六君子	黃芪 蒼朮 山査 神曲 麥芽 升麻 柴胡	2첩	安	−
17	1925.5	徐錫淇	項强臂痛	舒經湯	桂枝 附子 烏葯 白芥子 木香 紅花 蘇木	2첩	安	−
18	1926.8	徐錫淇	咯血	四物湯	牧丹 赤芍 木香 香附 桃仁 紅花	5첩	安	−
19	1926.9	羅七祚의 모친	霍亂	藿香正氣散	附子	3첩	安	−
20	1927.2	諸宗石의 부인	産後腹痛	四物料	乾薑 桂皮 三稜 蓬朮 玄胡索 赤芍 桃仁 蘇木 木香	2첩	安	−
21	1927.2	徐寒谷伯/36세	水腫	加味朮附湯 合 神秘湯	−	3첩	大汗如浴而解	『동의보감』
22	1927.2	徐錫淇	咯血	加味逍遙散	蒲蒲	5첩	安	『동의보감』

* 김광진의 『치안』은 79개 의안으로 이뤄져 있으며 일련 번호와 병증 명칭이 기재되어 있다. 지면 제약 상 1번부터 22번까지의 의안만을 분석해 표로 구성했다.

경성부립부민병원의 운영과
경성 내 의료접근성 해결의 한계[*]

이순영 (고려대학교 역사학과)

1. 머리말

경성은 일제시기 조선에서 '근대의학'[1]의 중심지로 기능했고, 의학 교육기관을 통해 배출된 의사들이 도시를 선호함에 따라 다른 지역에 비해 의료접근성이 상대적으로 나은 조건이 형성되어 있었다. 그러나 근대적 의료기관의 이용이 일반적으로 자유로운 상황은 아니었다.[2] 당시 경성은 부 인구의 반 이상이 '중류 계층 이하'[3]라는 평가를 받을 정도로 빈부 격차가 심

---

[*] 본고는 이순영, "경성부립부민병원의 운영과 경성 내 의료접근성 해결의 한계", 『연세의사학』 25:2 (2022)를 수정·보완한 것이다.

[1] 식민지 의학·의료체계는 식민지배의 영구화를 위한 회유와 통제라는 이중적인 목적을 수행하기 위해 '근대의학'이라는 형태로 확립되었다. 박윤재, 『한국 근대 의학의 기원』 (혜안, 2005), 247쪽.

[2] 여인석 등 지음, 『한국의학사』 (역사공간, 2018), 287쪽.

[3] 현재의 '중산층'이 중위소득을 기준으로 50~150% 범위 내의 소득 수준을 이르는 반면, 당대에는 '중류' 혹은 '중산'의 범위는 명확하게 규정되지 않아 발화자에 따라서 다르게 사용되고 있었다. 또한 당대에는 '계층'이란 개념이 '계급'이란 용어로 활용되고 있는 경우가 많아서 본문에서 직접 인용을 할 때는 원문 그대로 사용하였다.

각한 곳이었다. 대다수의 경성부민은 의료비 지출 부담 때문에 의료기관에 접근하기 어려웠고, 이런 경향은 대공황의 여파로 더욱 심화되었다. 의료비 문제는 1930년대 초 조선의 공론장(公論場)에서 논의된 '의료공공성'의 제고[4]의 한 측면으로 나타났다.

식민당국은 의료공공성을 향한 조선 사회의 요구를 체제 내로 포섭하기 위한 방법을 강구하였다. 이에 경성부는 부민(府民)의 의료비 부담을 절감하는 '사회사업'의 일환으로 '경성부립경비진료소(京城府立輕費診療所)[5] 설치안'(이하 '경진안'으로 약칭)을 부협의회(府協議會)에 제안하였다. 경성부는 '경진안'을 개업의 집단의 사적 이익 추구에 대비되는 대중적 의료 사회사업 기관 설치안으로 인식시키는 데 성공하였고, 조선인 부의원들과 여론의 전폭적인 지지를 얻어내며 '경진안'을 통과시킬 수 있었다.[6] 그 결과 1933년 1월 경성부립진료소(이하 부립진료소로 약칭)가 개소하였고, 1934년에는 개소 1주년을 맞이하여 확장 이전하며 경성부립부민병원(京城府立府民病院, 이하 부민병원으로 약칭)으로 정식 개원하였다.

'경진안'을 둘러싼 경성부 내의 갈등은 이른바 식민지 내에서 사회적 합의가 작동하는(혹은 하지 않는) 방식을 보여주는 '정치'에 관한 이야기였다.[7]

---

4 의료공공성에 대한 조선 사회의 요구는 '민족위생론'과 '민족적 육체개조론'을 핵심으로 한 보건운동의 실천과도 맞닿아 있었다. 신규환, "근대 동아시아 위생 개념의 확산과 공공의료 담론의 형성", 『醫史學』 31:3 (2022), 630-633쪽.

5 경비진료는 1910년대에 일본에서 시작되었던 '실비진료'의 다른 이름이었다. 실비진료는 말 그대로 의료비를 실제 필요한 가격대로 징수한다는 의미이며 사회사업으로서는 무료진료인 시료와 다르게 구호가 아닌 방빈사업의 하나로 인식되었다. 川上 武, 『現代日本醫療史』(東京: 勁草書房, 1973), 339쪽.

6 이 과정은 경성부가 경성 내 전기와 버스 운영권을 경성전기주식회사로 넘겨 민영화하며 발생한 정치적 부담과 여론의 공격을 방어하는 수단으로 사용된 측면을 간과할 수 없다. 경비진료소 설치안을 둘러싼 경성부와 부회, 언론과 개업의 단체들의 여론전의 양상에 관해서는 이순영, "1930년대 초반 경성의 의료접근성 문제와 부립 경비진료소 설치 논쟁", 『역사와 현실』 114 (2019)를 참조.

7 경성부가 시도한 여러 가지 사업들은 경성부협의회를 통해서 일종의 '동의'를 획득하는 과정을 거치기도 하고 경성부민들이 부회가 아닌 다른 '공론장'을 형성하려는 시도들도 존재했다. 식민지의 사회적 문제들을 인식하고 해결하는 과정에서 公의 가치를 이용하는 시도들을 분석해낸 연구로는 다음을 참조할 수 있다. 김제정, "일

부립진료소 설치 이후의 운영 양상은 이른바 근대의학을 통한 '행정'이 식민지민의 삶에 어떤 방식으로 작동하고 있었는가를 확인할 수 있는 이야기가 될 것이다.[8]

'경진안'의 등장과 부민병원의 운영은 1930년대 전반 일제가 식민지민들의 경제적인 몰락 방지를 통해 사상 완화를 목표로 삼는 사회 안정화 정책으로 통치전략을 전환[9]하였던 과정과 깊은 연관이 있었다. 사회사업기관으로 인식된 부민병원에 대해 기존 연구에서는 경성부 언설대로 빈민구제기관으로 인식하고 구제기관으로서의 한계를 지적했고,[10] 1930년대 확대되기 시작한 방면위원의 활동과 교화망 작동의 일환으로 평가하면서도 빈민구제의 측면에서의 미비점을 논하였다.[11]

그러나 부민병원의 역할은 직접적인 빈민 구료(救療)를 통해 당국의 사회사업을 보완하는 수준에 그치지 않았던 것으로 보인다. 부민병원을 이용하는 대다수 이용객은 유료환자로 구성되어 있었고, 그들은 자의든 타의든 부민병원에서 의료서비스를 제공받기를 선택한 사람들이었기 때문이다. 따라서 부민병원이 실제로 어떤 성격의 의료기관이었는지, 경성부는

제 식민지기 경성부 교외 지역의 전차 문제와 지역운동", 『서울학연구』 24 (2007); 김동명, "식민지 조선에서의 부협의회의 정치적 전개", 『한일관계사연구』 43 (2012); 전영욱, "일제시기 경성의 '公益質屋' 설치", 『서울학연구』 54, (2014); 주동빈, "1920년대 경성부 상수도 생활용수 계량제 시행과정과 식민지 '공공성'", 『한국사연구』 173 (2016).

8 조경희, "1920년대 식민지조선 사회사업의 성격과 그 한계", 『역사와 담론』 80 (2016), 101쪽.

9 정태헌, "1930년대 식민지 농업정책의 성격 전환에 관한 연구", 『일제말 조선사회와 민족해방운동』 (일송정, 1991); 김영희, 『일제시대 농촌통제정책 연구』 (경인문화사, 2003).

10 愼英弘, 『近代朝鮮社會事業史研究 : 京城における方面委員制度の歷史的展開』 (東京: 山川出版社, 1984); 尹晸郁, "近代日本の植民地朝鮮に於ける社會事業政策研究" (同志社大學 博士學位論文, 1995), 184-185쪽.

11 박세훈은 경성부에서 시행된 방면위원제도를 구제 사업의 일종으로 인식하면서 내용상으로 볼 때 적극적인 구제가 목적이 아니었다는 점을 비판했다. 박세훈, "구제와 교화―일제 시기 경성부의 방면위원 제도 연구", 『사회와 역사』 61, (2002); 박세훈, 『식민국가와 지역공동체』 (한국학술정보, 2006). 이것은 방면위원제도가 애초에 구제를 위한 사업이 아니라 방빈, 궁민(窮民)으로 전락할 가능성이 있는 세민(細民)을 관리하기 위한 사업이었다는 허광무의 지적을 참고할 필요가 있다. 허광무, "戰前 日本의 社會政策과 方面委員制度", 『日本學報』 51, (2002).

이를 어떤 방식으로 운영하였는지, 누가 이용하였는지를 분석할 필요가 있고, 나아가서 운영상의 평가가 진행되어야 할 것이다.

의료 이용에 관한 기존 연구에서는 조선인들의 의료접근성이 낮은 현실에 대해서 다루고[12] 조선인들이 비싼 근대의료기관의 대체품을 찾는 과정을 여러 측면에서 검토하였다.[13] 그러나 부민병원은 근대적 의료기관인 동시에 공립의료기관이기도 했으며, 저렴한 의료수가를 표방하는 기관이기도 했다. 부민병원의 등장은 경성의 조선인들에게 근대의료에 대한 접근성을 상승시키는 중요한 계기로 받아들여졌다.[14] 그러나 부민병원의 운영 결과는 의료기관 이용의 빈부 격차가 근대의학/대체품이라는 기존 방식과는 다르게 나타나는 현상을 보여주고 있다. 따라서 본고에서는 이용자의 빈부 격차와 근대적 의료기관 이용 사이에서 발생하는 상관관계를 부민병원의 사례를 통해서 제시해보고자 한다.

본문에서는 의료기관으로서 부민병원에 관해 밝히면서 경성부의 운영 방향과 경성 부민들의 병원 이용을 함께 검토할 것이다. 우선 첫째, 경성부의 공적 의료 기능과 직영 의료기관의 설립이라는 측면에서 부민병원을 검토한다. 이를 위해 2장에서는 1933년 부립진료소 설치 이전 경성부의 공적 의료 기능에 관해서 파악하고, 직영 의료기관이 등장할 수 있었던 배경을 살핀다. 둘째, 부민병원의 운영 실태를 통해서 1930년대 부민병원의 목적과 역할을 밝히고자 했다. 부민병원은 1933년 부립진료소로 설치되었고 1934년부터 부민병원으로 운영되었다. 전시체제기 부민병원은 증축과 함

---

12 박윤재, "조선총독부의 지방 의료정책과 의료 소비" 『역사문제연구』 21 (2009).
13 조선인들은 상대적으로 저렴한 한의학을 이용하거나 발병 사안에 따라서 내과적 치료는 한의학에, 외과적 치료는 서양의학에 의존하는 경향성을 나타내기도 했다. 이꽃메, "식민지시기 일반인의 한의학 인식과 의약 이용" 『醫史學』 15:2 (2006), 227쪽; 또 의료기관 대신에 매약을 이용하는 경향성도 높았다. 여인석 외, 앞의 책, 280쪽; 李如星·金世鎔, "朝鮮醫療機關의 解剖", 『數字朝鮮研究』 第4輯 (世光社, 1933), 146쪽.
14 부립진료소 설치안에 대한 조선인 언론의 반응은 이순영(2019)을 참조.

께 운영 방향의 변화가 일어나기 시작하였으므로 1938년 이후의 운영에 관해서는 별도로 논하고자 한다. 따라서 3~4장에서는 1933~1937년간의 부민병원에 대해 분석할 것이다. 3장에서는 이용객 규정과 실제 운영 사이의 평가를 통해 실제 부민병원 이용객의 성격을 파악하는 데 중점을 두었다. 4장에서는 '경비진료'의 성격에서 기인하는 수익 구조를 확인하고 그 수익 구조와 병원 이용객의 관계를 파악하여 '경비진료'의 기능과 한계를 짚어보고자 했다.

2. 1933년 이전 경성부의 공적 의료체계와 직영 의료기관의 필요성 대두

일제는 식민지배 전반에 걸쳐서 기본적으로 조선에서의 위생행정을 경찰의 권한 하에 두고 통치하였다. 경찰력으로 위생 사무를 전부 처리하는 데는 전문성 측면에서 분명한 한계가 있었기 때문에 식민지에서의 위생행정은 자연히 강압적인 권위와 물리력에 의존하는 측면이 강했다.[15] 또한 식민지시기 내내 해소되지 못한 만성적인 의료기관의 부족을 메우기 위해 위생경찰제도가 강화된 측면도 있었지만[16] 전반적으로 일반 의료행정이 전염병 방역과 같은 위생행정에 압도당한 상황으로도 볼 수 있을 것이다.

1919년 경무국이 총독부와 도(道) 산하로 들어가면서 도 경무부장이 가졌던 위생 관련 사무처리 권한이 도지사(道知事)에게 이관되어 도지사가 위생 사무에 개입할 여지가 생겼지만, 위생 업무가 경무국에서 독립한 것은

---

15 박윤재, 앞 책, 336-338쪽.
16 정근식, "식민지 위생경찰의 형성과 변화, 그리고 유산 ― 식민지 통치성의 시각에서", 『사회와 역사』 90 (2011); 이형식, "1910년대 조선총독부의 위생정책과 조선사회", 『翰林日本學』 20 (2012).

아니었다.[17] 부(府)는 도의 산하 기구로 경찰권을 가지고 있지는 않았지만, 관할 지역의 위생 사무를 수행할 필요는 있었으므로 정무총감 통첩으로 내려온 준칙에 의거해서 사무 분장에 위생 사무를 포함하고 경찰과의 협조를 통해서 위생행정을 진행하였다.

경성부의 위생행정기구의 변화를 확인해보자. 경성부는 최초에 내무계 산하 사무 중 오물처리, 전염병 예방·소독, 전염병원 및 도축장과 묘지, 화장장에 관한 사무와 같이 "소위 현업에 속하는" 위생 관련 사무를 담당하도록 역할을 정비하였다.[18] 그리고 1921년 12월 정무총감 통첩 "부군도 사무 분장 표준"에 따라 직제를 과-계 체제로 정비하고 내무과 아래에 위생계를 두었다.[19] 하나의 계(係)로 위생을 전담하는 부서가 만들어지면서 경성부는 경찰과의 협의를 통해 부 내 위생사업을 직접 수행할 수 있게 되었다.[20]

> 경성부 위생계에서는 금년도부터 예산을 확장하여 일반 시중에 대한 위생사업을 개량하는 동시에 따라서 새 사업으로 지금까지 경찰에서 시행하던 전염병 소독 사업과 일반 위생사업을 경성부 위생계에서 하게 되어 금년도부터는 의사 한 명과 인부 여섯 명 및 감독 한 명을 새로 두어 시내에서 전염병이 발생하면 경찰서에서 소독차를 끌고 가서 소독을 실행하던 것을 경성부에서 실시하게 되었으며 기타 공중(公衆)에 대한 위생사업도 경찰서에서 간섭하던 것을 경성부에서 하게 되어 공중이 모이는 집회소라든지 시내의 연극장에 관한 일반 위생사업을 경성부에서 실행하게 되어 시민이 거주하는 가옥에 대한 위생까지도 직접 경성부에

---

17 박윤재, 앞 책, 341-343쪽.
18 京城府, 『京城府史 3』 (서울: 京城府, 1934), 144쪽.
19 국가기록원, 『일제문서해제 — 지방행정편 I』 (국가기록원, 2007), 115쪽.
20 "京城府의 新事業", 《東亞日報》, 1921. 3. 15.

서 실행할 터이라는데, 새로이 실행할 사업의 종류는 대개 열세 가지에 나누어 하수도의 시험, 음료수의 시험, 토양에 대한 시험 기타 여러 가지를 실행할 터이며 경성부 안에 새로 소독실을 설치하여 전염병의 소독과 일반 시민의 희망에 응하여 소독, 혈액 및 대소변 검사와 상품, 주택 등의 검사를 요구하는 사람이 있으면 검사도 하여 줄 터이며, 실비진료소를 설치하여 시중에서 받는 의사의 진찰료보다 싼 실비를 받고 진찰을 하여 간이한 치료도 하여 줄 터이라더라.

이를 통해 보면 경성부는 기존에 경찰이 담당하던 부내 위생 사무를 직영으로 수행하고, 기존에는 가지고 있지 않았던 새로운 사업까지 확장할 계획을 세우고 있었던 것으로 보인다. 즉, 부에 의사를 두고 간이한 의료 사무도 수행하겠다는 의도였다. 그러나 계획처럼 실비진료소가 설치되지는 못했던 것으로 보인다. 진료소의 운영이 추적되지 않을 뿐만 아니라, 같은 해 말에 경기도 내무국에서 조선사회사업연구회를 통해 일본적십자사와 교섭하여 경성에 실비진료소를 설치하겠다는 계획을 다시 내어놓았기 때문이다.[21] 경성부윤은 총독이나 경기도지사의 명령과 허가를 받아 사무를 수행하는 위치[22]였기 때문에 작게나마 직영 의료 사무를 진행하려던 경성부의 안이 경기도로 보고되자 재정적 지원을 받아서 사업 규모를 확대할 수 있는 안으로 변화하게 된 것으로 추정된다.

그러나 이 계획도 실현되지는 않았다. 계획이 보도되자 재(在)경성일본인 개업의 단체의 반대가 있었던 것이다. 일본인 개업의 단체 경성의사회(京城醫師會)[23]는 1922년 9월 4일 내부 협의 중 '적십자사와 같은 곳은 실비시료를

21 "實費診療所 具體案決定", 《每日申報》, 1921. 12. 14.
22 서울역사편찬원 편, 『서울근현대사자료집 5: 일제강점기 경성부윤 자료집』 (서울역사편찬원, 2020), 10쪽.
23 1905년에 만들어진 경성의회(京城醫會)의 후신이다.

하는 것보다도 적절히 시료를 행해야 할 성질의 기관이라고 생각하고 있다. 이 점은 앞으로 멋대로 한다면 감히 간섭할 필요가 있다'고 하여 '실비'라는 표현을 사용하지 않도록 교섭에 들어갈 것으로 결의했다.[24] 그 결과 탄생한 일본적십자사조선본부병원은 '실비'라는 이름을 사용하지 않고 '적십자진료소'로 개소하였다가 점차 대형병원으로 확장했고, 일본 전역의 적십자병원 가운데 도쿄병원과 함께 유이하게 흑자를 보는 병원으로 발전했다.[25]

경성에 의료기관이 확충되긴 하였으나 경성부는 여전히 직영 의료기관의 설치를 꿈꾸었던 것으로 보인다. 뒤이어 1923년에 무료진료소,[26] 1924년에도 직영 실비진료소를 설치하려는 의도를 드러낸 바 있으나.[27] 재정상의 문제로 더는 진전되지 못했다.

반면에 경성부가 수행할 위생 사무는 점점 늘어났다. 1926년까지 유지되던 위생계는 업무 범위가 늘어나고 복잡해지면서 한 개 과로 독립하게 되었다. 이때 위생과의 업무는 포괄적으로 규정되어 있었다.

1. 위생 및 병원에 관한 사무
2. 의료기구, 기계, 기타 위생 재료의 수납 검사에 관한 사항[28]

"위생 및 병원에 관한 사무"라는 규정은 좁은 의미에서의 위생행정과 의료행정을 모두 포괄하는 표현이었지만, 경성부에서 실제로 처리하는 사무의 대부분은 부민의 생활과 밀접한 관련이 있는 전염병에 관계된 것이었다. 당시 부윤이었던 우마노 세이이치(馬野精一, 재임: 1925-1929)는 경상도와

---

24 京城醫師會, 『京城醫師會二十五周年誌』(서울: 京城醫師會, 1932), 98쪽.

25 鷗堂學人, "赤十字病院の橫顔", 『朝鮮及滿洲』 345 (1936), 41쪽.

26 "無料診療의 第一步로", 《東亞日報》, 1923. 1. 20.

27 "京城府實費診察所", 《東亞日報》, 1924. 3. 31.

28 "京城府事務分掌規程(1926.5.27. 훈령 제1호)", 『지방관 관제 개정서류(CJA0002692)』(1929) 0618.

경기도의 경찰부장 및 경기도 경찰강습소장을 지내는 등 경찰력을 통한 위생 사무에 익숙한 인물이었다. 그는 공개적으로 경성의 미관(美觀) 대신에 위생 사무에 먼저 집중해야 한다며 강력한 방역책을 선포하기도 하였다.[29] 그의 재임기간 동안 경성부는 더 이상 직영 의료기관을 추진하지 않았지만, 그사이에 경성의 의료 환경을 둘러싼 여러 가지 변화가 있었다.

우선, 경성 내 대형병원들의 변화가 눈에 띈다. 1923년에 설치되었던 적십자사진료소가 일본적십자사조선본부병원으로 승격되고 1925년 확장을 거치면서 규모를 키웠다.[30] 1928년 조선총독부의원이 경성제대 의학부 부속의원으로 이관되는 과정에서 총독부 의원이 혼란을 틈타서 시료 사무를 폐지하여 문제가 된 일이 발생했으며[31] 실습용 병원을 잃어버린 경의전의 빈발로 부속의원이 새로 실지되기도 하였다.[32] 시끄러운 일이 발생하긴 했지만, 결과적으로는 대형병원이 두 개가 마련된 셈이었다. 조선인들과는 크게 관련이 없었으나 용산철도병원이 만철위탁운영을 끝내고 완전히 철도국 소관으로 이관되기도 하였다.[33]

한편으로는 경성부가 외곽단체를 통해서 공적 의료 사무까지 역할을 확대하려는 시도가 개시되었다. 본래 시료권은 경찰서 보안과에서만 배부하

29 馬野精一, "京城府の衛生設備狀態", 『京城彙報』 46 (1925), 2–3쪽.
30 "赤十字診察所, 支部病院昇格", 《每日申報》, 1924. 11. 10.; "民衆的な赤十字病院近く擴張する", 《京城日報》, 1925. 5. 14.
31 "病苦에 우는 人生들 施療券 嘆願의 慘劇 시료권 안 준다고 몸부림 市內에 每日數十人", 《每日申報》, 1928. 12. 26.
32 "醫專附屬病院을 昭格洞에 新設計劃", 《朝鮮日報》, 1928. 3. 14. 그 과정에서 의전 병원으로 적십자병원이 고려되기도 하였다. "總督府醫院을 京大附屬病院으로 명년도부터 변경할 계획 赤十字病院은 醫專附屬으로", 《中外日報》, 1927. 5. 15.
33 용산철도병원은 1907년 당시 통감부 철도국과 동인회장(同仁會長)의 계약에 의해 조선철도의 의무기관으로서 설치되어 용산동인병원으로 칭하고 철도국원의 진료를 주로 하고, 여력으로 일반 치료를 행했다. 1913년에 용산철도의원으로 개칭하고 위탁경영을 지속하다가 1926년 완전하게 철도국 직영으로 이관되었다. 朝鮮總督府, 『(增補)朝鮮總督府 三十年史』1(東京: 크레스出版編, 1999), 216쪽. 일본에서는 철도병원이 철도국 직원만을 대상으로 운영되었지만 조선에서는 외래 환자도 많이 받았는데, 이는 용산 일대에 거주하던 일본인들을 위한 지역거점병원으로서의 역할 때문이었다. 이연경, "철도와 의료, 도시를 연결하다", 『용산, 도시를 살리다』 (용산역사박물관, 2022), 148쪽.

던 것인데, 방면위원(方面委員)[34]을 통해 시료권을 배부하는 사업을 시작한 것이다. 1927년 경성에 설치된 방면위원은 이듬해인 1928년 처음으로 적십자병원, 세브란스의원, 경성제대 부속의원과 협의 후 각 병원으로부터 시료권을 얻어 배부하기 시작하였다.[35] 경성부는 의료행정에 대한 권한이 없었으므로 필요한 사무는 경찰이나 각 병원과의 협의 내지 도움을 받아서 진행해야만 했으나, 방면위원을 통해서 조금씩 위생뿐만 아니라 공적 의료행정을 수행하는 역할을 시도하고 있었던 것이다.

이처럼 경성부는 1920년대 전반기에 직영 의료기관을 갖추기 위해 시도하였고, 후반기에는 우회적인 방향으로 공적 의료 사무를 수행할 수 있는 길을 마련하고 있었다. 그러던 중 직영 의료기관의 설치를 실질적으로 고려하도록 만드는 경성부 내의 현실적 조건들이 1931년 무렵부터 하나씩 갖춰지기 시작했다.

대공황의 여파가 조선에 큰 영향을 미치고 있던 1931년은 1920년부터 이어진 일제의 식민지배전략, 소위 '문화통치'가 전환하는 기점에 해당하였다. 그해 6월 우가키 가즈시게(宇垣一成)가 조선 총독으로 다시 부임하였고, 경제불황에 대처하여 조선인의 생활을 안정시키고 정신 교화와 사상 통제를 진행한다는 두 가지 목표를 향한 전략을 세우기 시작했다.[36] 경성부 행정도 이 시기부터 변화가 감지되고 있었다.

1931년 3월 30일, 경성부협의회에서는 11가지의 희망 사항을 경성부에

---

34 방면위원 제도는 일본에서 '쌀 소동' 이후 도시 빈민의 상태를 조사하고 관리하기 위해서 지방의 유력자들이 '자원봉사'로 참여하는, 서양의 제도를 모방하여 만든 것이었다. 정부 기관은 재정을 투자하지 않고 빈민의 상태를 확인하고 불만을 잠재우며, 지방의 유력자들은 자신들의 사회적 입지를 다질 수 있다는 양자의 이해관계가 연합하여 지방의 빈민을 부조(扶助)하고 통제하는 장치였다. 그러나 이 방면위원 제도는 들이는 비용이 사실상 거의 없는 방식이어서 빈민에 대한 실질적인 부조는 미미한 실정이었다. 박세훈, 앞의 글 (2002), 129-131쪽.

35 "極貧者無料施療", 《東亞日報》, 1928. 6. 11.

36 방기중, "1930년대 朝鮮 農工倂進政策과 經濟統制", 『동방학지』 120 (2003), 82-83쪽.

제출하며 회기를 마쳤다. 이 희망 사항 가운데는 "부에 사회과를 설치하고 사회시설의 통제를 도모할 일", "위생 조합을 설치하고 위생의 향상 발달을 도모할 일", "실비진료소를 설치할 일" 등이 포함되어 있었다.[37] 여기서 실비진료소 설치 문제는 그 전날인 3월 29일 물산장려회를 포함하여 경성 내 조선인 유력 인사들의 참여로 발기회를 개최하였던 사회영 중앙실비진료원(社會營 中央實費診療院)[38]을 의식하여 작성되었을 것이라는 의심을 지우기 어렵지만, 어떤 방향으로든 경성부 부회의원 사이에서 의료기관의 직영에 대한 건의가 공식적으로 나왔다는 사실은 중요할 것이다.

같은 해 9월에 부임한 경성부윤 이노우에 기요시(井上淸)[39]는 총독부의 자력갱생 교화운동에 도시지역도 보조를 맞춰나가야 한다는 사실을 잘 알고 있었다.[40] 그는 취임 3개월 차에 용신과 남부에 빙면위원을 신실하여

---

37 "府協議終了後 希望條件提出", 《朝鮮日報》, 1931. 4. 1.

38 사회영 중앙실비진료원에 대한 본격적인 연구는 아직까지 진행되지 않았다. 이해를 돕기 위해 간략하게 소개하자면, 1930년 물산장려회 총회에서 조선인 경영의 실비진료소가 처음 논의되었고, 그 결과물로서 1931년 5월 중순에 사회영(社會營) 중앙실비진료원이란 명칭으로 개원하였다. 조선인들의 반응이 대단하여 개업한 지 100일 만에 11,300명의 환자를 진료하였고, 이듬해 5월 14일 만 1년간의 경과보고에서 5만 명 이상의 환자를 진료한 성과를 소개하였다. "內科患者의 入割이 寄生蟲의 保有者", 《東亞日報》, 1931. 8. 30.; "實費診療院維持會 第二回定期總會", 《東亞日報》, 1932. 5. 14. 경성부가 경비진료소라는 형식을 선택한 데에는 조선인들의 이와 같은 움직임이 영향을 주었을 것이라고 본다. 실비진료원은 1933년 큰 화재가 발생한 이후 운영상의 어려움을 겪으면서도 유지되었고, 해방 후에 '민중병원'으로 개칭하여 건국대학교 의대의 전신이 되었다. 이순영, 앞의 글, 223쪽. 중앙실비진료원 설치 과정은 식민지 조선에 의료기관의 사회적 역할을 조선 사회가 함께 수행해야 한다는 집단적인 의지가 작용한 기획이었다는 점에서 매우 흥미롭고 중요한 기관이나 관련 자료의 확보가 되지 않아 이에 대한 분석은 추후로 미루고자 한다.

39 이노우에 기요시는 1885년 9월 17일 도쿄에서 출생하여 동경제대 법대를 졸업하고 1909년 고등문관 시험에 합격 후 조선으로 건너온 인물이었다. 조선에 와서는 처음에 임시토지조사국에서 감사관으로 활동했고, 이후 조선 각 도의 부장직을 역임하였다. 1931년 9월 경성부윤에 취임하였고 1933년 12월에 체신국장으로 승진 발령되었다. 국사편찬위원회, "한국근현대인물자료", 한국사데이터베이스, https://db.history.go.kr/item/level.do?setId=4&totalCount=4&itemId=im&synonym=off&chinessChar=on&page=1&pre_page=1&brokerPagingInfo=&types=&searchSubjectClass=&position=0&levelId=im_215_01477&searchKeywordType=BI&searchKeywordMethod=EQ&searchKeyword=%E4%BA%95%E4%B8%8A%E6%B7%B8&searchKeywordConjunction=AND (2022. 12. 20. 접속).

40 井上淸, "方面委員の任務について", 『京城彙報』 132 (1932), 2쪽.

방면위원 제도를 인적 측면에서도 확대하고,[41] 활동도 적극적으로 활성화하며 방면위원의 활동과 연계하여 부의 '사회사업'을 강화해나가는 방향성을 취하였다. 그는 '사회사업'을 '개개인의 생활을 안전하고 단단하게 하면서 동시에 상호 결합을 밀접하게 하여 사회 발달을 도모하는 것'으로 보았다.[42] 즉, 집단의식의 고취와 사회 불안 요소의 제거라는 관점에서 사회사업을 인식하였던 것이다. 이러한 인식의 연장선에서 경성부는 1928년에 한차례 조사된 이른바 '카드 세민(カード細民)'[43]의 현황을 재조사하였고, 이들을 비롯한 경제적 하층민의 의료 이용 문제도 비중 있게 다뤄지면서 구료권과 순회진료의 필요성이 제기되기 시작하였다.[44]

부협의회의 희망 사항 중 가장 먼저 결실을 본 것은 사회과 설치였다. 이미 1931년 7월 중에 결정되어 사회과장의 인선까지 오르내릴 정도였다.[45] 마침내 1932년 6월에 사회과가 설치되었고, 서무과장이었던 이원보(李源甫)가 사회과장으로 취임하였다.[46] 이원보의 취임 이후 곧바로 경성 내의 실업자 조사가 진행되었다. 기존에 행한 실업자 조사의 표본이 너무 적어서 6월 30일을 기준으로 다시 대규모 실업자 조사를 진행한 것이다.[47]

실업자 조사와 방면위원의 활동으로 경성부는 사회사업을 시행하는 데 근거로 삼을 데이터를 확보하는 데 성공했던 것으로 보인다. 실제로 공설질옥(公設質屋), 공설이발소, 공설세탁소, 순회진료 사업 등 경성부는 작은

41 井上淸, "京城府方面委員の活動(方面委員の新設について)",『京城彙報』123 (1931), 41쪽.
42 같은 글, 41쪽.
43 카드 세민은 방면위원이 빈민을 조사하고 그 상태를 생활조사표 카드에 기입한 것에서 기인한 용어였다. 이 생활조사표에는 빈민의 가족 관계, 종교, 습관, 건강, 교육 정도, 부채 상황 등 포괄적인 정보를 기입하도록 되어 있었고, 카드 작성의 대상이 된다는 것 자체가 빈민으로 인정받게 되는 셈이었다. 카드 계급은 두 등급으로 나누어져 제1종이 극빈 계층, 제2종이 세민(細民)으로 불렸다. 박세훈, 앞의 글 (2002), 137-138쪽.
44 "府細民實地調査",《朝鮮日報》, 1932. 5. 13.
45 "庶務課廢止 社會課設置",《東亞日報》, 1931. 7. 7.
46 "京城府廳內에 社會課新設",《東亞日報》, 1932. 6. 5.
47 "京城府의 失業調査 六月末現在",《朝鮮日報》, 1932. 6. 19.

사업부터 부영으로 진행할 준비를 시작하였다. 이처럼 많은 사업이 진행되고 있었지만, 상설 의료기관을 직영으로 하기에 가장 중요한 것이 아직 마련되지 않은 상태였다. 바로 재원이었다. 아무리 많은 사람이 필요성을 역설한다고 하더라도 완전히 새로운 사업을 시작하기 위해서는 상당한 자금을 투여할 수 있는 여력이 있어야 했다. 더구나 의료기관은 초기 투자 비용이 큰 사업 중 하나인데, 대공황 이후 경성부는 세입이 격감하여 상당한 재정적 위기를 맞이한 상태였다.[48]

그런데 때마침 경성부에 100만 원의 '사회사업기부금'이 기부되었다. 이돈은 경성부가 전기부영사업을 경성전기주식회사에 넘기는 대가로 받은 것이었다.[49] 경성부는 이 결정으로 인해 부 내에서 엄청난 비난을 받았지만, 그 명목이 어떠했든 간에 새로운 사업을 시작할 만한 충분한 자금을 확보하게 되었던 것은 사실이었다. 그런데 이 기부금에도 명목상 '사회사업'에 해당하는 사업만이 가능하다는 제약이 있었고, 경성부는 이 기부금을 활용해서 '경비진료소'라는 사회사업 방식으로 부영 의료기관을 설립하는 방안, '경비진료소 설치안'을 내놓은 것이었다.

경성부는 '경진안'을 "빈민에 대한 시료와 소액소득자에 대한 경비진료를 제공하는 순수한 사회사업"이라고 소개하며 "40만 부민 중 20여만 명이 은혜를 입는 것을 목표로 하는 부의 사회사업 시설 중 가장 긴절(緊切)하고 또 매우 중요한 시설이라고 확신"한다고 밝혔다.[50] 그런데 부회 석상에서 발표한 '경진안'의 취지와 개요에 대한 설명('취지문'으로 약칭)은 경성부가 '경진안'을 어떤 관점에서 바라보고 있는지를 드러내고 있었다. 첫째는 경성이

---

48 鄭泰憲, "京城府 財政의 歲入構成과 시기별 特徵", 『韓國史學報』 24 (2006), 226-227쪽.

49 "京城電氣株式會社ヨリノ寄附金使途に關スル件", 『府に關スル書類綴(CJA0003232)』 (1932), 0446-0448.

50 井上清, "府立診療所設置に就いて", 『京城彙報』 134 (1932), 2쪽. 본 내용은 1932년 11월 19일 '경진안'을 심의하기 위해 정식으로 열린 부회에서 회의 시작을 알리면서 '경진안'의 취지를 설명한 내용을 그대로 『경성휘보』에 실은 것이다.

라는 도시의 위신과 기능에 대한 염려이다.

"경성부는 40만의 부민을 포용하는 대도시로, 반도의 수도로써 타에 부끄럽지 않은 제반 시설을 하고 싶다고 시종 생각하고 있었습니다. 하지만 이번에 부민의 실생활을 조사해보니 그날그날 생활조차 어려운 자가 상당히 많습니다"

"내지(內地)의 6대 도시에서는 진료시설에 상당한 경비를 들이고 있어서 이것을 인구 1인당 부담액으로 보면 도쿄 70전, 고베 35전, 교토 25전, 오사카 18전, 나고야 12전, 요코하마 7전으로 현재 경성부는 겨우 1전 8리뿐이라 정말로 부끄러운 상태입니다. 이것을 보아도 선진 각 도시가 얼마나 대중진료의 시설에 노력을 기울이고 있는지를 엿볼 수 있고, 의료자금이 부족한 자를 위한 의료기관 설치는 현재 세상에 비추어 시급한 일입니다"[51]

즉, 경성이라는 '반도의 수도'가 '선진 도시'에 부끄럽지 않을 정도의 시설을 갖추기 위해서는 공적 의료기관을 확충하는 것이 필요하다는 경성부의 입장이 반복해서 드러나고 있었다.

두 번째는 '사회사업'의 방법으로 의료에 접근하는 태도이다. '취지문'에서는 "사회사업의 근본 방책"을 "일할 수 있는 신체를 가진 채 실업 때문에 생계에 필요한 수입이 끊긴 실업자를 구제하는 시설과 직업이 있었으나 병마에 습격받아 일할 능력을 잃었을 뿐 아니라 질병을 치료할 돈 걱정에 괴로워하는 자를 구제할 길을 강구하는 시설"[52]이라고 설명하였다. 일할 수 있

51 앞의 글, 2-3쪽.
52 앞의 글, 2쪽.

는 신체를 구제하는 길과 갑작스럽게 병든 신체를 구제하는 길의 두 가지는 얼핏 서로 반대 방향으로 향하는 듯 보이지만 사실은 갑작스럽게 닥친 재앙으로 인한 노동력의 낭비를 막겠다는 하나의 목적으로 이어져 있었다.

즉, 종합하면 지금껏 확보하지 못했던 부의 공적 의료 기능을 확보하여 도시 내 빈민 발생으로 인한 사회적 '낭비'를 막겠다는 방안, 그것이 경비진료소를 설치하려는 경성부의 목적이었다고 할 수 있을 것이다.

경성부 내에 '경진안'이 만들어지고 제출되고 통과될 수 있었던 제반 조건들은 이상과 같이 무르익었다. 그리고 마침내 1933년, 경성부의 직영 의료기관이 만들어졌다.

3. 유명무실한 이용객 규정과 유료환자 중심의 운영 방향

1932년 11월 29일 '경진안'이 경성부회에 제출된 지 약 두 달 만에 통과되었다. 그로부터 약 한 달 반 뒤인 1933년 1월 16일, 경성부립진료소가 경성부청 2층 전(前)호적계 사무실에서 개소식을 열었다. 본원 건축이 완공될 때까지 임시로 부청 건물을 사용하는 것이었다. 시설이 갖춰지지 않았기 때문에 진료 과목은 내과와 외과로 한정되었고, 입원환자도 아직 받을 수 없었다.[53]

원장에는 경성제대 의학부 제3내과 교수인 시노자키 데츠시로(篠崎哲四郞) 박사가 취임했고, 그를 포함하여 총 5명의 의사가 임명되었다. 내과에 경성제대 조교수 의학박사 미키 사카에(三木榮),[54] 경성제대 조수 의학사 박

---

53 "府營輕費診療所 明春부터 事業開始",《東亞日報》, 1932. 12. 14.

54 미키 사카에는 경성제대를 다닐 당시 시노자키 데츠시로의 제자였으며, 박사학위는 규슈대학에서 취득하였다. 1932년에 학위를 취득하고 이듬해인 1933년 조선으로 돌아와서 다시 시노자키가 근무하는 경성제대 의

종영(朴鍾榮)과 시마자키 히로시(島崎浩) 3명, 외과에 경성제대 조수 미우라 요시오(三浦良雄) 1명으로 내과 진료에 치중된 구성임이 확인된다. 약제사도 1명이 배치되었다. 용산 분원에는 조선인 의사 이경배(李慶培)와 약제사 주정진(朱貞眞)이 각각 임명되었다.[55]

부립진료소는 개소와 함께 발포된 경성부 조례 제1호 "경성부립진료소 사용료 및 수수료 조례"(이하 조례)와 경성부 고시 제4호 "경성부립진료소 사용료 및 수수료 조례 시행규정"(이하 시행규정)[56]에 따라 운영을 시작하였다.

부립진료소의 가장 큰 특징 두 가지는 이용객 규정과 사용료 규정에서 찾을 수 있었다. 우선 이용객 제한 규정이 존재하고 있었다. 이용객은 조례 제1조와 제4조, 사용규정의 제1~3조로 규정되었는데, 가장 기본적인 원칙은 조례 제1조 제1항 "경성부립진료소는 부 주민으로서 부윤에게서 의료자금이 부족하다고 인정된 병상자를 진료함"이었다. '의료자금이 부족하다고 인정된' 자를 대상으로 하였음이 명시되어 있었고, 그것이 사회사업으로서 '경진안'의 명분이기도 하였다. 한편 이 기준에 해당하지 않아도 진료소를 이용할 수 있도록 예외 조항이 있어서 응급처치가 필요한 병상자, 부 내 학교나 사회사업단체에서 위탁받은 자, 부 주민 이외의 자로 특히 진료할 필요가 있다고 인정되는 자가 이용할 수 있었다(시행규정 제1조 제3항). 진료받기 위해서는 진료권을 교부받아야 했는데 이를 청구할 때는 수료 자격을 조사하여 교부하기로 되어 있었고, 방면위원이나 경찰이 발급한 증명서로 자격 조사를 대체할 수 있었다(시행규정 제2조). 그리고 무료진

학부 제3내과에서 조교수로 재직 중이었다. Zhang Zili·김남일·차웅석, "일제강점기 미키 사카에(三木榮)의 경력에 대한 고찰 —조선에서의 활동을 중심으로—", 『한국의사학회지』 35-2 (2022), 102-106쪽.

"波瀾曲折 거듭한 輕費診療所開所",《朝鮮日報》, 1933. 1. 17.; "職員の顔觸れ",《京城日報》, 1933. 1. 7.

56 京城府,『京城彙報』136 (1933), 3-5쪽.

 위생의 시대

료를 받는 경우는 별도로 자격이 규정되어 있었고(조례 4조),[57] 만약 자격을 속여서 수수료나 사용료를 면제받았을 경우 추징금을 납부하도록 되어 있었다(시행규정 제6조).

두 번째는 기설 의료기관에 비해 낮게 책정된 사용료 규정을 들 수 있다. 〈표 4-1〉을 보면 기존 대형병원 및 개업의 단체의 협정 의료수가와 부립진료소의 규정된 의료비를 비교할 수 있다. '경비진료소'라는 명분을 사용한 만큼, 사용료 및 수수료는 기존 의료기관에 비해서 낮게 책정되어 있었다. 세부적으로 보면 약값은 거의 다르지 않았던 반면 다른 항목들에서는 상당한 차이를 보였다. 약값은 기존에 개업의와 대형병원에서도 크게 차이가 나지 않았던 터라 부립진료소에서 특별히 많이 저렴하게 책정된 것은 아니었다. 약 비용 10전 내지 15전에 약제 용기료를 추가로 지급해야 했기 때문에 이를 계산하면 기존 약가의 약 2/3 수준이었다고 볼 수 있다. 반면에 진료비 10전은 개업의에 비하면 1/10, 대형병원에 비하면 반값 이하에 해당했고, 구매 후 1개월간 자유롭게 사용할 수 있었다. 기타 처치료(붕대 교환, 주사료 등 포함)와 수술비, 입원비도 저렴했다. 물론 1933년에는 아직 병동이 마련되지 않아 입원은 불가하였으므로 외래 진료만이 가능했다. 통상적으로 진료를 받고 내복약 3일 치를 받는다고 계산했을 때,[58] 기존 의료기관을 이용할 경우 가장 싼 의전병원과 세브란스의원이 65전, 가장 비싼 경성의사회 소속 개업의를 찾아가면 1원 90전까지도 내야 했지만, 부립진료소에서는 40전만 지불하면 되었다.

---

57 무료진료 대상은 다음의 세 경우에 해당했다. 1. 공비(公費) 구조를 받는 자. 2. 요금을 납부할 자력(資力)이 없는 자로서 방면위원 또는 경찰관서의 증명이 있는 자. 3. 전 각호 외에 부윤이 특별히 면제할 필요가 있다고 인정하는 자. 京城府, 『京城彙報』 136 (1933), 4쪽.

58 당시 "진찰을 잘 하여 주는지 아니하여 주는지도 모르고 잇는 몽매한 일반 세민의게 그 병의 경　은 데이로 위선 진찰한 결과 물약이나 가루약이나 삼일분을 지어주는 것이 통례"로 여겨졌다. "龍山署의 大英斷으로, 지금 경무당국과 의논중인 즉 불원에 약값이 떠러질터, 桐山龍山署長談",《每日申報》, 1921. 6. 11.

<표 4-1> 1930년대 초반 경성 내 공사립 의료기관 수가 비교

대분류	소분류	대형병원				개업의		경성부민병원
		대학병원	의전병원	적십자병원	세브란스의원	경성 의사회	한성 의사회	
약가	내복약(1인분)	20전	15전	20전	15전~35전	30전 이상	25전	10전 또는 15전
	돈복약(1제)	15전	–	15전	30전	25전 이상	30전	
	외용약(1제)	20전	15전	20전	–	50전 이상 1원까지	–	
	기타	고가별도 징수	고가별도 징수	–	–	고가별도 징수	–	약제 용기 5전 이내, 고가약 실비징수
수술료	대수술	1원 이상 200원	1원 이상 100원	1원 이상 100원	1원 이상 100원	–	–	10원 이상 30원 이하
	중수술							3원 이상 10원 이하
	소수술							50전 이상 3원 이하
주사료	주사	30전 이상 20원 이하	20전 이상 10원까지	15전 이상 10원까지	캠퍼 주사 등은 징수하지 않음			50전 이상 5원 이하
	1원 이상 주사				50전 이상	–	–	
	고가 주사				20원씩도 있음	–	–	
처치료	붕대 교환	30전 이상 5원까지	20전 이상 5원까지	20전 이상 5원까지	50전부터	–	–	–
	보통 처치	–	–	–	–	–	–	5전 이상 50전 이하
	특별 처치	–	–	–	–	–	–	50전 이상 5원 이하
	분만료	–	–	–	–	–	–	7원
진찰료	진료권 진찰료	25전	20전	20전	20전	1원 이상	1원	10전(1개월 이용)
	약 처방 없이 진찰만	–	–	–	50전	–	–	–
	시간 외 진찰	1원 이상 10원까지	–	–	–	–	–	–
	입회진찰	–	–	–	–	5원 이상	–	–
	왕진			원장 10원, 과장 3원, 의원 2원	시내 3원	3원	3원	–
	왕진차대	–	–	–	–	실비	–	–
입원료	특등	8원	6원	–	8원	3원 50전 이상	–	1원 (단 식비 미포함)
	1인실/갑등 상	6원	4원	6원	6원			
	2인실/갑등 하	4원 50전	2원 50전	3원~3원 50전	3원			
	3인실/을등	3원	1원 50전	2원~2원 50전	2원			
	4인실/병등 상	2원	–	2원~2원 50전	1원 50전			
	최하급/병등 하	1원 50전	–	–	1원 이하도 있음			
뢴트겐	뢴트겐 검사 및 치료	1원 이상 10원까지	1원 이상 10원까지	20전 이상 8원까지	50전 이상 1원까지	–	–	–
	뢴트겐 사진	–	–	–	1원 내지 25원	–	–	–

* 출처: 1) 대형병원과 경성의사회 의료수가는 "京城の各病院と開業醫の藥價及治療代一覽表", 『朝鮮及滿洲』 301 (1932), 93쪽. 2) 한성의사회 의료수가는 漢城醫師會, 『漢城醫師會會報』 (1933), 44쪽. 3) 경성부립진료소 의료수가는 京城府, 『京城彙報』 136 (1933), 4쪽.
* 비고: 돈복약은 1회 한 번에 복용하는 약을 의미한다.

저렴한 수가 규정 때문인지 부립진료소에는 개소 첫 달부터 2,191명의 환자가 찾을 정도로 이용객이 많았다.[59] 1년간 성과를 결산하는 과정에서 총 37,718명의 환자를 진료하였다고 홍보되기도 했다. 비록 만 1년간 5만여 명의 환자를 진료했던 중앙실비진료원의 성적에는 못 미치고 있는 상황이었지만 임시 개소였다는 점을 감안할 때 좋은 성적이었다고 볼 수 있다.[60] 또한 '사회사업'을 명분으로 내세웠던 점에서 보았을 때도 그 역할 수행 여부를 긍정적으로 평가할 수 있었다. 첫째 유료환자가 58%, 무료환자가 42%를 점하고 있어 무료환자 수용 비율이 높은 편이었다. 둘째, 민족별로 보았을 때도 상대적으로 자력(資力)이 부족한 조선인들의 이용률이 상당히 높았다. 조선인이 87.3%, 일본인이 12.7% 정도 이용한 것으로 집계되었다. 물론 경성 호별세 면세점 이하 인구 중 일본인은 7%도 되지 않은 깃에 비해[61] 일본인 이용률이 약간 높긴 했지만, 일반적으로 관공립 의원의 일본인 이용률이 50%에 달하던 현상과 비교하면[62] 확실히 다른 추세를 보이고 있었다는 점을 확인할 수 있다.[63]

---

59 "輕費珍療所 一個月成績",《東亞日報》, 1933. 2. 19.

60 "京城府營診療所 豫想以上好成績",《東亞日報》, 1933. 4. 5.

61 1932년 경성부 호별세 면세자 호 및 인구는 아래와 같다.

 * 출전: "서울은 窮細民의 都市 勿驚廿萬三千餘人 그中에 要救濟者四萬餘人三十六만명 인구의 반분이상을 점령 輕費診療所必要於此可知",《每日申報》, 1932. 10. 21.

62 대표적으로 1935년 관립 및 도립의원 전체 환자 수 538,224명 중 조선인이 261,906명, 일본인이 275,110명으로 나타나 환자의 과반이 일본인이었음이 확인된다. 朝鮮總督府, "官立醫院及道立醫院患者(醫院別)",『朝鮮總督府統計年報昭和十年度版』(1936), 386-387쪽. 다만 각 의원의 개별 통계 간 편차는 감안해야 할 것이다.

63 1930년대 전반 조선 전체의 일본인 비율은 약 3% 남짓 되었고, 경성의 일본인 인구는 약 25%~30% 정도를 차지하고 있었다.

〈표 4-2〉 1933년 경성부립진료소 이용 환자 통계

구분	유료			무료			합계		
민족별	일본인	조선인	소계	일본인	조선인	소계	일본인	조선인	총계
인원(명)	4,359	17,767	22,133	435	15,147	15,585	4,794	32,914	37,718
비율(%)	19.7	80.3	100	2.8	97.2	100	12.7	87.3	100
총인원대 비(%)	11.6	47.1	58.7	1.2	40.2	41.3			

* 출처: 京城府, 『京城彙報』 9-1 (1934), 35쪽.
* 비고: 1) 외국인 이용객은 전체 이용객의 0.5% 미만이었으므로 합계에만 포함시켰다. 2) 조사 기간은 1933년
1월 16일부터 같은 해 12월 말일까지이다.

부립진료소가 경성부청 2층에서 진료를 보던 약 1년 동안, 본원은 훈련
원 광장에 공사를 시작하여 1934년 3월 낙성식을 마치고 경성부립부민병
원(京城府立府民病院)이라는 새로운 명칭으로 개원하였다. 부민병원은 입원
병상 48개를 보유하여 도립병원과 비슷한 규모를 보였고,[64] 진료과도 5개
과를 추가(산부인과, 소아과, 안과, 이비인후과, 피부과)하여 7개의 과를 둔 종
합병원으로 정식 개원하였다.[65] 전환 당시 의료진이 새롭게 정비되면서 조
선인 의사가 여럿 채용되었다. 본원에만도 원장 시노자키 데츠시로 아래
7개 과 주임이 일본인 3명(외과 미우라[三浦良雄], 피부과 우에키[植木貴明], 안과
오케가와[桶川篤]), 조선인 4명(내과 박종영, 부인과 윤태식, 이비인후과 김임빈,
소아과 이선근)[66]으로 조선인 의사 비율이 대폭 늘어났다. 조선인 환자가 많
은 현실이 반영된 것으로 보인다. 이러한 시설 확장으로 1934년에는 새로
받게 된 입원환자 1만 4천여 명을 포함하여 3.3배가 증가한 13만여 명을

64 1928년 당시 30개소였던 도립병원의 병상 수 합계는 전염병자용을 제외하면 총 1,200개로, 평균 40개 수준
이었다. 朝鮮總督府, 『朝鮮道立醫院槪況』 (1930), 51-52쪽.
65 신영홍과 박세훈은 1934년에 진료소가 부민병원으로 개칭되었던 상황을 진료소의 성적이 좋았기 때문에
그 요구를 맞추기 위해 확장한 것이라고 설명했다. 그러나 실은 본문에서 서술하고 있듯이 진료소 본원 건물 공
사가 진행되는 동안 임시로 개소했던 진료소가 본원 완공 후 명칭을 변경하면서 정식으로 개소한 것이다.
66 "新築移轉後는 七科로 擴張 확장되는 경성부립진료소 移轉은 二月初旬頃", 《每日申報》, 1934. 1. 12.

진료하였고, 이후 환자 수는 꾸준히 증가 추세를 보였다.[67]

시설도 확장되고 이름도 변화하였지만, 운영 규정 자체는 바뀌지 않았다. 소(所)와 원(院) 체계 변화만이 반영되었을 뿐, 내용상으로는 달라진 점이 없었다. 그러나 부민병원을 찾는 이용객들의 구성은 크게 바뀌었음을 주목해보아야 한다.

〈표 4-3〉 1934~1937년 부민병원 이용객 통계 (단위 : 명)

외래	유료			무료			합계		
민족별	일본인	조선인	소계	일본인	조선인	소계	일본인	조선인	총계
1934	39,300	52,522	91,860	1,593	31,380	32,974	40,893	83,902	124,834
1935	41,471	57,976	99,530	1,472	28,024	29,499	42,943	86,000	129,029
1936	44,863	63,574	108,582	1,056	20,112	30,168	45,919	92,686	138,750
1937	44,085	63,023	107,157	3,388	27,059	30,447	47,473	90,082	137,604
입원	유료			무료			합계		
민족별	일본인	조선인	소계	일본인	조선인	소계	일본인	조선인	총계
1934	4,566	6,325	10,902	1,021	2,327	3,348	5,587	8,652	14,250
1935	4,772	8,804	13,576	574	2,718	3,292	5,346	11,522	16,868
1936	4,097	10,002	14,186	360	3,267	3,627	4,457	13,269	17,813
1937	3,321	11,905	15,355	426	3,152	3,578	3,747	15,057	18,933
합계	유료			무료			합계		
민족별	일본인	조선인	소계	일본인	조선인	소계	일본인	조선인	총계
1934	43,866	58,847	102,762	2,614	33,707	36,322	46,480	92,554	139,084
1935	46,243	66,780	113,106	2,046	30,742	32,791	48,289	97,522	145,897
1936	48,960	73,576	122,768	1,416	32,379	33,795	50,376	105,955	156,563
1937	47,406	74,928	122,512	3,814	30,211	34,025	51,220	105,139	156,537

* 비고: 외국인 이용객은 전체 이용객의 0.5% 미만이었으므로 합계에만 포함시켰다.
* 출처: 『京城府立府民病院特別會計歲入出決算書』 각년도판.

67 1937년보다 1936년에 환자 수가 1,000명가량 많은 것은 1936년 부역 확장 이후 환자가 급격히 증가했기 때문이다. 과포화 상태에 처해 있었기 때문에 환자 수가 더 늘지 않은 것으로 보인다.

〈표 4-4〉 1934~1939년 경성부립부민병원 이용객 비율 통계 (단위: %)

민족별	유료		무료		합계		총합 비율		
	일본인	조선인	일본인	조선인	일본인	조선인	유료	무료	총계
1934	42.69	57.27	7.20	92.80	33.42	66.55	73.88	26.12	100.00
1935	40.88	59.04	6.24	93.75	33.10	66.84	77.52	22.48	100.00
1936	39.88	59.93	4.19	95.81	32.18	67.68	78.41	21.59	100.00
1937	38.69	61.16	11.21	88.79	32.72	67.17	78.26	21.74	100.00

* 출처: 『京城府立府民病院特別會計歲入出決算書』 각년도판.
* 비고: 외국인 이용객은 전체 이용객의 0.5% 미만이었으므로 합계에만 포함시켰다.

〈표 4-3〉을 보면 부민병원으로 전환된 첫해인 1934년 환자 중 유료환자
가 10만 2천여 명으로 증가하였고, 무료환자도 3만 6천여 명이나 진료하였
다. 그러나 무료환자 수는 1935년에 3,600명이나 감소하였고, 다시 매년 조
금씩 증가함에도 불구하고 1934년만큼 회복하지 못하였다. 1934년의 무료
환자 중 약 절반가량인 17,400명은 일본 황실에서 일본 전역에 투하한 은
사구료자금(恩賜救療資金)을 통해 진료를 받은 인원이었다.[68] '경진안'에서는
연간 무료환자를 71,000명 수용하여 하층민의 의료 공백을 메우겠다는 포
부를 보였으나,[69] 정작 병원이 정식 운영을 시작한 이후에도 본래 구상했던
무료환자 인원의 절반도 안 되는 숫자만이 진료를 받을 수 있었다. 환자
구성비를 나타낸 〈표 4-4〉에서도 확인할 수 있듯이 무료환자가 가장 높은
비율을 차지한 1934년도 26%에 불과했고, 이듬해부터 22%대로 줄어들었
다.[70] 정식 개원 이후 유/무료 환자 비율의 차이가 크게 벌어진 것이다.

68 "報告例 第5號 府에 關한 報告(京畿道)(京城府) 昭和9年度京城府歲入出決算", 『府一般經濟歲入出算書
(CJA0003024)』 (1934), 0210.
69 "報告例第5號京城府歲入出豫算에 關한 添附報告(회의록 첨부)", 『京城府豫算書類(1932)(CJA0002895)』 (1932),
0673.
70 일제시기 조선에서 가장 고급 병원이었던 경성제대 부속의원에서도 같은 기간 시료환자의 비율은 최저
24%에서 최고 28% 정도로 나타나고 있었으니, 애초부터 부민병원이 무료환자를 주된 이용객으로 상정하지 않
았음이 분명해진다. 서울대학교의과대학사편찬위원회, 『서울大學校醫科大學史:1885-1978』 (서울대학교의과대학,

유료환자가 차지하는 비율은 해가 갈수록 증가하였다. 유료환자 중심으로 운영하려던 경성부의 의도가 부민병원 전환과 함께 본격적으로 관철되기 시작했다는 것이 확인되는 현상이었다. 사실 경성부가 생각한 부민병원의 운영 방향은 이미 '경진안'에 대한 설명과 그 심의 과정에서부터 드러나고 있었고, 모호하게 처리된 이용객 규정을 통해서 정리되고 있었다.

우선 경성부는 병원 이용객 규정에서 '의료자금이 부족하다고 인정된' 자를 대상으로 한다고 밝혔지만, 정작 그 '수료(受療) 자격'을 명확하게 제시하지도 않았다. '경진안'을 심의할 당시에 경비진료소의 이용객 범위는 호별세 면세점(연 소득 500원)을 기준으로 그 이하의 소득 구간에 있는 인구로 상정되어 있었다. 그러나 최종 심의 과정에서 연 소득 500원을 기준으로 한 지격 규정을 삽입하자는 의견이 반영되지 않았다.[71] 사실 연 소득 500원은 면세점이긴 했지만, 경성 인구의 중위소득보다 높은 액수에 해당하였다.[72] 이를 기준으로만 따져도 경성 인구의 절반 이상이 부립진료소를 이용할 수 있도록 최초부터 설계되어 있었던 것이다. 사실상 이용객 제한 규정은 유명무실하여 유료환자의 수용에 있어서는 이후 자의적으로 해석되고 이용될 가능성이 높았다.

1978), 86쪽.

71 일본 각지에 설립된 사단법인 실비진료소는 일 1원 50전 이하의 수입자만을 대상으로 명시했고, 오사카 시민병원에서는 연 800원 이상 3,000원 이하 수입자에게는 의사회 규정의 최저액으로 진료하며 연 800원 이하에게는 무료로 진료할 수 있다고 성문화되어 있었다. 大阪市社会部労働課, 『[大阪市]社会部報告』 109 (大阪: 大阪市社会部労働課, 1935), 4-7쪽.

72 1932년, 1933년 예산에는 호별세 납세자가 경성 인구의 44% 정도로 추산되었다. "昭和七年度京城府一般會計特別會計歲入出豫算書", 『각부일반경제예산(CJA0003737)』 (1932); "각부 일반경제 예산서", 『昭和八年度京城府一般會計特別會計歲入出豫算書(CJA0002957)』 (1933).

〈그림 4-1〉 콘크리트 건물로 낙성된 부민병원의 전경. "落成된 府民病院 三日부터 開院", 《조선일보》, 1934. 3. 3.

　1934년 개원한 첫해 부민병원의 모습을 전해주는 『朝鮮及滿洲』의 기사에 따르면 부민병원은 그다지 고급스러운 시설은 아니지만 최신식 병원답게 각 과별로 대합실이 분리되어 있고 전염병 의심환자 격리용 대합실이 따로 존재하는 등 신경을 많이 써서 설비를 갖추어놓은 상태였다. 그래서 부민병원으로 전환된 이후 "사용조례 제1조에 해당되지 않는 일반 환자가 항상 쇄도"하는 현상이 나타났고, 이로 인해 무료환자가 약 2배 증가하는 사이에 유료환자는 약 4배나 급격히 증가했던 것이다(표 4-3 참조). 이러한 일반 환자에 대해서도 병원에서는 "그렇다고는 하지만 병원 현관·접수처에까지 온 환자에 대해 하나하나 재산 납세(호별세 등)의 유무를 물을 수도 없어서 일률적으로 친절한 취급을 하고 있다"[73]고 하여 이용 자격 확인이 제

73　"京城府民病院の橫顔", 『朝鮮及滿洲』 320, (1934), 78쪽.

대로 이루어지지 않고 있었음을 증언했다. 한편, 같은 해 부회에서 진료소 반대파였던 스가 소우지(菅総治)[74]가 부민병원 이용객 가운데 "훌륭한 병원에 갈 수 있"는데도 "진찰을 받고 있는 사람이 상당히 있다"고 발언한 것도 이와 같은 맥락이었다. 경성부 사회과장 이원보는 "진료소 시기에 오던 사람과 그 정도로 다른 사람은 보이지 않는다"고 반박하면서도 "일층 취지를 철저 시키려고 생각한다"고 사실상 일부 시인하는 모습을 보였다.[75]

그런데 사실 아무리 부민병원의 의료비가 싸다고 하더라도 어느 정도 경제적 여유가 있지 않고는 아무나 유료환자로 쉽게 방문할 수는 없었다. 특히 부민병원은 기존 관공립병원과 마찬가지로 사용료 전납(前納) 규정이 있어서(조례 5조) 현금을 소지하지 못하면 이용할 수 없었다. 이 조항은 원래도 조선인들의 관·공립 의료기관 접근을 막는 가장 큰 장애물 중 하나였다.[76] 응급환자같이 급박한 상황이거나 부득이한 사정으로 전납이 불가능할 경우에도 다음 날까지 납부해야 했다(시행규칙 10조).[77] 부민병원은 기존 의료기관보다 문턱이 낮다고 평가되었으나, 완전히 개방되어 있다고 평가할 수는 없었던 것이다.

다시 부민병원 이용객의 지위에 대한 문제 제기로 되돌아가보자. 경성부

---

[74] 경성부회에서 '경진안'의 강경한 반대파 중 한 명이었던 菅総治는 의사로서 재조일본인뿐만 아니라 개업의들의 이해관계를 대변하는 인물이었다. 1924년 의사 시험 합격자 명단에서 합격 사실을 확인할 수 있다. "醫師試驗合格者", 『朝鮮總督府官報』 3543, 1924. 6. 6.

[75] "昭和九年度京城府會會議錄", 『경성부 관계서(CJA0003048)』(1934), 0621-0622.

[76] 도립병원에서도 현금이 아니라고 투약을 거절하여 "존재의 의의가 9분 減"했다는 불만을 듣기도 했다. "橫說豎說", 《東亞日報》, 1930. 11. 25.

[77] 물론 부윤이 인정하는 경우 납부기일을 늦출 수 있다는 예외 규정이 있었지만 아주 특수한 경우에 한정되었을 것이다. 일반적인 응급환자에게는 적용되지 않았기 때문이다. 일례로 1936년 4월 14일 박봉근(21, 남)은 중학교를 졸업한 후 취업이 되지 않음을 비관하여 양잿물을 마시고 자살 기도를 했는데, 이를 발견한 여관 주인이 그를 데리고 부민병원으로 달려갔으나 병원 측에서 환자가 위독한 상태이므로 50원의 보증금을 먼저 내놓으라고 하여 문제가 된 일이 있었다. "保證金要求하고 危篤한 患者를 不顧 府民病院에 非難藉藉", 《朝鮮中央日報》, 1936. 4. 14.

회에서는 "신문을 읽거나 新法을 읽고 있는 사람"[78]을 '부민병원의 취지에 맞지 않아 보이는 이용자'의 예로 들고 있었다. 재조일본인의 시각에서는 호별세 면세점(연 소득 500원) 이하 수입을 얻는 계층이 이 정도의 문화생활을 할 수 있는 지위가 아니라고 판단한 것이었다. 그러나 이는 식민지에서 민족 간 소득 격차가 발생하는 상황을 배제한 판단이었다고 보인다. 앞서 언급하였듯이 면세점은 경성부의 중위소득에 약간 상회하였다. 다시 소득 수준을 민족별로 나누어 살펴보면 일본인의 경우는 연 소득 500원 미만의 인구가 하위 12%에 속하고, 인원도 1만 2천 명에 불과했지만 조선인의 경우는 연 소득 500원 이상이 상위 25%에 속하는 극단적인 민족 간 소득 격차가 존재했음이 확인된다. 연 소득 500원을 월급으로 계산했을 때 약 40~50원 정도로 계산할 수 있는데, 조선인의 경우 이 정도의 수입을 얻으려면 회사원, 기자, 교원, 관공리 등 이른바 화이트칼라에 해당하는 직업을 가져야 했다. 이들에게 신문이나 잡지 등을 구독하는 비용은 일종의 필수 오락 비용에 가까웠다.[79] 따라서 호별세 면세점을 기준으로 소득 수준을 파악했을 때 면세 대상 일본인은 일본인 사회에서 '하층민'으로 평가될 수 있었지만, 조선인의 경우에는 조선인 사회의 '중산층'에 해당하는 이들이 다수 존재했던 것이다.[80]

한편 〈표 4-4〉를 보면 일본인 환자 수는 전체의 1/3 정도를 점하고 있는 것을 확인할 수 있다. 경성의 일본인 비율이 30%가 채 되지 않았던 것과 비교하면 사실상 인구 전체 비례 이상으로 병원 이용이 이루어지고 있었

---

78 "昭和九年度京城府會會議錄", 『경성부 관계서(CJA0003048)』 (1934), 0621.

79 김영희, "일제 지배시기 한국인의 신문접촉 경향", 『韓國言論學報』 46-1 (2001), 49~53쪽.

80 시기가 몇 년 이르지만, 1928년 경성 방면위원에서는 20원 이내의 수입으로 6~7명 한 戶의 생활을 하는 자를 극빈자로 규정하였는데, 조선인 24만 명 중 10만 2천 명이 극빈자에 해당하는 상황이었다. "一日一食의極貧者 萬七千戶十萬餘名", 《東亞日報》, 1928. 8. 2. 한편 공황으로 인해서 노동자 임금 수준도 1928년 이후 1933년까지 계속 하락하던 추세였다. 朝鮮總督府, "賃金(地方別)", 『朝鮮總督府統計年報』 각년도판 참조.

던 것이며, 면세자 수로 따지면 7%에 불과하였으니 5배 이상의 이용 비율을 보였다. 1932년 기준으로 약 1만 2천여 명의 일본인 면세자가 전부 병원을 이용하였다고 치더라도 3만 명 이상의 일본인이 추가로 병원을 찾은 셈이다.

병원 위치도 조선인보다 일본인들의 편의에 맞춰져 있었다. 병원부지를 매수할 예산은 책정되어 있지 않아서 본원은 경성부 소유지에 신축해야 했다. 조선인 사이에서는 종로의 서린동 공설 시탄(柴炭)시장 자리로 하자는 의견도 나왔으나, 경성부가 제시한 곳은 주로 일본인들의 생활 반경과 가까웠던 황금정 6정목(현 을지로 6가)에 소재한 훈련원 부지였다.[81] 분원도 마찬가지로 일본인들이 많이 거주하는 용산경찰서 앞의 부유지(府有地)에 설치되었다. 《조선일보》에서는 경성전기주시회사가 지급한 100만 원의 사용처를 두고 부회에서 절반씩 나누어 조선인을 위해서는 경비진료소를 짓고 일본인을 위해서는 부민관을 짓기로 협의한 것이었다고 주장하며 "그러함에도 불구하고 조선인을 위해 짓기로 한 진료소가 조선인의 거주지대와는 따로 떨어져 있는 훈련원에다가 짓는다 함은 너무 시민을 무시하는 태도라 할 수 있"다고 비판하기도 했다.[82] 그러나 경성부의 입장은 번복되지 않았다. 부민병원의 위치가 시내와 너무 멀고 동쪽으로 너무 치우쳐 있어서 접근성이 떨어진다는 지적도 있었다. 그러나 경성부 사회과에서는 서부와 북부에 분원을 설치할 계획이라고 대답할 뿐이었고,[83] 분원은 끝까지 증설되지 않았다.

81 "通過된 經費診療所 今回엔 位置가 問題", 《東亞日報》, 1932. 12. 8.
82 부회에서의 합의는 인터뷰이의 말처럼 "무슨 계약서라든가 각서를 만든 일이 아님으로 증거를 소상히 말하기는 곤란한 일"이었지만 개연성은 있어 보인다. "府民 便宜를 무시한 府立診療所 新築 場所 問題, 南村 一隅 訓練院은 最不適地, 一般의 輿論은 高調化", 《朝鮮日報》, 1933. 9. 6. 한편 훈련원 부지 주변에 부분적으로 조선인이 많이 거주하는 광희정(현 광희동), 병목정(현 쌍림동), 서사헌정(현 장충동 일부)이 있었지만 주된 조선인 거주지는 종로 일대에 형성되어 있었다. 京城商工会議所, "人口", 『統計年報』(서울: 京城商工會議所), 각년도판.
83 "府有地關係로 李社會課長談", 《朝鮮日報》, 1933. 9. 6.

이처럼 부민병원은 유료환자에 대해서는 이용객 규정을 엄격하게 적용하지 않으며 영업을 지속하였고, 부민병원을 찾는 환자의 총수는 일본인과 조선인을 막론하고 지속적으로 증가하는 추세에 있었다. 한편으로는 대체로 지불 능력이 낮은 조선인 환자가 과반을 차지한다는 점에서 상대적으로 조선인들이 이용하기 좋은 병원으로 자리매김한 것도 확실하였다. 다만 무료환자 비율의 감소세에서도 확인할 수 있듯이 조선인들의 이용이 활발한 것이 경성부가 선전한 것과 같은 '순수한 사회사업'의 명분에 부합하는 결과였다기보다는 조선인의 포섭이라는 식민당국의 정책 과제에 발맞추어 '중산계급'의 유료환자가 이용할 수 있는 '대중적 의료기관'으로 자리를 잡아가는 과정이었다고 볼 수 있었다.

〈그림 4-2〉 대경성부대관(1936)의 부민병원 부지, 황금정 6정목이라는 구역 표시가 보인다

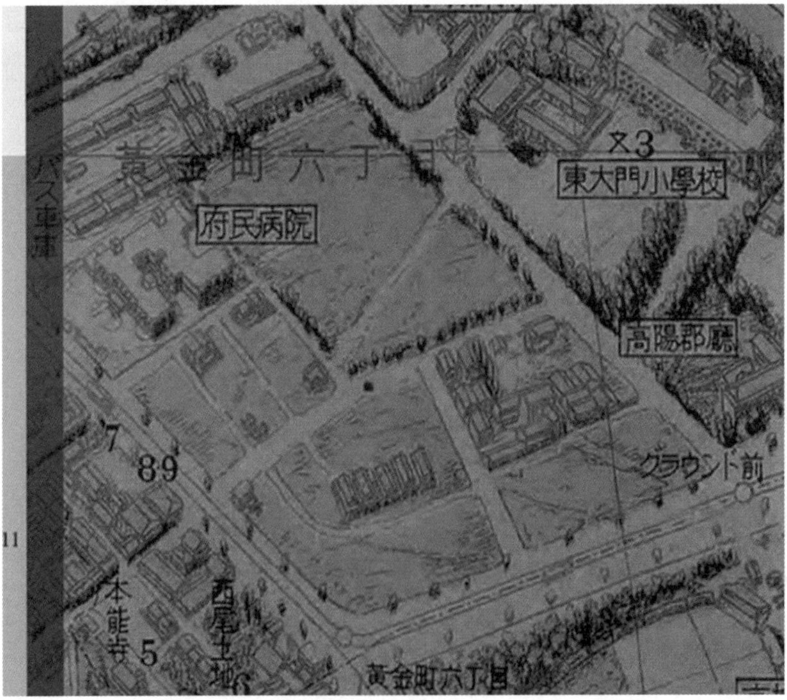

4. 외래 중심의 병원 경영과 의료 이용의 빈부 격차 심화

부민병원 이용객은 지속적으로 증가하는 추세였다. 경성부에서는 부민병원을 "경성부 최대의 사회사업"[84]이라 추켜세우면서 매달 이용객 수를 공개하고 이용객의 증가를 선전하였다.[85] 부민병원을 이용하려는 환자는 증가하여 1937년에는 전국에서 두 번째로 많은 환자가 찾는 병원이 되었을 정도였다.[86] 앞서 살펴본 것과 같이 부민병원의 주 이용객은 의료비를 지불하는 유료환자에 해당하고 있었다. 그렇다면 경성부가 부민병원을 어떤 방식으로 운영하고 있었는지를 살펴보고, 경성부민들의 의료 이용은 얼마나 개선되었는지를 파악해보아야 할 것이다.

우선 부민병원의 수이 구조부터 정리해보자. 부민병원은 경성부 일반회계로 편입되지 않고 특별회계로 독립되어 운영되었다. 경전기부금 가운데 우선 본원 건축비에 10만 4천 원을 계약하여 지출하였고,[87] 359,517만 원의 기금을 예금하여 여기서 발생하는 이자와 부내 여타 사업에 기금을 조입시킨 것에 대한 이자[88]를 합쳐 매년 17,000~18,000원 정도를 부민병원 예산으로 조입 편성하였다. 그리고 첫해에는 사용료와 수수료 수입을 기금 이자와 비슷하게 계산하였지만 1934년부터는 7만 원 이상의 수입을 상정하기 시작하였다. 경성부 일반회계에서는 매년 9,244원의 조입금을 제공하

84 "京城의 자랑 府民病院", 《每日申報》, 1934. 6. 27.
85 그러나 『경성휘보』와 일간지를 통해 발표된 수치는 본고의 〈표 4-9〉에서 활용된 경성부 결산서 등 재정문서에 나타난 취급환자 수와 크게 차이가 난다. 통계 작성 원칙이 어떻게 달랐는지는 명시되어 있지 않아서 차이가 나는 정확한 이유를 말하기는 어렵지만, 『경성휘보』 통계는 '연인원'으로 표현된 것으로 보아 결산서 통계가 진료 건수이고 『경성휘보』 통계가 치료 연인원이나 이용객 전체를 계산한 것으로 추정한다.
86 1위는 경성제대 부속의원이다. "번창한 부민병원 전 조선의 2위. 작년 상반기에 7만여 명 환자 금년도에 배로 확장", 《朝鮮日報》, 1937. 3. 12.
87 "京城府立診療所 新築 十萬四千圓으로 契約", 《東亞日報》, 1933. 6. 21.
88 뚝섬수원지 보수공사비, 공설시장 등 자금을 부민병원 기금으로 활용하였는데, 총 17만 7천원에 달했으므로 부회에서도 문제 제기가 있었다. "府民病院基金中 十八萬圓 또 流用이 問題", 《東亞日報》, 1934. 3. 7.

였고, 은사구료자금 등이 3,000원 이하로 간헐적으로 계상되었는데, 이를 통해 보면 부민병원의 운영자금의 핵심은 총독부나 경성부의 보조금이 아니라 유료환자가 내는 사용료 및 수수료에 있었음을 확인할 수 있다.

본래 실비진료소에서는 경증의 병을 미리 치료함으로써 의료비 부담이 과중되는 것을 막는다는 명목하에 병상 회전율이 낮은 입원환자보다는 외래환자를 이용하여 수익을 내었으며 외래환자도 짧은 시간에 더 많은 환자를 진료할수록 이윤이 높은 모델이었다.[89] 부민병원에서도 초기에 이런 수익구조를 활용하였다. 〈표 4-6〉에서 확인할 수 있듯이 1934~1935년의 진료소 수입은 환자 한 명의 지불 비용이 증가하지 않는 선에서 환자의 회전율이 높아짐을 통해 증액된 것이었다. 그러다가 환자 수가 과포화 상태에 이른 1936년부터는 환자의 지불 비용이 약간씩 상승하기 시작하였지만, 여전히 부민병원 수익 구조의 핵심을 차지하는 것은 외래환자였다. 외래환자와 입원환자 수를 단순히 대비해 보아도 9:1에 가까웠고, 그보다도 주된 수익이 외래환자에게서 발생했다는 것이 주목할 부분이다.

〈표 4-5〉 1933~1937년 부민병원 주요 수입원 (단위 : 원)

구분		1933년(A)	1934년	1935년	1936년	1937년
경상부	이자 수입	17,310	17,169.27	18,137.05	17,951.82	17,633.5
	사용료 및 수수료	17,034	70,368.27	78,007.74	89,535.61	98,331.93
	은사구료수입	1,500	2,000	1,286	1,202	1,170
임시부	일반회계 조입금	9,651	9,244	9,244	9,244	12,980
	작년도 조입금	–	10,890.31	14,234.39	7,435.36	17,004.29
결산수익		10,890.31(A)	14,234.39	7,433	17,004.29	87,470.46(B)

* 출처: 『昭和八年度京城府立診療所費歲入歲出豫算書』; 『京城府立府民病院特別會計歲入出決算書』 각 년도판.
* 비고: (A) 1933년도는 예산서만 존재. 결산수익은 1934년 조입금에서 추정한 금액임. (B) 1938년도 병원 확장 공사를 위해 임시부에 기채 9만 원, 도 보조금 1만 원이 추가됨.

89 鈴木梅四郎, 『醫療の社會化運動』(東京: 実生活社出版部, 1929), 166쪽.

<표 4-6> 1934~1937년 부민병원 사용료 수익 및 이용객 지불 비용 변화 (단위: 명, 원)

구분	1934	1935	1936	1937
입원료	12,253.00	13,181.00	14,387.00	15,357.00
진찰료	2,859.10	3,233.40	3,525.90	3,656.00
약가	17,368.15	20,182.62	21,770.05	23,094.26
수술료	6,545.20	6,557.15	8,634.85	10,012.00
처치료	14,301.42	16,786.15	19,921.74	21,491.63
분만료	329.00	441.00	462.00	651.00
주사료	11,737.20	11,814.60	14,639.20	18,013.60
뢴트겐	3,531.15	4,099.40	4,284.50	3,912.00
약품용기료	1,163.65	1,299.02	1,436.87	1,529.74
*보통진단서	158.20	154.70	135.60	175.00
*특별진단서	28.50	148.00	223.00	311.00
*검안	2.50	2.00	50.00	7.50
*증명서	7.80	11.10	11.40	13.20
*처방전	83.40	97.60	103.00	108.00
유료 환자(명)	102,726	113,106	122,768	122,512
사용료·수수료 수익(원)	70,368.27	78,007.74	89,585.11	98,331.93
방문당 평균 지불 비용(원)	0.69	0.69	0.73	0.80
1인당 평균 지불 비용(원)	2.46	2.41	2.54	2.69

* 출처: 『京城府立府民病院特別會計歲入出決算書』 각년도판.
* 비고: 1) 표 안의 * 표시는 수수료를 나타냄. 2) 1인당 평균 지불 비용은 사용료·수수료 수익 합계를 진료권 판매 건수로 나눈 것임.

조선의 대표적인 관립의원이자 가장 고급 병원이었던 경성제대 부속의원과 비교해 보면 운영 방식의 차이가 뚜렷하게 드러난다. 1927년 총독부의원의 수입 내역을 확인해보면 애초 예산부터 입원료가 외래 진료료보다 29,250원이나 더 많이 책정되어 있었고 실제 결산에서는 입원료가 76,170원이나 더 많이 징수되었다.[90] 반면 부민병원에서는 외래환자에게서

90 1927년 총독부의원 진료비 수입 내역(단위: 원)은 아래와 같다.
*출처: 朝鮮總督府醫院, 『朝鮮總督府醫院第十三回年報』 (1928), 163쪽.

발생하는 수입이 다액을 차지하고 있었다. 〈표 4-7〉의 1936년 진료비 수입 예산을 통해 보면 수입 단가는 입원환자가 3배 이상이었음에도 외래환자 수입이 36,391원 더 많이 책정되어 있을 정도로 외래환자 의존도가 심했다. 실제 결산에서도 외래환자가 다수인 까닭에 1인당 단가 수입은 73전에 불과하여 예산보다 30전가량 낮았지만, 총결산은 1만 원 이상 흑자를 보고 있었다.

〈표 4-7〉 1936년 경성부립부민병원 외래·입원 별 진료비 수입 내역

	외래	입원	계	결산
환자 수(명)	107,000	12,060	119,060	122,768
수입(원)	57,821.20	21,430.20	79,251.40	89,585.11
1인분 수입 단가(원)	0.54	1.70	1.08	0.73

* 출처: "京城府府民病院增築費充當起債の件", 『京城府一般經濟關係書綴(CJA0003255)』 (1937), 0366; "昭和十一年京城府立府民病院特別會計決算書", 『一般會計歲入出決算書類(CJA0003226)』 (1937), 0274; 0289.
* 비고: 기채신청서의 수치가 예산에 의거하여 작성되었기 때문에 실제 1936년 이용객 수, 이용 비용을 추가하여 제시하였다.

이러한 수익 구조는 기존 의료기관에 접근할 수 없었던 많은 조선인들이 부민병원을 찾으면서 유지되고 있었다. 앞서 논한 대로 부민병원 이용객은 조선인 비율이 더 높았다. 유료환자만 따져도 조선인이 더욱 많았는데, 이는 일제시기 조선에 있던 관·공립병원에서 보기 드문 현상이었다. 같은 기간 경성제대 부속병원의 유료환자 수는 조선인의 증가세가 더 가파름에도 불구하고 여전히 일본인이 약 2배 정도 많았다.[91] 또 1936년 경기도 내 도립의원의 상황을 보면 인천처럼 일본인이 많은 지역은 일본인 환자가 약 2배 정도 되었고, 개성처럼 조선인들의 영향력이 강해 일본인 인구가

91 경성제대 의학부 부속의원 유료환자의 통계(단위: 명)는 아래와 같다.
* 출처: 서울대학교의과대학사편찬위원회, 앞의 책, 86쪽.

상대적으로 적은 지역에서도 조선인이 약간 더 많이 이용하는(조선인:일본인=55:45) 상태였다. 경기도 내 도립의원 환자 전체로 따지면 일본인이 52% 정도, 조선인이 48% 정도를 차지했다.[92] 반면 부민병원의 유료환자 중 조선인 비율은 1934년 57.27%에서 1937년 61.16%까지 계속해서 늘어났다. 다시 말하면 일본인 점유율이 조금씩 감소하였다는 뜻으로, 부민병원 운영에서 조선인 환자에 대한 의존도가 높아졌고 조선인들이 부민병원의 '혜택'을 더 많이 이용할 수 있었다는 의미가 된다.

그러나 '실비진료'는 낮은 의료비를 통해서 보다 가난한 사람에게 의료를 배분한다는 개념으로 사용되었지만, 결국 박리다매 운영으로서 시설이 한정된 가운데 이용객이 증가하면 따라서 진료가 부실해진다는 비판을 듣기도 했다.[93] 부민병원에서도 이러한 문제는 똑같이 발생하였다.

병원의 과밀화에 따른 문제가 첫해부터 발생했다. 이미 부민병원은 1934년부터 만원을 호소하고 있었다. 환자가 과도하게 밀려들었기 때문에, 환자가 많을 때는 오후 2시에 접수를 마감해도 오후 8시 혹은 10시까지도 의사들이 계속 진료를 보아야 했다.[94]

아래 〈표 4-8〉에 계산된 바와 같이 부민병원의 의사들은 1934년~1937년까지 매년 최소 8천 6백여 명, 하루에 약 30명에 가까운 숫자를 진료해야 했다. 가장 부담이 심했던 해는 1934년에는 하루 35명 정도를 진료했고, 이후에도 약 30명 수준이 지속되고 있었다. 재정상 흑자를 보이고 있었음에도 부민병원의 부족한 의료진은 주로 촉탁이나 견습 간호사 등으로 충원되었다.

92 京畿道衛生課, 『衛生槪要』(서울: 京畿道衛生課, 1937), 190쪽.
93 鈴木孝之助, 『醫療制度改善案』(東京: 鈴木孝之助, 1935), 20-22쪽.
94 "名實相副의 府民病院 患者沙汰莫堪當 현재의 설비로는 감당키지난 醫師不足, 院舍狹窄",《每日申報》, 1934. 4. 26.

<표 4-8> 경성부립부민병원 의료진 및 진료 환자 비 (단위: 명)

연도	醫長	醫員	촉탁의	의사 총합-환자 비	의사 1인 진료 (1일)	간호부장	간호사	견습 간호사	간호사 총합-환자 비
1933	1	4	2	5,388.29	17.61	1	6	5	3,143.17
1934	8	3	2	10,698.78	34.96	1	10	10	6,623.05
1935	8	3	5	9,118.56	29.80	1	12	13	5,611.42
1936	8	3	6	9,209.59	30.10	1	12	19	4,892.59
1937	8	4	6	8,696.50	28.42	1	15	23	4,013.77

* 출처: 『京城府立府民病院特別會計歲入歲出豫算書』 각년도판.
* 일별 통계는 개원일수인 306일로 계산하였다.

　일본의 개업의였던 의학박사 스즈키 고노스케[鈴木孝之助][95]는 "경비진료소 등에서 진료에 종사하는 의사는, 그 근무 시간이 대개 8시간 혹은 9시간 이내일 것이다. 그런데 실제로 진료에 종사하고 있는 시간은 겨우 4시간 이내로, **하루에 진찰할 환자 수는 20인, 많게도 24명에 불과할 것이다.** 다른 4시간은 휴식 외에 분뇨·객담의 검사 등에 사용해야 한다. **그러므로 어떤 진료소에서 한 의사가 전기(前記)의 환자 수 이상을 진료할 때는 앞 장에서 상술하였던 조진(粗診)의 폐해가 있다고 보아도 오류가 없을 것이다**"(강조는 원문)[96]라고 논한 바 있었다. 즉, 1934년에 비해서 줄어든 수치이긴 하지만 당대에 하루 30명에 육박하는 환자를 진료하는 것은 여전히 의사에게도 과중한 노동이라 인식되었고, 환자에게도 충분한 진료 시간을 보장할 수 없었기 때문에 제대로 된 진료가 이뤄지지 못한다고 평가받을 만하였다. 1935년 예산안에서는 지난해의 진료 성적에 비추어 진료 상황을 평가하면서 진료비나 입원료, 약가는 초과 달성을 하고 있음에도 불구

95　스즈키 고노스케(1854-1945)는 나고야대학 의학부 전신인 아이치현립의학교 교장, 해군의학교 교장, 해군 군의총감 등을 역임하다가 1907년 도쿄에 폐결핵 전문인 스즈키의원을 개업하였다(上田　正昭 등 감수, 『日本人名大辞典』(東京: 講談社, 2001), https://kotobank.jp/word/%E9%88%B4%E6%9C%A8%E5%AD%9D%E4%B9%8B%E5%8A%A9-1084027. 검색일 : 2022.12.20.).

96　鈴木孝之助, 앞의 책, 35쪽.

하고 환자들이 수술이나 주사 등 처치를 받는 횟수는 당국의 예상보다 적었기 때문에 그것을 감안해서 처치료의 예산액을 줄여서 조정하겠다고 직접적으로 밝혔다.[97]

두 가지 연동된 해석이 가능하다. 하나는 처치료 수입예산이 병원 이용자들의 경제력에 비해서 과다하게 책정되었을 가능성이다. 아무리 기존보다 저렴한 병원이라고 해도 병원을 찾는 것 자체가 쉬운 일이 아니었으므로 환자들의 병세가 가벼웠기 때문에 처치를 받지 않아도 되었다고만 보기는 어렵다. 병세가 무거워서 진찰을 받으러 와서도 쉽사리 다음 단계의 치료를 선택하기 어려웠기 때문에 실제 이용자들의 경제력에 비해서도 사용료 수입예산이 과도하게 책정되어 있었다고 볼 수 있었다. 부민병원의 이용객들은 낮은 의료비를 지출할 수 있는 병원을 찾고도 낮은 의료비밖에는 지출할 수 없는 상황이기도 했던 것이다. 결국 이용객이 과도하게 집중됨에 따라서 부민병원의 유료환자들은 충분한 진료 시간을 확보하지 못했고, 빠른 회전율을 보이면서 가장 싼 처치 방법인 처방약에 의존하고 있었던 것으로 보인다. 실제 사용료 수입을 보면 1934~1935년에 진료비나 약가 등 기본 비용은 초과 달성한 것을 확인할 수 있으나, 수술이나 뢴트겐 등 고가의 처치 수입은 예산액에 한참 못 미쳤다.[98]

두 번째는 앞서 언급된 대로 환자 과밀에 의한 조진(粗診)의 가능성이다. 부민병원은 경성 내 다른 병원보다 의사뿐 아니라 간호사의 수도 현저히 적었고,[99] 매년 흑자를 보고 있음에도 의료진이 거의 증원되지 않았다. 병

---

97 "昭和十年度京城府府民病院費特別會計歲入出豫算",『京城府一般會計歲入出豫算書(CJA0003085)』(1935), 267쪽.
98 부민병원 각년도 주요 사용료 예산·결산액은 다음과 같다. (단위: 원)
* 출처:『京城府立府民病院特別會計歲入歲出豫算書』각년도판.
99 같은 기간 경성제대 부속의원과 경의전 부속의원의 간호사 수와 비교해보면 아래와 같다. (단위: 명)
* 출처: 1) 서울대학교병원사편찬위원회,『서울大學校病院史』, (서울대학교, 1993), 184·196쪽. 2)『京城府立府民病院特別會計歲入歲出豫算書』각년도판.

원 찾는 인원에 비해서 의료진이 부족하기 때문에 진찰 시간도 길지 않고, 병원 내에서 진찰 이후 추가적인 처치를 할 인력 자체가 부족하기에 충분히 처치가 이루어지지 못했을 가능성이 크다. 1938년에 교통사고로 머리를 심하게 다친 청년을 급히 부민병원으로 데려왔는데, 의사가 없어서 수술을 받지 못하고 대학병원으로 옮겨진 일이 있었다. 부민병원 측에서는 재직하는 외과 의사가 두 명뿐이었고, 한 명은 휴가 중, 다른 한 명은 수술 중이었으므로 어쩔 수 없이 환자를 거절해야 했다고 밝히면서 미안하다는 말을 전하기도 하였다.[100]

입원 병상도 큰 문제였다. "환자 측에서는 세민을 위하여 설시(設施)하였다고 하면서 환자가 가득 차서 입원하려 해도 항상 만원이고 치료를 받으려(해)도 차례를 기다리면 거의 온종일이 걸려서 불편 막심하다고 불평을 말한다고 한다"[101]는 보도가 부민병원의 현실을 적나라하게 드러내고 있었다. 사실 기존 조선의 의료기관에서 입원 병상은 이용률이 50%도 되지 않았다. 입원비를 지출하면서 이용할 수 있는 이들이 많지 않기 때문이다.[102] 조선인들이 많이 찾는 편인 의전병원에서도 1935년 현재 병상 151개 중 보통 126개 정도만이 사용되고 있었다.[103] 그런데 부민병원은 입원환자를 다 받을 수가 없을 정도로 포화상태가 유지되었고, 입원 병상이 부족해서 대학병원으로 보내는 일도 보도되었다.[104]

이런 상황에 1936년에는 예정된 부역 확장으로 인한 이용객 증가가 불을 보듯 뻔했기 때문에 부민병원 확장증축 논의가 연초부터 활발해졌다.

---

100   한편 대학병원에서는 해당 환자에게 시료권도 없고 현금도 없어서 받을 수 없다고 쫓아내는 바람에 부내에서 엄청난 비난을 받았다. "醫는 仁術이냐?", 《東亞日報》, 1938. 12. 30.; "外科醫不足關係 未安합니다", 《東亞日報》, 1938. 12. 30.; "仁術의 墮落", 《朝鮮日報》, 1938. 12. 30.

101   "患者 모혀드는 府立病院 현재 인원으론 손이 안돌아 增築할 必要잇다고", 《朝鮮日報》, 1934. 4. 27.

102   竹內淸一, "朝鮮の救療事業の擴張充實を望む", 『朝鮮社會事業』 10(7) (1932), 34쪽.

103   本誌記者, "醫專病院を訪問する記", 『朝鮮及滿洲』 327 (1935), 83쪽.

104   "依托할 곳 없는 街頭에서 彷徨分娩", 《東亞日報》, 1937. 9. 18.

그런데 경성부에서는 재원이 부족하다는 이유로 적극적으로 증축에 나서는 태도를 보이지 않았다. 유료환자를 더 받아서 시료부 확충에 이용하자는 주장에 대해서도 부 당국에서는 환자를 더 수용하기에는 장소가 협소하여 병원 자체를 증축할 필요가 있으나, 이는 민업(民業)을 압박할 수 있다면서 조심스럽게 거부하는 태도를 보였다.[105] 이 당시 의사회는 이미 경성부와의 대립을 끝내고 부 내 교화사업과 위생사업에 적극적으로 협력하고 있었고,[106] 부민병원에 대한 의사들의 불만도 가시화되지 않고 있었던 사실로 보아 '민업 압박'을 운운한 것은 일종의 핑계였던 것으로 보인다.

그러나 결국 부역이 확장된 후 예견되었던 것처럼 부민병원의 수용력이 환자 수를 뒷받침할 수 없을 정도가 되었다. 1936년 11월 무렵에는 입원을 원하는 환자 수가 병상 수의 10배에 달해서 도저히 환자를 수용할 수 없다는 보도가 나기도 했을 정도로 부민병원은 포화상태였다.[107] 입원을 원하는 환자가 너무 많아서 입원용 간이침대를 설치하였지만 역부족이었고,[108] 여러 가지 이유를 들어 환자를 거절하는 일도 계속 발생했다.[109]

105 "府民病院을 改造 內容과 設備를 刷新", 《朝鮮中央日報》, 1936. 1. 31.; "府區擴大와 相俟 府民病院增築要望", 《東亞日報》, 1936. 1. 31.; "大京城되는 바람에 府民病院 또 問題", 《朝鮮中央日報》, 1936. 4. 10.

106 1927년부터 시작되었으나 30년대에 강화되기 시작한 각종 주간(週間)사업에 의사회들이 동원되고 있었다. 아동애호주간(兒童愛護週間), 방역주간, 아동영양주간 등이 대표적인 예로, 의사회를 동원한 사회강좌와 무료 진료 등이 활발히 행해지고 있었다.

107 "부민병원 확장 세민층 수용의 격증으로 부당국에서 고려 중", 《朝鮮日報》, 1936. 11. 12.

108 원래 48개인 병상을 임시로 53개로 늘렸기 때문에 공간이 더욱 부족한 상태였다. "京城府民病院의 院舍擴張", 《每日申報》, 1936. 12. 11.

109 "女患者 실은 人力車 暗夜街頭에 彷徨", 《東亞日報》, 1935. 2. 11.; "斃れて瀕死の少女に不親切な府民病院, つひに少女は死亡す", 《京城日報》, 1935. 3. 23.; "內資町路上에서 貧婦가 男兒分娩", 《朝鮮日報》, 1936. 7. 4.; "府民病院의 施療拒絕問題", 《朝鮮日報》, 1937. 3. 3.; "路上에서 棄兒騷動", 《朝鮮日報》, 1937. 8. 8.

〈표 4-9〉 부민병원 입원환자 증가 내역 (단위: 명, %)

연도	입원환자(시료 포함)	전년도 대비 증가	증가율(%)
1934	14,250	–	–
1935	16,868	2,618	0.2
1936	17,813	945	0.05(*0.2)

* 출처: "京城府府民病院增築費充當起債の件", 『京城府一般經濟關係書綴(CJA0003255)』(1937), 0364~0365.

〈표 4-9〉에 나타난 1936년 입원환자 증가율은 0.05인데 이것은 수용한 환자에 한정한 결과이며, 입원 거절 환자를 포함하면 0.2, 즉 2할이었다. 산술적으로 1년 동안 거절당한 환자의 수가 2,835명가량 발생했다는 것이다.

과도한 이용객 증가는 설비와 병원 관리에도 문제를 야기했다. 가장 위생적이어야 할 병원에서 화장실 청소도 제대로 되지 않고 있다는 불만,[110] 빈대가 끓어 전염병 위험이 높다는 지적 등이 나오고 있었다.[111] 부민병원이 환자에게 너무 불친절하다는 지적은 매년 연례행사처럼 되풀이되었다.[112]

이런 문제 속에서도 전체 환자 수는 계속 증가했다. 경성부가 직접 조절이 가능한 무료환자 수는 낮아지는 추세였는데도 유료환자가 그 이상으로 찾아왔기 때문이었다. 그런데 유료환자 중 유일하게 감소하는 그룹이 있었다. 바로 일본인 입원환자였다.

110 "시민의 호령: 불결한 부민병원 변소 청결 좀 하오", 《朝鮮日報》, 1936. 6. 27.
111 "경성부회 종막, 1천 26만 원의 방대 예산 무난 통과, 질문…부민병원의 빈대퇴치, 논전백열 16일간", 《朝鮮日報》, 1937. 3. 30.
112 "최근 경성부 진료소는 환자에게 대하야 대단히 불친절하야 심한 경우에는 『빠가』라고 씨가지 욕설을 한 일이 잇스며 더군다나 로동자 혹은 시골 사람에게 대하야는 더 심하다는 시민일부의 불평의 소리가 놉다"는 보도가 나오기도 했다. "경성부립 진료소에 불친절하다는 원성. 사회 과장은 이를 부인", 《朝鮮日報》, 1933. 8. 13.; "電車區域撤廢問題 京城府會에 遂登程", 《朝鮮日報》, 1936. 3. 14.; "府民病院 助産拒絶로 路上에서分娩遺棄", 《東亞日報》, 1937. 8. 7.

〈표 4-3〉의 환자 수를 보면 입원환자 중 일본인 환자 수가 1935년을 정점으로 이후 매년 약 700명가량 감소하고 있는데 이는 일본인 입원환자 전체의 약 14~18%가 매년 줄어들었다는 것이다. 특히 1936년 부역 확장 이후에 도리어 인원이 줄어든다는 것은 입원 시에는 선택적으로 부민병원을 이용하지 않는 일본인이 증가했다는 의미였다. 경제적으로나 사회적으로 여유가 있는 일본인 환자들은 선택의 폭이 넓었으므로 시설이 협소하고 의료진이 부족한 부민병원 대신 보다 고급 의료기관을 선택할 수 있었기 때문이다.

반면 다른 의료기관을 이용할 수 없어 부민병원을 찾아야 하는 계층은 이상의 문제들을 고스란히 떠안을 수밖에 없었다. 일본인들이 떠난 입원병동 자리는 조선인들이 그 이상으로 채우고 있었다. 1936년에는 부민병원의 의사들에 대해 패기가 결여되었고, 생채(生彩)가 부족하다는 인상평까지 나오고 있는 형국이었지만[113] 조선인들이 찾을 수 있는 병원은 부민병원 외에 마땅히 존재하지 않았다.

실제로 부민병원은 동대문부터 광화문까지 경성을 가로지르는 황금정통에 인접하여 환자가 이송되기 좋은 위치에 있었기 때문에 경성 부내에서 사고가 발생했을 때 가장 많은 응급환자를 받았다.[114] 그런데 조선인들은 특히 자살을 시도하는 등 사고와는 다른 응급환자를 발견한 상황에서 부민병원으로 데려오는 경우가 많았다.[115] 독성이 있는 음식을 실수로 먹는 사건이 발생했을 때도 조선인들은 가까운 병원을 가지 못하고 부민병원을 찾곤 했다. 일례로 1936년 원동(苑洞, 현재의 종로구 원서동)에 거주하던 백운

---

113 鷗堂學人, "赤十字病院の橫顔", 『朝鮮及滿洲』 345 (1936), 43쪽.

114 교통사고나 건설현장 사고 등이 대표적이다. "서울 구경 왔다가 電車에 치어 重傷 府民病院에서 治療中", 『朝鮮中央日報』, 1935. 4. 5.; "工事中의 橋梁崩壞 九名 死傷의 慘事", 《朝鮮中央日報》, 1935. 7. 1.; "地盤工事하다 人夫二名死傷", 《東亞日報》, 1935. 5. 20.

115 "自動車속에서 飲毒한女子", 《東亞日報》, 1935. 2. 13.; "生活重荷에 壓死(?)", 《朝鮮日報》, 1937. 8. 17.

기의 셋째 딸이 덜 익은 과일을 잘못 먹고 중독 증세가 생겼는데, 가까이에 제대부속병원이 있음에도 불구하고 응급치료를 하기 위해 부민병원까지 오기도 했다.[116] 심지어는 이화정(梨花町, 현재의 종로구 이화동)에서도 양잿물을 잘못 마신 딸을 데리고 부민병원으로 온 사례도 있었다.[117]

이상에서 살펴본 바와 같이 경성부는 부민병원을 유료로 이용하는 환자들이 내는 사용료를 중심 재원으로 삼아 운영하였다. 그러나 연이어 흑자가 발생하여도 경성부는 이용객을 위한 의료진의 충원이나 부민병원의 확장,[118] 분원 설치 요구에도 '민업 압박'을 운운하며 소극적인 태도를 보였다. 처음에 저렴한 병원을 표방했던 부민병원은 내실이 부족한 저급한 병원으로 변모하고 있었고, 그로 인한 피해는 고급 의원을 찾지 못하고 부민병원을 이용할 수밖에 없었던 저소득층 이용객들이 고스란히 입게 되었다.

5. 맺음말

경성부의 대표적인 부영사업이었던 경성부민병원은 경성부가 소유한 유일한 일반 의료기관임과 동시에 빈곤자를 위한 '사회사업' 시설의 하나로 경성부가 자랑하는 기관이었다. 이 글에서는 부민병원의 실제 운영 방식을 재검토하고 이용자 분석과 수익 구조 분석 등을 진행하여 경성부가 홍보하고 있는 이면의 운영 상을 검토하고자 했다.

---

116 "未熟한果實먹고 小兒三名이死傷", 《東亞日報》, 1936. 6. 15.
117 "양잿물을 사탕으로", 《朝鮮日報》, 1936. 9. 12.
118 1937년 전쟁이 고조되는 분위기 속에서 위생행정이 강조되면서 군사 원호 등 의료시설의 필요성이 증가하자 마침내 공사에 들어갔다. 1937년 하반기부터 확장 공사에 들어가서 1938년에 증축을 마쳤다. "부민병원 또 확충. 16만 원의 예산으로 분원 편입과 내부 확장", 《朝鮮日報》, 1938. 5. 14.

경성부는 위생행정과 의료행정 사무 권한을 갖지 못했음에도 꾸준히 직영 의료기관의 설치나 의료행정에 관여할 수 있는 방안을 강구하였고, 결국 부영사업으로 병원을 운영하기에 이른 것이었다. 공적 의료기관의 보유를 통해서 경성의 위신을 높이고 도시 기능을 충실히 하겠다는 부윤 이노우에 기요시의 목표는 가난의 발생 원인을 제거하고 노동력의 사회적 낭비를 막는다는 '사회사업'의 목표와 결합되어 "빈민에 대한 시료와 소액소득자에 대한 경비진료를 제공하는 순수한 사회사업"인 '경진안'으로 표현되었다.

부민병원은 탄생 과정부터 부민의 복리를 위한 기관으로 선전되었다. 이용자 규정이 존재했지만 사실상 사문화된 규정이었기 때문에 부민병원을 빈민과 소액소득자만이 이용하는 것은 아니었음에도 기존 의료기관과 달리 대다수의 조선인이 유료환자로서도 찾을 수 있는 병원이 되었다. 저렴한 의료비, 조선인 의료진의 충원 등은 기존의 조선인들에게 매력적으로 받아들여졌음이 분명하였다. 부민병원을 찾는 조선인의 수는 매년 늘었고, 다른 의료기관과 다르게 조선인 유료환자의 비율이 60%가 넘는 흔치 않은 현상까지 나타났던 것이다.

그러나 부민병원에서는 진료비가 저렴한 대신에 외래환자의 빠른 회전율을 이용하는 수익 구조를 가지고 있었고, 따라서 진료의 질이 보장되지 않는 맹점이 있었다. 동시에 경성부는 의료진 및 시설과 공간 부족을 해결하는데 소극적으로 대응하고 있었으므로 병원 이용의 불편이 야기되었고, 매년 같은 문제가 반복되고 있었다.

부민병원의 세입 구조를 보면 대부분이 유료환자에게서 발생하는 사용료 및 수수료 수입이었다. 경성부는 대외적으로 '경성의 최대 사회사업'으로 부민병원을 선전하였지만, 실제로는 경성부가 운영한 또 하나의 수익자 부담 부영사업이었을 뿐이었다. 사실상 그들이 내는 사용료가 부민병원 무료환자들의 치료비로 충당되고 있었던 것이다. 부민병원의 유료환자들은 기존 의료기관을 찾아가기에 부담을 느끼고 있었으므로 부민병원의 낙후된 시설과 부족한 치료에 만족해야 했다. 경제력과 사회적 지위가 있는 이들은 부민병원 외의 경성에 산재한 많은 병원을 이용할 수 있었지만, 그마저도 할 수 없이 부민병원만이 유일한 선택지였던 이들은 부민병원의 '번창'을 증언하는 숫자 중 하나로만 남았다. 부민병원은 의료자금이 부족한 이들을 위한 병원에서 의료자금이 부족한 자들의 병원이 되어갔던 것이다.

2부

건강과
식민지의
과학 연구

제국의 실험실:
일제강점기 한반도의 콜레라 백신 접종과
1926년 국제위생회의

정준호 (인하대학교 의학교육 및 의료인문학교실)

1. 서론

1817년 제1차 콜레라 팬데믹 이후 20세기 전반까지 콜레라는 보건위생
뿐 아니라 무역통상에도 중요한 영향을 미치는 전염병으로 자리잡았다.
1923년 제6차 콜레라 팬데믹까지의 시기는 전염병의 원인을 두고 장기론
과 세균설이 치열한 논쟁을 벌이던 과정을 지나, 세균설을 기반으로 한 백
신과 같은 본격적인 의학적 개입 수단을 확보하는 과정까지 전염병 근대
의학의 중요한 변화 지점들을 보여주는 사례이기도 하다.[1]

근대 한반도에서 콜레라 유행은 근대적 위생행정의 도입과 전개 과정을
보여주는 동시에, 일제강점기의 강압적이며 차별적인 보건위생정책들을 드
러내는 사례로 주목받아왔다.[2] 일제강점기 전염병 대책은 경찰력에 기반

---

[1] 마크 해리슨, 『전염병, 역사를 흔들다』 (푸른역사, 2020).
[2] 신동원, 『한국근대보건의료사』 (한울아카데미, 1997) 405-409. ; 박윤재, 『한국 근대의학의 기원』 (혜안,

한 강압적인 검역과 격리, 단속으로 대표되지만, 이러한 행동 면역학적 조치들을 보완한 중요한 기술적 대응은 백신 접종이었다. 1919~1920 콜레라 유행 당시 식민당국뿐 아니라 청년회 등 자치단체를 통해 광범위한 콜레라 백신 접종이 이루어졌다.[3] 일례로 1920년 한반도에서 콜레라 유행이 정점에 달했을 때의 누적 접종 인원은 5,976,333명에 달했다.[4]

이러한 높은 보급률에 대해 일제강점기 식민당국이 상하수도 개선과 같은 대규모 자본을 필요로 하는 개입, 혹은 위생관념 향상이라는 근본적인 정책보다는 제한적인 예산으로 명시적인 성과를 보일 수 있는 백신 접종이라는 직접적인 개입이 선호되었음이 지적되었다. 또한 당시 콜레라 백신의 제한적인 효과를 고려하였을 때, 백신 접종을 중심으로 한 방역정책은 콜레라 예방에 실질적으로 큰 효과를 낼 수 없었을 것이라고 보기도 한다.[5]

일제강점기 콜레라 유행과 백신 접종에 관한 연구들은 정책적 관심을 넘어 의학적 논쟁과 강제 접종을 둘러싼 대중의 반발까지 확장되었다.[6] 특히 백신 강제 접종에 대한 비판적 고찰들, 또한 장티푸스 백신과 같은 다른 백신들에 대한 의학적 논쟁들을 다루며 백신이라는 기술이 완성된 것이 아닌 지속적인 논쟁 속에 있었던 기술임을 보이기도 했다. 특히 일본과 조선에서의 의학적 논의가 한쪽에서는 예방접종의 효과에 대한 논의로,

2005), 330-372쪽.

3 백선례, "1919-1920 식민지 조선의 콜레라 유행과 방역활동" (한양대학교 대학원 석사학위논문, 2011); 백선례, "조선총독부의 급성전염병 예방대책변화" (한양대학교 대학원 박사학위논문, 2021).

4 村田昇清, "朝鮮ニ於ケル虎列刺ノ疫學的研究", 『日本微生物學會雜誌』 19:5 (1925), pp. 595-610.

5 Park Yun-jae, "Anti-Cholera Measured by the Japanese Colonial Government and the Reaction of Koreans in the Early 1920s", The Review of Korean Studies 8:4 (2005), 169-186,; Park Yun-jae, "Sanitizing Korea: Anti-Cholera Activities of Police in Early Colonial Korea", Seoul Journal of Korean Studies 23:2 (2010), pp. 151-171.

6 조정은, "일본점령기 상하이의 콜레라 방역과 도시공간 — 백신 강제 접종과 주민의 인식을 중심으로", 『도시연구』 26 (2021), 7-39쪽.

다른 한쪽에서는 부작용을 감소시켜 접종을 확대시키기 위한 논의로 공간적 차이에 따라 달라졌음을 지적했다.[7]

한편 이러한 일제강점기 보건위생정책들이나 의학적 기술의 발전이 일국적 맥락을 넘어선 국제정치의 지형에서 나타났음에 주목할 필요가 있다. 일차대전 이후 국제무대에서 주요한 이해관계자로 등장한 일본은 동아시아를 중심으로 광범위한 보건의료 전문가 네트워크를 구축하고, 유럽 열강을 중심으로 제정되어 있던 국제위생협약(International Sanitary Convention) 개정을 위해 상당한 노력을 기울였다. 또한 전간기 국제사회의 전염병 대응에 대한 역사적 분석이 상당 부분 유럽과 미국을 중심으로 이루어졌다는 비판은 당시 일본을 비롯한 아시아의 경험이 국제사회에 어떻게 반영되었는지 검토할 필요가 있음을 보여준다.[8] 따라서 일본이 한반도에서 전개한 1919~1920년 콜레라 유행과 이후의 대응 역시 국제사회에 미칠 영향을 염두에 두고 이루어진 것으로 바라볼 필요가 있다.

이 연구에서는 콜레라 백신의 제조 방법에 대한 세계 의학계의 논쟁들과, 당시 첨단 의학 기술이라 할 수 있는 콜레라 백신의 제조와 연구가 일본에서 전개되는 과정을 살핀다. 이후 이러한 기술들이 한반도라는 공간을 통해 실천되는 과정과, 그 과정에서 생산된 지식들이 어떠한 의미를 지니는지 분석하고자 한다. 이를 기반으로 이러한 지식들이 일본의 지정학적 이해관계를 통해 국제적인 위생정책에 미친 영향을 파악하고자 한다.

---

7 백선례, "식민지 시기 장티푸스예방접종에 관한 의학적 논의의 전개", 『연세의사학』 23:2 (2020), 63-83쪽.

8 Anne Sealey, "Globalizing the 1926 international sanitary convention", *Journal of Global History* 6:3 (2011), pp. 431-455; Tomoko Akami, "Imperial polities, intercolonialism, and the shaping of global governing norms: public health expert networks in Asia and the League of Nations Health Organization, 1908-37", *Journal of Global History* 12:1 (2017), pp. 4-25; Tomoko Akami, "A Quest to be Global: The League of Nations Health Organization and Inter-Colonial Regional Governing Agendas of the Far Eastern Association of Tropical Medicine 1910-25", *The International History Review* 38:1 (2016), pp. 1-23.

2. 콜레라 백신의 개발과 생산 기술의 발전

백신의 역사에 있어 콜레라는 광견병과 함께 1885년 인간에게 처음으로 시도된 백신 중 하나였다. 기존 우두 백신과 달리 콜레라와 광견병 백신은 예방접종의 생산 과정을 실험실로 옮겨왔으며, 보다 표준화되고 통제된 생산의 중요성이 높아지게 되었다.[9] 항생제와 같은 효과적인 화학요법과 치료법이 제한적이던 시대에 백신은 주요한 보건학적 개입 도구였다.

 콜레라 백신이 처음 사용된 것은 1885년 스페인의 콜레라 유행 중이었다. 스페인 의사인 제이미 페란(Jamie Ferran, 1852-1929)은 배양된 콜레라균을 곧바로 접종하는 방식을 썼다. 감염자에서 채취한 콜레라균을 배양하여, 배양액 8 방울에 예방 효과를 증진시켜준다고 알려진 담즙을 추가한 뒤 6~8일 간격으로 세 번에 걸쳐 주사하는 방식이었다.[10] 이 방식은 스페인 내에서는 3만 명이 넘는 사람들에게 접종될 정도로 상당한 호응을 얻었지만, 다른 국가에 널리 보급되거나 의학계에 받아들여지지는 않았다. 페란이 약독화를 위한 핵심적인 정보를 다른 학자들에게 공개하는 것을 거부했기 때문이었다.[11] 정량화되지 않은 제조 방법, 다른 균에 의한 오염 여부를 확인하지 않은 배양 방식은 백신의 안전성을 담보하기 어렵다는 비판을 받았다. 페란은 스페인이라는 변방에 있는 임상의로 세균학을 전공한 학자도 아닌 일반 임상의였다. 이에 주류 의학계는 페란을 망상에 빠져 콜레라라는 풍차에 돌격하는 돈키호테에 비유하기도 했다.[12]

---

9 스튜어트 블룸, 『두 얼굴의 백신』 (박하, 2018), 61-76쪽.

10 R. Pollitzer and W. Burrows, "Cholera studies: 4. Problems in immunology", *Bulletin of the World Health Organization* 12:6 (1955), pp. 960-961.

11 George Bornside, "Waldemar Haffkine's cholera vaccines and the Ferran-Haffkine priority dispute", *Journal of the History of Medicine and Allied Sciences* 37:4 (1982), p. 400.

12 E Klein, "The Anti-Cholera Inoculations of Dr. Ferran", *Nature* 32:835 (1885), p. 617.

주류 학계에서 인정받은 백신이 등장한 것은 1892년이었다. 프랑스 파스퇴르 연구소에서 일하던 발데마르 하프킨(Waldemar Haffkine, 1860-1930)이 개발한 콜레라 백신은 두 개의 각기 다른 병독성을 지닌 균주를 주입하는 것이 특징이었다. 먼저 콜레라균을 기니피그의 복강에 주사하며 세대를 거쳐 배양한다. 감염된 기니피그의 복강에서 건강한 기니피그로 균을 접종하는 과정을 여러 번 거치게 되면 균의 병독성이 강화된다. 반대로 다른 주사액은 일반적인 배양액에 배양한 콜레라균을 39도씨에서 충분한 산소를 공급하며 가열하여 약독화시킨 균주를 담고 있다. 하프킨은 이렇게 약독화된 균주와 강화된 균주를 순차적으로 주입하면 충분한 면역 효과를 얻을 수 있다고 주장했다.[13]

파스퇴르의 적극적인 지원 아래 하프킨 백신은 주류 의학계에서도 상당한 호응을 얻었고, 1893년 3월 인도 정부의 초청으로 캘커타 인근에서 대규모 현장 시험을 진행하게 되었다. 1894년부터 1896년까지 약 7만여 명에 대해 접종이 이루어졌으며, 접종 후 5일 이후 약 1년 후까지 예방 효과는 91%에 달하는 것으로 보고되었다.[14] 하지만 인도에서의 현장 연구를 진행하며 하프킨 백신의 한계가 나타났다. 당시 파스퇴르 연구소 연구자들은 살아 있는 균을 활용하는 생백신이 더 강력한 면역을 유도한다고 믿고 있었고, 열처리나 석탄산 등으로 균을 사멸시킨 사백신은 효과가 떨어진다고 생각했다. 이 때문에 하프킨은 살아 있는 균주를 유지하기 위해 다수의 기니피그를 사육해야 했다. 또한 기니피그의 복강에서 콜레라균을 채취하고 재접종시키는 절차도 매우 복잡했다. 인도와 같은 열대 지역에서 살아 있는 균을

---

13 W. M. Haffkine, "A Lecture on Vaccination Against Cholera: Delivered in the Examination Hall of the Conjoint Board of the Royal Colleges of Physicians of London and Surgeons of England, December 18th, 1895", *British Medical Journal* 2:1825 (1895), p. 1541.

14 Bornside, op. cit., pp. 405-406.

배양액 내에 변질되지 않도록 유지시키는 일도 쉽지 않았다. 하프킨 역시도 이러한 방식으로 대량 생산과 접종이 쉽지 않다는 점을 알고 있었다.[15]

독일의 빌헬름 콜(Wilhelm Kolle)은 대량 생산과 보급에 부적합한 하프킨 백신을 비판하며, 생백신의 사용이 필수적인지에 대한 의문도 제기했다. 콜은 균주의 병독성이나 생존 여부보다는 항원의 구성성분 자체가 면역을 유도하는 데 핵심적인 역할을 한다고 주장했다.[16] 콜의 백신 생산 방식은 훨씬 단순했는데, 액상 배지가 아닌 고형 한천(agar) 배지에 배양한 콜레라 균주를 56도씨에서 1시간 동안 가열하여 사멸시킨 후, 이를 적절히 희석하여 주입하는 열처리 사백신 방식이었다. 특히 콜은 하프킨의 방식과의 비교 연구를 통해 병독성이 각기 다른 균주를 여러 차례에 걸쳐 주입할 필요가 없으며, 일회 접종으로도 충분한 효과를 낼 수 있음을 증명했다. 각기 콜 백신과 하프킨 백신을 접종받은 사람의 혈액을 채취하여 콜레라 사멸 능력을 비교하였는데, 둘 사이에 큰 차이가 나타나지 않았다.[17] 배양, 가열, 희석이라는 간단한 과정을 통해 대량 생산이 가능해지면서 콜 백신은 세계 각지로 빠르게 보급되었다.

3. 일본에서의 콜레라 백신 도입과 변형

19세기 여러 차례 콜레라 유행 피해를 입은 일본은 일찍부터 콜레라 대응과 관련된 의학적 기술들을 도입하였다. 가장 초기의 기록은 1895년 오사

---

15 I. Löwy, "From Guinea Pigs to Man The Development of Haffkine's Anticholera Vaccine", *Journal of the History of Medicine and Allied Sciences* 47:3 (1992), pp. 298-300.

16 W. Kolle, "Experimentelle Untersuchungen zur Frage der Schutzimpfung des Menschen gegen Cholera asiatica", *Deutsche Medizinische Wochenschrift* 23:1 (1897), pp. 4-6.

17 Pollitzer and Burrows, op. cit., p. 1033.

카 검역소에 근무하고 있던 고토 신페이와 다카기 도모에가 항콜레라 혈청(anti-cholera serum)을 개발해 집단 접종을 시행했다는 기록이다.[18] 항독소가 아닌 백신 접종은 1896년 당시 일본 콜레라 유행이 시작되자 기타사토 연구소의 다무라 마사오가 콜레라 백신 연구를 시작한 것이 일본에서의 첫 콜레라 백신 적용 사례였다. 그는 열처리된 사백신, 즉 콜 백신을 동물 및 자신의 몸에 직접 시험해보았다.[19] 유럽에서 콜레라 백신 기술이 개발됨과 거의 동시에 일본에 도입했던 것이었다.

소규모 연구가 아닌 대규모 접종이 시작된 것은 1902년 고베 지역의 유행부터였다. 당시 지역 인구 1,778,320명 중 77,907명에게 백신이 접종되었다. 이때에는 박테리아가 완전히 사멸하도록 석탄산을 추가하여 안전성을 높인 변형된 콜 방식의 백신이 사용되었다.[20] 콜 백신은 균주의 배양과 처리 방식이 매우 간단했기 때문에 짧은 시간에 낮은 비용으로 대량 생산이 가능했으며, 고가의 장비나 높은 전문성을 요구하지도 않았다. 고베에서 사용된 접종 방식은 1cc를 주입하는 것이었는데, 당시 부작용은 경미한 것으로 보고되었다. 일부에서 38도의 열, 오한 등이 드물게 관찰되었고, 접종 후 약 5~6시간 후 부종이 발생하거나 소변량이 증가하는 사례도 보고되었다. 이후 일본은 지속적으로 항독소나 백신 개발을 시도했으며,[21] 1900년대에 들어서면 콜레라 백신의 생산과 연구에 있어 상당한 지식을 축적하

---

18 혈청, 혹은 항독소는 말과 같은 동물에 콜레라균을 주입하고, 이후 생존한 동물의 혈액에서 정제한 혈청을 주입하여 예방이나 치료에 활용하는 방식이었다. M. S. Liu, *Prescribing colonization: The role of medical practices and policies in Japan-ruled Taiwan, 1895-1945* (Ann Arbor, MI: Columbia University Press, 2009), p. 52.

19 宮島幹之助, 『北里柴三郎伝』(北里研究所, 1931), 77쪽.

20 일본의 변형된 콜 백신 생산 방법은 다음과 같았다. 생리식염수에 희석하여 60도로 30분간 가열한다. 이를 1cc에 2mgm의 박테리아가 되도록 준비한다. 잔류 박테리아 사멸 및 오염 예방을 위해 0.5% 석탄산을 추가한다. 준비된 백신을 2번에 나누어 첫 번째는 1cc, 두 번째는 2cc 접종한다. Rokuro Takano, Itsuya Ohtsubo, Zenjuro Inouye, Studies of Cholera in Japan (Geneva: League of Nations Health Organisation), p. 41.

21 宮島幹之助, 같은 책, 77-79쪽.

게 되었다. 이를 상징적으로 보여주는 것이 1902년 미군 촉탁의들의 일본 콜레라 백신 경험이었다.[22]

1902년 8월 26일, 필리핀 마닐라를 출발, 나가사키를 경유해 샌프란시스코로 향할 예정이던 미군 수송선 셔먼(Sherman)호에서 콜레라 의심 환자가 발생했다. 다음 날 아침 일등석에 타고 있던 여성 한 명이 사망했고, 곧 콜레라로 확진되었다. 콜레라 의심 환자 발생으로 필리핀 북부 마리벨레스에 잠시 격리되었던 배는 소독 후, 9월 4일 다시 항해를 시작했다. 항해 중 9월 7일부터 추가 콜레라 환자가 발생해, 나가사키에 도착한 9월 9일까지 4명이 발병, 2명이 사망했다. 나가사키 도착 직후, 살아남은 콜레라 환자들과 접촉자들을 포함한 96명은 모두 격리 병원에 입원했다.[23]

일본에서 콜레라 항독소나 백신을 활발하게 활용 중임을 알고 있던 미국 의사들은 일본 정부에 백신 제공을 요청했다. 당시 일본 내에서 백신은 대부분 공무상 접종이 필요한 공무원들에게만 제공이 허용되었지만, 예외적으로 미군에도 제공되었다.[24] 당시까지 정식 출판된 논문은 없었지만, 미군 측에 제공한 일본의 데이터는 다음과 같았다. 백신 1그램을 피하주사로 투여하면 이튿날부터 한 달까지 임상적 면역을 확보할 수 있으며, 콜레라에 감염되더라도 회복 가능성이 높다는 것이었다. 일본의 콜레라 백신은 백인에게 접종된 적이 없었기 때문에 안전성을 확인하기 위해 처음에는 촉탁의 두 명이 시험적으로 접종을 받았다. 접종 부위의 가벼운 통증만을 경험한 이들은, 백신이 안전하다고 확신한 뒤 수송선에 타고 있던 나머

---

22 Surgeon-General's Office, *Report of Surgeon-General of the Army to the Secretary of War for the Fiscal Year Ending June 30, 1903* (Washington: Government Printing Office, 1903), pp. 92-98.

23 W. C. Mabry and H. C. Gemmill, "Cholera Aboard The Us Army Transport Sherman,: Experiences Of The Army Surgeons In Charge Of The Cholera Cases, Suspects And Contacts Disembarked In Japan For Quarantine: Description Of The New Japanese Antitoxin And Cholera Vaccine", *Journal of the American Medical Association* 39:25 (1902), pp. 1592-1597.

24 ibid, p. 1594.

지 85명에게 모두 백신을 접종했다. 백신의 효과인지, 격리의 효과인지 알수는 없지만 접종 이후 추가 콜레라 발병은 나타나지 않았다.[25]

당시 미국 의사들은 일본의 백신이 하프킨 백신과는 분명히 다른 것이며, 제조법 역시 자신들이 알고 있던 것과 다르다고 기록했다.[26] 또한 하프킨 백신이 대체로 6시간에서 72시간까지 침대에서 일어날 수 없을 정도로 심한 고열을 동반하는 것과 달리, 별다른 부작용이 없었다는 점에 놀라워했다. 이들은 전쟁부에 제출한 보고서에서 기타사토가 총책임자를 맡고 있는 제국 실험실에서 엄격한 표준화를 통해 백신이 생산되고 있음을 강조하며, "분하지만" 일본이 미국보다 백신 기술에서는 2년 이상 앞서 있는 것 같다고 기록했다.[27]

1902년 미국 촉탁의들의 보고는 불과 수년 전에 개발된 백신 생산 방법을 일본 연구자들이 빠르게 수용하여, 자체적으로 생산 공정에 변형을 가하여 부작용을 감소시킬 수 있을 정도로 기술력을 확보하고 있었음을 보여준다.

4. 1919~1920년 한반도의 콜레라 유행과 백신 접종

1902년 고베에서 이루어진 대규모 콜레라 백신 접종에서 미접종자 1,183명이 콜레라에 감염되어 882명이 사망하여 치사율은 74.5%였으나, 접종자는 43명 중 17명이 사망하여 치사율은 39.5%로 낮아진 것으로 보고되었

---

25 ibid, pp. 1596-1597.
26 순수한 콜레라를 한천 배지에 배양하여, 지름이 1/16인치인 플래티넘 루프로 집락(colony)를 채집한다. 이를 0.5% 농도의 식염수 1그램에 희석한다. 잘 흔들어 용액 내에 콜레라균들이 골고루 희석될 수 있도록 한 뒤, 60도씨의 항온수조에 30분간 넣어둔다. 이후 석탄산을 추가하여 최종 농도가 0.5%가 되도록 한다. Surgeon-General's Office, op. cit., p. 95.
27 Surgeon-General's Office, op. cit., p. 96.

다. 백신 접종에 따른 면역 효과가 완전하지 않고, 접종자 중 감염자가 적어 결과 도출에 한계가 있었으나 높은 치사율을 보이던 콜레라에 대해 당시 연구진은 전파 및 사망 예방에 상당한 효과가 있는 것으로 판단했다.[28]

1912~1913, 1916~1917, 1919~1920년 일본에서는 주요한 콜레라 유행이 있었다. 콜레라 유행 시기마다 정부에서는 예방접종을 적극 권장했으며, 무료 접종 범위를 계속해서 확장해왔다. 1919년에 들어서면 대규모 접종은 일본 내지에서 일상화되어 연간 300만 명 이상이 접종받고 있었다. 정부에서는 콜레라 유행에 가장 효과적인 수단이 항구에서의 검역을 통한 오염된 선박의 차단 그리고 백신 접종이라고 강조했다.[29]

일본이 콜레라와 같은 전염병 관리에 있어 백신에 초점을 맞추고 빠르게 생산, 공급할 수 있었던 것은 국립전염병연구소를 중심으로 한 독점적 생산체제가 운영되고 있었기 때문이었다. 기타사토 시바사부로와 그의 제자들이 주축이 된 내무성 산하 국립전염병연구소는 일본 내에서 생산되는 백신과 같은 생물학적 제제에 대한 생산과 감독에 독점적 지위를 가지고 있었다. 1899년에는 의약품의 생산 및 보급에 대한 최종 감독을 시행하는 기관으로 지정되었고, 1905년에는 두묘와 혈청 제조에 대한 독점권을 부여받았다.[30] 1916년 기타사토 연구소 설립 이후 일본 내에서 혈청과 백신 생산에 대한 실무적인 지식은 대부분 기타사토 연구진들이 독점하게 되었다. 동시에 사립 기관인 기타사토 연구소는 백신 판매를 통해 상당한 수익을 올리게 되었으며, 이는 백신 판매를 위해 정부를 대상으로 예방접종 사업의 확대를 적극적으로 설득하게 되는 결과를 낳았다.[31]

---

28 Rokuro. op. cit., pp. 41-42.

29 M. Miyajima, *The Cholera Epidemic in Japan and Her Territories* (Geneva: League of Nations, 1922), pp. 4-8.

30 宮島幹之助, 같은 책, 78쪽.

31 James Richard Bartholomew, "The acculturation of science in Japan: Kitasato Shibasaburo and the Japanese bacteriological community, 1885-1920" (Ph. D. Dissertation, Stanford University, 1972), pp. 113-123.

한반도에서 콜레라 백신 접종이 시행되는 것은 1916년 유행부터였다. 일본에서 10,371명의 환자가 발생하고 6,260명이 사망하는 대규모 유행이 발생하면서 한반도에서 곧 콜레라 유행이 발생할 것으로 전망했다. 이에 총독부의원에서는 9월 말부터 하루 삼천 명분의 백신을 제조하기 시작했으며, 백신 접종을 적극적으로 권장하기 시작했다.[32] 10월에 들어서는 장비를 확충하고 추가 보조 인력을 고용해 하루 2만 6천명분까지 생산량을 확대했다.[33] 무료 보급이 아니라, 총 3회 접종에 육십 전을 받는 유료 접종이었음에 불구하고, 10월에는 접종자가 10만 명에 달했다.

〈그림 5-1〉 1916년 콜레라 백신 접종 모습. 주사 후 통증으로 작업 능력이 하락하는 것을 방지하기 위해 주로 견갑골 위나 아래의 피부가 부드러운 부분에 접종이 이루어졌다. (《매일신보》, 1916. 9. 22.; 北里研究所, 1936:71)

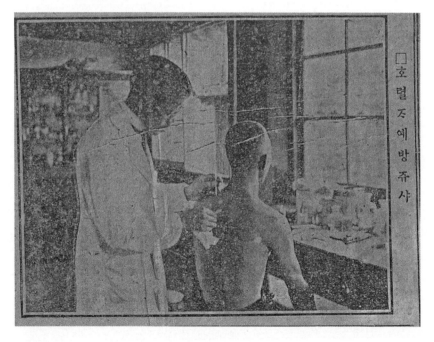

32 "예방쥬사를 하면 위험이 적다", 《매일신보》, 1916. 9. 22.
33 "발달되는 위생의 관념 예방쥬샤는 십만인이 넘엇다", 《매일신보》, 1916. 10. 10.

동시에 백신 접종의 부작용에 대한 우려도 점차 높아지기 시작했다. 이미 1916년 기사에 언급된 것처럼 콜레라 백신이 "다른 주사액에 비하여 그 미치는 힘이 강한 듯"하다는 것은 백신 접종 이후 상당한 정도의 부작용을 경험하는 사람이 많았음을 의미했다. 백신 생산을 담당한 제조 주임은 "같은 토지에서 발생한 병자의 병균"을 사용해 경성에 보급한 백신은 경성에서 발생한 환자의 균주를, 인천이나 부산, 대구 등에는 각지에서 전달받은 환자들의 균주를 각각 활용했다고 밝혔다.[34] 이 때문에 각 균주의 병독성이 다르기 때문에 부작용이 다르게 느껴질 수 있음을 강조했다.

이는 백신 부작용에 대한 논란이 접종 사업 초기부터 나타났음을 보여주는 동시에, 당시 백신 연구가 유행 현장에서 이루어져야 했던 이유를 보여준다. 콜레라 백신의 효과를 극대화하기 위해서는 유행 지역에서 채취한 "신선한" 균주를 활용해야 한다는 주장이 힘을 얻고 있었기 때문이었다.[35] 대체로 해외에서 유입된 사례를 통해 대규모 유행이 발생하는 콜레라의 역학적 특성상, 매 유행 시기마다 유행하는 균주가 다를 수밖에 없었다. 당시 면역학적 지식에서는 항원의 적합성이 높을수록 백신의 효과가 높아질 것이라 생각했기 때문에, 유행 지역에서 채집된 콜레라를 배양하여 백신으로 활용하는 것이 가장 효과가 높을 것이라 간주된 것이었다. 일본뿐 아니라 중국, 한국, 만주 등 콜레라가 지속적으로 유행하고 있던 일본은 이러한 "신선한" 균주를 가까운 거리에서 다양하게 얻을 수 있는 장소로 활발한 백신 연구가 이루어질 수 있었다.

1919년 한반도에서 콜레라가 발생하고, 일차적인 해항 및 기차 검역에서 전염병의 유입을 차단하는 데 실패하자 총독부는 호구 검역과 백신 접종

---

34 발달되는 위생의 관념 예방쥬샤는 십만인이 넘엇다",《매일신보》, 1916. 10. 10.
35 Pollitzer and Burrows, op. cit., p. 1035.

을 중심으로 하는 이차적인 방역에 집중하게 되었다.[36] 유행 초기 유료로 공급되었던 백신은 곧 무료로 전환되었다. 또한 유행을 통제하기 위해 콜레라 유행이 보고된 지역과 해안 도시 등 유행에 취약한 지역의 전 인구를 대상으로 접종을 시행하며 생산도 문제가 되었다. 경무국 위생과와 총독부의원 연구과에서 생산하던 양으로는 수요를 맞출 수 없었기 때문에 일본의 국립전염병연구소, 기타나토 연구소, 오사카혈청약원 등에서도 백신을 수입하게 되었다.[37] 문제는 백신 접종이 이미 유행이 본격적으로 시작된 이후에 시행되었기 때문에 충분한 성과를 거두지 못했다는 점이었다. 백신 접종 후 혈청이 형성되고 면역을 획득하게 되는 것은 일주일 후로 알려져 있었다. 생산된 백신을 보급할 수 있는 망도 제대로 갖추어져 있지 않았기 때문에 시기를 놓쳐 배송이 이루어지는 경우도 있었다.[38]

1920년에는 4월 중국과 대만에서 콜레라 환자가 보고된 직후 경무국 위생과 부속 세균검사실에서 백신 제조 준비에 착수했다.[39] 6월 일본에서 유행이 시작된 직후 한반도에서도 본격적인 백신 생산이 이루어졌다. 제조 균주는 1919년 한반도에서 유행한 균주와 일본 고베항 환자에서 채취한 균주를 혼합하여 제조되었다. 또한 7월 상순에는 생산량을 맞추기 위해 전염병 연구소에서 의사 1명, 기타사토 연구소에서 의사 2명을 초청하여 임시 촉탁으로 임명하고 조수의 수도 확충했다. 초기 13명이었던 생산 인력은 이후 67명까지 늘어나, 생산량도 7월 말에는 하루 24만 그램을 생산할 정도로 확대되었다.[40]

36 신규환, "해항검역과 동아시아 : 1919-20년 대만과 조선의 콜레라 방역", 『중국사연구』 124 (2020), 212-213쪽.
37 朝鮮總督府, 『大正8年虎列剌病防疫誌』 (朝鮮總督府, 1920), 163-164쪽.
38 朝鮮總督府, 『大正九年コレラ病防疫誌』. (朝鮮總督府, 1921), 132쪽.
39 같은 책, 131쪽.
40 같은 책, 131-140쪽.

〈그림 5-2〉 총독부의원 내 콜레라 백신 생산 시설. (《매일신보》, 1916. 9. 23.)

백신 접종은 다양한 방법으로 강제되었다. 신문이나 선전물을 통해 위생 상식과 백신 접종의 필요성을 설득하거나 순회주사를 통해 접근성을 향상시키는 간접적인 방법부터, 검역규칙에 따른 여행 제한을 통해 접종을 강제하는 방식, 나아가 접종자의 집 문에 종이를 붙여 표식을 해두어 미접종자 거주지를 식별하는 방식까지 동원되었다.[41] 경찰력이 동원되어 집집마다 감염자 색출을 위한 조사가 시행되는 검병적 호구조사의 일환이었다.[42] 이러한 백신 접종 정책은 예상치 못한 결과들을 불러왔다. 먼저 총독부가 마주한 가장 큰 문제는 부작용 문제였다.

1919~1920년 유행 대응 과정에서도 콜레라 백신의 부작용은 핵심적인

41 같은 책, 136-137쪽.
42 최규진, "후지타 쓰구아키라의 생애를 통해 본 식민지 조선의 의학/의료/위생", 『의사학』 25:1 (2016), 57쪽.

논쟁 중 하나였다. 1920년《매일신보》에 실린 호열자예방심득에서는 "예방 쥬사는 압푸지 안코 아무럿치도 안소"라며 예방주사를 권고하면서 부작 용이 없음을 강조했다.[43] 역설적으로 이는 예방주사 부작용에 대한 사람들 의 우려가 높았음을 보여준다. 총독부에서 배포한 예방주사 선전화에 주 사기가 너무 크게 그려져 있어 공포심을 품게 한다는 점이 지적되었고, 나 아가 오히려 총독부에서 병독을 주사해 조선인을 죽이려 한다는 소문이 돌았다.[44]

1919~1920년 한반도에서 생산된 백신은 변형된 콜 백신이었다.[45] 콜 백 신은 단기간에 대량 생산이 가능하며, 생산에 고가의 장비나 고도의 전문 성을 필요로 하지 않는다는 점에서 대규모 접종 사업에 적합한 백신이었 다. 하지만 콜 백신 접종에 따른 부작용은 사람들이 접종을 기피하고 추 가 접종을 저해하는 주요한 요인으로 인식되었다.[46] 콜 백신은 하프킨 백신 보다는 부작용 비율이 낮았으나, 여전히 고열과 접종 부위 통증과 같은 증 상은 흔하게 나타났다. 접종 후 설사와 같은 소화기계 증상도 빈번하게 나 타났으며, 오염된 백신이나 주삿바늘 때문에 접종 부위의 괴사가 일어나 는 일도 있었다. 또한 1906년 마닐라에서 하프킨의 감독하에 콜레라 백신 을 생산, 접종하던 중 페스트 배양액의 혼입 사고가 일어나 6명이 사망하 는 사고가 발생했다. 이후 하프킨은 같은 실험실 내에 있던 페스트 배양액 에 라벨이 제대로 부착되어 있지 않아 생긴 사고였다고 해명했지만, 백신 생산 과정에서의 오염 문제나 콜레라 균주 분리 문제가 점차 중요한 의제 로 대두되었다.[47] 단순 배양을 통해 백신을 생산하는 콜 방식이나 하프킨

43 "호열자예방심득",《매일신보》, 1920. 8. 14.

44 朝鮮總督府.『大正九年』, 164쪽.

45 J Yamada, *Health Organization in Japan* (Geneva: League of Nations, 1925), pp. 267-268.

46 Rokuro. op. cit., p. 42.

47 W. Haffkine, "The Inoculation Accident In Manila In 1906: Contamination Of Cholera Vaccine With Plague

방식을 대체할 수 있는 새로운 백신에 대한 요구가 높아지며, 새로운 방식의 백신들이 등장하기 시작했다.

1916년 기타사토 연구소의 다카노 로쿠로는 콜레라 감작백신(sensitized vaccine)을 개발했다. 감작백신은 콜레라균을 항체가 포함된 혈청에 노출시켜 제조하는 방식을 말했다.[48] 다카노는 부작용이 적었기 때문에 필요한 경우 더 높은 용량을 투여할 수 있었고, 긴급한 상황에서는 이전 백신에서는 수 주간의 간격을 두어야 했던 1, 2차 접종 간격을 줄일 수 있다는 장점이 있다고 주장했다. 다만 다카노 감작백신 생산법은 기존보다 복잡했으며, 원심분리기와 같은 별도의 처리 장비도 필요로 했다.[49] 다카노는 자신의 저서에서 감작백신은 부작용이 적고 접종 간격이 짧다는 장점으로 일반 대중에게도 빠르게 받아들여졌으며 "심지어 반대론자들조차도 이것[다카노 감작백신]이 예방접종의 대중화에 크게 기여했음을 인정했다"고 자평했다.[50] 하지만 1920년 한반도에서 콜레라 유행기간 중 생산된 콜 백신이 357,393병이었던 것에 반해, 감작백신은 265병에 불과했으며 이마저도 무료가 아닌 유료로 공급되었다는 점에서 널리 사용되지는 않았던 것으로 보인다.[51]

이전까지 일본에서 이루어진 대규모 접종은 민간에서 자발적으로 이루어지고 있었으므로, 개별 접종자에 대한 추적 조사를 통해 부작용 사례를

Virus", *Journal of the American Medical Association* 52:20 (1909), pp. 1565-1568.

48 北里研究所, 『血清ワクチン用法指針』 (北里研究所, 1936), 66-67쪽.

49 20시간 배양된 콜레라 한천 배지 1g을 2cc의 콜레라 면역 말 혈청과 혼합 후 4배 분량의 식염수와 희석한다. 이를 2시간 동안 배양하고, 이 배양액을 고속으로 원심분리한 뒤 식염수로 두 차례 세척한다. 이것으로 감작 처리가 완료된다. 감작된 콜레라균을 다시 0.5% 석탄산을 함유한 생리식염수에 넣고, 1cc에 균 2mg이 포함되도록 희석한 뒤 배양기를 37도로 설정하여 하루 휴지시키면 콜레라균은 사멸하게 된다. 여기서 중요한 것은 배양 검사를 통해 완전히 사멸했는지 검사하여 오염 여부를 확인해야 했다. 감작 처리가 완료될 때까지 콜레라균이 사멸되지 않는 것이 중요했다. Rokuro, op. cit., pp. 42-43.

50 Rokuro, op. cit., p. 43.

51 朝鮮總督府, 『大正九年』, 133-134쪽.

수집하거나 접종 후 감염 여부를 확인하여 효과성을 측정하기 어려웠다.[52] 1919년 이후 한국에서 이루어진 대규모 접종과 검병적 호구조사를 기반으로 한 접종자 추적 조사는 백신 부작용과 효과성을 체계적으로 확인할 수 있는 기회를 마련했다.[53]

〈표 5-1〉 1919~1920년 한반도 백신 접종 현황과 부작용 비율[54]

	1차 접종	2차 접종	1회 완료 접종	계
강	84342 (5%)	99642 (4.5%)	174887 (9.2%)	378874 (6.3%)
약	466,412 (28%)	685997 (31.4%)	952957 (45.1%)	2105366 (35.2%)
무	575313 (35%)	823219 (37.6%)	237983 (11.2%)	1838506 (27.4%)
불명	543078 (33%)	578364 (34.5%)	722145 (34.5%)	1853587 (31.1%)
계	1667145 (100%)	2187214 (100%)	2119974 (100%)	5978333 (100%)

수백만 명 규모의 조사는 당시 한반도에서 이루어진 자료가 유일했다. 1925년부터 1927년까지 국제연맹의 의뢰로 이루어진 대규모 콜레라 백신 효과성 비교 연구 역시 총 55,351명을 대상으로 했을 뿐이었다.[55] 이를 통해 일본 연구자들은 콜레라 백신과 관련된 중요한 정보들을 얻게 되었다. 먼저 부작용이 대단히 흔하게 나타난다는 점이 확인되었다. 한반도에서 수집된 통계 자료를 통해 부작용의 강, 약, 무의 기준이 어떻게 표준화되었는지는 기록되어 있지 않으나, 적어도 일정 정도의 부작용을 겪은 사람이 확인 가능한 집단 내에서 50~70%에 달했다.[56] 둘째로 백신 접종 후 항체

---

52 Yamada, op. cit., pp. 47-48.
53 村田昇清, "朝鮮ニ於ケル虎列剌ノ疫學的研究", 『日本微生物學會雜誌』 19:5 (1925), 595-610쪽.
54 같은 글, 608쪽.
55 A. J. H. Russell, *Cholera Bilivaccine and Anti-Cholera Vaccine: a Comparative Field Test* (Geneva: League of Nations, 1927), p. 11.
56 村田昇清, 앞 논문, 609-610쪽.

형성까지는 최소 일주일가량 걸린다는 점이었다. 접종자를 대상으로 한 추적 조사에서, 접종 후 감염된 사람은 대부분 접종 일주일 이내에 발생했으며 특히 3일 이내에 집중되어 있었다.[57] 마지막으로 보균자에 있어 백신의 효과성을 확인하기 어려웠음이 지적되었다. 선원들을 대상으로 1회로 단축된 접종이 광범위하게 이루어졌음에도 지속적으로 보균자들이 발견되었다.[58] 보균자들은 임상적 증상을 나타내지는 않지만, 지속적으로 병원체를 보유하고 배출하는 이들로 유행을 지속시키는 원인으로 지목되었다.[59]

5. 1926년 국제위생회의와 한반도 백신 접종 자료

수차례의 콜레라 팬데믹 이후 전염병에 대한 국제적 공조와 대응의 중요성이 대두되었다. 1830년부터 1847년까지 유럽을 휩쓴 콜레라 유행을 계기로 1851년 프랑스 파리에 모여 국제위생회의(International Sanitary Conference)가 개최되었다. 각 국가들은 이제 전염병의 유행은 일국적 차원에서 다룰 수 없으며 국제적 협력이 필요하다는 사실에 공감했다. 이를 기반으로 1892년 최초로 국제위생협약(International Sanitary Convention)이 체결되었다.[60] 이는 주요 전염병의 발생을 타국에게 서로 보고하고 공유해야 하며, 과학적 근거에 기반한 검역 수단을 마련할 것을 요구했다. 이는 전염병에 대한 검역과 규제에 대한 국제적 표준화 그리고 투명한 정보 교환의

---

57 朝鮮總督府, 『大正九年』, 141-142쪽.

58 朝鮮總督府, 『大正九年』, 162-163쪽.

59 백선례, "식민지 조선의 전염병예방령 개정과 '보균자' 문제", 『의료사회사연구』 7 (2021), 8-11쪽.

60 최은경, 이종구, "2000년대 글로벌 전염병 거버넌스의 변화: 글로벌 보건 안보의 대두와 국내 전염병 관리 체계의 변화", 『의사학』 25:3 (2016), 492-493쪽.

중요성이 이미 강조되고 있었음을 보여준다.[61] 전염병 발생에 따라 필요 이상의 과도한 검역 조치를 취하여 교역에 지장을 초래해서는 안 된다는 공통의 이해에 기반한 것이었다.[62]

하지만 그 한계도 분명했다. 국제위생협약은 법적 구속력이 없었기 때문에 자국의 이해에 따라 자의적인 검역규칙을 적용했다. 또한 19세기 후반 만들어진 규약은 주요 열강이 자리하고 있는 유럽의 이해를 중심으로 제정되었다. 이들의 입장에서 콜레라와 같은 전염병은 '동방'의 것이었고, 유럽을 제외한 유라시아 전반을 전염병의 온상으로 지목했다. 1912년 파리에서 개최된 제13차 회의와 여기에서 결의된 협약 역시 이러한 관점에서 크게 벗어나지 않고 있었다.[63] 또한 이를 통제하기 위해 전통적인 검역과 격리가 필요하다는 입장이 우세했고, 백신이나 혈청과 같은 새로운 기술적 개입에 대한 의견은 찬반으로 양분되었다.[64]

1926년 국제위생회의에서는 1912년 회의와 비교하여 전혀 다른 세계 질서 속에서 진행되었다. 일차대전 종전 이후 미국과 일본이 새로운 열강으로 급부상했다. 이제 회의는 더 이상 유럽 열강들의 이해관계만 반영할 수 없게 되었으며, 국제연맹(League of Nations)의 결성과 함께 유럽 중심적 시각에 대한 비판도 높아졌다. 백신과 같은 새로운 의학 기술들은 보편적으로 활용되고 있었으며, 그 효과성에 의문을 품는 사람도 드물어졌다.[65] 전염병 통제 방식 역시 급격히 변화하고 있었다. 20세기 초반까지 전염병 확

---

61   D. P. Fidler, "From international sanitary conventions to global health security: the new International Health Regulations", *Chinese Journal of International Law* 4:2 (2005), pp. 325-392.

62   S. Swaroop and R. Pollitzer "Cholera studies: 2. World incidence", *Bulletin of the World Health Organization* 12:3 (1955), p. 311.

63   Sealey, op. cit., pp. 432-434.

64   Norman Howard-Jones, *The scientific background of the International Sanitary Conferences, 1851-1938* (Geneva: World Health Organization, 1975), pp. 89-92.

65   같은 책, pp. 93-95.

산의 차단을 위해 가장 효과적인 수단으로 여겼던 격리에 초점을 맞춘 것이 아니라, 정교한 역학 보고(epidemic intelligence)를 통한 예방조치의 적용을 강조했다.[66]

미국과 일본 등 신흥 제국들의 영향력이 크게 확대되면서, 이들은 식민지에서 축적한 열대의학의 경험들을 기반으로 보다 독립적인 위생정책을 도입하고자 했다.[67] 또한 중국과 함께 아시아 지역의 유일한 주권국으로서 일본은 기존 위생협약들에 아시아의 특수성이 반영되어야 한다고 주장했다.[68] 이를 통해 일본은 자신들 역시 중국을 비롯한 주변의 아시아 국가에서 질병이 유입되는 피해자임을 강조하고, 동시에 백신과 같은 최신 의학 기술을 통해 일본과 식민지에서 효과적으로 질병을 통제하고 있음을 보이고자 했다. 동시에 유럽을 중심으로 편성되어 있던 위생협약이 일본에 그대로 적용되었을 때 발생할 수 있는 혼란과 피해를 최소화하고자 했다.

1922년 국제연맹에 일본 대표로 파견된 마츠시마 미야지마는 일본과 식민지의 콜레라 상황에 대한 보고서를 제출하며, 새롭게 설립된 국제연맹 보건기구(Health Organization, LNHO)가 아시아에 대한 이해가 매우 제한적임을 지적하고 별도의 조사단을 편성하여 아시아의 보건 문제에 대한 광범위한 조사가 필요함을 건의했다.[69] 보건기구는 1922년 11월부터 1923년

---

66 그중 핵심적인 요소는 무선 통신 기술의 발전이라는 인프라의 변화였다. 일차대전 이후 라디오 통신 기술이 발전하며, 전파 송수신탑을 통해 빠른 속도로 광범위한 지역에 정보를 전달, 공유할 수 있게 되었다. 각각 독일과 싱가포르에 세워진 전파탑은 각각 서구와 아프리카, 그리고 아시아에서 정보를 수집하고 이를 가공하여 전파할 수 있도록 해주었다. 특히 기존 우편이나 전보를 이용한 방식은 배의 항해 속도를 넘어 전 세계로 전달되기 어려웠지만, 전파는 이러한 시공간적 한계를 넘어설 수 있도록 해주었다. H. J. Tworek, "Communicable Disease: Information, Health, and Globalization in the Interwar Period", The American Historical Review 124:3 (2019), pp. 813-842.

67 *Conférence Sanitaire Internationalem, Conférence sanitaire internationale de Paris : 10 mai-21 juin 1926 : procès-verbaux* (Paris: Ministère des affaires étrangères, 1927), p. 589.

68 Sealey, op. cit., pp. 436-437.

69 동시에 미야지마의 콜레라 유행 보고서는 "일본에서 콜레라는 언제나 외래의 질병이었다"는 말로 시작하여 일본과 다른 아시아를 경계 짓고 있다. League of Nations, "Proposal of Fr. Miyajima", (1922. 8. 17.),

7월까지 인도와 동남아시아, 중국과 일본을 포함하는 광범위한 지역에 걸쳐 주요 전염병과 항구의 검역 실태를 조사했다.[70] 조사 책임자인 노먼 화이트는 대체로 보건위생 상황이나 검역 체계가 유럽에 비해 열악하다는 점을 지적하면서도, 일본의 경우 지방 전체에 걸쳐 역학 보고 체계가 잘 작동하고 있고 일본과 식민지 전반에 걸쳐 효과적인 백신 접종 사업이 진행되고 있다고 기록했다. 특히 한국에서는 1920년 총 5,242,469명의 접종이 시행되었다는 점에 주목했다.

1926년 파리에서 개최된 국제위생회의에서는 기술적 발전에 따라 전염병이 쉽게 통제될 수 있을 것이라는 낙관주의와 함께 몇 가지 쟁점이 대두되었다.[71] 먼저 백신 접종자에 대한 혜택을 강화하여, 보균자를 포함하여 이들에 대해서는 전면적인 격리 면제 조치를 제공해야 한다는 주장이 세기되었다. 나아가 백신 등으로 콜레라가 손쉽게 통제될 수 있는 상황에서 증상이 발생된 경우에도 격리 기간을 최소화해야 하며 불필요한 검역이나 조사는 불필요하다는 입장이 영국을 중심으로 한 유럽 측에서 제시되었다. 또한 역학 정보 공유 체계가 정교화된 시점에서, 기존처럼 콜레라 발생 항구에서 출발한 선박 전체를 위험 집단으로 분류하여 일괄적인 격리 조치를 시행하는 것보다, 환자가 발생한 것으로 확인되는 개별 선박에 대한 부분적인 격리 조치가 시행되어야 한다는 안이 제출되었다.[72]

일본은 이와는 정반대의 입장에 있었다. 당시 일본은 개별 선박이 아닌 항구별로 검역 조치 시행 기준을 설정해두고 있었다. 또한 보균자에 있어

R818/12B/13991/11346, The Provisional Health Organisation — Services of Monsieur Miyajima on the Advisory Technical Commission, UN Archive Geneva.

70 Norman White, *The Prevalence of Epidemic Disease and Port Health Organisation and Procedure in the Far East: Report Presented to the Health Committee of the League of Nations* (Geneva: League of Nations, 1923), pp. 5-6.

71 Howard-Jones, op. cit., p. 95.

72 Sealey, op. cit., pp. 436-439.

서는 백신 접종 여부와 관계없이 환자와 동등한 격리 조치를 시행하고 있었다. 일본 대표는 기조 발표에서 "극동 지역의 현재 보건 상태"와 전염병 근원지로 둘러싸인 "일본의 특수한 지리적 상황"을 고려하는 것이 필수적이라고 주장했다.[73] 이 때문에 일본은 엄격한 예방조치를 취할 수밖에 없으며, 인근 지역을 드나드는 작은 선박들을 모두 개별 검역할 수 없기 때문에 감염 항구를 선포할 권리를 가지고 있어야 한다고 강력하게 반발했다. 또한 보균자를 비롯한 백신 접종자에 대한 검역 면제에 있어서도 각 국가가 재량권을 가져야 할 부분이지 일괄적으로 적용할 수 있는 문제는 아니라고 주장했다.[74]

특히 예방적 조치로서의 집단 백신 접종 정책 시행에 대해 일본은 적극적인 목소리를 냈다. 이에 대한 근거로서 회의에 일본 대표로 참석한 의사 미츠조 츠루미는 일본이 축적한 다양한 대규모 백신 접종 경험을 반복해서 언급했다. 특히 1919년 조선총독부에서 수집한 예방접종 통계를 구체적으로 언급하며 1,090,839건 중 콜레라 발병 사례는 645건이었으며, 이 중 잔여 보균자는 332명으로 집계되었음을 전달했다. 또한 발병 사례 645건 중 556명이 접종 후 첫 주에 감염되었다는 사실을 들며, 백신 접종 후 7일차까지 보호 효과가 충분치 않으며, 이에 따라 백신 접종자와 보균자에 대한 검역 조치를 무조건 완화할 수는 없다는 입장을 내세웠다.[75] 초기에 백신 접종자에 대해 전면적인 격리 면제와 같은 혜택을 부여하는 것에 긍정했던 핀란드와 루마니아 대표는, 일본에서 제시한 백신 접종 통계 자료를 검토한 후 백신의 효과성에는 의문의 여지가 없지만 접종 여부가 보균자의 콜레라 전파를 완전히 차단하지 못할 수 있다는 쪽으로 입

---

73 Conférence sanitaire internationale, op. cit., p. 151.

74 ibid, pp. 151-154.

75 ibid, pp. 344-345.

장을 선회했다.[76]

결과적으로 1926년 조인된 국제위생협약에는 기존 유럽 측에서 주장했던 보균자에 대한 격리 완화 조치와 같은 문구들은 상당 부분 삭제되었다. 콜레라 검역과 격리에 관한 조항인 제29조에서 처음 제안되었던 안은 백신 접종이 확인된 선박 탑승객에 대해서는 격리 조치를 완전히 면제한다는 것이었다. 최종 협약의 제34조에서는 콜레라 백신이 효과적이며 질병의 전파를 차단하는 데 효과가 있음을 인정하고, 위생 당국은 가능한 한 광범위하게 백신을 보급하고 백신 접종자에게 일정한 혜택을 제공해야 한다고 규정했다. 하지만 격리 조치에 관한 제29조의 최종 문구는 "선박이 도착했을 때 보균자가 발견될 경우 그는 하선 후 해당 도착 국가에서 법으로 요구하는 모든 조치에 순응할 의무가 있다"고 하여 사실상 감염사와 동일한 처우를 받도록 했다.[77]

일본은 식민지 한반도의 현장에서 직접 얻은 대규모의 시행 결과와 기초 연구를 바탕으로 1926년 국제위생회의에서 콜레라 검역과 관련된 주요 쟁점들에 있어 상당한 설득력을 가질 수 있었다. 그리고 한국에서 시행되었던 강압적 백신 접종 정책의 결과는 이들의 주장을 뒷받침하는 근거로 활용되었다.[78]

6. 결론

상하수도 시설의 확충 등의 근본적인 해결책은 되지 못했을지라도 일제강

---

76 ibid, pp. 348-349.
77 Conférence sanitaire internationale, op. cit., pp. 566-567.
78 Howard-Jones, op. cit., pp. 96-97.

점기 지속되었던 콜레라 백신의 반복적인 접종은 전염 확산을 일부 방지하는 효과를 보였을 것으로 생각된다.[79] 하지만 백신 생산 기술의 한계에서 오는 다양한 부작용들과 경찰력을 동원한 강압적인 접종 방식은 사람들에게 백신 접종의 효과보다는 거부감을 각인시켰다. 20세기 전반 콜레라 백신은 논쟁적인 기술이었다. 일본은 일찍부터 콜레라 백신 생산 기술을 받아들여 자체적인 연구 기반을 다져갔다. 기타사토 연구소의 생산 독점 체제와 같은 내부적인 요인들은 백신을 중심으로 하는 정책이 수립되는 계기가 되기도 했다. 하지만 근본적으로 제국 내에서 한반도와 같은 식민지는 이러한 의학 연구들이 용이하게 시험될 수 있는 장을 마련해주었고, 이를 통해 본토에서는 시행하기 어려웠던 집중적인 추적 조사가 이루어질 수 있었다. '제국의 실험장'[80]인 한반도에서 생산된 지식은 식민지에 대한 제국의 통치를 정당화하거나, 본국에서의 의학 지식 발전을 위해서만 사용된 것은 아니었다. 이렇게 생산된 지식은 보다 넓은 지정학적 배경에서 다시금 국제사회 내 일본제국의 영향력을 강화하고, 과학적 의학에 기반한 통치 역량을 과시할 수 있는 사례로 활용되었다.

---

79 1970년대 이후 주사형 콜레라 백신은 점차 활용도가 낮아졌다. 전 세계에 유행하는 콜레라 균주가 병독성과 치사율이 낮은 엘톨(El Tor)형으로 교체되었으며, 경구수액요법의 개발로 발병 후 효과적인 치료가 가능해졌기 때문이었다. 이에 따라 제한적인 예방 효과가 다양한 부작용을 가지고 있는 주사형 백신은 간편하게 활용할 수 있는 경구용 백신으로 교체되었으며, 강제적인 예방접종을 시행하는 사례도 줄어들었다. 하지만 1970년대까지 수행된 다양한 주사형 사백신의 임상시험 결과들을 종합한 메타 분석에 따르면, 콜 백신과 같이 균 전체를 사멸시켜 주사하는 방식의 백신들이 12개월까지 48%의 예방 효과를 보이며, 1회 접종으로도 3년 후까지 30% 이상의 예방 효과를 보이는 것으로 보았다. P. M. Graves, et al., "Vaccines for preventing cholera: killed whole cell or other subunit vaccines (injected)", *Cochrane Database of Systematic Reviews* 8 (2010), pp. 1-2.

80 飯島渉, 『マラリアと帝国: 植民地医学と東アジアの広域秩序』 (東京大学出版会, 2005), 77-78쪽.

경성제국대학 한약 연구의 전개
—1930년대 이후를 중심으로

신창건 (愼蒼健, 도쿄이과대학 교양교육연구원)

들어가며

이 글의 목적은 15년 전에 쓴 "경성제국대학 한약연구 성립"[1]에 새로운 내용을 추가하고, 경성제대 한약 연구사에 부속 생약연구소의 역사를 포함하여 고찰 범위를 1940년대까지 연장하는 것이다. 2007년 논문과 합침으로써 경성제대 한약 연구의 전체상을 제기할 수 있을 것으로 생각한다.

　2007년 논문의 문제의식은 기존 선행연구에서 결여되었던 논점을 추가하여 조선총독부 한약 정책을 보다 큰 맥락으로 재검토하는 것이었다. 필자도 선행연구 내용처럼 1920년대 후반부터 조선총독부 한약 정책이 '한약을 가치 있는 자원으로 간주하는 정책'으로 전환되었고, 전쟁체제로 들어서면서 그 경향이 더욱 뚜렷해졌다고 생각한다.[2] 하지만 이러한 정책적

1　신창건, "경성제국대학 한약연구 성립", 『사회와 역사』, 한국사회사학회,　제76집 (2007), 105-137쪽.
2　신동원, "조선총독부의 한의학 정책 — 1930년대 이후의 변화를 중심으로", 『醫史學』 12:2 (2003), 110-128쪽.

전환을 가능하게 한 '한약에 대한 관심과 연구'가 20세기 초부터 존재하고 있었다고 논하였다.

첫 번째는 1910년대 조선에서 진행하였던 한약식물 필드워크 연구이다. 그 연구의 주체는 농상공부(식산국 산림과), 헌병경찰(경무총감부) 그리고 총독부 중앙시험소였다. 연구 결과의 일부를 1917년 조선총독부에서 『조선한방약료식물조사서(朝鮮漢方薬料植物調査書)』로 발표하였으나,[3] 저자였던 이시도야 쓰토무(石戸谷勉)[4]가 나중에 경성제국대학 의학부 약물학 제2강좌의 강사가 되었다는 사실은 주목할 만하다. 두 번째는 20세기 초부터 약학과 약물학을 중심으로 형성된 한약 연구 네트워크이다. 도쿄제국대학 의학부 약학과에서 시작된 한약 성분 분석, 화학구조 해명, 본초학적 고찰, 나아가 교토제국대학에서 시작된 한약, 특히 조선 인삼의 약리작용 연구가 다른 대학이나 지역에 보급되어 광범위한 연구 네트워크를 형성하고 있었다.[5] 그리고 세 번째는 문화정책으로서의 한약 연구이다. 의화단 사건의 배상금을 자금으로 중국 관계의 교육문화사업을 전개하고자 한 '대지문화사업(対支文化事業)' 가운데 하나로 '중국 전역의 한약 수집'이 선정되었는데, 그 연구를 동경제국대학 의학부 교수였던 게이마쓰 쇼자에몬(慶松勝左衛門)이 기획하였다.[6]

이러한 '한약에 대한 관심과 연구'를 기반으로 1926년에 경성제국대학

3 石戸谷勉, 『朝鮮漢方薬料植物調査書』(朝鮮総督府, 1917).

4 이시도야 쓰토무(石戸谷勉, 1888-1958)는 삿포로농학교 임학과를 졸업하고, 홋카이도청 기수를 거쳐 조선총독부 농상공부 식산국 산림과 기수, 기사를 거쳐 1923년에는 임업시험장 기사가 되었다. 동년 조선인 정태현(鄭台鉉)과 함께 『조선삼림수목감요(朝鮮森林樹木鑑要)』를 저술하였다. 1926년에 경성제대 의학부 약리학 제2강좌 강사, 1942년에는 북경대학 의학원 부교수 겸 중약연구소 부연구원이 되었다. 그가 필드워크에서 채집한 식물 컬렉션은 서울대학교 천연물과학연구소 Ishidoya Collection으로 이어지고 있다.

5 1877년에 설립한 도쿄대학은 1886년에 제국대학, 1897년에 도쿄제국대학으로 개칭되었다.

6 게이마쓰(慶松, 1876-1954)는 도쿄제대 의과대학 약학과를 졸업한 후, 시모야마 준이치로(下山順一郎) 밑에서 조수, 내무성 도쿄위생시험소 기사, 조사부장을 역임하였다. 이후 만주로 건너가 관동도독부(関東都督府) 중앙시험소, 만철중앙시험소 소장을 거쳐, 1922년에 도쿄제국대학 의학부 약학과 약품제조학 강좌 교수가 되었다.

의학부 약물학 제2강좌가 탄생한 것이다. 스기하라 노리유키(杉原德行)의 전후 증언에 따르면 강좌 설치는 게이마쓰가 주도하였고, 강좌 인사도 게이마쓰와 스기하라가 상의하여 결정하였다고 한다. 약물학 제2강좌 조교수로 부임하였던 가쿠 덴민(加来天民)[7]은 게이마쓰가 소장으로 있었던 만철 중앙시험소(満鉄中央試験所)에서 소장 직속 조수로 근무하였다. 또 강사로는 조선총독부 약용식물 조사를 이끌었던 이시도야 쓰토무가 부임하였다.

즉, 경성제대 약리학연구실은 약학·약리학, 약학·화학, 농학·식물학이 일체가 된 연구 체계를 구축하였다. 이시도야가 조선의 전통적인 본초학, 한의학 세계에서 약효가 있다고 생각되는 한약을 탐색하였고, 가쿠가 그 성분 분석과 성분 추출을 실시한 후에, 스기하라 팀이 동물실험을 통하여 약리학적 작용을 확인하는 일련의 작업을 공동으로 진행하는 시스템을 형성하였다. 그리고 연구팀이 가장 공을 들인 대상은 조선 인삼이었다.

2007년 논문에서는 스기하라 연구실 설립 배경과 초기 연구에 초점을 맞추었으므로 1930년대 이후 전개에 대해서는 논하지 않았다. 이 글은 2007년 논문의 보론(補論)으로서 "경성제국대학 한약연구의 전개"라는 제목 아래 세 장으로 구성하였다. 제1장에서는 1930년대 이후 연구 전개의 특징을 '총독부 정책과의 관계 강화'와 '연구 영역의 광역화'로 파악하였다. 제2장에서는 이들이 연구 대상으로 삼았던 홍삼을 다루었다. 홍삼은 총독부 전매국이 관리했던 특별한 존재였으며, 총독부는 홍삼의 독점판매권을 미쓰이물산에 부여하였다. 여기에서는 경성제대의 학문과 총독부, 미쓰이물산의 밀접한 연계 관계를 중심으로 논하고자 한다. 마지막 제3장에서

---

7 가쿠(加来, 1895-1985)는 1917년 규슈약학전문학교(이후 관립 구마모토약학전문학교)를 졸업, 1921년에 만철중앙시험소에서 게이마쓰의 조수였다. 1921년에는 경성의학전문학교 조교수, 이후 교수가 되어 경성제국대학 의학부 약물학 제2강좌 조교수로 취임하였다. 경성의전 시대인 1921년부터 1926년까지 시가 기요시(志賀潔)의 연구 파트너로 나병환자 화학요법 연구에 종사하였다.

는 전시 총동원 체제에서 설치되었던 경성제대 부속 생약연구소와 제주도 시험장을 중심으로 설치 배경을 고찰하였다.

1. 총독부 정책에 대한 관여와 연구의 광역화

1) 한약 연구와 총독부 권력의 협력관계

스기하라 연구실 한약 연구는 조선총독부의 정책 전개와 어떠한 관계가 있었을까? 여기서 특히 주목한 것은 전매국의 홍삼 정책과 약초 재배 운동이다.

스기하라 연구실과 조선총독부의 관계가 명확해지는 증거 중 하나로 스기하라가 총독부 전매국의 촉탁이 되었다는 점을 들 수 있다. 2007년 논문에서도 지적하였듯이 그는 연구주제로 조선 인삼의 약효를 주목하였으며 경성제대 부임 이후부터 연구를 진행하여 그 효능을 찬양하는 논고도 발표하였다.[8] 그리고 1929년 4월 16일부터 5월 28일까지 《경성일보(京城日報)》에서 과학강좌를 담당하면서 "조선인삼 예찬(朝鮮人蔘禮讚)"이라는 제목으로 연재 기사 24회를 발표한 후에, 동년 9월에는 총독부 전매국에서 이 기사를 정리하여 『조선인삼예찬(朝鮮人蔘禮讚)』을 간행하였다.[9] 스기하라의 증언에 따르면 "내가 인삼 연구에 착수한 것을 개성전매국에서는 좋아하지 않았다." 그러나 그의 연구와 조선 인삼을 찬양하는 신문 기사로 "개성전매국의 분위기가 바뀌었고 나의 인삼 연구가 환영받았으며 나는 전매국에 촉탁이 되었고, 연구 재료로 인삼을 공급받게 되었다." 더욱이 그는

---

8   예를 들어 杉原德行, "漢薬朝鮮人蔘ニ就テ", 『日新醫學』 第17年 第⊠号, 1928년 5월, 1345-1366쪽.
9   杉原德行, 『朝鮮人蔘禮讚』 (朝鮮総督府専売局, 1929).

자신의 연구와 신문 기사가 개성에서 생약연구소를 창립하는 '도화선'이 되었다고 평가하고 있다.[10] 스기하라의 자기평가가 타당한지는 음미할 만하지만, 그에게는 자신이 적극적으로 움직여서 총독부 권력과의 관계를 친밀하게 했다는 자부심이 엿보인다. 다음에 언급하겠지만, 이러한 스기하라의 언동에서 총독부 미션으로 움직이는 상명하달 시스템이 아닌 식민지 과학자가 스스로 주체적으로 총독부에 학문을 팔고 학문으로 총독부 정책에 관여하려는 행위라는 관점을 알 수 있다.

한편 1930년대 초 조선 민족계 신문에서는, 폐병 사망자 증가 등 민중 보건위생 문제가 심각한 과제로 제기되었다. 이 과제를 해결하는 데 주목받은 것이 한의와 한약이었다. "만약 갑자기 의사·병원 시설을 보급하기 어렵다면 의사 1,622명에 비하여 많은 4,699명의 한의사에 대해서도 싱딩한 연구 개신(改新)의 길을 강구하여 일반 수요를 충당해야 한다. 초근목피(草根木皮)라고 경시되는 한약이라도 응급 의료에서 생각 이상의 좋은 성적을 보여준 사실은 이미 일반인들도 인정하는 바이다."[11]

이러한 상황 인식과 문제해결책은 총독부 관리들 사이에서도 찾을 수 있다. 조선총독부는 농촌진흥책으로 1933년에 전국적으로 약초 재배 장려 운동을 전개하였다. "한약은 그 수요가 매우 많으며, 전 조선의 총거래액은 아마도 수백만 원(円)을 웃돌 것으로 예상되지만, 이들의 과반수는 지나(支那, 중국)에서 수입되고 있는 상황이다. 따라서 농업의 다각적 경영 방법의 하나로 농촌주택 부근 공지 및 기타 황무지를 이용하여 부업으로 재배하는 것은 극히 시의적절하다고 인정하고, 1933년 4월 경무·농림(警務·農

10 城帝国大学創立五十周年記念誌編集委員会編, 『紺碧遥かに―京城帝国大学創立五十周年記念誌』 (京城帝国大学同窓会, 1974), 213쪽.
11 "民衆保健の重大缺陷―肺病死亡者の激増現状(朝鮮日報社説)", 『朝鮮通信』1930. 5. 26, 2쪽.

林) 두 국장명으로 각 도에 통첩하여 이를 장려하고 있었다."[12]

이 운동을 입안한 총독부 경무국 위생과 기사 가와구치 도시카즈(川口利一)에 따르면, 피폐한 농촌을 재건하기 위해서는 그 전제로 민중의 건강이 필요하다. 그러나 "조선의 의료기관 분포 상태는 매우 미흡하다. 특히 양약에 의한 치료기관은 대부분 도시에 집중되어 있고 벽지에서는 의사, 약제사는 물론, 출산을 돕는 산파는 물론 거즈를 파는 약종상에 그 위에 매약청매업(売薬請売業)조차 없는 상태라고 전해지고 있다." 따라서 "의료기관이 분포하지 않는 벽지에서 위생 문제를 어떻게 해결할 것인지가 큰 과제이다. 효능이 확실한 한약 치료를 보급하는 것도 이를 해결하기 위한 한 가지 열쇠라고 생각된다."[13] 조선 농촌에서는 의사, 약제사는 물론 산파나 약종상조차 없는 상태여서, 농촌 위생 문제를 해결하는 '하나의 열쇠'가 효능이 명확한 한약을 보급하는 것이라고 여겼다. 강사 이시도야 쓰토무는 1933년 오랜 현장 경험을 살려 작성한 『약초재배법강화(薬草栽培法講話)』를 전국에 관제운동 교재로 제공하였고,[14] 조선경찰협회가 간행한 『약초재배 입문서(薬草栽培の栞)』 편집에도 협력하였다.[15] 스기하라도 이시도야의 약초 재배 연구를 선전하였고, 조선반도 전체의 '약초원화(薬草園化)'를 호소하는 기사를 썼으며 총독부 주도형 운동을 지원하였다.[16] 여기에서도 약초 재배 장려라는 정책 실현을 통하여 경성제대 한약 연구와 총독부 권력과의 관계가 강화되어갔다는 사실을 발견할 수 있다.

이렇게 강화된 경성제대 한약 연구와 총독부 권력의 협력관계는 머지않아 조선한약국방 제정으로 결실을 보았다. 1937년 조선총독부는 한약

---

12   朝鮮総督府編, 『施政三十年史』 (1940), 318쪽.

13   川口利一, "薬草の栽培と利用に就いて", 『京城商工会議所経済月報』 京城経済会議所, 1934년 7월, 27쪽.

14   石戸谷勉, 『薬草栽培法講話』 (桑田皇漢堂, 1933).

15   朝鮮警察協会編, 『薬草栽培の栞』 (朝鮮警察協会, 1933).

16   杉原徳行, "半島를 薬草園化하자", 『朝鮮』 17호 (1933), 2쪽.

품질 향상을 목적으로 5년간 계속 사업으로 한약 조사 실시를 결정하였다. 이렇게 강화된 한약조사위원회는 다음 전문가들로 구성되었다. 도쿄위생시험소 가리요네 다쓰오(刈米達夫, 생약학), 도쿄제대 조교수 후지타 나오이치(藤田直市, 생약학), 쓰무라연구소(津村研究所) 기사 기무라 유시로(木村雄四郎), 경성제대 교수 스기하라 노리유키(杉原德行, 약리학), 경성제대 조교수 가쿠 덴민(加来天民, 약학), 경성제대 강사 이시도야 쓰토무(石戸谷勉, 식물학), 경성약학전문학교장 야스모토 요시히사(安本義久, 약학). 한약조사위원회 설치 취지에는 조선의 한약 시장을 컨트롤하여 한약 가치를 향상하고자 하는 의도가 명확하게 적혀 있었다.[17] 그 실현을 목표로 한 조사위원회에 스기하라, 가쿠, 이시도야 세 명이 들어 있었다는 사실은, 경성제대 한약 연구와 총독부 권력의 밀착 관계를 증명하는 것이다. 조선총독부는 1939년에 "조선한약국방(朝鮮漢薬局方)(가칭)"이라는 조사 보고를 발표하였고 1942년에는 『조선한약국방: 식물편(朝鮮漢薬局方:植物篇)』을 발표하였다.[18]

더욱이 여기서 주목할 것은 조선한약국방의 제정 이유가 '조선을 위하는' 것만은 아니었다는 점이다. 조선한약국방조사위원회에는 만주 의과대학 교수 야마시타 다이조(山下泰蔵) 등이 옵서버로 참여하고 있었다.[19] 조선한약국방은 이미 그 제정 준비 단계에서 '만주국한약국방' 제정과 연동되어 있었으며 전시체제 하 '제국 한약 연구'로서 이러한 일련의 움직임을 파악해야 할 것이다.

---

17 川口利一, "朝鮮漢薬局方(一)", 『東洋醫薬』東洋醫薬協会出版部, 1:2 (1939), 53쪽.

18 『朝鮮漢薬局方 : 植物篇』(薬業往来社, 1942); 『朝鮮漢薬局方(仮称)』(呉市開局薬剤師会, 1939).

19 『日本薬報』第14年 第19号 (1939), 34쪽. 만주에서는 1938년 9월에 제1회 만주국약국방조사위원회(満洲国薬局方調査委員会)가 개최되었으며 한약국방(가칭) 제정이 결정되었다고 한다. 清水藤太郎, 『漢薬典』(平安堂薬局, 1963), 1-2쪽.

2) 한약 필드워크 연구의 광역화

1930년대에 들어서면서 스기하라 연구실 필드워크 연구는 더욱 활발해졌다. 조선 안에서는 조선인 약학자 도봉섭과 공동 연구를 추진하였고, 1931년부터 4년간 이시도야와 도봉섭의 지도하에 경성 부근의 약용식물 조사가 이루어졌다.[20] 또한 도봉섭은 1934년에 함경남도 고산식물 및 약용식물 분포 조사를 하였는데,[21] 이때 채집한 식물의 정확한 감정을 경성제대 이시도야에게 의뢰하였다.[22]

그러나 1930년대 이후 한약 필드워크의 특징으로 강조할 만한 것은 대상 지역의 광역화였다. 1930년대 이후 일본의 대륙 진출과 맞물려 스기하라 연구실은 한약 약물 필드워크를 중국 대륙으로 확대하였다. 이시도야 쓰토무에 따르면, "나는 1930년 여름, 외무성 대지문화사업부(対支文化事業部)로부터 경성제대 대학의학부 스기하라 약리학교실에 만몽(만주와 몽고) 한약 연구비로 제공되는 보조금을 받아, 남북만주(南北満州) 및 하북(河北) 지역 주요 도시의 학교, 관공서 및 약방[官衙及藥舖]에 소장된 한약 건재(乾材)를 볼 기회를 얻었다."[23] 이렇게 스기하라 연구실의 한약 필드워크 연구는 케이마쓰 쇼자에몬 등이 만든 '대지문화사업'에 힘입어 대상 지역을 확대한 것이다.[24]

---

20 岡山巌, "京城附近の薬用植物に就て", 『朝鮮薬学会雑誌』 15図 (1935), 231-238쪽. 오카야마(岡山)는 당시 경성의학전문학교 부속 의원약국에서 근무하고 있었다.

21 도봉섭(都逢涉)은 1930년에 도쿄제국대학 의학부 약학과를 졸업했다. 동 대학 교수 아사히나 야스히코(朝比奈泰彦)를 '은사'로 불렀으며, 1934년 필드워크는 아사히나와의 공동 연구이다. 都逢涉, "北鮮採集行(一)", 『日本薬報』 第10年第図号 (1935), 6쪽.

22 都逢涉, "咸鏡南道山岳地帯に於ける高山植物及び薬用植物", 『朝鮮薬学会雑誌』 15図 (1935), 212-225쪽.

23 石戸谷勉, 『北支那の薬草』(同仁会, 1931), 1쪽.

24 JACAR(아시아역사자료센터) Ref.B05015872400, 支那漢薬研究事業助成・杉原徳行・1929년5월 / 研究助成関係雑件第一巻(外務省外交史料館).

이후에도 스기하라 연구실은 연구 지역을 확대하면서 필드워크를 계속 진행하였다. 특히 경성제대와의 관계에서 주목할 점은 1933년에 설치된 경성제국대학 만몽문화연구회(満蒙文化研究会)의 존재였다. 만몽문화연구회는 만몽문화에 관한 종합 연구기관으로, 총장을 회장으로 하였고 법문학부와 의학부의 교원이 중심이 되어 학생도 끌어들여 탄생하였다.[25] 이시도야 쓰토무는 한방약재와 약용식물 채집을 목적으로 1934년 여름에는 길림지방에,[26] 1935년 여름에는 만주국 흥안성(興安省)과 흑룡성(黑龍省)에 파견되었다.[27] 또한 이듬해인 1936년에는 마찬가지로 만몽문화연구회에 의하여 북지나(北支那) 열하(熱河)지방에 파견되어 아편과 약용식물을 조사하였다.[28] 더욱이 1938년에는 법문학부 교수 오다카 도모오(尾高朝雄)를 단장, 같은 법문학부 교수인 스즈키 다게오(鈴木武雄)를 부단장으로 하는 경성제국대학 몽강(蒙疆)학술탐험대가 결성되었지만,[29] 조선자연과학협회(朝鮮自然科学協会)에 의하여 '몽강(蒙疆)'과 '북지(北支)'에 파견된 이시도야는 그 많은 행로에서 경성제대 몽강학술탐험대 식물 반장을 겸하면서 조사에 종사하였다.[30]

더욱이 1930년대 말 전시동원체제가 되자, 약리학 제2강좌 가쿠와 이

25　京城帝国大学創立五十周年記念誌編集委員会編, 앞의 책, 311–313쪽.

26　石戸谷勉, "満鮮の漢方薬局に見出されたる薬材とその原植物",『朝鮮薬学会雑誌』15:3 (1935), 133–211쪽.

27　石戸谷勉, "満鮮の漢方薬局に見出されたる薬材とその原植物(續報)",『朝鮮薬学会雑誌』16:4 (1936), 203–237쪽.

28　石戸谷勉, "北支, 満蒙に産する薬用, 食用, 飼料植物雑記",『朝鮮薬学会雑誌』17:3 (1937), 114–121쪽.

29　京城帝国大学創立五十周年記念誌編集委員会編, 앞의 책, 313–318쪽.

30　石戸谷勉, "蒙疆地方に行はるる蒙古薬とその原植物"『朝鮮薬学会雑誌』19:2 (1939), 49–73쪽. 이 외 조사 보고는 다음과 같은 논문으로 발표되었다. 石戸谷勉, "蒙疆地方に於て蒐集したる漢薬とその原植物",『朝鮮薬学会雑誌』19:3 (1939), 97–110쪽; 石戸谷勉, "蒙疆地方に於て蒐集したる漢薬とその原植物(續)",『朝鮮薬学会雑誌』19:4 (1939), 133–153쪽; 石戸谷勉, "蒙疆地方に於て蒐集したる漢薬とその原植物(續)",『朝鮮薬学会雑誌』20:1 (1939), 1–12쪽. 조선자연과학협회는 1935년 6월 "조선의 자연과학 발전을 도모하기 위한 목적"으로 설립된 학술단체로, 본부는 경성제국대학 의학부 내에 설치되었다. 설립 초기 회장은 고바야시 하루지로(小林晴治郎, 경성제국대학 교수, 기생충학), 부회장은 모리 다메조(森為三, 경성제국대학 예과 교수, 동물학)가 맡았다. 이시도야 쓰토무는 이사 중 한 명이었다. 협회 사업 중 하나는 연구비와 출판비를 보조하는 것이었다. 朝鮮自然科学協会 編,『朝鮮自然科学協会会則』(1935).

시도야가 경성제대를 떠났고, 스기하라도 만주국의 업무를 맡아서 나갔다. 1939년에 가쿠 덴민은 북경대학 의학원 약리학 부교수가 되었으며 이듬해에 교수로 승진하였고, 1942년에는 중약연구소 주임이 되었다.[31] 이시도야 쓰토무도 1942년에 북경대학 의학원 부교수 겸 중약연구소 부연구원이 되었다.[32] 스기하라의 회고에 의하면, 가쿠와 이시도야에게 "어떤 방면에서 권유"가 있어서 두 사람은 북경대학으로 전출하고 싶다고 신청하였다. "이것으로 간판 강좌 두 개의 중심인물을 잃었다"라며 나중에 기록하고 있다.[33] 그러나 가쿠의 회고에서는 1939년 생약연구소 설립을 눈앞에 두고 "우리의 헌신적인 노력은 의학부 교수들의 거부로, 나는 1939년 3월 말 경성제대를 떠났다"라고 적혀 있다.[34] 가쿠가 경성제대를 떠난 이유는 알 수 없으나 스기하라와 원만하게 헤어진 것은 아닌 듯하다.

북경으로 옮긴 가쿠 덴민은 흥아원(興亞院)이 1939년에 '지나중요국방자원조사(支那重要国防資源調査)'로 시행한 '북지나(北支那)' 지역 특히 산서성(山西省)과 하북성(河北省)에서의 약초 조사에서 지도적인 역할을 하였다.[35] 이 조사보고서에서는 약초의 약리학 연구를 추진하기 위하여 '북지나한약연구소'를 설립해야 한다고 제안하였고, 연구소 건립 후보지로 북경대학 의학원 약리학교실이 있는 북경시가 타당하다고 기술하였다.[36] 국책으로 수행하는 한약 연구 리더로 가쿠가 기대되고 있었다는 증명일 것이다.

31 "32国立北京大学医学院日籍教職員調査表" JACAR(아시아역사자료센터) Ref.B02031708900 (第2画像目) 支那中央政況関係雑纂/官吏任免関係/日系官吏職員調査表 第一巻(A-6-1-1-2_3_1_001) (外務省外交史料館).

32 "35国立北京大学附設中薬研究所日籍職員調査表" JACAR(아시아역사자료센터) Ref.B02031709200(第2画像目), 支那中央政況関係雑纂/官吏任免関係/日系官吏職員調査表 第一巻(A-6-1-1-2_3_1_001) (外務省外交史料館).

33 京城帝国大学創立五十周年記念誌編集委員会編, 앞의 책, 212쪽.

34 加来天民, "朝鮮薬学会の回顧", 『在鮮日本人薬業回顧史』(在鮮日本人薬業回顧史編纂会, 1961), 609쪽.

35 "各国ニ於ケル薬品及薬物関係雑件/北支那ニ於ケル薬草調査" JACAR(아시아역사자료센터) Ref.B06050562300(第2画像目), 各国ニ於ケル薬品及薬物関係雑件/北支那ニ於ケル薬草調査(E347) (外務省外交史料館).

36 JACAR : Ref.B06050562300(第66画像目부터 第68画像目까지).

한편, 스기하라는 1940년에 만주국한방의연구위원(満洲国漢方医研究委員)에 취임하여,[37] 이후에도 만주국에서 한방의 존속에 힘썼으며 1937년에 설립된 신경의과대학(新京医科大学)에서는 관동군의 의뢰를 받아 임시 강사로 한방의학강좌를 담당하게 되었다.[38] 이와 같이 스기하라 연구실에 의한 한약 연구와 교육은 일본의 지배 지역이 된 북경대학이나 신경의과대학으로도 확대되어갔다.

2. 총독부, 미쓰이물산, 경성제대의 연계

1) 총독부와 미쓰이물산의 상호 의존 관계

2007년 논문에서도 지적하였듯이 총독부, 미쓰이물산, 경성제대 사이에는 밀접한 연계 체제가 구축되어 있었다. 1900년에 한국 궁내부(宮內府) 내장원(內蔵院)은 미쓰이물산과 3년간 홍삼 위탁판매 계약을 맺었다. 이것이 미쓰이물산 홍삼 독점 판매권을 보여주는 최초의 기록이다. 이후 미쓰이물산은 1908년을 제외하고 일본 패전까지 일관하여 홍삼 독점판매권을 획득하고 있었다.[39]

미쓰이물산은 전쟁 전 일본 최대의 종합상사였다. 1926년 자산액은 업계 2위~4위 자산총액을 웃돌았으며 쌀·보리 등 농산물이나 해산물, 석탄,

---

37 "京城帝国大学教授杉原徳行満洲国政府ノ委嘱ニ応シ且旅費並報酬ヲ受クルノ件" JACAR(아시아역사자료센터) Ref. A04018569800, 公文雑纂・昭和十五年・第五十七巻・通信省～衆議院事務局(国立公文書館).

38 "満洲国新京医科大学臨時講師招聘方に関する件" JACAR(아시아역사자료센터) Ref.C01003684900, 昭和16年 "陸満密大日記 第9冊 1/3"(防衛省防衛研究所).

39 홍삼 매각과 미쓰이물산 독점판매권의 경위에 대하여는 다음 문헌에 자세하게 설명되어 있다. 朝鮮総督府専売局編,『朝鮮専売史』第3巻 (朝鮮総督府専売局, 1936), 200-211쪽.

석유, 면화, 기계, 철물, 잡화 등 다양한 상품을 취급하였다. 게다가 중국 시장에서는 압도적으로 강세를 자랑하고 있었다.[40] 미쓰이의 판매 방식은 거액의 자금을 사용하여 독점적 판매권을 획득하는 식으로, 그 방법은 총독부 판매 불안을 제거하는 것이었다. 총독부는 미쓰이물산이 중국 각지에 판매 기관을 두었고 상당한 자산을 보유하였다는 점에서 높게 평가하고 있었다.[41] 현실적으로 식민지기의 홍삼 제조 가격은 결코 안정적이지 않았고 해에 따라 상당한 차이를 보였다. 그러나 미쓰이물산이 일정한 매각 가격을 지불하고 있어서 총독부 재정에 일정한 기반을 제공하였다.[42] 한편 미쓰이물산 경성지점 순이익에서 조선 인삼은 항상 1위를 차지하고 있었으므로 미쓰이에도 안정성을 가져다주는 사업이었음을 알 수 있다. 총독부와 미쓰이물산의 연계는 서로에게 이익이 되는 것으로 이러한 안정성이 연계를 지속시켰다고 생각한다.

1930년대 들어 총독부와 미쓰이물산의 관계에 새로운 단계가 나타났다. 총독부는 그동안 중국 수출품으로 홍삼을 제조하여왔으나, 1930년이 되어 일본과 조선 판매용으로 값싼 '홍삼정(紅蔘錠)'을 제조하기 시작하였다. '홍삼정'은 경성제대 스기하라 연구실이 홍삼에서 발견한 유효성분 '파나센 (Panacene)'을 추출하여 정제한 것이었다.[43] 이듬해 총독부 요청으로 미쓰이물산은 인삼재배 개성삼업조합(開城蔘業組合)에 거액을 투자하였다. 개성삼업조합은 조선식산은행에서 융자받고 있었으나, 미쓰이물산에서의 융자가

---

40 미쓰이물산의 역사와 홍삼 판매에 대하여는 다음 문헌을 참조하였다. 春日豊,『帝国日本の財閥商 社』(名古屋大学出版会, 2010).

41 『朝鮮専売史』第3卷, 207-209쪽.

42 홍삼 매각 가격에 대하여는 각종 총독부 통계에 나와 있는데, 1910년부터 1934년까지의 데이터는 『조선전매사(朝鮮専売史)』第3卷, 210-211쪽에 나와 있다. 또 이후 데이터는 『조선총독부 조사월보(朝鮮総督府調査月報)』에서 알 수 있었다.

43 『朝鮮専売史』第3卷, 188-189쪽.

그보다 저금리여서 경작자 부담이 경감되었다고 기록하고 있다.[44] 또한 전매국은 채집한 수삼의 일부를 제조한 '삼정(蔘精)'이라고 불리는 상품을 판매하기 위하여 미쓰이물산이 출자한 삼정원별조합(蔘精元別組合)을 통하여 삼정을 미쓰이물산에 매각하였다.[45] 이렇게 총독부와 미쓰이의 유착 구조는 《동아일보》가 비판할 정도로 당시 조선에서는 잘 알려져 있었다.[46] 총독부와 미쓰이물산은 홍삼을 둘러싼 상호 의존적인 파트너쉽 관계를 점차 확대하면서 1945년까지 관계를 계속 유지하였다.

2) 조선 인삼과 학문의 관계

인삼을 둘러싼 조선총독부의 대응을 살펴보기 위하여, 본 소절에서는 총독부 전매국이 1934년부터 간행을 시작한 『인삼사(人蔘史)』를 거론하고자 한다.[47] 전 7권에 달하는 대저 『인삼사』는 1931년에 총독부 전매국장이었던 마쓰모토 마코토(松本誠)가 기획하였다.[48] 마쓰모토는 1928년 1월부터 1931년 9월까지 전매국장을 역임하였으며 재임 중 인삼의 과학적 연구 필요성을 느꼈고, 경성제대 의학부 약리학 제2강좌 스기하라 노리유키와 협력관계를 구축하였다. 상기하였듯이 스기하라가 전매국 촉탁이 된 때가 바로 마쓰모토가 국장인 시기였다. 마쓰모토에 따르면 "이 문헌 조사연구가 이루어진다면 과학적 연구 위에 유력한 참고 자료를 얻을 수 있을 것이다"라고 생각하여 조선 고서에 정통한 이마무라 도모(今村鞆)를 전매국 촉탁

---

44 삼업(蔘業) 자본의 융통에 대하여는 다음 문헌에 자세하게 설명되어 있다. 『朝鮮專売史』 第3巻, 100-101쪽.

45 '삼정'의 매각에 대하여는 다음 문헌에 자세하게 설명되어 있다. 『朝鮮專売史』 第3巻, 213-219쪽.

46 "財閥と利権, 紅蔘専売と三井の暴利", 《東亜日報》, 1931. 3. 16.

47 『인삼사(人蔘史)』는 총 7권으로 구성되었으며, 1934년에 제7권이 최초로 간행되었다. 이후 제2권, 제4권, 제5권, 제3권, 제6권의 순서로 발표되었고, 마지막으로 제1권이 1940년에 출판되면서 완간되었다.

48 마쓰모토 마코토(松本誠)는 1909년에 동경제국대학 법과대학을 졸업했다. 고등문관시험에 합격한 후 조선총독부에서 근무하였으며, 재무국 이재국장, 전매국장 등을 역임하였다. 이후 조선금융조합 연합회장을 지냈다.

으로 고용하여 『인삼사』 편찬을 의뢰하였다.[49]

이마무라는 일본에서 경찰관이 되어 조선으로 건너간 후 오랫동안 경찰서장 등을 역임하면서 조선 민속학에 관심을 보여 재야 연구자로 활동하였으며, 송석하(宋錫夏), 손진태(孫晋泰), 김두헌(金斗憲)이라는 조선인 민속학자들과도 교류가 돈독하였다. 조선 인삼에 대한 정치사, 의약사, 재배사 등 다양한 분야에서 역사적 문헌을 수집하였고, 그 내용을 정리하는 작업은 학문적 가치가 있을 뿐 아니라 과학 연구의 유익한 정보원이 될 것이라는 마쓰모토의 견해는 전매국의 목적을 명확하게 표명하고 있다. 이마무라는 조선의 전통에 흥미와 관심이 있었으며, 동시에 총독부로부터는 산업상 혹은 약학상, 유익한 정보를 발견하는 임무를 맡고 있었다.

이마무라와 아카데미즘 인문학, 그리고 조선인 민속학자와의 관계는 이전부터 알려졌지만, 이마무라가 편찬한 『인삼사』 서문에는 약학박사로 교토제국대학 교수인 가리오네 다쓰오(刈米達夫), 이학박사로 도쿄제국대학 교수인 나카이 다케노신(中井猛之進), 그리고 경성제대 의학부 교수인 스기하라 노리유키가 기고하였다. 이마무라와 과학 연구자 사이에는 개인적 관계가 있었을지 모른다. 또한 식물학, 약학, 약리학이 원래 본초학이나 전통의학과 관련이 깊은 학문이었음은 틀림없으나 총독부가 기획한 『인삼사』 연구에서는 인문학과 의약학이 밀접하게 연결되어 있었음을 알 수 있다.

그렇다면 이러한 학문의 총동원 체제라고 불려야 할 상황에서, 경성제대 의학부 한약 연구는 총독부와 구체적으로 어떤 관계를 구축하고 있었던 것일까? 스기하라 연구실에서 특히 주력하였던 연구는 조선 인삼, 홍삼의 약리학적 작용이었다. 2007년 논문에서도 지적하였듯이 1931년에 스기하라 연구실 김하식(金夏植)이 집필한 연구논문에 주목할 만한 내용이 있

49 『人蔘史 第一卷 人蔘編年紀 人蔘思想篇』 (朝鮮総督府専売局, 1940), 1쪽.

다. 논문에서는 홍삼의 휘발유 성분(Panacen)을 총독부 전매국 개성출장소에서 얻은 것으로 적혀 있었다.[50] 한편 스기하라는 홍삼으로부터 휘발유를 추출 제조하는 방법을 개발하여 개성출장소에 제공하고 있었다.[51] 즉, 총독부와 경성제대 사이에서 홍삼 실험 재료와 휘발유 제조 방법이 교환되었다.

다른 논문을 보면, 경성제대는 실험 비용을 미쓰이물산에서 받아 총독부 전매국이 제조하는 인삼 '엑기스' 즉 '삼정(蔘精)'을 토끼에게 투여하여 혈액상을 조사하는 실험을 시행하고 있었다. 그리고 논문에서는 전매국 '삼정' 제조의 개선점을 지적하고 있었다.[52] 총독부가 제조하여 미쓰이물산에 매각한 '삼정'의 약리 효과를 경성제대가 동물실험으로 조사한다는 관계성이 성립되었다. 또한 1930년대 들어 미쓰이물산은 중국 수출용 홍삼 뿐 아니라 일본을 위하여 한정 수량으로 '고려인삼'을 발매하였다. 이를 위하여 작성한 선전용 소책자 『고려홍삼(高麗紅蔘)』에서 다음과 같은 내용을 발견할 수 있다. 인삼에 대한 학리적 연구가 진행되면서 그 효력을 인정받게 되었으며 최근 수년 동안 인삼의 평가가 높아졌고 수요가 급증하고 있었다.[53] 여기에는 미쓰이물산이 생각하는 '과학연구와 비즈니스 관계'론이 간결하게 표현되어 있었다. 미쓰이에게 인삼의 과학 연구는 인삼의 과학적 가치뿐 아니라 상업적 가치를 생산하는 것이다.

식민지 조선에서는 경성제대에 한약 연구가 성립되자 조선총독부, 미쓰이물산, 경성제대 의학부의 긴밀한 연계 체제가 구축되어 인삼 연구가 추

---

50 金夏植, "朝鮮人参ノ各種成分ノ薬理学的作用ニ就テ−第一報告「パナックス」酸ノ薬理学的作用ニ就テ", 『朝鮮醫學會雜誌』 21:2 (1931), 172쪽.

51 金夏植, "朝鮮人参ノ各種成分ノ薬理学的作用ニ就テ−第二報告「パナックス」酸ノ薬理学的作用ニ就テ", 『朝鮮醫學會雜誌』 21:5 (1931), 647-648쪽.

52 金夏植, "朝鮮人参ノ家兎血液像ニ及ボス影響ニ就テ", 『朝鮮醫學會雜誌』 21:9 (1931), 1142쪽.

53 『高麗紅蔘』(三井物産株式会社, 発行年不明), 2-3쪽.

진되고 있었다. 상기하였듯이 스기하라는 총독부나 미쓰이물산에 협력을 요청받는 수동적인 과학자는 아니었다. 정치(총독부), 상업(미쓰이물산), 과학(경성제대)의 관계를 생각할 때 과학자들이 적극적으로 그 관계를 강화해나갔다는 측면을 잊어서는 안 된다.

1930년대 말, 전쟁체제가 더욱 강화되면서, 이 연계 체제에 조선군이나 제약회사도 가세하였다. 구체적 사례로 경성제국대학 부속 생약연구소 설치와 전개를 통하여 살펴보고자 한다.

3. 경성제국대학 부속 생약연구소의 전개

1) 경성제대 부속 생약연구소 설치와 확충

1930년대 말 전시 총동원체제 단계에 이르자, 조선은 대륙 침략 전진병참기지로서 조선군으로부터도 생약 연구와 재배 가속화가 요구되게 되었다. 스기하라의 증언을 참고하면, 홍삼을 관리하고 있었던 총독부 전매국, 조선을 의약품 보급지로 하고 싶은 조선군, 그리고 자신의 약리학 연구를 강화하고 싶은 스기하라의 이해가 일치하였다고 보아도 무방할 것이다. 특별한 것은 조선군 군의부장인 가지쓰카 류지(梶塚隆二)가 스기하라와 면담하면서 조선을 의약품 공급지로 하기 위하여 경성제대 한약 연구를 지원하겠다고 제의한 것이다.[54] 1939년 12월 개성에 있었던 경기도 약용식물연구소와 경성제대 약초원이 통합되었고, 같은 부지 내에서 '경성제국대학의 특수한 사명에 비추어 생약에 관한 철저한 연구를 기대하기 위하여' 부

---

54 京城帝国大学創立五十周年記念誌編集委員会編, 앞의 책, 60-61쪽. 가지쓰카 류지(梶塚隆二)는 당시 조선군 군의부장이었다. 이후 관동군 군의부장, 육군 군의중장을 거쳐 관공군731부대를 감독하였다.

속 생약연구소를 설치하였다. 생약연구소의 설치 이유는 크게 세 가지로 볼 수 있다. 하나는 의학부 약리학 제2강좌의 '연구 강화 확대'이다. 특히 '연구 및 응용'이라는 말이 설치 이유로 사용되었으며 '응용'을 명기한 것은 큰 특징이다. 두 번째는 양약에 대한 대용 약품의 개발 연구이다. 특히 조선, 만주 등에서 산출하는 한약의 약화학적 연구가 지적되고 있었다. 이 점은 양약 의존형에서 탈피한 '국제수지 균형 보유'라는 점에서 중요성이 기술되어 있다. 세 번째 이유로는 군의 요청대로 조선이 대륙 '전진병참기지'로서 의약품 제공 보급지가 되었다는 점이다. 제국 내 의약품 보급은 내수의존형이었으나, 공급이 부족하였으므로 조선을 새로운 보급지로 기대하였다.[55] 이미 지적하였듯이 총독부 전매국과 군 그리고 경성제대 한약 연구는 각각 이해가 일치하는 설치 목적이 있었다고 해석할 수 있다.

이 생약연구소는 나중에 설치된 고지요양소(高地療養所)와 마찬가지로 대학 '부속' 연구소로 설치되었다. 학부 전속이 아닌 '종합적 연구'라는 관점에서 총장 감독 아래 연구기관으로 경성제대 '부속'이 되었다. 소장은 경성제대 교수가 겸임하였고 새롭게 순정화학(純正化学)을 전공하는 조교수 1명, 서기 1명, 기수 2명을 배치하였다. 조교수는 동경제대 의학부 약학과 출신으로[56] 가쿠 덴민과 공동연구 이력을 가졌던 경성약학전문학교 교수 구타니 노보루(九谷昇)가 부임하였다. 1942년 1월에는 생약연구소 사업을 충실히 수행할 목적으로 경성제대 관제가 개정되었고 그 위에 응용화학을 전문으로 하는 조교수 1명, 조수 2명을 증원하였다.[57] 새로운 조교수로 도쿄

---

55 "京城帝国大学官制中ヲ改正ス・(附属生薬研究所設置)"JACAR(아시아역사자료센터) Ref.A02030107800 (第7画像目부터 第10画像目까지), 公文類聚・第63編・昭和14年・第40巻・官職三37・官制37(朝鮮総督府九) (国立公文書館). 관제 개정 후 제18조에 "경성제국대학에 부속 생약연구소를 두다(京城帝国大学ニ附属生薬研究所ヲ置ク)"로 규정하였다.

56 『東京帝国大学要覧 從大正13年 至大正14年』(東京帝国大学, 1925), 부록 7쪽.

57 "京城帝国大学官制中ヲ改正ス・(附属生薬研究所ノ内容充実及附属医院ニ患者増加ノ為職員増 員)"JACAR(아시아역사자료센터) Ref.A03010014300(第12画像目부터 第13画像目까지), 公文類聚・第66編・昭和17年・第36巻・官職32・官制32(朝鮮総督府) (国立公文書館).

제대 이학부 식물학과 출신인 곤도 다케오(近藤武夫)가 부임하였다.[58]

　여기서 생약연구소가 개성에 설치되었다는 점에 주목할 필요가 있다. 개성은 인삼 생산지로 유명하기 때문에, 생약연구소의 중심 연구는 약리학 강좌로 연구되어온 인삼의 효능 연구를 한층 진전시켜 인삼 제제의 개발과 인삼 재배를 지향한 것이다. 연구소 직원은 스기하라가 소장과 교수를 겸직하였고, 화학과 식물학 조교수 2명, 기수, 조수, 부수(副手)가 항상 4~5명이 있었다. 또한 연구소 경상비는 의학부 기초교실 5강좌분 정도였으며, 미쓰이물산이 인삼 재배의 자금 지원을 하였다.[59]

　다만 생약연구소의 연구 대상은 인삼만이 아니었다. 여기에도 주의를 기울일 필요가 있다. 1942년 1월 관제 개정에서는 조교수 2명의 업무로 "조선인삼과 제주인삼의 화학적 성분 비교연구", "은시호(銀柴胡) 화학적 성분연구와 제제화(製剤化) 연구", 그리고 "가는잎듬북(쥐꼬리듬북, 일본명: 海虎の尾)의 화학적 성분연구와 제제화 연구"가 명기되어 있었다.[60] 당시 은시호 성분에 '사포닌(saponin)'이 포함되어 있다고 알려져 있었다.[61] 생약연구소 연구 항목으로 '은시호 사포닌 연구'가 명기되어 있었다는 사실을 감안하면,[62] 총독부, 군, 경성제대는 '사포닌'의 약리 작용에 주목하였을 것으로 추측된다. 한편 가는잎듬북은 제주도에서 채취되는 해조이며, 이후 스기하라 연구실이 이 해조를 활용하여 구충제를 개발하였다. 즉, 1942년 초에는 제주도 인삼과 해조인 가는잎듬북이 연구 대상으로 관심을 끌었다.

　생약연구소와 관련된 경성제대 관제의 세 번째 개정은 1942년 2월에 이

58　小倉謙編, 『東京帝国大学理学部植物学教室沿革』(東京帝国大学理学部植物学教室, 1940), 285쪽.

59　京城帝国大学創立五十周年記念誌編集委員会編, 앞의 책, 61-62쪽.

60　JACAR:Ref.A03010014300 (제20화상목부터 제21화상목까지).

61　예를 들어 상해자연과학연구소에서는 1929년에 은시호(銀柴胡)가 사포닌 성분을 함유한다고 보고하였다. 中尾万三·木村康一, "漢薬写真集成(第一輯)", 『上海自然科学研究所彙報』 1:2 (1929), 85-87쪽.

62　JACAR(아시아역사자료센터) Ref.A03010081300(제12화상목), 京城帝国大学官制中ヲ改正ス/公文類聚・第67編・1943年・第32巻・官職26・官制26 (朝鮮総督府一) (国立公文書館).

루어졌다. 구체적으로 '순정화학 및 응용화학' 조수 1명, 그리고 새롭게 제주도에 설치된 시험장을 위하여 '약용식물 재배연구, 식별연구'를 수행하는 조수 2명과 서기 1명을 증원하였다. 이렇게 생약연구소는 세 차례 관제 개정으로 인원을 증원하였다. 이러한 증원은 당시 조선에서는 이례적인 일이었다. 당시 자료에 의하면 체신국, 재판소, 기상기구 등 여러 시설로부터 증원을 요구하는 예산 신청이 이루어졌으나, 증원은 인정되지 않았다. 그러나 1943년 제주도시험장 설치로 요구되었던 4명의 증원은 그대로 승인된 것이다.[63]

2) 제주도시험장 약용식물 재배

1943년에 제주도시험장이 설치된 목적 중 하나는 디기탈리스(ヂギタリス) 재배였다. 이 사업은 시오노기제약(塩野義製薬)이 크게 관여하고 있었다. 시오노기는 다이쇼(大正, 1912. 7. 30-1926. 12. 25) 말기부터 쇼와(昭和, 1926. 12. 25-1989. 1. 7) 초기에 거쳐 조선에 약 선전과 판매를 시작하였다. 1933년에 경성출장소를 개점하였고, 1941년에는 출장소가 경성지점으로 승격되어 총 19명의 사원이 있었다. 시오노기제약 사사(社史) 기록에서 제주도시험장에 관한 내용은 존재하지 않았다. 그러나 어느 사원의 회고록에 의하면, 1943년에 경성제대 스기하라의 지도하에 서귀포에서 디기탈리스 재배를 계획하였고, 장인환(張仁煥)이라는 조선인 사원이 현지에 파견되었다.[64] 제주도시험장이 설치될 무렵 시오노기는 이미 디기탈리스 제제(製劑)로 심장

---

63 JACAR:Ref.A03010081300(第7画像目).

64 平野寬, "塩野義朝鮮事業所小史", 『在鮮日本人薬業回顧史』(在鮮日本人薬業回顧史編纂会, 1961), 509-516쪽. 이 기록에 따르면 디기탈리스 시험 식재 후, 시험장 주변이 방위진지가 되었으며, 재배가 중단되었다. 또 일본 패전 처리 가운데 경성지점 재고품은 약제사 장인환(張仁煥)에게 전달되었다.

약 '디기타민(ヂギタミン)'을 제조 판매하고 있었다. 1912년에 발표 발매된 '디기타민'은 당초 시장에서 먼저 발매되고 있었던 로슈사(Roche社)의 디가렌(ヂガーレン) 등 수입 약품과 비교하여 열세를 면치 못하고 있었지만, 제1차 세계대전을 계기로 판매가 증가하여 시오노기의 '인기 상품'으로 성장하였다.[65] 그러나 스기하라의 증언에 따르면, 시오노기는 전쟁체제 중 일본에서 디기탈리스 재배가 금지되었기 때문에 제주도시험장 인접지를 재배지로 구입하였다고 한다.[66] 의약품 통제로 시오노기에게 제주도는 주력 상품인 '디기타민'을 살리기 위한 필수 불가결한 장소였다.

1943년에 설치된 제주도시험장 부지 면적은 개성 생약연구소의 약 절반 정도인 21,918평이었다. 이렇게 넓은 부지에서 디기탈리스 외에 어떤 식물을 재배하고 있었을까? 제주도시험장 사업 내용에서는 약초 재배를 3종류로 분류하고 있다. 하나는 조선 본토에서 재배할 수 없었던 약초인 제충국(除虫菊),[67] 디기탈리스, 로벨리아, 데리스가 포함되었다. 두 번째는 한약으로 사용하는 약초 재배이다. 한약명으로는 목향, 지황, 도라지 등이 있었다. 세 번째는 '시국 필수품(時局必需品)' 재배이다. 식물명으로는 아주까리, 흰독말풀(조선나팔꽃), 아메리카 아리타소(Dysphania ambrosioides), 미부쑥 4종이 열거되어 있었다.[68]

1943년 경성제국대학 관제 개정안으로는 제주도시험장의 특징에 대한 자료가 첨부되어 있었다. 이 자료 가운데 두 가지를 주목하고자 한다. 하

65 『シオノギ百年』(塩野義製薬, 1978), 98-112쪽.
66 京城帝国大学創立五十周年記念誌編集委員会編, 앞의 책, 64쪽.
67 조선총독부 농사시험장 기사 다카하시 노보루(高橋昇, 1892-1946)에 따르면, 제주도에서는 1920년 가을에 제충국 시험 재배를 시작하였고, 다음 해 미야지(宮地)라는 일본인이 제충국을 본격적으로 재배하기 시작하였다. 高橋昇, 『朝鮮半島の農法と農民』飯沼二郎他編 (未来社, 1998), 275쪽. 또한 1930년대 말 기록에 따르면, 제주도에서는 제충국 재배를 장려하고 있었다. 朝鮮総督府編, 『朝鮮』第262号 (1937년 3월), 155쪽. 제충국은 1920년대 초 제주도에서 반입된 '외래종'이었다.
68 JACAR:Ref.A03010081300 (第13画像目부터 第14画像目까지).

나는 '시험장에서 재배하는 약초 식물'이 '제주도산 약용식물 중 주요 식물'과 구별되어 있었다는 점이다.[69] 전자의 재배용은 24종으로 거론되어 있었으나 용도별로 구분하면 다음과 같다. 구충제용으로는 제충국, 데리스, 목향(한약명: 木香), 아메리카 아리타소, 미부쑥 5종. 강심제용(強心劑用)으로는 디기탈리스, 로벨리아 2종. 진통제용으로는 편립백합(한약명: 貝母), 흰독말풀(한약명: 曼陀羅葉) 2종. 설사약으로는 아주까리(한약명: 蓖麻)라고 불리는 식물 등이 거론되었다. 이러한 '외래종'의 약효 및 용도에서 분명한 것은, 제주도시험장이 주로 군수품을 만들기 위하여 광범위한 '외래종' 재배지로 지정되었다는 것이다. 예를 들어 흰독말풀에 대해서는 일반적으로 '건위제(健胃劑)'로 분류되지만, 주의 사항에 '현재 진통제로 군 당국이 특히 필요로 하는 것'이라고 표기되어 있었다. 한편, 시험장에서 재배하는 것과 구별되는 제주도산 약용식물로는 고삼(한약명: 苦蔘), 끼무릇(한약명: 半夏), 인동덩굴(한약명: 金銀花) 등 14종이 거론되고 있었으나, 그 가운데 물푸레나무(한약명: 秦皮)에 대해서는 '유피용(揉皮用)으로 현재 군용으로 대량 필요'하다고 명기되어 있었다.[70] 즉, 제주도에서는 '토종'에 대해서도 군수용으로 필요성이 강조되어 대량 생산이 요구되었다.

3) 구충제 '팬시' 개발 배경

또 하나 주목할 점은 회충 구제를 위하여 구충제용 원료로 해조(海藻)와 아한대성 식물이 거론되었다는 것이다. 전자에 대해서는 제주도시험장 사

---

69 1943년 관제개정칙령안 첨부자료에서, 한약명과 식물명 양쪽에 거론되고 있는 것을 논문에 표기하였다. 목향(木香), 패모(貝母), 만다라엽(曼陀羅葉), 피마(蓖麻), 고삼(苦蔘), 반하(半夏), 금은화(金銀花) 등.
70 JACAR:Ref.A03010081300 (第14画像目부터 第16画像目까지).

업 내용 가운데 "제주도산 해초의 감별과 채취"에 기록되어 있다.[71] 즉, 생약연구소에서는 육상식물 연구에만 한정하지 않고 제주도민이 구충에 사용하고 있었던 해조 '가는잎듬북'을 채취하여 구충약을 제조하는 사업을 전개하였다. 그 결과 스기하라 등은 회충 구제(驅除)를 위한 구충제 '팬시(パンシー)' 개발에 성공하였다.[72] 한편, 후자인 아한대성식물로 '미부쑥(ミブヨモギ)' 재배 연구가 제주도에서 시행되었던 배경에는 세계 각지에서 사용되고 있었던 회충 구제제 '산토닌(サントニン)'의 국산화라는 국책이 존재하고 있었다. 즉, 제주도를 무대로 한 '팬시'와 '산토닌'의 개발 경쟁이 진행되고 있었다.

20세기 회충 구제제의 역사를 살펴보면 세계 각국에 '산토닌'이 보급되어 일본의 구제제도 수입에 의존하고 있었다. 그러나 일본신약주식회사(日本新薬株式会社)가 1927년부터 국산화를 위한 연구개발을 시작하였다. 산토닌 함유 식물 탐색을 시작하여 1929년에는 '미부쑥'이라고 명명한 식물에서 산토닌 함유가 확인되었다. 이후 재배 시험을 거듭하여 도쿄위생시험소 등과 협력을 거쳐 제조 연구를 진행하였으며, 1936년부터는 위탁재배 계약으로 미부쑥 광역 재배에 착수하였다.[73] 이 광역 재배가 시작된 시기에 조선총독부를 통하여 미부쑥과 조선과의 관계가 탄생한 것이다. 1937년 4월 총독부 기사 가와구치 도시카즈가 미부쑥의 평판을 듣고 일본신약을 처음 방문하였다. '국산' 산토닌은 1940년 5월에 발매되었고 1941년 4월에는 조선농사시험장 서선지장(西鮮支場) 다카하시 노보루(高橋昇)에게 미부쑥 모종이 보내졌다.[74] 이 시기가 조선에서 이루어진 본격적인 미부쑥 재배 연구

---

71 JACAR:Ref.A03010081300 (第14画像目부터 第15画像目까지). 이 자료에서는 '해초'로 표기하고 있다.
72 스기하라 등이 개발한 팬시에 대하여는 다음 문헌에 소개되어 있다. 森下薫, 『回虫及び回虫症』 (永井書店, 1949), 243쪽.
73 『日本新薬六十年史』 (日本新薬, 1984), 98-125쪽.
74 같은 책, 126-127쪽.

의 효시라고 생각한다.

그 증거로는 1943년 말부터 1944년 초까지 발표한 "조선에서 미부쑥 재배 및 산토닌 함유 시험"이라는 논문을 들 수 있다. 이 논문은 총독부 위생시험소와 일본신약의 공동 연구로 이루어졌다. 또한 재배 시험 방법에서는 농사시험장의 다카하시 노보루가, 성분 함량 시험에서는 총독부 위생과 가와구치 도시카즈가 협력하였다. 논문에서는 조선 각지에서 재배된 미부쑥에 포함된 산토닌의 측정 결과를 보고하였는데, '남한 지역(경상도, 전라도)'의 함유량이 다른 지방과 비교하여 높다는 의외의 결과가 공표되었다. 그러나 발육 상황이 다른 지방과 비교하여 취약하다는 점을 들어, 재배 적지가 '북한 지역'으로 결론지어졌다. 다만 이 논문에 게재된 재배시험지에 제주도 혹은 제주도시험장은 포함되지 않았다.[75]

즉, 1941년 4월 이후, 일본신약은 조선총독부 위생과, 위생시험소, 농사시험장과 공동 연구를 추진했다. 조선 내에서 미부쑥 재배를 시작하려는 경쟁 기업을 견제해갔으며, 조선군도 관여하면서[76] 미부쑥을 원료로 제충제 '산토닌' 제조를 시도하였다. 여기서 흥미로운 것은 이 시기가 경성제대 부속 생약연구소 제주도시험장에서 구충제 '팬시' 개발 기간과 겹친다는 것, 더욱이 제주도시험장에서는 미부쑥 재배 연구도 계획되어 있었다는 것이다. 사실 제주도 시험장에서 재배한 미부쑥의 유래는 불분명하다. 일본신약이 경쟁 업체로 삼았던 대일본니코친공업(大日本ニコチン工業)은 1939년

---

75 角倉一・釘田操, "朝鮮に於けるミブヨモギの栽培並サントニンの含有試驗(第一報)", 『朝鮮藥学会雜誌』 23:2・3・4 (1943. 11), 65-70쪽. 이 논문 저자인 가도쿠라(角倉)는 총독부 위생시험소, 구기타(釘田)는 일본신약주식회사에 소속되어 있었다. 다른 논문은 다음과 같다. 角倉一他, "朝鮮に於けるミブヨモギの栽培並サントニンの含有試驗(第二報)", 『朝鮮藥学会雜誌』 24:1 (1944. 2), 105-107쪽; 角倉一他, "朝鮮に於けるミブヨモギの栽培並サントニンの含有試驗(第三報)", 『朝鮮藥学会雜誌』 24:1 (1944. 2), 108-110쪽.

76 일본신약 사사(社史)인 『일본신약 60년사(日本新薬六十年史)』에는 경쟁 기업명으로 '대일본니코친공업(大日本ニコチン工業)'(126쪽), 조선군 관여는 1942년 11월이라고 기록되어 있다(127쪽).

에 미쓰이물산으로부터 거액의 투자를 받았다.[77] 한편, 경성제대 한약 연구는 조선 인삼 연구로 거액의 연구 자금을 미쓰이물산으로부터 받았으며 총독부 전매국과도 협력관계를 맺고 있었다. 미쓰이물산의 관여는 불분명하지만, 제주도시험장은 일본신약 유래 미부쑥 재배시험지에서 제외되었는데도 미부쑥 재배 연구를 시행하였고 동시에 제주도산 해조를 활용하여 구충제 '팬시' 개발에 성공을 거둔 것이다.

마치며

1930년대 이후, 경성제대 한약 연구는 일본제국 확대와 함께, 필드워크 연구를 확대하고 있었다. 동시에 경성제대 약리학 제2강좌의 중심적 연구 과제였던 조선 인삼 연구에서는 총독부와 미쓰이물산의 상호 의존 관계와 적극적으로 연계를 추진하였다. 1939년 경성제대 부속 생약연구소 설립에서는 양약 의존 탈피, 그리고 의약품 공급지로 조선이라는 새로운 미션이 더해졌는데, 그 '기대'가 약리학 제2강좌 스기하라 연구실에게 맡겨졌다고 하여도 과언이 아니다.

더욱 큰 맥락으로 본다면 1930년대 일본 제국주의의 전개는 한약 및 생약의 적극적인 평가를 촉진하였다. 일본 한의학자들은 이 시대를 한의학 부흥 시기로 생각하고 적극적으로 시국에 순응하였다.[78] 언뜻 보기에는 정반대 입장에 있었다고 생각되는 생리학자와 한의학자가 '일본의학(日

---

77 坂本雅子, "戦時下の三井物産", 『社会科学論集』 (名古屋経済大学社会科学研究会), 第62号 (1997), 42쪽.

78 愼蒼健, "日本漢方医学における自画像の形成と展開: 「昭和」漢方と科学の関係", 金森修編, 『昭和前期の科学思想史』 (勁草書房, 2011), 311-340쪽.

本醫學)'의 건설을 주장했던 것도 이 시대였다.[79] 경성제대 한약 연구자도 같은 시대 의식을 공유하면서 행동하였으며 경성제대는 제국 일본에서 생약 연구 거점 중 하나로 1945년 제국 붕괴까지 이례적인 진전을 이어갔던 것이다.

더욱이 이 글에서는 경성제대 한약 연구사에 중요한 역할을 한 상사(商社)나 제약회사와 같은 '기업', 전매국이나 위생시험소 등을 거느린 '총독부', 그리고 '군'의 존재에 주목하였다. 다만 분석이 미흡한 부분도 있다. 그 요인 중 하나는 기업의 자료 공개가 다른 곳에 비하여 늦어지고 있다는 점이다. 미쓰이물산, 시오노기제약, 일본신약의 자료가 더 많이 공개된다면 인삼 연구사는 물론 생약연구소와 제주도시험장의 역사도 재검토가 필요할 것이다.

79 愼蒼健, "医学論の日本主義的展開:戦時期日本の生理学, 臨床医学, 漢方医学", 『現代思想』 49:8 (青土社, 2021), 199-205쪽.

치료약과 강장제 사이에서
—근대 한국의 비타민 보충제 도입—[*]

김태호 (전북대학교 한국과학문명학연구소)

1. 머리말

김성환의 만화 『소케트군』(1978)에서, 주인공은 어머니로부터 비타민 음료 한 잔을 받고는 이를 마시기 싫어서 음료수 잔을 머리맡에 놓고 꽃 한 송이를 꽂은 채 낮잠에 빠져들었다. 잠에서 깨어난 소년은 꽃이 몇 곱절로 커진 것을 보고는 깜짝 놀라며 비타민의 위력을 실감한다.[1] 이 만화는 비타민제의 효능을 과학적으로 정확하게 설명한 것은 아니지만, 1970년대 한국인들이 비타민제를 무엇으로 인식하고 있었는지는 비교적 정확하게 보여주고 있다. 한국 경제가 급속도로 성장하던 시절, 비타민은 발육과 성장을 돕는 일종의 "보약"처럼 인식되고 있었다.

이것은 비타민 보충제의 역사를 생각하면 더욱 흥미로운 일이다. 비타

---

[*] 이 글은 『문화와 융합』 46:1 (2024)에 게재된 저자의 같은 제목의 논문을 일부 수정한 것이다.
[1] 김성환, 『소케트군 3』 3 (서울: 연희출판사, 1978).

민제의 존재가 한반도에 처음 알려진 1920년에는, 그것은 각기병을 비롯한 결핍증의 예방 또는 치료를 위한 약으로 소개되었다. 성장 발육과 비타민을 결부시키는 서사는 한참 뒤의 약품 광고들에서 비로소 찾아볼 수 있다. 근대 초기에 한국에 도입된 다른 문물들과 마찬가지로 비타민제도 호기심, 기대, 불안, 회의가 섞인 시선으로 받아들여졌다. 일본 제약회사들은 식민지 사람들에게 비타민제를 구입해야 할 이유를 제시해야 했으므로, 도입 초기에는 비타민 결핍증의 위험성을 강조했다. 그러나 일제강점기 한국인들은 일본인들에 비해서는 각기병에 대한 두려움을 덜 느꼈다. 전근대와 근대 초기 한국에서는 일본이나 동남아시아처럼 각기병이 만연하지 않았기 때문에, 언론에서 각기병에 대한 공포를 조장하려 해도 그것이 일본에서만큼 힘을 얻지는 못했다. 따라서 일제강점기 후반의 약품 광고는 비타민 결핍증의 위협보다는 비타민 보충제의 잠재적 이점을 강조하기 시작했다.

이러한 추세는 광복 후에도 이어졌다. 한국(남한)은 1960년대 이후 급속한 경제성장을 거쳐 현재 세계 경제에서 큰 비중을 차지하는 주요 산업국가 중 하나가 되었다. 굶주림에 대한 두려움이나 신체적 생존에 대한 불안감이 이전만큼 두드러지지 않게 되자 한국인들은 더 높은 생활 수준을 지향하기 시작했다. 비타민은 더 크고, 더 튼튼하고, 더 건강한 신체를 만들기 위한 핵심 자원으로 인식되었고, 비타민 보충제 시장은 엄청나게 성장했다. 그사이 비타민 결핍이라는 본래의 맥락은 대중 사이에서 잊혀갔다.

이것은 어느 선진국에서나 볼 수 있는 흔한 이야기처럼 들릴 수 있다. 오늘날 선진국 인구의 대다수는 영양소 과잉에 대해 두려워할지언정, 각기병이나 괴혈병과 같은 비타민 결핍증을 두려워하지는 않는다. 한국과 비타민 문화의 핵심 요소들을 공유하는 일본도 마찬가지다. 그럼에도 불구하고 한국의 사례는 몇 가지 이유로 자세히 살펴볼 가치가 있다. 첫째, 비타민 보충제와 관련된 담론과 관행이 일본에서의 맥락과 분리되어 한국에 도입되었다는 점에서 이른바 압축된 근대성의 한 사례를 보여준다. 둘째, 비타민 보충제는 양생(養生)이라는 전통적 지식과 관행의 큰 맥락 속에서 전통 강장제와 경쟁하면서도 공존해야 했는데, 이는 건강과 영양에 대한 전통적 믿음이 얼마나 탄력적일 수 있는지를 보여준다. 셋째, 한국의 사례는 국가가 과학을 통해 국민의 일상에 어떻게 침투하는지를 보여주는 좋은 예이다. 일제강점기와 광복 후를 가릴 것 없이, 국가는 건강과 영양이라는 명목으로 국민의 일상적인 식생활을 끊임없이 통제하려 했다. 국가 건설과 발전을 위해 개인에 대한 국가의 개입을 정당화하기 위한 노력이 여러 갈래로 이루어졌고, 비타민은 건강 담론에서 가장 효과적인 무기 중 하나였다.

이 글은 근대 일본의 각기병 연구가 비타민 연구로 이어진 역사를 살펴보는 것으로 시작한다. 이어서 일제강점기의 한국인들이 비타민에 대한 새로운 지식과 관행을 어떻게 접하고 점차 수용했는지, 그리고 그 과정에서 연관된 담론과 실천들에 어떤 변화가 일어났는지를 살펴볼 것이다. 나아가 현재 한국인의 일상에서 비타민 보충제가 어떤 위상을 차지하고 있는지 성찰할 것이다. 비타민제는 오늘날 한국인의 일상생활에서 확고한 자리를 점유하고 있지만, 여전히 다른 전통적인 건강보조식품 및 강장제와 공존하고 있다. 이는 전통과 현대 사이의 "회색 지대"를 보여준다고도 할 수 있을 것이다.

2. 각기병 연구에서 비타민 상업화까지

각기병(脚氣病)은 동아시아와 동남아시아를 비롯한 쌀밥 문화권에서는 예로부터 흔히 발생하는 병이었다. 일본에서는 일본식 발음으로 "갓케"라고 불렸으며, 동남아시아와 남아시아 일대에서는 허약하고 기운이 없는 상태를 표현하는 싱할리어에서 비롯된 "베리베리(Beriberi)"라는 이름으로 불렸다. 이름에서 알 수 있듯 다리[脚]에 가장 먼저 증상이 나타난다. 신경에 염증이 일어나 다리에 힘이 빠지고, 방치하면 심부전에 이르러 생명을 위협할 수도 있다.

오늘날은 각기병이 비타민 B1(티아민)이 부족할 때 나타나는 결핍증이라는 것이 잘 알려져 있다. 그러나 이 사실이 밝혀지기 전까지는 이 질병의 본질과 원인에 대해 수십 년 동안 논란이 이어졌다.[2] 서구인들이 처음으로 각기병 환자를 접했을 때는 서구에서 비슷한 증상의 환자를 본 적이 없으므로 이것이 아시아의 풍토병(endemic disease)이라고 생각했다. 각기병의 존재를 일찍이 알고 있었던 아시아 사람들도 이 병의 정체를 확실히 알아내지 못한 것은 마찬가지였다. 무엇보다 쌀밥을 먹는다고 모두 각기병에 걸리는 것이 아니었다. 비타민 B1이 풍부한 씨눈을 완전히 제거한 백미밥을 장기간 먹을 때 결핍 증상이 나타난다. 따라서 각기병은 쌀밥 문화권에서도 늘 흰쌀밥을 먹을 수 있는 이들에게 국한된 병이었다. 일본에서 각기병을 "에도노와즈라이[江戸の煩い, 에도의 근심거리]"라는 별명으로 불렀던 것에서도 알 수 있듯, 도쿠가와 막부 시대에도 각기병은 에도(오늘날의 도쿄)의 부유한 사람들에게만 문제가 되는 질병이었다.

메이지유신 이후 국민개병제가 실시되면서, 각기병은 에도의 근심거리를 벗어나 일본 전국의 문제가 되었다. 일본의 농촌 청년들이 군대에 징집되어 도정된 흰쌀밥을 마음껏 먹을 수 있게 되자, 군대에서 각기병 환자가 대규모로 발생하게 된 것이다. 청일전쟁과 러일전쟁 등 전쟁을 거치며 일본

---

2 Alexander R Bay, "Beriberi, Military Medicine, and Medical Authority in Prewar Japan", *Japan Review* 20 (2008), pp. 111-156.

제국주의가 확장되는 과정에서 각기병은 일본군의 전투력을 떨어트리는 위험 요소로 인식되었다. 각기병이 대량 발생하던 초기에는 아무도 흰쌀밥이 원인일 것이라는 생각을 하지 못했기에, 많은 과학자와 의학자들이 이 병의 성격과 치료법에 대해 다양한 가설을 제시했다.[3] 당시 세균설이 최신 과학 이론으로서 확립되면서 각종 질병의 원인균들이 하나둘씩 밝혀지고 있었기 때문에, 각기병도 "각기균"이 일으키는 감염병일 거라는 생각도 한 때 많은 지지를 얻었다. 장기간의 집단생활에서 비롯된 스트레스성 정신질환이라는 가설도 있었으며, 심지어 남성 군인들 사이의 동성애가 원인이라는 주장까지 나오기도 했다. 하지만 러일전쟁을 거치며 해군에서 군의총감 다카기 가네히로(高木兼寛)가 보리 혼식과 채소 식단 등을 도입하면서 해군의 각기병 환자를 대폭 줄이는 데 성공하자, 각기병은 어떤 형태로든 식사와 관련이 있다는 견해가 힘을 얻게 되었다.

1900년대 초 국제 과학계는 각기병의 원인에 대해 두 갈래 의견으로 나뉘어 있었다. 한편에서는 각기병은 도정된 백미가 오염되어 일으키는 일종의 식중독이라고 추측했고, 다른 한편에서는 현미를 도정하는 과정에서 특정 영양소가 손실되어 각기병이 일어난다고 주장했다. 도쿄제국대학의 교수 스즈키 우메타로(鈴木梅太郎)는 1910년 쌀겨에서 새로운 미량영양소를 분리하는 데 성공하고, 각기병은 이 영양소가 모자라면 나타나는 결핍증이라고 주장했다. 스즈키는 이 새로운 영양소를 쌀의 학명인 오리자 사티바(Oryza sativa)의 이름을 따서 "오리자닌(Oryzanin)"이라고 명명했다.

다만 그럼에도 불구하고 스즈키 우메타로나 오리자닌이라는 이름이 세계인들에게 널리 알려지지는 않았다. 스즈키는 자신의 연구 결과를 일본어로 먼저 발표하고 나중에 독일어로 번역했는데, 그사이에 네덜란드의 병

---

3 Hoi-eun Kim, *Doctors of Empire: Medical and Cultural Encounters between Imperial Germany and Meiji Japan* (Toronto: University of Toronto Press, 2014).

리학자 크리스티안 에이크만(Christiaan Eijkman)이 비슷한 연구 결과를 발표했던 것이다. 에이크만의 발견은 유럽에서 큰 관심을 끌었고, 폴란드의 생화학자 카지미르 풍크(Kazimierz Funk)는 에이크만이 발견한 물질에 "비타민(vitamine)"이라는 이름을 붙였다. 스즈키는 일본 안에서도 각기병의 세균 감염설을 믿는 동료 과학자들에 맞서 자신의 이론을 입증하는 데 많은 시간을 들여야 했으므로 국제 학계에서 자신의 우선권을 힘있게 주장하지 못했다. 스즈키의 발견은 1910년대 후반 유럽과 미국에서 비타민 열풍이 불면서 비로소 동료들에게 인정받게 되었다.

스즈키는 비타민 연구에 대한 선구적 업적을 인정받아 1921년부터 일본 이화학연구소(리켄 理研) 산하에 비타민 연구실을 열게 되었다. 이 연구실은 각기병의 원인인 비타민 B1뿐 아니라 여러 가지 비타민을 연구하여 "비타민 연구의 성지"라는 별명을 얻게 되었다.[4] 리켄 비타민 연구실의 연구원이었던 다카하시 가츠미(高橋克己)는 1922년 대구 간유에서 비타민A(레티놀)를 분리하여 추출하는 데 성공했다. 이는 세계 최초로 비타민 A 보충제를 상품화한 것으로, 미국과 유럽 등지에서도 특허를 얻었다. 대구 간유는 비타민을 비롯하여 각종 영양소가 많아 건강식품으로 권장되었지만, 특유의 강한 맛 때문에 일본인에게 인기를 얻지 못했다. 다카하시는 대구 간유에서 추출한 비타민 A를 영양제 형태로 만드는 기술을 개발했고, 리켄콘체른은 이것을 "리켄비타민"이라는 제품명으로 상품화하여 상당한 수익을 냈다. 리켄비타민은 "비타민 연구의 성지"로서 리켄의 위상을 공고히 했다.

---

4 "生命の源泉を緑茶と椎茸に見出す",《東京日日新聞》, 1936. 1. 28.

3. 결핍증 치료제의 아이러니

그런데 비타민 보충제를 상품화한다는 것은 그리 간단한 일은 아니었다. 각기병, 괴혈병, 야맹증 등 이전까지 원인을 알지 못했던 무서운 질병들의 정체가 비타민 결핍증이었다는 것이 속속 밝혀졌다. 하지만 결핍증이라는 정체가 밝혀지는 순간, 그것을 예방하거나 치료하는 일이 놀랍도록 쉽다는 것도 밝혀졌다. 식단을 조금 바꾸는 것만으로도 미량 영양소의 결핍증은 충분히 예방할 수 있었던 것이다.

리켄의 스즈키 연구실이 리켄비타민을 시판하기 시작한 1920년대에 이르면, 일본인에게 각기병은 이전처럼 공포의 대상이 아니었다. 당시까지 "오염 학파"와 "결핍 학파"는 합의에 이르지 못했지만, 두 학파 모두 도정된 백미의 잠재적 위험성에 동의하고 현미 소비를 늘릴 것을 제안했다. 그 결과 각기병 환자 수는 시간이 지남에 따라 크게 감소했다. 비타민 A의 경우도, 일본과 한국에서는 야맹증이 큰 문제가 된 적이 없었기 때문에 시장을 창출하는 것이 쉽지 않았다. 일본의 식민지였던 한반도에서는 비타민 보충제의 시장을 찾기가 더욱 어려웠다. 한반도의 경제 상황에서 각기병의 주원인인 백미의 과다 섭취를 걱정해야 하는 사람들은 극소수였기 때문이다. 이는 개항 직후에도 크게 다르지 않았다. 조선말 한반도에서 활동했던 서양 의료선교사들의 기록에도, 조선 최대 도시인 한양에서도 각기병 환자를 거의 찾아볼 수 없었다는 보고가 남아 있다.[5] 결핍증이라는 것이 이렇게 쉽게 예방하고 치료할 수 있는 것이라면, 사람들이 비타민 보충제에 돈을 쓸 이유가 있겠는가?

흥미롭게도, 비타민제 상품화의 길을 열어준 것은 동아시아에 만연해 있

---

5 여인석, "세브란스의전 연구부의 의학연구 활동", 『의사학』 13 (2004), 233-250쪽.

던 결핵이었다. 대구 간유에서 추출한 비타민 A인 리켄비타민은 결핵 예방에 특효라고 선전하며 시장을 개척했다. 만성 소모성 질환으로 특별한 치료약이 없었던 결핵은 도시화가 진행되던 근대 동아시아에서 공포의 대상이었다. 예방이 최선의 대책으로 여겨졌고, 예방을 위한 일반적인 권장 사항은 충분한 영양 섭취를 통해 면역체계를 강화하는 것이었다. 또한 대구 간유는 비타민이 발견되기 전부터 유럽에서 감기 및 기타 호흡기 질환을 예방하는 전통 강장제로 사용되어왔다. 따라서 간유는 일본과 한반도에서도 체력과 면역을 높이는 강장제로 선전되었고, 리켄비타민도 이러한 맥락에서 소비되었다. 일본의 비타민 연구는 결핍에 대한 연구로 시작되었지만, 비타민 제품의 상업화는 자기 관리 담론에 의해 주도된 것이다.

비타민 D의 발견은 어린이 성장과 신체 발달이라는 측면에서 비타민 제품 구매의 또 다른 근거를 제공했다. 대구 간유는 뼈가 연해지고 뒤틀리는 어린이 결핍 질환인 구루병을 예방하고 치료하는 데 효과적인 것으로 알려졌다. 대구 간유의 구루병 예방 효과는 처음에는 비타민 A와 관련이 있는 것으로 여겨졌지만, 미국의 생화학자 엘머 맥컬럼(Elmer McCollum)은 1921년 대구 간유에 함유된 미량 영양소 중 구루병을 예방하는 성분이 비타민 A와는 별개임을 확인하고, 이를 비타민 D라고 명명했다. 이 발견은 제1차 세계대전 이후 유럽에서 영양실조에 대한 대중의 관심이 높아진 것과 맞물려 서구에서 비타민 보충제에 대한 대중의 관심을 다시 불러일으켰다. 1923년 인간이 자외선 노출을 통해 비타민 D를 합성할 수 있다는 사실이 밝혀졌지만, 대구 간유 제품에 대한 수요는 줄어들지 않았다. 필요한 영양소를 충분히 공급하여 국민을 건강하고 튼튼하게 유지하는 것이 국가의 임무였다면, 가정의 식단을 관리하며 가정에 비타민제를 끊이지 않고 공급하는 것은 주부 각자의 의무가 되었다. 과학은 점차 요리와 살림에 스며들었고, 비타민은 그 변화를 상징하는 키워드가 되었다.

4. 현대의 양생, 장을 청소하다

그러나 일본과 식민지 조선에서 비타민의 인기가 높아진 것은 단순히 결핍과 질병을 예방하려는 소극적인 동기만으로는 설명할 수 없다. 더 크고 튼튼한 몸을 만들고자 하는 사람들의 열망이 비타민 보충제 사업을 발전시키는 가장 강력한 힘으로 작용했다. 비타민 A, D, E는 일반적으로 자기관리 및 활력과 연관 지어 판매되었고, 비타민 B는 신체의 성장 발육에 필수적인 성분이라고 광고되었다.

스즈키의 오리자닌은 시장에서 리켄비타민만큼 성공하지는 못했다. 오리자닌의 개발 목적이었던 각기병은 상업화된 보충제를 위해 추가 비용을 들이지 않고도 일상적인 식습관을 개선하는 것만으로도 쉽게 예방하고 치료할 수 있는 질병이었기 때문이다. 사실 비타민 B가 함유된 현미와 기타 채소가 완전히 도정된 백미보다 훨씬 저렴했기 때문에, 각기병을 예방하기 위한 식단 변경은 경제적으로도 오히려 이득이었다. 반면에 항생제가 없던 당시에는 결핵을 치료하기가 더 어려웠고, 결핵을 예방하기 위한 식이요법에는 육류나 유제품과 같은 값비싸고 칼로리가 높은 식품이 포함되는 경우가 많았다. 따라서 간유 제품에 돈을 쓰는 것은 나름대로 합리적 소비라고 할 수 있었다.

하지만 성장과 발육이라는 맥락이 더해지면서, 원래 각기병 치료제로 개발되었던 비타민 B 보충제는 새로운 기회를 잡았다. 맥주 효모는 맥주산업의 부산물로 다량 생산되는데, 독일에서 상업화된 이후 일본에서도 1920년대 후반부터 영양 보충제로 따로 판매되기 시작했다. 와카모토제약은 1929년 "와카모토"를 출시했고, 아사히맥주는 1930년 "에비오스"를 출시했다. 이들은 맥주 효모가 다양한 미량 영양소와 효소, 식이섬유 등을 함유하고 있다는 점을 광고했는데, 차츰 비타민 B군(群)을 마케팅의 중심으로 내세웠다. 비타민 B군과 효모에 함유된 다른 효소들이 복합적으로 작용하면 신체의 성장 발육에 도움이 된다는 것이 그들의 주장이었다.

성장 발육은 근대 일본인에게, 그리고 식민지배를 통해 그 영향을 강하게 받았던 근대 한국인에게 거부할 수 없는 가치였다. 일반인과 의학 전문가를 가릴 것 없이, 근대 일본인은 서양인과 비교하여 자신들의 몸집이 작은 것에 대한 집단적 열등감에 시달렸다고 해도 과언이 아니다. 일본인을 서양인만큼 크고 튼튼하게 만들기 위해서, 정치가와 과학자들은 전근대 일본에서는 일상적인 식재료가 아니었던 육류와 유제품의 소비를 권장하고, 쌀 대신 밀을 소비하도록 장려해야 한다고 주장했다.

그런데 전통적으로 소비하지 않던 식품의 소비가 증가하자, 소화가 중요한 화두로 떠올랐다. 익숙하지 않던 육류와 유제품의 소비를 갑자기 늘리자 적잖은 일본인들이 소화가 잘 되지 않는다는 불편을 호소했다. 육류와 유제품이 전통적인 식재료인 곡물과 채소보다 비쌌다는 점을 감안하면, 이는 심각한 자원 낭비였다. 서양식 식단의 도입이 체위 향상이라는 목표로 이어지기 위해서는 섭취한 육류와 유제품의 소화 흡수 능력을 끌어올려야만 했다. 이를 위해서 장의 소화 흡수 능력을 높이는 여러 가지 기술이 고안되었다. 복부를 물리적으로 자극하여 장 운동을 촉진하는 바이브레이터, 장내 노폐물을 제거하기 위한 식이섬유 보충제, 소화효소 또는 그 전구체를 함유한 건강보조식품 등이 시판되었다. 이를 통해 "신체 기계"의 효율성을 개선하면 서구식 식단이 일본인의 몸을 서구형에 가깝게 바꾸어줄 것이라는 믿음이 널리 퍼졌다.

맥주 효모를 이용한 비타민 보충제는 이런 시대적 흐름을 타고 소화와 비타민과 성장을 연결했다. 효모 보충제 안에는 비타민 B뿐 아니라 탄수화물, 각종 아미노산, 그리고 다양한 효소가 식이섬유 등과 혼합되어 있다. 소화 효소를 경구 섭취한다고 바로 소화력이 증진되는 것은 아니지만,

효모 보충제 안의 식이섬유가 장내 잔여물을 청소해주면 실제로 소화 효율이 높아지기도 하였다. 더욱이 각기병의 주요 증상 중 하나가 소화불량이었으므로, 각기병 환자가 비타민 B를 섭취하면 소화가 개선되는 효과가 실제로 나타나기도 했다. 비록 1920-30년대의 현실에서 비타민의 복합적인 생리 작용에 대한 이해는 지금과 비교하면 걸음마 수준이었지만, 이러한 효과들을 확인한 일본의 과학자들은 맥주 효모 보충제가 서양인처럼 키 크고 튼튼한 몸을 만드는 데 도움이 될 수 있다고 믿게 되었다. 비타민 보충제의 광고에서는 각기병 등 결핍증의 부정적인 이미지는 점점 자취를 감추고, 건장한 몸을 향한 성장 발육이라는 긍정적인 이미지가 대세로 자리잡았다.

특정한 질환을 치료하기 위해서가 아니라 전반적으로 건강을 증진하고 성장을 촉진하기 위해 소비한다는 면에서는, 이러한 건강보조식품은 사실 동아시아 전통의학에서 이야기하는 "보약"과 그 위상이 상당 부분 겹친다. 동아시아 사람들은 소화 흡수를 개선한다거나 면역체계를 강화한다는 등의 포괄적인 효능을 전통의학의 "양생(養生)"의 연장선상에서 이해했다. 그런 점에서 비타민 보충제 시장이 전통 한방에 기반한 강장제 시장과 상당히 겹치는 것은 그리 놀라운 일은 아니다.

비타민 시장이 강장제 시장과 겹치는 양상은 비타민 E가 발견되면서 더욱 두드러졌다. 비타민 E는 1922년 발견되었을 당시 일명 "불임 방지 비타민"으로 알려졌는데, 동물실험에서 수정 능력을 높이고 노화 속도를 낮추는 작용을 한다는 사실이 알려졌다. 동아시아에서 생식 능력은 오랫동안 남성의 "정력"이라는 개념과 등치되어왔기 때문에, 동아시아의 소비자들은 "생식 능력을 북돋워주는" 비타민 E를 새로운 "과학적" 정력제나 현대적 강장제로 쉽게 받아들일 수 있었다. 이렇게 비타민은 양생의 전통이 강한 동아시아에서 근대적 보약으로 받아들여지며 자리잡기 시작했다.

5. 전쟁과 함께 돌아온 각기병의 공포

이상과 같이 일본에서 정착한 비타민 제품과 그를 둘러싼 담론들은 일제 강점기 동안 한반도에도 소개되어 자리잡아갔다. 비록 한반도의 경제 규모 때문에 건강보조식품 시장이 성장하는 데에는 한계가 있었지만, 적어도 비타민이 몸에 좋다는 이야기는 세상 물정에 밝은 한국인이라면 1930년대에 이르면 모두 알게 되었다. 어떤 이들은 "부스럭거리는 쌀겨를 사먹는 데 돈을 쓴다"며 맥주 효모 보충제의 유행을 비꼬기도 했지만, 근대적 세계관을 내면화한 부유한 한국인들에게 건강과 체질 개선에 대한 약속은 무시하기 어려웠다.[6]

1920년대부터 식민지 조선의 주요 신문과 잡지에는 저명한 의료기관의 한국인 의사들이 기고한 비타민 관련 기사가 자주 실렸다. 1933년 《동아일보》의 독자 상담란에는 19세의 여성 독자가 "볼이 너무 얇고 창백해서 전혀 매력적으로 보이지 않는데… 대구 간유와 우유 중 무엇을 먹어야 볼의 모양과 색을 되찾을 수 있을까요?"와 같이 상당히 구체적인 질문을 올리기도 했다.[7] 남녀노소를 불문하고 근대문물에 익숙한 이들에게는 비타민의 중요성이 잘 알려져 있었던 것이다.

하지만 "보약"으로서의 비타민이 각기병 치료제로서의 비타민을 완전히 밀어낸 것은 아니었다. 각기병의 위협은 쉽게 사라지지 않았고, 특히 강제적인 긴축정책을 펼쳤던 전시 식민지에서는 더욱 그러했다. 1937년 중일전쟁이 발발하고 태평양전쟁의 총력전 체제로 돌입하면서, 신체적 성장에 대한 이야기는 사치스러운 것으로 여겨지게 되었다. 비타민 결핍증 예방이 비타민 섭취를 유지해야 하는 가장 중요한 이유로 다시 대두되었다. 전시

---

6 "비타민", 《동아일보》 1925. 8. 17.
7 "지상 병원", 《동아일보》 1933. 4. 16 조간.

경제에서는 다량의 보충제를 생산할 역량도 소비할 여력도 수요와 공급 양면에서 부족했으므로, 비타민 보충제를 별도로 구입하기보다는 균형 잡힌 식단을 유지하면서 비타민을 섭취하는 것이 권장되었다.

전선에서 식량 수요가 계속 증가함에 따라 영양학과 가정학(家政學) 연구자들은 가정에서 식량 소비를 줄여야 한다는 메시지를 반복해서 던졌다. 식민당국은 특히 주부들에게 현미밥과 비타민이 풍부한 음식을 가족에게 제공할 의무를 강조했다. 그러나 그 이면에는 냉정한 계산이 숨어 있었다. 쌀의 4분의 1 이상이 도정 과정에서 손실되기 때문에, 현미 소비를 늘리면 사실상 쌀 생산량을 늘리는 것과 같은 효과를 가져온다는 것이었다. 이는 총력전 체제에서 국민들의 신체적 경험을 조작하려 했던 일제의 식민지적 노력의 또 다른 사례였다.

각종 선전물을 통해, 완전히 도정한 흰쌀밥을 먹는 것은 전시 국민의 의무를 망각한 방종한 처사일 뿐 아니라, 스스로의 건강을 해치는 어리석은 행위라는 메시지가 반복적으로 전달되었다. 1940년대의 신문과 잡지 어디에서나 영양학자나 의사들이 도정 백미 섭취의 잠재적 위험성을 강조하는 기사를 쉽게 찾아볼 수 있다. 한 신문 기사는 "하얀 이밥은 독이 됩니다"라고 백미를 노골적으로 비난하기도 했다.[8] 한때 한국인의 건강 관심사에서 거의 소외되었던 각기병이 백미의 잠재적 위험성을 강조하기 위해 다시 크게 부각되었다. 한편 비타민 보충제 산업은 전쟁 기간 상대적으로 가라앉았다. 대다수 일본인과 한국인에게 생존 자체가 주요 관심사가 된 상황에서 건강보조식품에 추가 비용을 지출하는 것은 적절하지 않은 일로 여겨졌기 때문이다.

---

8 "하얀 이밥은 독이 됩니다", 《동아일보》 1935. 3. 12.

6. 압축성장기의 부스터, 비타민

광복과 분단 그리고 전쟁을 겪으면서 일련의 정치적 격변기를 거치면서 한반도 남쪽에는 미국 문화의 영향력이 점점 강해졌고, 이것이 아직 남아 있던 일본 문화의 영향력과 경합하게 되었다.

미국에서도 상업화된 비타민 보충제가 인기를 끌었지만, 동아시아와는 강조점이 약간 달랐다. 일본에서 상업화에 성공한 비타민 제품이 주로 맥주 효모(비타민 B 복합체)와 대구 간유(비타민 A와 D)였다면, 미국에서는 종합 비타민제가 주류를 이루었다. 가장 인기 있는 비타민은 비타민 C와 비타민 E였으며, 가장 원하는 효과는 스트레스와 피로 해소였다.[9]

전쟁과 경제적 어려움에도 불구하고 1950년대 일부 한국인들은 다양한 경로를 통해 미국에서 대량 생산된 종합비타민제를 구입할 수 있었다. 빈곤층 어린이들은 학교나 지역사회에서, 또는 전후 재건을 위한 국제구호단체를 통해 비타민제를 접했지만, 부유층 소비자들은 시중에서 미국산이나 일본산 종합비타민제를 불법 밀수한 제품을 구입했다. 1960년대까지 신문에는 밀수된 비타민제나 그 성분을 적발하는 기사가 자주 보도되었다.[10] 이는 자연적으로 비타민이 풍부한 식료품의 소비를 장려하던 전시 문화와는 다른 새로운 경험이었다.

한편, 한국의 비타민 제조업체들도 서서히 시장에 등장했다. 가장 흔한 경로는 적산불하(敵産拂下)를 통해 일본인이 운영하던 제약공장을 취득하여 유사한 품목을 계속 생산하는 것이었다. 1945년 8월 일본의 무조건 항복 이후 한반도에 있던 일본 산업 시설은 미군정에 의해 몰수되었고, 이후 국내의 민간 기업가들에게 처분되었다. 한반도의 일본 제약회사들은 비록

---

9 Rima D Apple, *Vitamania: Vitamins in American Culture, New Brunswick* (NJ: Rutgers University Press, 1996).

10 "이삿짐 가장 밀수", 《매일경제》, 1966. 7. 1.

그 규모가 크지는 않았지만 식민지 산업자본의 상당 부분을 차지했으며, 이런 과정을 거쳐 광복 후 한국(특히 남한) 제약 산업의 밑거름이 되었다. 이들이 생산한 제품은 기본적인 영양 보충제부터 처방약까지 다양했으며, 비타민제는 다른 종류의 강장제 및 보조제와 함께 판매되었다.

적산불하된 공장들의 성장, 그리고 비타민제와 강장제 시장의 중첩 등을 보여줄 수 있는 사례가 대한비타민공업이다. 대한비타민공업은 일본에서 "간유 드롭스"의 선두주자였던 구 가와이(河合)제약의 부산 공장(1942년 설립)을 인수하여 1945년 설립되었다. 대한비타민은 대구 간유 제품 생산을 재개하는 한편, 종합비타민 당의정과 종합비타민 시럽 등을 생산하며 사업 다각화를 꾀했다. 1961년에는 일본 다나베(田辺)제약의 라이선스를 받아 신제품 "우루사"를 출시하며 사업 다각화를 꾀했다. 우루사는 곰 담즙의 유효 성분인 우르소데옥시콜산(UDCA)을 주성분으로 하는 간장 강화제였는데, 전통적으로 웅담을 약재로 사용해왔던 동아시아 소비자들에게 큰 호응을 얻었다. 우루사는 회사 매출의 대부분을 차지할 정도로 시장에서 큰 성공을 거두었고, 대한비타민은 결국 1978년 대웅(大熊)제약으로 회사 이름을 변경했다.[11] 우루사는 여전히 한국에서 가장 인기 있는 일반의약품 "피로회복제" 가운데 하나다. 이러한 변화는 한국 소비자들이 비타민과 간 기능 개선제와 같은 건강기능식품 범주에 속하며 심지어 상호 교환이 가능하다고 생각했음을 보여준다는 점에서 흥미롭다.

1960년대 초부터 한국의 의약품 시장은 급속한 경제성장과 함께 빠르게 확대되었고, 종합비타민 제품이 그 성장을 주도했다. 비타민에 대한 지배적인 이미지도 국가적 차원에서 권장하는 결핍증 치료제에서, 개인의 성장을 위한 보조제로 다시 바뀌었다. 자녀의 신체적 성장과 고된 노동에 시

---

11 홍현오, 『한국약업사』 (서울: 한독약품공업주식회사, 1972).

달리는 남편의 회복과 원기 회복을 위해 주부들이 가족에게 비타민을 공급해야 한다는 광고가 범람했다.

　고도성장기 한국에서 비타민 제품에 대한 광고는 주로 어린이의 신체 발달에 초점을 맞추었다. 맥주 효모 제품이 시장의 성장세를 이끌었던 것도 일제강점기와 연속성에 있다. 적산불하를 통해 와카모토 한국 공장을 인수한 서울약품은 "원기소(元氣素)"라는 이름으로, 아사히맥주의 에비오스 공장을 인수한 삼일제약은 "에비오제"라는 이름으로 똑같은 제품의 생산을 재개하였다. 원기소는 프로레슬링의 인기 스타 김일을 비롯하여 근육질 남성을 광고 모델로 썼는데, 이는 비타민 보충제에 대해 한국인들이 무엇을 기대했는지 잘 보여준다. 원기소는 1980년대 중반까지 어린이 건강보조식품의 대명사로 인기를 끌었다.[12]

　도입부에서 언급한 만화에서 볼 수 있듯이, 비타민이 성장 발육을 도울 것이라는 기대는 날로 확산되어갔다. 급속한 산업화로 경제가 하루가 다르게 성장하던 시기, 국가 경제뿐 아니라 개인의 성장도 중요한 과제가 되었고, 어떤 종류의 비타민이든 건강에 도움이 될 것이라는 대중의 믿음이 강해졌다. 그러나 한 발 더 나아가, 이는 어떤 알약이든 고도성장의 시대에 살아남는 데 도움이 된다면 상관없다는 생각으로 이어지기도 했다. 비타민 열풍의 흥미로운 귀결 중 하나는, 아이러니하게도 "그것이 반드시 비타민일 필요는 없다"는 것이었다. 바쁘게 변화하는 사회에서 지친 한국인들에게, 기분을 전환하고 생산성을 높일 수 있다면 어떤 약물이나 보충제인지는 사실 크게 중요하지 않았다. 일반 소비자에게는 활성 성분이나 특정 대사는 실제로 중요하지 않았다. 사람들은 특정 메커니즘이나 효과를 위해 돈을 쓰는 것이 아니라 특정 효과나 기대치를 위해 돈을 썼다. 비타민

12　같은 책.

이 강장제의 일종으로 시장에 자리잡으면서, 비슷한 카테고리의 모든 약물이나 보충제와 경쟁할 수밖에 없는 처지가 된 것이다.

비타민 보충제 시장의 성장은 1960년대 후반에 첫 번째 정체기를 맞았다. 1960년대 급속한 경제발전과 함께 자양강장제에 대한 수요가 급증했지만, 비타민이 그 시장을 독점할 수는 없었다. 전통적인 매약, UDCA와 같은 간 기능 개선제, 당분이 함유된 에너지 음료, 카페인 알약 등 직장인을 위한 다양한 약과 보충제들이 비타민과 경쟁했다. 봉제공장의 젊은 여성 노동자들은 카페인 성분의 각성제인 "타이밍"을 먹고 잠을 쫓아가며 일하기도 했다. 1970년대 내내 한국 봉제 노동자들의 열악한 노동 환경은 악명이 높았고, 여성 노동자들은 자신의 의지와 상관없이 카페인제를 먹곤 했다. 심지어 진통제와 제산제조차도 같은 소비자층을 타깃으로 했기 때문에 시장에서 비타민과 경합을 벌였다. 경제성장과 그에 따른 사회 변화의 격랑 속에 있던 한국인들은 사무실이나 공장에서 일하든, 학교에서 공부하든 끝없는 업무에 시달렸다. 다양한 종류의 의약품과 건강보조식품은 일시적이긴 하지만 스트레스와 고통을 덜어주었고, 국민들은 개인의 생존과 성공을 위해 노력할 수 있었다.

1963년 동아제약은 카페인이 함유된 에너지 음료 "박카스-D"를 출시했는데, 이것이 종합비타민제의 가장 강력한 경쟁자가 되었다. 일본 음료 "리포비탄-D"를 모티브로 한 박카스-D는 카페인, 타우린, 설탕을 함유해 졸음을 빠르게 해소할 수 있는 음료였다. 처음에는 약국에서 감기 예방과 숙취 해소를 위한 보조제로 판매되었지만, 지친 한국 도시 소비자들이 각성제로서의 유용성을 깨닫는 데는 그리 오랜 시간이 걸리지 않았다. 아이러니하게도, 카페인이 함유된 에너지 음료의 갑작스러운 붐이 일면서 약리학적으로는 전혀 별개의 제품군인 종합비타민제의 시장 점유율이 줄어들었다.

비타민 제조사들은 1980년대에 들어서야 종합비타민제 대신 특정 성분, 특히 비타민 C와 E를 강조한 신제품을 출시하며 시장 영역을 되찾을 수 있었다. 채소를 많이 먹는 동아시아에서는 이들 비타민은 일상적인 음식 섭취를 통해 쉽게 수요를 충족할 수 있었기 때문에, 산업화 이전에는 이 비타민들은 굳이 보충제를 먹을 필요가 없는 것으로 여겨졌고, 따라서 제품 개발도 더뎠다. 광고가 전달하는 메시지도 달라졌다. 1980년대 후반의 비타민 보충제 광고에는 1960년대처럼 근육질의 남성 프로레슬러가 등장하지 않았다. 대신 날씬하고 젊은 여성과 몸매가 좋은 남성을 등장시켜 비타민 C의 노화 방지 기능을 강조하거나, 노인 남성과 여성을 등장시켜 노령 인구에 대한 비타민 E의 효능을 암시했다.

7. 맺음말

한국 사회의 가치관과 규범의 변화에 따라, 비타민 섭취와 비타민 제품 구매 양상은 시간이 지남에 따라 서서히 변화하고 있다. 1920년대에는 치명적인 결핍증 예방이 비타민을 섭취하는 주된 이유였다면, 1930년대 중반 식민지 조선의 사람들은 서양인과 같은 신체를 갖고자 하는 마음에서 성장의 보조제로서 비타민에 더 많은 관심을 가졌다. 전쟁 중 비타민에 대한 관심은 다시 결핍에 대한 관심으로 옮겨갔다. 독립 후 1950년대와 1960년대의 한국인들은 급격한 사회 변화와 무한 경쟁의 한가운데서 비타민 보충제를 통해 에너지와 원기를 회복하고자 했다. 이렇게 여러 차례의 부침을 겪는 와중에도, 한국인의 비타민 수용 과정에서 드러나는 느리지만 분명한 변화가 있다. 균형 잡힌 식단을 강조하는 오래된 지혜를 대신하여, 시중에서 판매되는 제품을 섭취해 건강을 유지하려는 새로운 문화가 생겨났다는 점이다.

　오늘날 한국의 물질적 풍요로움은 "비타민 결핍증"이라는 말을 무색하게 만들었지만, 사람들은 건강, 미용 또는 피트니스에 대한 기대와 함께 비타민 보충제에 점점 더 많은 돈을 지출하고 있다. 비타민은 주로 활력을 주는 자양강장제의 일종으로 복용하는 경우가 많은데, 이는 보양과 양생을 강조하는 전통의학과 분자 단위의 성분을 강조하는 근대의약학이 중첩되어 시장에 여전히 살아남아 있는 한국의 특수한 영역을 보여주고 있다.

3부

위생과
식민지
조선 사회

일제강점기 학교신체검사제도의 시행과 특징*

이희재 (이화여자대학교 사학과)

1. 머리말

근대 한국의 학교보건[1]은 복잡다단한 국내외 정세 속에서 흔들리며 피어났다. 개항 후 서양의학과 위생의 개념을 수용하면서 조선 정부와 지식인들은 부국강병을 위한 위생의 중요성을 설파하였다. 그와 함께 1890년대부터 교육제도의 변화가 이루어지면서 조선에서도 비로소 학교보건이 강조되기 시작하였다. 그러나 통감부기를 거쳐 강제 병합된 이후, 조선의 학교보건은 조선총독부가 일본 제도를 이식하여 변용한 정책으로 이어져갔다.

* 이 글은 『한국근현대사연구』 99 (2021)에 실린 저자의 논문 "일제시기 학교신체검사의 시행과 특징"을 수정, 보완한 것이다.
1 근대 사료에서는 '학교위생'과 '학교보건'이 명확한 의미 구분 없이 혼용되고, 이에 따라 관련 선행연구에서도 양자가 혼재되어 쓰이는 양상이 나타났다. 이 글에서는 현대 보건학계에서 학술적으로 통용되는 표기를 따라 '학생들의 건강을 보호하고 유지·증진시키기 위한 사업'을 '학교보건'으로 지칭하고자 한다. 단, '학교위생'으로 표기된 사료를 직접 인용하는 경우에만 원문 그대로 표기하였다.

학교신체검사는 일제 치하에서 처음 도입된 학교보건제도였다. 동 제도는 조선 말 개화기-일제강점기-해방 후로 이어지는 시간적 종축과 식민본국 일본-일제식민지(조선·대만·만주 등지)로 구현되는 공간적 횡축의 교차점에 위치하여 다양한 성격을 내포하였다. 개화기의 학교보건과 구분되는 근대적 제도로서 이식되었으나 식민본국과 비슷하면서도 본질적으로 완전히 같지 않은 식민지적 성격을 나타냈던 것이다. 더욱이 해방 이후에도 학교신체검사는 한국의 교육체제 속에서 오랫동안 존속되었던 만큼, 동 제도의 연원을 추적하여 그 프로토타입(prototype)부터 살펴보는 작업은 꼭 필요하다.

상기한 바를 고려할 때, 일제강점기 학교신체검사제도의 실시 배경과 경과에서 나타나는 다양한 측면은 식민지적 근대의 맥락에서 중요하게 분석될 필요가 있다. 김진균과 정근식에 따르면 한국의 식민지적 근대는 식민지 민중을 근대적 규율이 내면화된 황국신민으로 육성함으로써 항상적 동원이 가능한 체제를 구축하고자 하였다. 일제가 조선의 학교, 공장, 병원 등 각종 사회제도에 제정한 근대적 규율 안에는 천황제적 요소가 내포되어 있었다. 조선은 식민자인 일제에 '대립하면서 닮는' 과정에서 식민지적 근대를 경험하게 되었다.[2] 학교신체검사제도 역시 식민지적 근대의 산물이고, 이를 전제한 위에서야 그것에 함의된 근대성과 식민지성을 더욱 명료하게 이해할 수 있다. 따라서 이 글은 식민지적 근대의 맥락에서 일제강점기 학교신체검사제도의 도입과 변화상을 분석하고 해당 제도의 다면적인 성격을 밝히고자 한다.

해외에서는 일찍부터 학교신체검사제도에 대한 검토와 비판이 이루어져 왔다. 미국은 20세기 초부터 교육 통계자료로서 학교신체검사 결과를 중

---

2 김진균·정근식, "식민지체제와 근대적 규율", 『근대주체와 식민지 규율권력』 (문화과학사, 1997), 20-25쪽.

시하였고,[3] 점차 정기 검사의 실효성에 의문을 제기하거나 신체적 결함 발견에만 급급한 세태를 비판하는 방향으로 나아갔다.[4] 19세기 중반부터 현재에 이르기까지 미국의 총체적인 학교보건사를 정리한 연구도 근대 학교신체검사제도에 대하여 결함 찾기에 집중하였으나 후속 조치는 미흡했다고 지적했다.[5] 한편, 일본에서는 1960–70년대부터 근대적 제도의 도입과 운용이라는 측면에서 학교신체검사제도의 변천에 주목했다.[6] 특히 근대 일본이 국민의 신체와 건강을 어떻게 바라보고 있었는지 시선의 변화와 연관 지어 설명되었다.[7]

해외 연구 성과에 비하여 학교신체검사제도를 비판적으로 검토한 국내 연구는 찾아보기 어렵다. 물론 조선의 위생·보건제도를 전반적으로 논한 연구 성과는 상당히 축적되어 있다.[8] 그중에서도 학교보건제도에 대해서는 보건학계에서 그 연원을 정리한 바 있고 외국과의 비교 작업도 수행하였다.[9] 국내 역사학계에서는 2010년대부터 학교보건을 주시하기 시작하였다.

3 Frederick L. Hoffman, "Medical and Physical Examination of School Children", *Publications of the American Statistical Association* 12:94 (1911); Douglas C. Bastow, "The Complete Physical Examination in School Children", *The Public Health Journal* 19:9 (1928).

4 C. Morley Sellery, "Abstract – School Physical Examination", *Journal of School Health* 9:9 (1939); A. N. Meyerstein, "The Value of Periodic School Health Examinations", *American Journal of Public Health and the Nation's Health* 59:10 (1969).

5 Institute of Medicine ed., "Evolution of School Health Programs", *Schools and Health: Our Nation's Investment* (Washington DC: The National Academies Press, 1997), Chapter 2, pp. 35–41.

6 湯浅謹而, "健康診断(学校身体検査)の変遷", 『教育と医学』 15:5 (1967); 杉浦守邦, "明治期学校衛生史の研究 九 学校身体検査制度", 『日本医史学雑誌』 18:3 (1972).

7 河野誠哉, "「測定」の認識論的基盤 ― 明治・大正期の学校身体検査を題材に", 『東京大学大学院教育学研究科紀要』 37 (1997); 山本拓司, "国民化と学校身体検査", 『大原社会問題研究所雑誌』 488 (1999); 小野方資, "「学生生徒身体検査規程」における「体格」概念の変容", 『福山市立大学教育学部研究紀要』 1 (2013).

8 조연경, "日帝植民地 時代의 醫療行政과 保健生活", 『역사와 사회』 4 (1990); 신동원·황상익, "조선말기(1876–1910) 근대보건의료체제의 형성과정과 그 의미", 『醫史學』 5:2 (1996); 박윤재, 『한국 근대의학의 기원』 (혜안, 2005); 정혜경·김혜숙, "1910년대 식민지조선에 구현된 위생정책", 『일제의 식민지 지배정책과 매일신보』 (두리미디어, 2005); 정근식, "식민지 위생경찰의 형성과 변화, 그리고 유산", 『사회와 역사』 90 (2011).

9 도고 마사미, "日本의 學校保健의 現狀", 『한국학교보건학회지』 4:2 (1991); 서성제, "우리나라 學校保健의 展望",

특히 1910년대부터 1930년대까지의 교육잡지를 통해 학교 차원의 위생교육과 체육 중시 풍조를 개관적으로 서술하였다.[10]

그러나 일제강점기 학교보건정책의 일환에서 학교신체검사제도를 중점적으로 다룬 역사 연구는 전무했다. 다만 총동원체제기 아동·청년 대상의 신체검사를 통하여 학교 및 학교보건제도가 전쟁을 위한 수단으로 활용되었음이 밝혀졌다.[11] 최근에는 경성제국대학의 조선인 위생학자들이 조선인 아동 발육 표준을 연구하는 과정에서 식민당국의 협조를 통해 학교신체검사 결과가 연구 자료로 제공된 사실이 규명되었다.[12] 이는 학교신체검사제도 자체를 주목하지는 않았지만, 동 제도에 따라 학생 신체 정보가 식민당국 차원에서 관리되어 관학으로도 연계되고 있었음을 분석한 점에서 의의가 크다. 한편 교육학계에서는 근대 일본 및 식민지 조선의 학교신체검사제도가 학생 신체를 관리·통제하는 수단이었음을 일찍이 살펴보았다.[13] 하지만 근대 위생과 의학의 측면에서 학교신체검사의 의미를 검토하지 않았고 전시총동원체제기의 구체적인 변화상을 짚어내지 못한 한계를 남겼다.

요컨대 기왕의 국내 연구는 식민지 조선의 학교보건제도가 식민통치의 수단이었음을 밝혀냈지만 주로 위생교육이나 체조, 교련 등에만 집중하였다. 학교신체검사제도를 중점으로 한 논의는 이루어지지 못했고, 그 배경과 경과를 세밀히 분석하지 않은 채 그저 조선인을 억압하기 위한 기제였

『한국학교보건학회지』 4:2 (1991); 전미경, "학교보건 역사에 관한 소고", 『研究論叢』 32 (1997); 윤순녕, "외국의 학교보건교육 동향 — 미국, 일본의 학교보건교육", 『한국학교보건학회지』 12 (1999).

10 황의룡·김태영, "식민초기 조선의 교육잡지를 통해 본 학교위생 및 체육교육 연구 — 1910-1931년의 만주사변 전까지를 중심으로", 『醫史學』 22 (2013).

11 손종현, "일제시대 학교시험제도의 정치학", 『교육철학』 31 (2007); 김고은, "戰時總動員을 위한 朝鮮總督府의 조선인 靑年層 體力向上策의 실태" (고려대학교 석사학위 논문, 2011).

12 박지영, "'민족적 체질 만들기' — 식민지 시기 조선인 아동 발육 표준 연구", 『사회와 역사』 136 (2022).

13 손준종, "근대일본에서 학생 몸에 대한 국가 관리와 통제", 『비교교육연구』 14:3 (2004); 손준종, "근대교육에서 국가의 몸 관리와 통제 양식 연구", 『한국교육학연구』 16:1 (2010).

다고 일축하였다. 일제강점기 학교신체검사는 식민당국에 의해 처음 도입된 근대적 학교보건제도였기에 식민지적 근대를 표상하는 하나의 사례로서 중요성을 지닌다. 그러므로 식민지적 근대의 맥락에서 근대의학·위생·보건의 측면도 함께 고려하여 학교신체검사제도의 변화를 분석해야만 동 제도의 특성을 보다 심도 깊게 파악할 수 있을 것이다.

이 글은 일제하 학교신체검사제도의 도입과 변천 과정을 통하여 식민지적 근대의 맥락과 맞닿은 특징을 확인하고자 한다. 먼저 개화기 동안 조선의 학교보건이 자생적으로 형성되었으나 통감부에 의해 일본의 학교보건체제가 이식된 과정을 살펴본다. 일제강점기 학교보건체제의 재편 과정에서 학교신체검사제도가 도입되고 변천하였던 과정은 1937년 4월 개정을 분기점으로 하여 나누어 설명한다. 동 개정을 기점으로 일본과 법령 내용이 일치되었고 전시총동원체제와 결부되는 방향으로 전변하였기 때문이다. 즉, 제도 도입기와 1930년대 후반 총동원체제 하에서의 운영 양상을 이분하여 검토함으로써 일제 치하 학교신체검사제도의 다면적 특성을 규명하고자 한다.

2. 개화기 조선의 학교보건과 일제의 학교보건체제 이식

1876년 강화도조약을 계기로 조선은 만국공법적 세계질서에 편입되면서 국가체제 존립을 위한 부국강병을 국가적 과제로 삼았다. 서양의학은 강병(強兵)의 목표를 달성할 수 있다는 점에서 시급한 수용 대상으로 제시되었다.[14] 서양의학의 유입 과정에서 위생 개념도 함께 받아들여졌다. 위생은

---

14 신동원·황상익, 앞 논문, 158쪽; 박윤재, 앞 책, 373쪽.

중국에 이미 존재하는 단어에 '국가 주도의 위생보건행정'이라는 독일식 의미를 담은 근대 일본의 신조어였다. 조선은 이 새로운 개념을 그대로 수입하였다.[15]

서양의학 및 위생 개념의 수용과 더불어 신식 학제의 공포로 조선의 학교보건이 자생적으로 촉발되었다. 1895년 2월 2일 고종은 교육에 관한 조칙으로 교육조서(教育詔書)를 발표하였다. 교육조서는 세계정세에 발맞춘 신식 전인교육(全人教育)을 강조하면서 덕양(德養)·체양(體養)·지양(知養)의 3가지 교육강령을 제시하였다. 그중 체양은 새로운 교육제도 하에서 학생 건강의 중요성을 함의하였다.

개화기 학교보건의 이상은 체조 교육으로 구체화되었다. 체조는 정신과 육체의 조화로운 발달을 위한 교과로 인식되었고 1894년 정치적·사회적 변동에 따라 학생 군사훈련의 새로운 수단이 되었다.[16] 1895년 7월 칙령으로 소학교령(小學校令)을 공포하여 체조를 처음 공식 교과로 규정했고, 학부령 제1호로 학교보건의 구체적 방법이 제시됨에 따라 한성사범학교 교과목에 위생·체조 교육이 추가되었다.[17] 같은 해 8월에는 학부령 제3호로 병식(兵式) 체조 교육이 실시되었다.[18]

한편 일본의 학교보건은 조선보다 약 20년 앞서 성장하고 있었다. 일본은 1870년대부터 학교보건제도에 주목하였다. 메이지 초기 외국으로부터 유입된 각종 전염병의 예방을 위하여 1872년부터 학교의(學校醫) 제도가 시행되었다.[19] 일본의 학교보건은 교내 방역사업의 담당자로서 학교의를 배

---

15 강성우, "개항기 조선에서 근대적 위생문화의 수용", 『한일관계사연구』 52 (2015), 319쪽.

16 김성학, 『한국 근대교육의 탄생』 (교육과학사, 2013), 108-112쪽.

17 제15조에서 한성사범학교 교육의 다섯 가지 요지 중 하나로 "신체의 건강은 成業의 기본이므로 학생으로 하여금 평소 위생에 유의하고 체조에 힘써 건강을 증진시킴을" 요하였다. 『官報』, 1895. 7. 24.

18 『官報』, 1895. 8. 15.

19 三田稔, "日本学校医制度の変遷と動向", 『布施会医師雑誌』 65 (2004), 57-58쪽.

치하면서 시작되었다. 1880년대부터는 각종 학교보건제도들이 수립되어갔다. 1885년 초대 문부대신 모리 아리노리(森有礼)의 주도로 천황과 국가에 헌신적인 학생을 양성하기 위한 병식 체조가 도입되었고 1886년에는 소학교 필수과목이 되었다.[20] 1891년 일본의 학교보건 관련 사항을 취조하기 위하여 문부성 촉탁으로서 전국의 학교를 조사한 미시마 미치요시(三島通良)[21]는 열악한 위생 실태를 확인하고 교내외 환경의 위생 개선을 강조하였다. 그는 "학교위생학은 교육의 기초이자 국민 강약의 원인"이라고 역설하였다.[22] 이는 감염병 대유행을 계기로 일본 국민들이 환경위생의 영향력을 체감한 점과도 연관된다.[23] 1897년 문부성훈령 제3호로 학교신체검사의 연 2회 시행이 규정되었으며 1900년에는 전국의 모든 학교 학생들에게 의무 실시하였다.[24] 1898년 2월부터는 전국의 공립 소학교마다 학교의를 1명씩 두는 방침이 정해졌다.[25] 이후 청일·러일전쟁을 거치며 일본의 학교보건은 예비병력의 관리를 지향하는 방향으로 나아갔다.[26]

한편 통감부 설치 후 일본은 조선의 학교보건제도에 개입하기 시작했다. 1906년 병식 체조가 교육 본연의 목적을 훼손한다는 이유로 보통학교의 병식 체조 교육을 소멸시켰다.[27] 1907년 콜레라 유행 시 방역의 일환에

---

20 손준종, "근대교육에서 국가의 몸 관리와 통제 양식 연구", 32-33쪽.
21 미시마 미치요시(三島通良, 1866-1925)는 일본의 위생학자이자 의사로, 일본 학교보건의 창시자이다. 제국대학 의대 졸업 후 제국대학병원 소아과를 전공하여 학교보건을 연구주제로 삼고, 독일인 초빙의사였던 엘빈 폰 벨츠(Erwin von Bälz)로부터 지도를 받았다. 1891년 문부성으로부터 촉탁되어 일본의 독자적인 학교보건을 추진하였다.
22 三島通良, 『学校衛生学』(博文館, 1893), 16-17쪽.
23 小野芳朗, 『〈清潔〉の近代 ― 「衛生唱歌」から「抗菌グッズ」へ』(凡祐社, 1997), 60-78쪽; 廣川和花, "近代大阪のペスト流行に見る衛生行政の展開と医療・衛生環境", 『歴史評論』726 (2010), 17-19쪽.
24 "學生生徒身體檢查規程", 『官報』, 1897. 3. 15.; "學生生徒身體檢查規程", 『官報』, 1900. 3. 26.
25 "學校醫職務規程", 『官報』, 1898. 2. 26.
26 황의룡·김태영, 앞 글, 650-652쪽.
27 『官報』, 1909. 9. 1.; 學部, 『學部次官演說筆記』(漢城府內私立學校學會, 1908), 7쪽.

서 한시적으로 관립학교 학생들에게 신체검사를 강제 시행하였다.[28] 이는 통감부 권력에 의하여 학생 대상의 신체검사가 처음 시도되었던 점에서 특기할 만하다.

갈수록 악화되는 재정난과 국난 속에서 개화기 학교보건의 이상 실현은 후순위로 밀려났다. 교원의 봉급이 지연될 만큼 관공립학교에 대한 정부의 재정 지원은 미약하였다.[29] 1880년대 초부터 설립되었던 수많은 사립학교들도 극심한 재정난에 시달렸다. 사립학교 설립 운동이 자주독립 운동과 동일시되면서 선각자들은 학교보건보다 사학 설립과 신학문 교육을 통한 구국에 전력을 쏟았다.[30] 체조 교육마저 중단된 상황에서 근대 학교들이 독자적으로 학교보건 사업을 구상하고 실천하기는 어려웠다.

정리하면, 서양의학·위생 개념 수용 및 신식 학제의 공포로 개화기 조선의 학교보건은 건강 증진과 구국을 위한 병식 체조 교육을 중심으로 형성되고 있었다. 일본의 경우 약 20년 앞서 학교의 배치, 교내외 환경 개선, 신체검사 시행, 위생·체조 교육 등 다양한 방면에서 학교보건을 실천하고 제도화했다. 그러나 조선의 경우 풍전등화와 같은 국난 속에서 더 이상 자체적으로 학교보건을 수립하고 발전시킬 수 없었다. 통감부기 일제는 병식 체조 교육을 없애고 콜레라 방역을 이유로 강제적인 학생 신체검사를 시행하는 등 조선의 학교보건제도에 간섭하였다. 결국 조선의 학교보건은 한일병합 이후 총독부에 의하여 재설정되면서 새로운 제도적 국면을 맞이하게 되었다.

---

28 "身體檢查",《大韓每日申報》, 1907. 3. 24.; "學徒身體檢查",《萬歲報》, 1907. 3. 24.; 이승원,『학교의 탄생』(휴머니스트, 2005), 141-143쪽.

29 정숭교, "대한제국기 지방학교의 설립주체와 재정",『한국문화』22 (1998), 288-290쪽.

30 김형목, "한말 경기도 사립학교설립운동의 전개와 성격",『한국독립운동사연구』32 (2009); 정고운, "애국계몽운동과 근대적 교육열의 형성",『한국사회학회 사회학대회 논문집』(2009) 참고.

3. 학교신체검사제도의 신설과 운영

1) 일제 초 학교신체검사제도의 도입과 개정

병합 직후 일제의 학교보건체제가 식민지 조선에 이식되기 시작했다. 일제 초 총독부의 의료보건정책은 종래 식민 이주자만의 건강 보호라는 좁은 틀에서 벗어나 조선인 전체에 대한 의학적 고려를 전제하고 있었다.[31] 여기에는 조선인에게 위생보건을 강제하여 재조일본인(在朝日本人)의 안전을 확보하고 식민통치를 원활하게 하려는 의도가 내재하였다.[32] 같은 맥락에서 일제 초 식민당국은 재조일본인 학생의 건강이 보장되는 안정적인 식민통치를 주된 목표로 하였고, 이를 위한 기틀을 마련하는 차원에서 조선의 학교보건체제를 수립해나갔다.

그리하여 식민지 조선의 첫 학교보건 법령으로 1913년 4월 26일 조선총독부 훈령 제24호 관공립학교생도신체검사규정(官公立學校生徒身體檢查規程)이 제정되었다.[33] 한국 역사상 최초로 학교신체검사가 제도화된 기점이었다. 이후 1921년에는 첫 개정이 이루어졌다. 1913년과 1921년의 법령 내용을 비교하면 〈표 8-1〉과 같다.

31　박윤재, 앞 책, 227쪽.

32　정혜경·김혜숙, 앞 글, 69-70쪽.

33　"官公立學校生徒身體檢查規程",『朝鮮總督府官報』, 1913. 4. 26.

〈표 8-1〉 일제강점기 학교신체검사제도의 변천(1913년, 1921년)

	1913년	1921년
법령	조선총독부 훈령 제24호 관공립학교생도신체검사규정	조선총독부령 제86호 학교생도아동신체검사규정
근거법령	문부성령 제4호 학생생도신체검사규정 (1900. 3. 26.)	문부성령 제16호 학생생도아동신체검사규정 (1920. 7. 27.)
대상	관공립학교 생도 (조선인 여생도 제외)	생도, 아동 (사립학교, 조선인 여생도 선택)
목적	–	–
시행주체	학교의	학교의
시기	매년 4월	매년 4월 (5월까지 연기 가능)
항목 수	11개	10개
결과 통보대상	본인, 보호자	본인, 보호자
조치 필요시	검사표에 표시하지 않음	검사표에 별도 표시함
검사 후 조치	필요한 주의를 줌	수업 면제, 취학 유예/면제, 휴학, 퇴학 또는 치료보호교정이 필요한 경우 특히 주의를 기울이고 조치
보고절차	도장관	관립학교: 총독 기타학교: 도지사→총독

출전: "官公立學校生徒身體檢查規程",『朝鮮總督府官報』, 1913. 4. 26.; "學校生徒兒童身體檢查規程",『朝鮮總督府官報』, 1921. 5. 17.; "學生生徒兒童身體檢查規程",『官報』, 1920. 7. 27.

1913년 관공립학교생도신체검사규정은 1900년 3월 제정된 일본의 법령에 준거하여 제정되었다.[34] 이에 따르면 관공립학교는 매년 4월 학교 주도의 신체검사를 실시하도록 규정되었다. 검사항목은 11개였고, 그중에서 질병 항목에는 12개 세부사항이 있었다. 신장은 척(尺)과 촌(寸), 체중은 관(貫)과 돈(匁)을 기본 단위로 하였다. 검사 결과는 학생과 보호자에게 통지되었고, 학교장은 연령별·성별로 작성한 통계표를 도장관에게 보고하였다.[35]

제도 도입 이후 총독부는 학교신체검사 결과의 추이를 장기간 주시하고 관찰하였다. 당시 학교신체검사는 교내 "위생과 체육의 표준"으로 통하였

---

34 "學生生徒身體檢查規程",『官報』, 1900. 3. 26.

35 "官公立學校生徒身體檢查規程",『朝鮮總督府官報』, 1913. 4. 26.

기 때문이다.[36] 학교신체검사 결과 통계는 『조선총독부관보』 휘보(彙報)의 학사(學事)란을 통해 1916년 10월 11일부터 1930년 3월 4일까지 총 15회 게재되었다. 『조선총독부관보』에 학교보건제도 시행 결과가 연속 게재된 유일한 사례였다. 이러한 사실은 총독부가 새로운 학교보건제도 가운데서도 학교신체검사에 대해 각별한 관심을 두고 있었음을 짐작케 한다.

〈그림 8-1〉『조선총독부관보』에 게재된 학교신체검사통계표[37]

○大正九年官公立學校生徒身體檢査表 (前號ノ續)

高等女學校生徒身長、體重、胸圍比較

年齡	檢査人員 朝鮮	檢査人員 內地	身長 朝鮮	身長 內地	體重 朝鮮	體重 內地	胸圍(常時) 朝鮮	胸圍(常時) 內地
十二年	六九	—	四・四八	—	八・四一六	—	二・一五	—
十三年	四三二	一五、八九九	四・五六	四・五七	九・二一〇	八・七一七	二・一三	二・一六
十四年	五三三	三、八五三	四・七〇	四・七二	九・六七四	九・七七三	二・一九	二・二七
十五年	四七二	二四、九六八	四・七六	四・八三	一〇・五四一	一〇・七八九	二・二九	二・三七
十六年	四五八	二三、六一三	四・八七	四・八九	一一・六三七	一一・五三五	二・三八	二・四四
十七年	一三八	九、二〇八	四・八八	四・九二	一二・一六六	一二・〇三三	二・四五	二・五〇
十八年	三二	二、一五八	四・九二	四・九三	一二・六五九	一二・三六二	二・五〇	二・五四
十九年	五	三〇〇	四・九五	四・九一	一二・五四六	一二・六三七	二・四〇	二・五六
二十年	—	五九	—	四・九二	—	一二・四四三	—	二・五七

男 普通學校	六六、七三三	四・七三	一・八六	〇・四九	一・四五	一〇・五三	三・〇五
男 高等普通學校	一、四八〇	二・八三	二・三三	〇・八一	〇・八一	八・一七	八・五八
男 實業學校	一、六八六	六・三三	一・四八	一・八九	二・五一	六・一六	四・八六
男 簡易實業學校	六四二	二・九四	〇・九三	〇・三二	〇・三三	四・〇四	〇・四六
男 専門學校	三〇五	〇・六五	—	—	—	一・三三	四・二六
女 普通學校	一、三二一	四・二一	一・七五	〇・六九	四・五七	一八・三八	二・〇五
女 女子高等普通學校	三二四	五・一五	二・八二	〇・三三	〇・六二	一三・三七	七・〇〇

內鮮人學校生徒疾病累年比較 (百分比)

內地人

	檢査人員	眼疾 トラホーム	眼疾 其他	聽力障害	耳疾	齲齒	其他疾病
男 大正二年	一三、八一六	一四・二九	五・四八	一・七三	三・二五	四三・五五	五・三二
男 大正三年	一四、八三一	一八・八四	三・二二	〇・八四	三・六三	五五・〇六	九・〇六
男 大正四年	一六、七〇一	一三・五三	二・六三	一・三三	三・六八	五六・〇一	六・八四
男 大正五年	一八、六三三	一三・三一	三・八一	一・二八	三・四六	五六・五五	三・七九
男 大正六年	二〇、四九九	九・九五	二・九八	一・二五	二・九七	五六・七三	五・一〇
男 大正七年	二三、〇七九	一一・二六	二・六一	〇・七一	二・一九	五五・三九	七・四九
男 大正八年	二三、〇八〇	一〇・四三	二・九五	〇・八七	二・六〇	五八・三三	八・一八
男 大正九年	二四、四三五	一〇・二四	三・二一	〇・六〇	一・九三	五九・三八	六・四七
女 大正二年	一一、三六八	一三・七〇	五・〇一	〇・九八	二・〇二	四五・六七	五・六六
女 大正三年	一二、八九七	二〇・四四	三・八九	〇・五七	三・一六	五一・〇三	八・三〇
女 大正四年	一四、七三三	一六・〇九	三・七四	〇・七三	二・八六	五九・三七	五・四九
女 大正五年	一六、八一六	一三・六〇	四・〇三	〇・六二	二・三八	五八・六二	三・七六
女 大正六年	一八、二二五	一〇・六八	三・五七	〇・六八	一・九二	五八・九一	四・二五
女 大正七年	一八、九一七	一一・七八	二・五二	〇・三六	一・九九	五七・二八	七・四三
女 大正八年	一七、〇七〇	一一・三三	三・一一	一・四一	一・四四	五六・九六	五・七八
女 大正九年	二一、九三三	一〇・六一	三・三三	〇・三九	一・八八	五五・〇四	五・三六

1921년 5월 17일 조선총독부령 제86호 학교생도아동신체검사규정(學校生徒兒童身體檢查規程)으로 첫 제도 개정이 이루어졌다. 이는 1920년 7월 문부성령 제16호를 준용하였다. 특별한 사정이 있으면 신체검사를 5월까지 연기할 수 있었고, 사립학교 학생과 조선인 여학생은 필수 검사 대상에서

36 白河武夫, "小学校体育不振の理由と所感", 『朝鮮教育研究会雑誌』 49 (1919), 36쪽. 『朝鮮總督府職員錄』에 의하면 시라카와 다케오(白河武夫)는 투고 당시 경성 종로 공립심상고등소학교의 훈도였고 1921년까지 재직하였다.

37 "大正九年官公立學校生徒身體檢查表", 『朝鮮總督府官報』, 1922. 3. 20.

제외되었다.[38] 불가피한 경우 학교 직원이 발육 항목만 약식 검사할 수 있었다. 건강 불량으로 관찰이 필요하면 결과표에 "요(要)"를 기재했다. 통계표의 경우 관립학교는 총독에게 직통으로 보고하고, 그 외 학교는 도지사를 거쳐 총독에게 상달하였다.

1921년도 개정으로 학생의 신체에 등급이 매겨지게 되었다. 개평(槪評) 항목에서는 연령별·성별로 대상군을 나누고 갑, 을, 병으로 등급화하여 결과표에 기재되었다.[39] 등급 기준은 발육개평결정표준표에 의해 체계적으로 규정되었다. 또한 추후 조치가 필요한 학생들도 결과표에 기록되었다. 이러한 개정을 통하여 발육 및 건강 정도에 따라 학생들을 구분 짓고, 그들의 신체 정보를 기록하여 관리하는 구조가 형성되었다.

1921년도 개정 제도의 검사항목은 실질적으로 총 13개였으며 일본과 동일했다. 1913년과 1921년의 학교신체검사 항목 및 질병이상 항목의 세부사항을 정리하면 〈표 8-2〉와 같다.

38　"學校生徒兒童身體檢查規程", 『朝鮮總督府官報』, 1921. 5. 17.
39　"學生生徒兒童身體檢查規程", 『官報』, 1920. 7. 27.

〈표 8-2〉 학교신체검사 항목 및 질병이상 항목의 세부사항 비교 (1913년, 1921년)

학교신체검사 항목			질병이상 항목의 세부 사항	
1913년	1921년		1913년	1921년
신장	발육	신장	피부샘병	피부샘병
체중		체중	영양불량	[영양]
가슴둘레		가슴 둘레	빈혈	빈혈
–		개평	각기	각기
척추	척추		폐결핵	결핵성질환
체격	–		신경쇠약	신경쇠약
시력	시력 및 굴절 상태		두통	–
눈병	눈병		코피	–
청력	청력		콧병	–
귓병	귓병		인후병	선양증식증 및 편도선 비대
치아	치아		전염성피부병	전염성피부병
질병	기타 질병 및 이상		기타 만성질환	
	영양			늑막염
	색신			심장질환 및 기능장애
				탈장
				정신장애

출전: "官公立學校生徒身體檢査規程", 『朝鮮總督府官報』, 1913. 4. 26.; "學生生徒兒童身體檢査規程", 『官報』, 1920. 7. 27.
※ 1921년 개정 법령에서 새로 추가된 항목은 음영 표시. 질병이상 항목의 세부사항이었다가 개정 후 별개의 검사항목으로 독립한 경우 대괄호 안에 현재 항목명 기재.

1921년에는 질병이상 항목에서 두통이나 코피 등이 사라지고 심장병, 늑막염, 탈장 등이 추가되었다. 또 선양증식증, 편도선 비대라는 비교적 명확한 병명을 기준으로 삼았다. 이렇게 학교신체검사 항목이 구체적 병명으로 변화하면서 학생 신체는 보다 의학적으로 진단되었다. 특히 학생이 질병에 걸렸는지에 초점을 맞추어 건강 상태를 파악하는 모습이 나타났다.

상기한 개정 양상은 당시 일본의 제도적 변화와 궤를 같이하는 것이었다. 1900년대 초반까지 메이지 일본의 학교신체검사는 학교제도를 정비하여 교육을 보다 완전히 실행하기 위해 학생의 체격을 자세히 아는 것을 목적으로 했다. 다이쇼기에 이르러 그 목적을 어느 정도 실현하자 1920년도에 제도를 개정하였고, 이를 계기로 일본의 학교신체검사제도는 단지 학생의 발육뿐만 아니라 건강 상태까지 염두에 두는 쪽으로 바뀌어갔다.[40] 이러한 식민본국의 추세를 수용하여, 1921년부터 조선의 학교신체검사제도도 이전보다 의학적으로 질병 여부를 진단하는 것을 강조하게 되었다.

더불어 1921년도부터 정신장애가 질병이상 항목에 추가되었다. 이는 일본의 정신병원법 제정 경위와 연관하여 볼 수 있다. 정신병원법은 정신병 환자를 병원에 격리해 국가적으로 관리해야 한다는 인식이 형성됨에 따라 1919년 3월 제정되었다.[41] 즉, 근대 국가의 정신병 관리 및 통제의 단면이었다고 할 수 있다. 이와 같은 맥락에서 교내 정신병 환자의 관리 조치 역시 중요해지자 학교신체검사 항목에 반영된 것으로 추측된다.

한편 학교의와 교사들은 신체검사 결과의 교육적 활용을 제안하기도 했다. 예를 들어 학교의 오쓰키 가즈야(大槻式也)는 1930년 교육잡지를 통하여 신체검사의 결과와 통계표를 학교 시설 정비 및 교육과정에 반영하자고 주장하며, 시기·연령·보호자 직업·빈부·성적 등의 기준으로 검사 결과를 비교하였다.[42] 또한 경성사범학교 훈도 이기능(李基綾)도 검사 결과의 교육적 적용 방안을 모색하였다.[43] 그러나 이러한 주장은 당시 교육현장에서 실현되지 못하였다. 검사 결과를 학교 교육과정에 적용·반영하기에는 대다수의 학생에게 학교신체검사가 제대로 실시되지 않았기 때문이다. 이에 대해서는 다음 절에서 후술하겠다.

40 山本拓司, 앞 글, 42-43쪽.
41 中谷陽二, "日本の精神医療史と触法精神障害者", 『精神経誌』 105:2 (2003), 194-195쪽.
42 大槻式也, "学校衛生", 『朝鮮の教育研究』 2:11 (1930), 42-44쪽.
43 李基綾, "身體檢査と其の利用法", 『朝鮮の教育研究』 2:11 (1930), 99-100쪽.

2) 중앙집권적 신체정보 파악·관리와 실제적 제도 적용

조선의 학교신체검사제도는 제정 시부터 중앙집권적으로 학생의 신체 정보를 파악하고 관리하는 것을 지향하였다. 1913년 법령에서는 관공립학교의 신체검사 통계표를 도장관에게 보고하도록 하였다. 그러나 1916년부터 『조선총독부관보』에 학교신체검사 결과 통계가 게재된 사실로 미루어 볼때, 도장관이 접수한 통계표 일체가 총독부로 인계되었으리라 쉽게 추측할수 있다. 더욱이 신체검사 통계표가 모두 총독에게 보고되도록 개정하면서 총독 중심의 정보일원화는 더욱 분명해졌다. 1921년도 개정 법령에 따르면 관립학교는 총독에게 직접 통계표를 상달하고, 그 외 학교의 통계표는 도지사를 거쳐 총독에게 보고되도록 바뀌었다. 이에 따라 식민지 조선의 절대 권력자인 총독이 관공립학교 학생의 신체검사 결과를 모두 파악할 수 있는 구조가 비로소 공식화되었다.

상기한 통계표 보고 조항의 제·개정은 학교신체검사제도를 통해 식민지 학생의 신체를 관리·통제하는 기반을 구축하고자 한 식민당국의 의도를 함의한다. 총독부의 입장에서 학교신체검사 결과는 그들이 재편한 학교보건체제의 현황을 가늠하고 식민지 내 학생의 건강 상태를 확인할 수 있는 기초자료로서 가치가 있었다. 즉, 총독 중심의 정보일원화를 도모하여 학교보건제도 시행 현황 및 식민지 내 학생 신체 정보를 파악하고자 한 것이다.

이렇게 수집된 학교신체검사 결과 자료는 총독부의 협조로 관학 연구 활동에 제공 및 활용되기도 했다. 1930년대 초 경성제국대학의 조선인 위생학자들은 조선인 아동의 정확한 발육 상태를 관측하고 그 표준을 연구하면서 당시 전국 각지의 관공립 보통학교와 전문학교로부터 신체검사 결과 자료를 인계받았다.[44] 이러한 자료 수집은 전국적인 학생 신체 정보의 열람에 대한 총독부의 허가가 있어야만 가능한 일이었다. 경성제대 위생학자들의 사례를 통해서도 총독부가 식민지 내 학생의 신체 정보, 나아가 그들의 건강 상태를 관리하는 관제탑 역할을 확립해갔음을 알 수 있다.

그러나 당시 학교신체검사제도는 조선인 학생들에게 제대로 적용되지 않았던 것으로 확인된다. 병합 초 총독부는 재조일본인의 안전을 확보하면서, 의료 시혜 확대를 선전하여 조선인들의 반감을 희석시키고 충성을 요구하고자 식민지 의료보건체제를 형성해나갔다.[45] 학교신체검사도 용이한 식민통치를 위한 도구라는 맥락에서 이식된 제도였다. 따라서 동 제도의 최우선적 시행 대상은 어디까지나 재조일본인 학생이었고 조선인에 대한 제도 시행은 후순위 문제였다.

예컨대 1916년 10월 11일자 관보에 게재된 1915년도 학교신체검사 통계표를 보자. 〈표 8-3〉은 1915년도 학교신체검사를 받은 실제 피검자의 수를 일본인·조선인 관공립학교, 즉 학교신체검사제도 대상 학교의 전체 학생 수에 대비한 것이다. 이에 따르면 피검자 수는 조선인 학교에서 더 많으나, 전체 학생 수 대비 피검자 비율은 일본인 학교가 약 89.7%인 데 비해, 조선인 학교는 약 71.8%로 약 17.9%p 낮은 수치를 보인다. 수적으로 훨씬 많은 조선인 학생보다 일본인 학생들에 대한 신체검사 실시 비율이 더 높았던 것이다. 이를 통해 학교신체검사제도의 주요 적용 대상은 재조일본인이었음을 알 수 있다.

44 박지영, 앞 글, 27-28쪽.
45 박윤재, 앞 책, 227-229쪽.

〈표 8-3〉 1915년도 학교신체검사제도 대상 학교의 전체 학생 대비 피검자 수·비율

민족별	성별	종류별 (학교)	학생 수(명)				피검자 비율(%)
			전체		피검자		
일본인 학교	남	소	16,640	18,094	15,430	16,701	92.3
		중	929		862		
		실업전수	525		409		
	여	소	14,616	15,807	12,528	13,722	86.8
		고등여	1,191		1,194		
	합계		33,901		30,423		89.7
조선인 학교	남	보통	53,875	57,267	41,191	45,108	78.8
		고등보통	822		1,169		
		실업	1,030		1,738		
		간이실업	1,540		1,010		
	여	보통	5,349	5,599	–	–	0.0
		여자고등 보통	250		–		
	합계		62,866		45,108		71.8

출전: "學校身體檢查表",『朝鮮總督府官報』, 1916. 10. 11.; 朝鮮總督府,『朝鮮總督府統計年報』(1917).
※ 피검자 비율은 소수점 첫째 자리까지 표시.

　　게다가 사립학교까지 포함하면 70%대보다 훨씬 낮은 비율이 된다. 당시 재조일본인 학교는 모두 관공립이었지만, 조선인들은 주로 사립 각종 학교에 다녔고 여전히 서당에서 공부하는 사람도 많았다. 가령 1915년 기준으로 조선인 사립학교 학생 수는 보통학교 169명, 고등보통학교 278명, 여자고등보통학교 128명, 각종 학교 51,724명이었다.[46] 이들의 수를 모두 반영하면 피검자 비율은 약 38.6%, 더 나아가 당시 서당에 다니던 229,550명의 아동·청소년까지 고려하면 약 17.9%까지 낮아지게 된다.[47]

　　설령 신체검사 대상에 포함되었더라도 양질의 신체검사를 받았을 가능

46　朝鮮總督府,『朝鮮總督府統計年報』(1917).
47　朝鮮總督府,『朝鮮總督府統計年報』(1917).

성은 희박하다. 1919년 일본인 학교의 교유(敎諭) 사에키 나오지(佐伯直治)는 불확실하고 형식적인 학교신체검사를 비판한 바 있다.[48] 그는 당시 교육 종사자의 입장에서 학교신체검사의 실효성이 적으므로 변화가 필요하다고 주장했다. 일본인 학교의 신체검사도 형식적으로 이루어졌다면, 조선인 학생에 대한 신체검사가 제대로 시행되었을 리는 만무하다.

상기한 사실들은 학교신체검사제도가 실제로는 재조일본인 학생 위주로 운영되었고, 당연하게도 식민지 조선의 인구 대다수를 차지하는 조선인에 대해서는 고려가 부족하였음을 시사한다. 애초에 총독부는 재조일본인 학생의 안전건강 보전이 일차적 목표였고, 조선인 학생은 이에 피해를 끼치지 않을 정도로만 건강하면 그만이었다. 다시 말해 총독부는 학교신체검사가 민족 간 차등 없이 고르게 적용되는 것보다는 동 제도를 통해 일본인 학생을 우선 보호하고, 식민지 학교보건체제를 정착시켜 항상적으로 용이한 식민통치를 구상하는 데에 더 큰 관심이 있었다.

또 한편으로는 식민통치 초기 식민지 학생의 신체를 관리·통제하는 총독부 권력의 제한적인 파급을 반증하는 것이기도 했다. 이는 1937년도 개정 전까지 일본과 조선의 학교신체검사제도 적용 대상을 비교해보면 더욱 명확해진다. 식민지 조선에서는 다음의 두 가지 차이점이 나타났다.

첫째, 조선인 여학생의 신체검사를 배제하였다. 1913년 조선인 여학생은 검사 대상에 전면 제외되었고 1921년 부칙으로 선택사항이 되었다.[49] 일본은 학교신체검사 시행에 있어 성별의 구분을 둔 적은 없었다. 법령을 통해 여학생의 신체검사를 생략하거나 선택사항으로만 명시한 것은 조선만의 특이점이었다. 실제 조선인 여학생의 신체검사 시행은 첫 개정 직전

---

48 佐伯直治, "現時の学校体育に対する疑問", 『朝鮮教育研究會雜誌』 41 (1919).
49 "官公立學校生徒身體檢查規程", 『朝鮮總督府官報』, 1913. 4. 26.; "學校生徒兒童身體檢查規程", 『朝鮮總督府官報』, 1921. 5. 17.

인 1920년부터 이루어졌다. 1922년 3월 관보에 1920년도 조선인 여학생 1,625명의 체격, 척추, 시력검사 결과가 처음 게재되었다. 전체 조선인 피검자 여학생은 보통학교 1,311명, 여자고등보통학교 314명으로 구성되었다. 그러나 해당 연도에 검사받은 조선인 남학생 70,835명, 재조일본인 여학생 21,923명에 비하면 턱없이 적었다.[50]

상기한 차이는 당시 총독부 중앙권력이 미칠 수 있는 대상은 일본인 남녀 학생과 조선인 남학생까지로 국한되어 있었음을 보여준다. 이는 아직까지 여성 신체의 중요성이 대두되지 않았고, 식민통치 초기 제도의 정착 과정에서 총독부가 조선인 여학생들을 '인력'으로서 파악·관리할 여력이 부족하였기 때문이었던 것으로 짐작된다.

둘째, 사립학교 학생도 신체검사 대상에서 제외되었다. 1937년 전면 개정 이전까지 사립학교의 신체검사 시행은 명시되지 않았다.[51] 따라서 일반 및 종교계에서 설립한 학교에 다니는 대다수 조선인 학생들은 신체검사 대상이 아니었다. 식민본국인 일본에서 단 한 번도 사립학교를 제외하지 않았던 점과는 대조된다.[52]

이는 식민통치체제 확립의 과도기 가운데 총독부가 사립학교까지 제도 적용 대상으로 규정하기는 어려웠기 때문으로 짐작된다. 조선 내 사립학교 학생은 대부분 조선인이었다. 재조일본인 중심의 학교보건체제를 구축하는 일환에서 학교신체검사제도가 도입된 만큼, 식민통치가 안정적으로 확립되기 전 총독부가 사립학교의 수많은 조선인 학생까지 제도적으로 포괄하고 그들의 신체 정보를 모두 관리하기에는 한계가 있었다.

나아가 총독부가 사립학교를 정식 학제로 인정하지 않고 식민지 교육체

---

50 "學校身體檢查表", 『朝鮮總督府官報』, 1922. 3. 20.

51 "學校生徒兒童身體檢查規程", 『朝鮮總督府官報』, 1921. 5. 17.

52 "學生生徒身體檢查規程", 『官報』, 1900. 3. 26.; "學生生徒兒童身體檢查規程", 『官報』, 1920. 7. 27.

제에 편입시키려는 계획과도 관련이 있다. 총독부는 1922년 제2차 조선교육령으로 사립학교를 정식 학제에서 배제했다. 이로 인해 사립학교는 진학·취업에 불리해졌고, 식민지 교육체제로 편입하지 않으면 도태될 위기에 처했다.[53] 학교신체검사제도의 시행 대상에 사립학교가 제외된 것은 사립학교를 공인하지 않고 식민지 교육체제에 들어오게 만들겠다는 총독부의 의지와 일맥상통하고 있었다.

요컨대 일제 초부터 1930년대 중반까지 학교신체검사제도는 학생의 신체를 중앙집권적으로 관리·통제하는 근대적 지향을 표방하나, 실제 적용의 측면에서 대다수의 조선인 학생들에게까지는 적용되지 않은 한계가 있었다. 총독부는 동 제도를 도입·개정하면서 식민지 학생의 신체 정보를 일괄적으로 수합하여 관리하는 구조를 구축하고자 했다. 하지만 실제 시행에 있어서 조선인 학생의 피검률은 낮았고, 조선인 여학생 및 사립학교 학생은 제도 적용 대상에서 제외되는 등 식민지적 변용이 나타났다. 즉, 학교신체검사제도 자체는 분명 근대적이나, 재조일본인 학생의 안위 보전을 위한 식민통치의 장치였다는 점에서 다분히 식민지적이었다. 나아가 동 제도는 조선인 학생에 대한 총독부의 고려 태만을 다시금 방증하고, 식민통치 확립 이전까지는 총독부의 중앙권력이 미치는 범위가 제한적이었던 사실까지 단적으로 보여준다.

---

53 김경미, "일제하 사립중등학교의 위계적 배치", 『한국교육사학』 26:4 (2004), 40-43쪽; 장규식·박현옥, "제2차 조선교육령기 사립 중등학교의 정규학교 승격운동과 식민지 근대의 학교공간", 『중앙사론』 32 (2010), 157-160쪽.

4. 학교신체검사제도의 군사적 수단화

1) 1937년 이후 전면적 제도 개정의 흐름과 특징

학교신체검사제도는 1937년 4월 1일 조선총독부령 제45호 학교신체검사
규정(學校身體檢查規程)으로 대전환을 맞이했고, 1945년 5월 일제의 패전이
임박하여 마지막으로 개정되었다. 기존까지는 일본의 법령을 근거로 하되
일정한 차이를 두었다면, 이 시기 개정된 법령과 제도는 일본과 완전히 동
일하였다. 이 시기 학교신체검사제도를 비교하면 〈표 8-4〉와 같다.

〈표 8-4〉 일제강점기 학교신체검사제도의 변천 (1937년, 1945년)

	1937년	1945년	
법령	조선총독부령 제45호 학교신체검사규정	조선총독부령 제128호 학교신체검사규정	
근거법령	문부성령 제11호 학교신체검사규정 (1937. 1. 27.)	문부성령 제33호 학교신체검사규정 (1944. 5. 17.)	
대상	학생, 생도, 아동 (유치원생, 대학생, 교직원 준용 가능)	학도, 교직원 (유치원생, 유치원 직원에 준용)	
목적	양호단련을 적절히 하여 체위 향상과 건강 증진을 도모	단련양호를 적절히 하여 체위 향상	교직원: 건강 증진
시행주체	학교의	학교의	
시기	매년 4월 (6월 말까지 연기 가능)	매년 4월 (6월 말까지 연기 가능)	
항목 수	13개	8개	
결과 통보 대상	본인, 보호자	본인, 보호자	교직원: 본인
조치 필요시	검사표에 별도 표시함	검사표에 별도 표시함	
검사 후 조치	1. 수업 면제, 취학 유예/면제, 휴학, 퇴학 또는 치료보호교정이 필요한 경우 특히 주의를 기울이고 조치함 2. 필요시 학교에서 건강상담, 예방처치, 기타 적당한 보건양호시설 마련	1. 신체허약, 정신박약, 질병이상인 사람 중 특히 요양이 필요하다고 인정될 경우 학교에서 적당한 요양시설 마련 2. 필요시 학교에서 건강상담, 예방처치, 기타 적당한 시설 마련	
보고절차	관립학교, 공사립 전문학교: 총독 기타학교: 도지사→총독	대학, 대학 예과, 전문학교, 사범학교: 총독 기타학교: 도지사→총독	

출전: "學校身體檢查規程", 『朝鮮總督府官報』, 1937. 4. 1.; "學校身體檢查規程", 『朝鮮總督府官報』, 1945. 5. 26.

먼저 1937년 개정된 제도는 양호단련을 통한 학생의 건강 도모를 목적으로 했다. 매년 4월 학교의에 의한 검사 진행은 이전과 같았고 학교 직원, 간호부가 검사 일부를 보조할 수 있었다. 검사항목은 총 13개로 남녀 모두 동일하게 적용되었으며 검사 방법과 주의사항을 따로 정하였다. 건강이 불량한 학생은 결과표에 별도로 표시하고 적절한 조치를 취하게 하였다. 신장과 체중의 단위는 센티미터(cm)와 킬로그램(kg)으로 바뀌었다. 검사 결과표는 이전처럼 모두 총독에게 보고되었다. 〈그림 8-2〉와 같이 매년 학생 편에 보내는 통지표에도 출석 상황, 학업성적 등과 함께 신체검사 결과가 기재되었다.

〈그림 8-2〉 1944년도 축동공립국민학교(杻洞公立國民學校) 학생의 통지표[54]

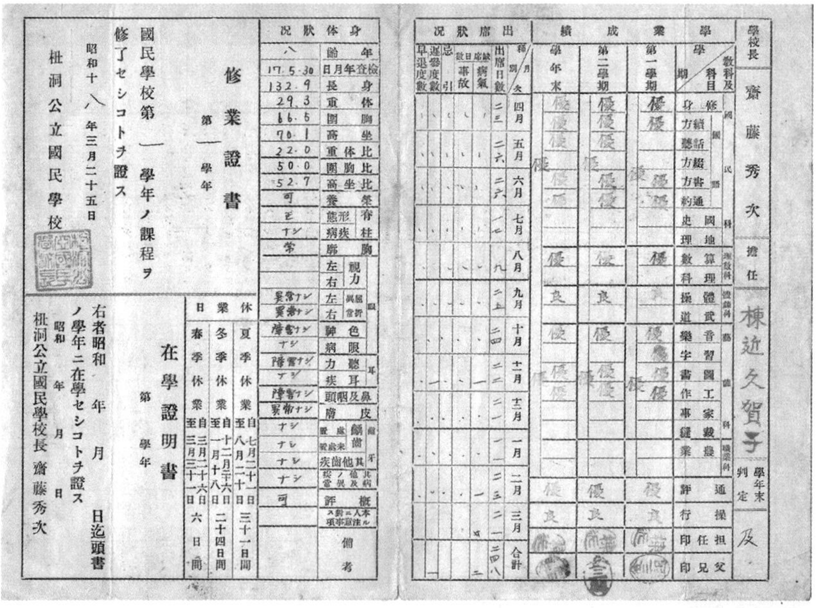

修業證書

第一學年

國民學校第一學年ノ課程ヲ修了セシコトヲ證ス

昭和十八年三月二十五日

杻洞公立國民學校

在學證明書

第　學年

右者昭和　年　月　日迄頭書ノ學年ニ在學セシコトヲ證ス

昭和　年　月　日

杻洞公立國民學校長 齋藤秀次

休業日	
夏季休業	自七月二十一日 至八月三十一日 三十一日間
冬季休業	自十二月二十六日 至一月十八日 二十四日間
春季休業	自三月二十六日 至三月三十一日 六日間

身体状況	
年齢	八
検査年月日	17.5.30
身長	132.9
体重	29.3
胸囲	66.5
坐高	70.1
比体重	22.0
比胸囲	50.0
比坐高	52.7
栄養	可
脊柱 形態	正
脊柱 疾病	ナシ
胸廓	常
視力 左	
視力 右	
眼 屈折異常 左	異常ナシ
眼 屈折異常 右	異常ナシ
色神	障害ナシ
眼疾	ナシ
耳 聴力	障害ナシ
耳疾	ナシ
鼻及咽頭	障害ナシ
皮膚	異常ナシ
歯牙 齲歯 處置	ナシ
歯牙 齲歯 未處置	ナシ
其他歯疾	ナシ
其他ノ疾病及異常	ナシ
概評	可
本人ニ對スル注意事項	
備考	

出席状況 月別	四月	五月	六月	七月	八月	九月	十月	十一月	十二月	一月	二月	三月	合計
出席日数	二三	二六	二六	一七	九	二五	二四	二二	二一	一二	二三	二一	二四八

學業成績 教科及科目	第一學期	第二學期	學年末
國民科 修身	優	優	優
國民科 國語 讀方	優	優	優
國民科 國語 話方		優	優
國民科 國語 綴方			
國民科 國語 書方	優	優	優
國民科 國語 通約	優	優	優
國民科 國史			
國民科 地理			
理數科 算數	優	優	優
理數科 理科			
體鍊科 體操	良	良	良
體鍊科 武道			
藝能科 音樂	優	優	優
藝能科 習字	優		
藝能科 圖畫	優	優	優
藝能科 工作	優	優	優
藝能科 家事			
藝能科 裁縫			
職業科 農業			
通評	優	優	優
操行	良	良	良
担任印			
父兄印			

學校長 齋藤秀次

擔任 棟近久賀子

學年末判定 及

54 "昭和十七年通知表", 杻洞公立國民學校, 1943. 강조선 표시는 필자. 동 자료는 이화여자대학교 의과대학 의학교육학교실 권복규 교수의 개인소장품이다. 귀한 자료를 제공해주시고 단행본에 게재할 수 있도록 허락해주신 권복규 교수님께 지면을 빌려 깊은 감사를 드린다.

1938년 5월 국가총동원법으로 전시총동원체제가 수립되자 조선의 정세는 급격히 바뀌어갔다. 1939년부터 조선인 전력(戰力)의 필요성이 제기되었고[55] 1941년 12월 태평양전쟁 이후 조선의 징병제 시행이 본격적으로 논의되었다. 태평양전쟁기 일제에 있어서 식민지 조선의 학교는 전쟁을 위한 인력고(人力庫)나 다름없었다. 이처럼 총동원체제가 절정에 달한 1945년 5월 26일 조선총독부령 제128호로 학교신체검사규정이 제정되었다. 1944년 5월 일본에서 전시하 단련이나 체위 향상을 강조하는 쪽으로 개정되면서, 1년 후 조선에서도 동일한 이름과 취지의 법령을 공포한 것이다.

1945년 학교신체검사규정은 총칙, 학도신체검사, 직원신체검사의 총 3장으로 구성되었다. 검사 대상은 교직원까지 확대되었고, 양호단련을 통한 학생의 체위 향상 및 교직원의 건강 증진을 목표로 하였다. 검사항목은 대폭 감소하였고 측정 방법이 간소화되었다. 건강불량 표시와 총독에게로 일원화된 결과 보고체계는 그대로 유지되었다.

1937년 검사항목은 일제강점기를 통틀어 가장 많았다. 앞선 1921년과 비교하여 1937년, 1945년의 학교신체검사항목과 질병이상 항목의 세부사항은 〈표 8-5〉와 같다.

---

55 신주백, 앞 글, 258쪽.

〈표 8-5〉 학교신체검사항목 및 질병이상 항목의 세부사항 비교

(1921년, 1937년, 1945년)

	학교신체검사 항목			질병이상 항목의 세부 사항		
	1921년	1937년	1945년	1921년	1937년	1945년
발육	신장	신장	신장	피부샘병	피부샘병	–
	체중	체중	체중	[영양]	–	–
	가슴둘레	가슴둘레	가슴둘레	빈혈	빈혈	–
	개평	–	–	각기	각기	–
척추	척추	척추	결핵성질환	결핵성질환	결핵성질환	
시력 및 굴절 상태	눈	시력	신경쇠약	신경쇠약	–	
눈병		{질병이상}	선양증식증 및 편도선비대	[코 및 인두]	–	
색신		{질병이상}	전염성피부병	[피부]	–	
청력	귀	청력	늑막염	늑막염	–	
귓병		{질병이상}	심장질환 및 기능장애	심장질환	–	
치아	치아	{질병이상}	탈장	탈장	–	
기타 질병 및 이상	그 외 질병이상	질병이상	정신장애	정신장애	정신박약	
영양	영양	영양상태		언어장애	–	
	앉은키	–		뼈관절이상	운동기능성 장애	
	흉곽	–		사지운동 장애		
	코 및 인두	–			눈 질환 (특히 트라코마)	
	피부	–			색신	
					귀 질환 (특히 중이염)	
					치아 질환 (특히 충치)	
					기생충병	
					신체허약	

출전: "學校生徒兒童身體檢查規程", 『朝鮮總督府官報』, 1921. 5. 17.; "學校生徒兒童身體檢查規程", 『朝鮮總督府官報』, 1937. 4. 1.; "學校身體檢查規程", 『朝鮮總督府官報』, 1945. 5. 26.
※ 각 법령 제정 시 추가된 항목은 음영 표시. 직전 법령까지 질병이상 항목의 세부사항이었다가 개정 후 별개의 검사항목으로 독립한 경우 대괄호, 반대의 경우에는 중괄호 안에 현재 항목명 기재.

1937년 항목에는 앉은키·흉곽·코 및 인두·피부가 추가되었다. 코 및 인두·피부는 질병이상 항목의 세부 사항이 별개의 항목으로 독립한 것이었다. 한편 눈은 시력과 눈병·굴절 이상·색신 검사를 모두 포괄하였고 귀도 청력과 귓병을 포함하였다. 질병이상은 총 12개의 세부사항으로 구성되었고 언어장애·뼈관절 이상·사지운동장애가 새로 추가되었다.

앉은키 항목은 상반신 길이로 장기의 발육을 확인할 수 있다는 신념을 근거로 하였다.[56] 당시의 최신 의학 상식에 따르면 각 장기들이 신체 내부에서 양호하게 성장할수록 자연히 상반신은 길어진다고 생각하였다. 그러므로 앉은키는 곧 신체 건강의 지표로 여겨졌다. 근대의학의 발전 과정 속에서 21세기 현재 기준으로는 터무니없는 생각이 지당한 상식 혹은 진리처럼 통용되었고, 이러한 인식을 바탕으로 학교신체검사항목에 추가되어 학생의 건강 상태를 파악하는 기준으로 작용했던 것이다.

앉은키 중시 풍조는 일본인의 우생학적 우수성을 피력하려는 함의도 다분하였다. 가령 1936년 일본학동보건협회(日本学童保健協会)의 기노시타 도사쿠(木下東作)는 상체가 길고 하체가 짧은 일본인의 체형 특성은 생활에너지 공급에 능률적이며 서구 위인들과 비슷하다고 설명하였다.[57] 당시 상반신이 길수록 장기 발육이 양호하다는 잘못된 의학 지식은 일본인의 특성과 연결되어 민족적 우월성을 설파하는 데 활용되었다.

흉곽 항목도 상반신을 중요하게 여기는 세태에 따라 그 형태와 발육 상태로 학생의 건강을 확인하기 위해 도입되었다.[58] 동 항목은 흉곽의 모양을 검사하여 편평흉(扁平胸), 누두흉(漏斗胸), 구흉(鳩胸) 등으로 이상을 구분하였다. 이와 같은 이상 형태의 명칭은 현대에도 흔히 사용되는 의학용어다.

56 学校衛生研究会, 『改正学校身體檢查規程解説』 (東京: 成美堂書店, 1937), 39쪽.

57 木下東作, 『兒童養護の理論と實際 縱の巻』 (大阪: 日本学童保健協会, 1936), 275~276쪽.

58 学校衛生研究会, 앞 책, 43쪽.

앉은키와는 다르게, 흉곽 항목은 근대의학 지식의 일진보를 엿볼 수 있는 사례였다고 할 수 있다.

1937년도 개정 법령의 가장 큰 특징은 질병의 진단을 중시하는 경향이었다. 기본 검사항목에서는 눈·귀·코를 비롯하여 육안으로 보이는 부위의 병증을 주로 보았다. 이전까지 질병이상으로 묶어 취급하였던 사항들이 하나의 기본 항목으로서 독립되면서 검사 시에 더 많은 시간과 비중을 할애하게 되었다. 다른 한편 질병이상 항목에서는 신체 내부 기관의 질병 및 장애 여부를 확인하였다.[59] 이로써 외부에 드러난 신체 부위의 병증은 기본 검사항목으로, 내부 장기의 병증이나 신체적·정신적 장애 여부는 질병이상 항목으로 살펴보는 검사 구조가 수립되었다.

아울러 학생의 발육 등급 대신 질병 종류와 정도에 따라 "요주의(要注意)", "요양호(要養護)" 등으로 학생들을 세분화하였다. 체위 향상과 건강 증진이라는 학교신체검사의 목표는 신체 발육뿐만 아니라 질병 여부에 기반한 건강의 문제와 맞닿아 있었다. 이미 확립된 총독 중심의 정보 중앙화 구조 속에서, 1930년대 중후반부터 학교신체검사제도는 질병 여하를 중점으로 삼아 학생의 건강 상태를 보다 세밀히 판별하고자 하였다. 이러한 선별을 거쳐 학생의 신체는 하나의 데이터로 환원되어 총독부에게 관리되었다.

이러한 경향은 일본 내 학교신체검사제도의 동향과도 부합했다. 앞서 설명하였듯 일본의 학교신체검사는 1920년 개정 법령을 계기로 학생의 건강 상태에 보다 초점을 맞추는 방향으로 변모해갔다. 이미 1900년대 초부터 학교의들은 신체검사 시에 학생의 건강 상태 파악에 관심을 가졌고, 건강을 진단하는 기준으로서 질병 여부에 주목하고 있었다.[60] 학교의의 검사

---

59 "學校身體檢查規程", 『朝鮮總督府官報』, 1937. 4. 1.

60 小野方資, 앞 글, 28쪽.

방식은 사실상 1920년 개정 시에 제도화되었고, 1937년 개정에 이르러 보다 견고해졌다고 할 수 있다. 조선이 일본의 근거 법령을 그대로 따르게 되면서, 이 시기 학교신체검사제도도 학생의 질병을 찾아내고자 주력하는 병리 검사의 성격이 더욱 강해졌다. 즉, 식민본국의 제도적 추세에 식민지가 본격적으로 동승하게 된 것이다.

반면에 1945년도 개정 법령에서 규정한 검사항목은 8개로 이전에 비해 가장 적었다. 질병이상의 세부사항은 9개였으며, 세밀한 진단이 요구되는 병증들이 사라지고 기생충병과 신체허약이 추가되었다. 뼈관절이상과 사지운동장애는 통합되어 운동기능성장애로 명칭이 바뀌었다. 정신장애는 정신박약으로 변경되었고 주로 지적 장애의 판단을 중심으로 했다.

그럼에도 당시 사회문제로 지적되었던 몇몇 질병들은 검사항목으로 유지되었다. 대표적으로 치아 질환과 결핵성 질환 항목을 들 수 있다. 치아 검사는 식민지기 치아 관리에 대한 국가적 요구가 반영된 결과였다. 당시 치아 질환 및 그 파생 질환이 문제시되면서 위생적인 치아 관리로 만병의 예방이 가능하다는 사회적 인식이 생겨났고,[61] 이러한 분위기가 학교신체검사제도에도 영향을 미쳤다. 또 결핵은 청년층의 체력에 해를 끼치는 질병으로 유명하였으므로[62] 학교 차원의 예방 및 관리가 필요하다고 여겨졌을 것이다. 이에 따라 1945년도 개정 법령에서 결핵성 질환 항목은 의학적으로 더욱 보완되어 "투베르쿨린, 피내(皮內) 반응검사, X선 검사, 세균 검사 등"으로 정밀 검사하도록 규정되었다.[63]

이처럼 1937년 이후 총동원체제기의 학교신체검사제도는 의학적 기준으로 질병 유무를 확인하여 학생의 건강 상태를 명료히 진단하려는 방향으

---

61 엄진주, "1910-1930년대 위생용품에 투영된 담론 연구", 『어문논집』 72 (2017), 235쪽.
62 "졸업하고 사망한 사람", 《東亞日報》, 1936. 6. 18.; "폐결핵균을 박멸하자", 《東亞日報》, 1938. 5. 19.
63 "學校身體檢查規程", 『朝鮮總督府官報』, 1945. 5. 26.

로 나아갔다. 1937년도 개정부터 동 제도는 처음으로 특정한 목적성을 띠면서 전면적인 변화가 이루어졌고, 특히 신체검사를 통한 질병의 판별을 중시하는 경향을 보였다. 일제 말에 이르러서는 검사항목이 대폭 감소하였고 간소화되었지만, 사회적 문제로 지목되었던 질병들은 검사항목으로 유지하여 계속 진단하고자 했다. 상기한 양상은 동 제도가 당시 식민본국의 제도적 조류에 따라 학생의 발육뿐만 아니라 건강 여부에 보다 주목했음을 드러낸다.

2) 총동원체제 하 군사적 수단으로서의 성격 강화

앞서 설명했듯 1937년 4월 학교신체검사규정부터는 일본과 조선의 법령 내용이 동일하였다. 이전까지와 달리 일본의 법령이 그대로 조선에 적용된 것이다. 이러한 사실은 총동원체제기에 들어서면서 일제와 총독부가 식민본국·식민지 학생에게 일관되게 관철하려던 바가 있었음을 짐작케 한다. 따라서 이 시기 학교신체검사제도에 내재한 식민당국의 의도와 목표가 무엇이었는지 살펴볼 필요가 있다.

먼저 1937년도 개정 법령부터 학교신체검사제도 시행의 목적이 명시되기 시작하였다. 법령 제1조에서는 "학생·생도·아동의 신체 양호단련을 적절히 하여 체위 향상과 건강 증진을 도모하기 위해서" 학교신체검사를 시행한다고 밝혔다.[64] 처음으로 체위 향상과 건강 증진이라는 검사 목적을 명문화한 것이다. 이는 전시체제로의 전환을 목전에 두고 학생 신체의 가치를 상기한 결과였다. 1931년 만주사변 시점부터 일제는 이미 대륙침략전쟁을 구상하고 있었다. 전쟁 시 학생의 신체는 훌륭한 예비병력이었고, 이

---

64 "學校身體檢査規程", 『朝鮮總督府官報』, 1937. 4. 1.

러한 인식을 바탕으로 일본의 학교신체검사는 학생의 몸과 마음을 황국신민으로서 적격하게 교육시키기 위한 수단으로 변모했다.[65] 식민본국의 태세 전환에 따라 총독부도 향후 전쟁의 대비를 염두에 두고 학교신체검사 제도를 운영하게 되었다. 다시 말해 식민지 학생의 체위와 건강 상태를 확인하고 그들이 전쟁에 동원하기에 적합한지 가늠하는 데에 역점을 두었다.

1945년 5월 학교신체검사규정에 명시된 시행 목적은 일제의 대륙침략전쟁과의 연관성을 다시금 증명하였다. 제2조에 의하면 학교신체검사의 목적은 "학도의 단련양호를 적절히 하여 체위의 향상에 바탕이 되는 것"이었다.[66] 이때 1937년도 법령의 "양호단련"이 1945년 개정을 거치며 "단련양호"로 바뀐 사실에 주목할 필요가 있다. 공교롭게도 조선에서의 징병제 시행 이후에 양호와 단련이라는 두 개념의 순서가 역전되었기 때문이다.

조선의 징병제 시행 논의는 1941년 12월 태평양전쟁을 계기로 본격화되었다. 1938년 조선군 참모장이었던 기타노 겐조(北野憲造)는 조선인 인력은 풍부한 대신 질적으로 열악하다고 언급하면서 보건 부서의 신설을 통한 조선인 체력 증진을 주장한 바 있었다.[67] 이에 따라 1941년 11월 건강한 전쟁 인력의 공급을 도모하고자 후생국(厚生局)이 신설되었다.[68] 1942년 3월 후생국은 청년체력검사를 실시하여 조선인 예비병력을 점검하기도 했다.[69] 후생국은 신설 1년 후 재정 문제로 폐지되었으나, 식민지 인력 동원의 필요는 점점 증대되었고 1944년부터 조선에서도 징병제가 전면 실시되었다. 이러한 과정 속에서 조선인의 신체는 가용한 전쟁 인력으로 자리매김하

---

65 山本拓司, 앞 글, 43쪽.

66 "學校身體檢査規程", 『朝鮮總督府官報』, 1945. 5. 26.

67 朝鮮軍司令部, "朝鮮軍諸般施設希望要綱", 『密大日記』 S14:4 (1938), 1101-1102쪽. S14는 쇼와 14년(昭和14年)의 약칭이다.

68 石田千太郎, "厚生局の誕生に際して", 『朝鮮』 361 (1942).

69 김고은, 앞 글, 31-35쪽.

였다.

상기한 흐름과 연계해본다면, 1937년 학교신체검사제도를 개정했을 당시에는 조선인의 동원이 아직 논의되지 않았을 때였다. 따라서 이때의 학교신체검사는 만약을 대비하여 조선 내 학생의 신체적 건강을 도모하는 '양호'에 중점을 두고 실시되었다. 하지만 태평양전쟁이 한창이던 1945년에는 이미 조선에서 징병제를 시행하고 있었다. 당시의 전황을 고려할 때 이 시기 개정된 학교신체검사제도는 학생의 몸과 마음을 군인으로 '단련'하는 데에 더 큰 비중을 두게 되었으리라 쉽게 짐작할 수 있다.

한편 1937년부터 사립학교와 조선인 여학생은 비로소 검사 대상에 포함되었다. 제9조에 의하면 신체검사 후 관립학교 및 공·사립 전문학교는 총독에게 통계표를 송부해야 했다.[70] 이로써 관공립 및 사립학교의 만 7-18세 남학생, 만 6-17세 여학생의 신체 정보까지 총독부의 관리 권역에 포섭되었다. 동 제도의 적용 범위가 사립학교 학생과 여학생에게까지 넓어진 것은 식민통치가 비교적 안정화된 상황에서 학생의 신체 정보를 파악하고 통제하는 총독부 권력이 강화되었음을 반증한다.

먼저 사립학교가 검사 대상에 포함된 이유로는 다음의 두 가지를 생각해볼 수 있다. 첫째, 상당수의 사립학교가 식민지 교육체제로의 편입을 완료하였기 때문이다. 제2차 조선교육령 이후 정규 학제에서 제외되었던 사립 각종학교의 학생들은 졸업 후 상급학교 진학에 불이익을 감수해야 했다. 이를 타개하려면 정규 학제상 학력이 인정되는 지정학교로 승격되어야만 했다. 학생들의 동맹휴학, 학교 차원의 지속적인 신청 등 지정학교 승격 운동의 전개에 따라 많은 사립학교들은 식민지 교육체제에 편입되었다. 결과적으로 1912년 전체 학교의 67.7%였던 사립 각종 학교가 1931년 19.3%

---

70 "學校身體檢查規程", 『朝鮮總督府官報』, 1937. 4. 1.

로 급감하였다.[71] 식민당국으로서는 사립학교의 세력이 충분히 약화된 상황에서 더 이상 견제할 필요가 없었다. 또한 식민통치가 어느 정도 확립되었으므로 그만큼 사립학교 학생까지 관리할 여유가 생기기도 했다.

둘째, 총독부가 예비병력으로서 사립학교 학생 신체의 가치를 인식했기 때문이다. 1930년대 중후반에 이르면 총독부가 구상한 각종 식민지적 체제는 정착되었다. 이 시기 일제의 당면 목표는 식민통치체제의 확립보다 향후 대륙침략전쟁에서의 승리였다. 전쟁이 확대되면 필요시 식민지 인력의 활용을 잠정적으로 염두에 두었고 사립학교 학생도 그 인력 후보군에 포함되었다. 따라서 사립학교를 배제하기보다는 신체검사를 받도록 제도화하는 편이 전시상황을 대비하기에 더 합리적이었다.

조선인 여학생이 검사 대상에 들어간 것도 중일전쟁 이후로 급증한 여성 인력 동원과 결부된다. 총동원체제에서 여성의 신체는 국가를 위한 모체이자 근로 인력의 역할이 강조되었다. 일제는 조선 여성에게 일본 여성의 부덕을 본받아 기꺼이 자식을 전쟁터에 바치는 '군국의 어머니' 이미지를 선전하였다.[72] 한편으로 1943년 제4차 교육령 발표 이후 여학생들은 후방 노동에 투입되었다.[73] 이처럼 전시하에서 여성의 몸은 국가를 위해 다방면으로 헌신할 수 있는 신체로서 부각되어갔다.

더 나아가 1945년도부터는 대학 및 대학 예과 학생까지 검사 대상에 추가되었다. 이는 학교신체검사제도와 조선 내 학생 인력 동원의 관계를 드러내며 학도지원병제와의 연관성까지도 엿볼 수 있다. 일제는 패전에 가까워질수록 물자 및 인력 부족에 시달렸다. 징병제 전면 시행 직전인 1943년

71 권녕배, "日帝下 私立各種學校의 指定學校 昇格에 관한 一研究", 『조선사연구』 13 (2004), 220-235쪽.
72 이상경, "일제 말기의 여성 동원과 '군국(軍國)의 어머니'", 『페미니즘 연구』 2 (2002), 217쪽.
73 김명숙, "일제강점기 학적부 양식의 변화로 본 식민지 교육의 실상 — 동덕여고 학적부(1914-1945)를 중심으로", 『한국사상과 문화』 87 (2017), 143-144쪽.

10월 육군성령 제48호는 문과계 대학 및 전문학교 학생이 자원입대하면 3개월 만에 군인이 될 수 있도록 규정하였다.[74] 이는 사실상 강제징집이었고, 총독부는 조선 내 고등교육기관의 학생을 병력으로 활용할 수 있다는 실례를 확보하였다. 1945년 징병제까지 시행되는 가운데 개정된 학교신체검사는 이전보다 광범위하고 효율적인 학생 인력 수급에 일조하였을 것이다.

총동원체제기 학교신체검사제도의 가장 큰 특징이자 군사적 성격이 가장 명확히 드러나는 부분은 검사항목의 대대적 변동이다. 1937년도 개정제도는 일제강점기 전체를 통틀어 검사항목이 가장 많았다. 먼저 앉은키와 흉곽 항목의 추가는 학생의 건강을 한눈에 선별하는 작업이 중요해졌음을 증명한다. 이들 항목은 상반신 계측 수치를 인간의 건강과 직결시키는 의학적 여론을 바탕으로 도입되었고, 수치와 형태를 간단히 측정하는 것만으로 빠르게 학생의 건강 상태를 판단할 수 있었다.

질병이상 항목의 추가 세부사항이었던 언어장애·뼈관절이상·사지운동장애는 각각 육군신체검사의 언어 및 정신·관절운동·형태이상-사지 항목과 유사성을 보였다. 특히 언어 검사는 1937년 학교신체검사와 육군신체검사에서만 이루어졌다. 육군신체검사규칙에 의하면 언어 검사는 군대 내 원활한 상명하달을 위하여 일본어 50음도를 정확히 발음하는지 확인하였다.[75] 일제는 군인의 수행 능력을 살피기 위한 육군신체검사 항목을 1937년도부터 일본과 조선의 학교신체검사제도에도 반영하였던 것이다.

한편 1945년도 제도 개정과 동시기에 국가적 신체검사가 새로이 규정되었다. 1945년 3월 24일 총독부는 제령 제5호로 조선체력령(朝鮮體力令)을 제

---

74 "半島學徒에 特別志願兵制, 適齡經過者에 恩典, 今日 陸軍省令 公布實施",《每日申報》, 1943. 10. 21.; "陸軍特別志願兵 臨時採用規則",『朝鮮總督府官報』, 1943. 11. 6.

75 "陸軍身體檢查規則",『官報』, 1928. 3. 26.

정하고 5월 1일부터 시행했다. 동 법령 제10조에 의하면 따로 지정된 체력관리의(體力管理醫)는 26세 미만의 남자 및 20세 미만의 여자에게 연 1회 체력검사를 실시해야 했다. 이때 학교의는 체력관리의로 자동 선출되도록 제도화했다.[76] 미국과의 본토결전이 머지않은 일제는 곧바로 전장 투입이 가능한 인력을 최대한 많이 필요로 했다. 이에 따라 총독부는 조선 전체 청년에게 신체검사를 실시하여 식민지 인력의 현황을 파악하고자 했다.

그런데 1945년도의 학교신체검사항목은 동 시기 조선체력령에 의한 체력검사 및 징병신체검사와 상당수 중복되고 있었다.

〈표 8-6〉 학교신체검사(1945년도)·체력검사·징병신체검사 중복 항목 및 중복률

	학교신체검사―체력검사		학교신체검사―징병신체검사		체력검사―징병신체검사	
중복 항목	신장·체중·가슴둘레·시력·청력·결핵성질환·정신박약·운동기능성장애[운동기능]·눈질환[트라코마]·색신·치아질환·기생충병·영양상태[영양장애]		신장·체중·가슴둘레·척추[척주]·시력·청력·운동기능성장애[관절운동]·치아질환[구강]·신체허약[근골발육, 신체균형]		신장·체중·가슴둘레·시력·청력·정신박약[정신이상]·운동기능[관절운동]·치아질환[구강]·정신기능[언어 및 정신]·화류병[성병, 음부, 회음]·정신병[정신이상]·심장병[흉부]·치루[항문]·전염성 피부질환[피부상태]	
중복률(%)	학교신체검사 기준(A)	81.3	학교신체검사 기준(C)	62.5	체력검사 기준(E)	60.9
	체력검사 기준(B)	56.5	징병신체검사 기준(D)	47.8	징병신체검사 기준(F)	69.6

출전: "陸軍身體檢査規則", 『官報』, 1928. 3. 26.; "昭和二十年度徵兵身體檢査規則", 『官報』, 1944. 12. 4.; 武智春義, 『朝鮮體力令槪說』 (京城: 結核豫防會朝鮮地方本部, 1945), 180–189쪽; "學校身體檢査規程", 『朝鮮總督府官報』, 1945. 5. 26.
※ 동일한 검사항목이지만 서로 명칭이 다른 경우 후자의 신체검사 항목은 대괄호 안에 기재.

76 武智春義, 『朝鮮體力令槪說』 (京城: 結核豫防會朝鮮地方本部, 1945), 46쪽. 1944년 8월 제령 제31호 조선의료령(朝鮮醫療令)은 기존의 의료 법규를 통폐합하여 의료 관계자에 대해 재규정하였다. 이에 따르면 의사는 "의료 및 보건지도를 담당하고 국민체력의 향상에 기여함을 본분으로" 했다. 1944년도 제국의회에서 경무국은 비상사태에 대응하고자 동 법령을 제정해 의료 관계자의 보건국책 협력에 관한 태세를 정비했다고 설명하였다. 이를 계기로 의료 관계자들은 전시상황에서 국민 보건에 법적 책임을 지게 되었고, 학교의가 맡은 업무도 전쟁과 불가분의 관계로 전환되었다. "朝鮮醫療令", 『朝鮮總督府官報』, 1944. 8. 21.; 민족문제연구소 편, 『日帝下 戰時體制期 政策史料 叢書 第22卷 帝國議會 說明資料 (昭和19年 第86回 帝國議會 說明資料 (官房, 學務, 法務, 警務))』 (한국학술정보, 2005), 533쪽.

〈표 8-6〉에 의하면 학교신체검사 기준으로 체력검사 및 징병신체검사와의 항목 간 중복률[A·C]은 현저히 높다. 체력검사와 징병신체검사의 중복률[E·F]도 높은 편이다. 물론 신체검사항목은 당시 의학적 기준에서 보편적인 요항으로 정해지고, 1945년에는 학교신체검사항목이 크게 감소하여 여타 신체검사와의 중복은 불가피하였다. 그러나 총동원체제기라는 시대적 맥락을 염두에 둘 때, 동 시기 신설된 신체검사 및 징병신체검사와의 유사성은 삼자 간의 지향점이 일치하였다고 해석해야만 더욱 설득력 있다.

총독부는 세 가지 신체검사 간의 유사성을 이미 인지하고, 원활한 검사 진행을 위해 상호연계가 가능하도록 설정하였다. 경무국의 다케치 하루요시(武智春義)는 조선체력령에 대해 개설하면서 학교신체검사제도는 체력검사와 거의 일치하므로 동 시간대에 한 번 검사하여 결과를 작성하도록 조치하였다. 또한 징병신체검사의 피검자와 대상자는 체력검사를 받지 않아도 무방했고, 체력검사 결과는 징병신체검사의 기초자료로 활용할 것이라고 설명했다.[77]

한편 개별 신체검사마다 항목에서 중점적으로 살펴보는 측면이 분류되어 있었다. 학교신체검사항목은 대체로 단순하고 일반적인 내용으로 구성되었다. 신체검사에서 보편적으로 다루어지는 기본 항목들이 주를 이루었다. 징병신체검사는 전신을 파악하려는 경향이 강하였다. 머리부터 발끝까지 신체 각 부분의 발육과 균형, 기능, 질병 여부를 확인하는 항목들을 특징으로 하였다. 체력검사항목은 화류병, 기생충병, 정신병 등 면밀한 의학적 진단을 요구하는 병증의 비중이 컸다. 이러한 검사 영역의 분리는 세 가지 신체검사의 상호연계성을 높이고 신속·원활한 검사 진행에 도움이 되었을 것이다. 이제 1945년도 학교신체검사는 식민지 학생의 신체를 병

---

77 武智春義, 앞 책, 180-189쪽.

력·노동력으로 동원함에 기여하는 방향으로 완벽히 변모하였다.

총동원체제기를 전후하여 학교신체검사제도는 천황제 하에서 성전(聖戰)을 완수할 인력의 차출을 목표하는 군사적 수단으로 변모해갔다. 군국체제에 들어선 이후 일제와 총독부는 학교신체검사제도의 목적을 명시하고, 검사 대상과 항목을 대폭 확대함으로써 군사적 성격을 강화해나갔다. 일본의 학교신체검사제도가 개정되고 1년 후인 1945년 4월 미군의 오키나와 상륙으로 일제는 패색이 짙어지고 있었지만 이를 외면한 채 식민지로부터의 병력 조달을 계속 구상하였다. 1945년에 조선의 학교신체검사제도를 재정비하여 인력 징발을 위한 신체검사들과 연계성 있게 설계한 사실은 식민당국이 최후까지 식민지 조선 내 인력 총동원을 추진하였음을 명백히 보여준다.

5. 맺음말

1876년 개항 후 조선은 서구와 일본으로부터 서양의학과 위생 개념을 수용하여 각종 근대적 제도에 적용·활용하였다. 1890년대 신식 교육제도의 등장과 함께 고종은 교육정책 상에서 위생을 강조하였고 자생적인 학교보건체제를 추진했다. 그러나 통감부기에 들어서면서 학교보건 방면에서 조선보다 약 20년 정도 앞서 있던 일본은 조선의 학교보건정책에 개입하기 시작하였고, 이러한 가운데 한일 강제병합이 이루어지면서 조선의 독자적인 학교보건 발전은 막을 내렸다.

학교신체검사는 일제 식민권력에 의하여 처음 식민지 조선에 도입된 근대적 학교보건제도였다. 1913년 관공립학교생도신체검사규정의 제정을 계기로 의학적 기준으로 학생 신체를 계측하여 그 결과를 행정기관에 상달하는 기본 구조가 성립되었다. 1921년 제도 개정으로 검사항목의 의학적 명료화·구체화, 발육 및 건강 상태에 따른 표시, 정신장애 항목 신설 등의 변화가 있었다. 무엇보다도 검사 결과 보고체계가 총독으로 일원화되면서 근대국가의 국민 신체 관리구조가 확립되어갔다.

도입 초기 학교신체검사제도는 식민지 내 학생의 신체 정보를 중앙에서 일괄 관리·파악하는 근대적 구조를 수립했다. 총독부는 조선에 식민지 학교보건체제의 기틀을 정착시켜 근대성을 과시하는 동시에 향후 용이한 식민통치를 구상하였다. 이러한 맥락에서 학교신체검사제도는 식민통치의 장치로 기능했다. 그러나 이는 재조일본인 학생을 최우선 순위로 고려한데다 식민통치 초기 총독부 권력의 한계로 실제 대다수의 조선인 학생들은 제도 적용 대상에 포함되지 않았다.

1937년 학교신체검사규정은 제도적 변곡점이었다. 이때부터 조선 내 모든 학생은 학교신체검사의 대상이 되었다. 또한 발육 상태보다 질병 여부의 선별이 더욱 중시되었다. 1945년 마지막 개정으로 검사항목의 대폭 축소가 이루어졌으나 당시 사회적으로 주시된 치아질환이나 결핵은 계속 검사항목으로 유지되었다. 1937년 개정 제도에서 질병 여부에 따라 건강 상태를 판별하였던 경향은 이때에도 그대로 이어졌다고 볼 수 있다.

총동원체제기 학교신체검사제도는 완연한 군사적 수단으로 변모해갔다. 처음 명시된 신체검사의 목적에는 '단련'이 포함되었고, 의학 지식은 건강한 인력을 판단하는 척도로서 중요하게 활용되었다. 검사 대상은 사립학교 학생, 조선인 여학생, 나아가 대학 및 전문학교 학생까지 확장되어 학생의 신체 정보를 장악하는 식민당국의 권력 강화를 단적으로 보여주었다. 동시에 이는 조선 내의 모든 학생을 식민지 인력으로서 시야에 두고 있었음을 방증한다. 태평양전쟁기에 이르면 징병신체검사·체력검사의 항목과 상호연계되기까지 하였다.

종합하면, 일제강점기 학교신체검사제도는 서양의학 지식과 위생 개념을 적용한 근대적 학교보건제도로 도입되어 시대에 따라 변화하며 이어졌다. 이는 식민통치를 위한 구조적 장치로 구축되어 전시총동원체제의 군사적 수단으로까지 기능하였고, 그 자체로 식민지적 근대의 단적인 예였다. 해방 이후 2000년대까지 학교신체검사제도가 존속되었던 만큼, 일제하 제도 기저에 흐르는 식민지적 근대의 맥락을 앞으로 더욱 주목하고 재인식해야 할 것이다.

이 글은 개화기부터 일제강점기까지에 집중하여 논하였기 때문에, 해방후 현대 한국의 학교신체검사에서 나타난 근대성과 식민지성의 착종까지는 다루지 못하였다. 일제강점기 학교신체검사제도가 현대까지 존속되어온 역사적 배경과 그에 내포한 착종성을 고찰하는 작업은 향후 연구과제로 남겨두고자 한다.

경성에서의 위생공학의 실천:
하수정비사업을 중심으로[*]

김연희(전북대학교 한국과학문명학연구소)

1. 시작하며

이 글은 일제강점기 경성에서 수행된 하수정비사업을 설계와 시공 측면에서 검토한 것이다. 대한제국을 강제 병합한 후 총독부는 조선의 통치와 일본인 이주를 통한 식민(植民)정책 수행을 위해 경성을 재구성하려 했다. 하수정비사업 역시 이런 경성 재편 계획의 일환이었다. 합병 초기 총독부는 경성의 구획을 다시 나누고 도로를 정비하는 시구개정(市區改正) 사업과 병행하는 것으로 기획했다.[1] 하지만 사전 준비 작업 미비와 재원 마련의 실패 등으로 하수도 공사는 의도대로 진행되지 못했다.

하수도 사업은 도로 정비 차원에서만이 아니라 도시위생과도 밀접하게 연결되어 있었다. 전염병 창궐이라는 상황을 맞아 총독부는 전염병 예방

---

* 이 글은 『한국과학사학회지』 45:1 (2023)에 실린 같은 제목의 논문을 수정·보완한 것이다.
1 서울역사편찬원, 『서울사료총서13, (국역)경성도시계획조사서』 (2016), 49-50, 159쪽.

의 대비책으로 상수도 사업을 우선 진행했지만, 그것만으로는 충분치 않다는 점을 스스로도 인지하고 있었다.[2] 이런 인식을 토대로 경성에서 하수정비사업이 1920년 전후 시행되기 시작했다.[3]

하수정비사업은 중요한 근대적 위생 기반시설 중 하나로, 많은 연구자들이 경성의 사업 추진 과정과 그 결과를 살폈다. 특히 손정목은 한성이 경성으로 명칭이 바뀌며 많은 변화를 겪었음에 주목하며 식민권력의 위생 기반시설 구축사업을 포함한 도시계획을 검토했다.[4] 그의 연구로 경성은 건축사, 사회사, 문화사 등 다양한 분야에서 중요한 연구 대상으로 부각되었고, 많은 연구들이 축적될 수 있었다. 그중에는 식민권력의 위생정책을 점검하는 연구들과 더불어, 하수배제(下水排除)를 중점적으로 검토한 연구들이 포함되었다.[5] 전우용은 청계천이 일제강점기에 가졌던 문화적, 사회적 의미와 변천을 개괄적으로 점검하며 위생 문제도 검토했다.[6] 이연경은 1910년 이전까지 한성의 변화를 다루면서 진고개 등 일본인 거류지에 하수배제시설과 상수시설이 설치되는 과정 및 상습적 침수지인 진고개의 변

2 일제강점기 상수도 사업 전개에 대해서는 김백영, "일제하 서울에서의 식민권력의 지배전략과 도시공간의 정치학" (서울대학교 박사학위논문, 2005); 김백영, "일제하 서울의 도시위생 문제와 공간정치 ─ 상하수도와 우물의 관계를 중심으로", 『史叢』 68 (2009 a), 191-225쪽; 김백영, "'청결'의 제국(帝國), '불결'의 고도(古都)", 『지배와 공간』 (문학과지성사, 2009 b), 435-472쪽; 김영미, "일제시기 도시의 상수도 문제와 공공성", 『사회와 역사』 73 (2007), 45-74쪽; 박유미, "근현대 서울의 법령과 근대의 일상성 ─수도 법령으로 나타난 경성의 일상 변화를 중심으로─", 『서울민속학』 5 (2018), 7-41쪽; 백선례, "1928년 경성의 장티푸스 유행과 상수도 수질 논쟁", 『서울과 역사』 101 (2019), 159-193쪽; 주동빈, "1920년대 경성부 상수도 생활용수 계량제 시행과정과 식민지 '공공성'", 『한국사연구』 173 (2016), 53-296쪽 등을 참조할 것.
3 환경부, 『한국하수도발전사 1』 (2016), 151-157쪽.
4 손정목, 『日帝强占期 都市計劃硏究』 (일지사, 1990); 손정목, 『(일제강점기) 도시화 과정연구』 (일지사, 1996).
5 박윤재, "위생에서 청결로─서울의 근대적 분뇨처리", 『역사비평』 126 (2019), 260-280쪽; 이정, "제국 신민의 전염병 도시 경성", 『이화사학연구』 58 (2019), 45-87쪽.
6 전우용, "청계천과 천변: 공간과 상징의 역사적 변천", 전우용·김기호·송도영·강우원·오유석·진양교·송인호, 『서울학연구총서12 청계천: 시간, 장소, 사람─20세기 서울변천사 연구 1』 (서울시립대학교 서울학연구소, 2001), 24-33쪽.

모 양상을 보여주었다.[7] 고아라는 도시지리사의 연구방법론으로 한양 천도 후부터 현재까지 물길 변화를 심층적으로 고찰했다.[8] 그중 일제강점기 부분을 양승우와 함께 정리해 발표하기도 했는데, 이 연구에는 하수정비 계획 시행 이래 이루어진 물길 정리 사업으로 없어지거나 인공적으로 만들어진 지천들이 담겨 있다.[9] 경성의 특정 지역만을 대상으로 한 연구도 있다. 이길훈·이경욱·양승우가 함께한 "남소문동천의 복개과정에 따른 도시 공간 변화 특성연구"는 조선시대 이래 장충동 및 신당동 지역을 흐르는 지천의 정비에 따른 변화 양상을 고찰한 것이다.[10] 이 연구와 결이 다르지만 주상훈은 "일제강점기 경성의 관립학교 입지와 대학로 지역의 개발과정"을 통해 홍덕동천의 정비와 개발 과정을 보여주었다.[11]

일제강점기에 이루어진 하수정비 및 도로 신설에 따른 공간 분할 혹은 재배치, 복개(覆蓋) 공사 등에 의한 물길 변화 등에 내재된 민족 차별성을 고찰한 연구들도 발표되었다. 김백영은 일제하 서울의 위생과 상하수(上下水)와의 관계를 중심으로 식민도시 경성의 근대 공간에서 조선인들이 배제되는 과정을 보여주었다.[12] 염복규 역시 도시의 위생 기반시설의 하나로 하수도를 주목해 식민지 시기 복개되는 과정을 검토하면서, "눈에 보이는 도로 정비보다 하수도 정비가 우선순위에서 밀"렸고, 그나마 확보된 "하수정비 공사비는 경성 지역에 따라 차별적으로 배분되어, 남촌과 북촌 사이의

7   이연경, "한성부 일본인 거류지의 공간과 사회: 1885년~1910년까지 도시환경변화의 성격과 의미" (연세대학교 박사학위논문, 2013).
8   고아라, "물길을 중심으로 한 서울역사 도심의 도시형태 해석" (서울시립대학교 박사학위논문, 2018).
9   고아라·양승우, "일제강점기 경성 '하수개수' 사업의 시행과 물리적 도시공간변화 연구", 『역사·사회·문화도시연구』 30 (2022), 37-98쪽.
10 이길훈·이경욱·양승우, "남소문동천의 복개과정에 따른 도시 공간 변화 특성연구", 『서울학연구』 45 (2019), 33-61쪽.
11 주상훈, "일제강점기 경성의 관립학교 입지와 대학로 지역의 개발과정", 『서울학연구』 46 (2012), 131-175쪽.
12 김백영, 앞의 글 (2005); 김백영, 앞의 글 (2009 a); 김백영, 앞의 글 (2009 b).

민족적 차별이 위생환경 측면에서 더 강화되었다"고 분석했다.[13]

이런 연구들을 기반으로 필자는 이 정비사업 과정에 조선에 투입된 일제의 기술력을 살펴보려 한다. 일본 위생공학의 한 분야인 하수정비 기술이 경성에서 실행된 방식을 '경성의 하수정비사업의 이론적 토대 혹은 필요성 제시는 어떻게 구성되었는지', '경성의 하수정비사업에서 실제 투입된 일본의 위생공학의 기술력은 어떠한지', '이 하수 정비사업 진행에서 나타나는 경성 하수도의 특징은 무엇인지', '일본의 위생공학이 경성에 남긴 것은 무엇인지'와 같은 문제의 답을 찾으면서 검토해보려 한다.

이를 위해 토목공학의 한 분과로 자리잡은 일본 위생공학의 성격과 특징을 살피고, 이런 전문성에 기초한 기술력이 경성에서 구현되는 과정을 살펴볼 것이다. 이는 당시 발행되어 현재 일본 대학들에 소장된 위생공학 전공 서적, 제국대학 편람 등의 검토와 함께 이 시대 일제가 다른 지역에서 수행한 하수도 정비사업과 위생공학 분야의 관계성을 고찰하고자 한다. 또 경성에서의 기획 및 시행 과정, 설계도, 하수관 자재 산업, 교육 상황, 공사현장 등을 담은 당대 문헌 등을 분석, 검토할 것이다.

---

13 염복규, "일제하 경성도시계획의 구상과 시행" (서울대학교 박사학위논문, 2009); 염복규, "일제하 도시지역 정치의 구도와 양상", 『한국민족운동사연구』 67 (2011), 73-108쪽; 염복규, "차별인가 한계인가", 『역사비평』 126 (2019), 281-299 중 286쪽.

2. 일제의 경성 하수 사업

1) 대한제국과 일본의 경성 하수정비사업

(1) 대한제국 하수정비사업

대한제국기에도 한성은 제국의 황도로서 면모를 일신하기 위해 도로 정비 및 하수 암거(暗渠) 사업을 진행한 바 있다.[14] 여기에 더해 상수도 사업도 진행했는데, 이를 감안해 게일(James S. Gale)이 1911년 편찬한 『이중어사전』에서 '위생공학' 조항을 넣고, "sanitary engineering"으로 번역한 것으로 보인다.[15]

대한제국 정부는 경운궁(현재 덕수궁)을 중심으로 하수도를 '매설'했다. 이처럼 하수도를 지하에 매설하는 방식은 전통시대 한성 '은구(隱溝)'에서 찾을 수 있지만,[16] 이 시기에 시도된 하수도 체계는 전통적 은구와 달랐다.[17] 이 새로운 체계의 하수정비사업은 1896년 이래 시행된 경운궁과 남

---

14 대한제국기 한성부 치도 사업에 대해서는 이태진, "1896~1904년 서울 도시개조사업의 주체와 지향성", 『한국사론』 37 (1997), 181-206 중 181-188쪽; 치수 사업 등 위생사업에 대해서는 환경부, 『한국하수도발전사 1』 (2016), 145-150쪽; 도로 개수 및 암거 설치와 관련해서는 이규철, "대한제국기 한성부 도시 공간의 재편" (서울대학교 박사학위논문, 2010), 90-91쪽 참고.

15 게일(Gale), '위생공학' 조, 『한영 뎐』(1911), 황호덕·이상현 편, 『한국어의 근대와 이중어사전, 영인편 VI』 (1911), 776쪽. 이 책이 발행된 1911년에는 총독부가 진행한 하수 사업은 없었으며 상수 사업권을 매입하는 중이었다. 한성의 상수도 설비에 관해서는 서울특별시 상수도사업본부, 『서울상수도백년사』 (2013), 102쪽.

16 한양 천도 즈음, 도성 정비공사 당시 '은구(隱溝)'라는 이름으로 땅속에 하수로를 묻어 한양 주변의 산에서 흘러나오는 물, 지하수, 생활하수와 빗물 등 물을 처리했다. 이 하수관은 궁궐 안과 광화문 앞 육조거리 등지를 지나 정비된 청계천을 거쳐 한강으로 방류되었다. 이 대하수구 역할을 담당하던 청계천에 찌꺼기와 쓰레기, 흙과 모래 등이 쌓여 범람이 잦아지자 준천(濬川, 썩고 더러운 흙을 퍼내어 하천의 바닥을 깊게 하는 공사) 작업도 시행되었는데, 특히 영조 대 이후 이 작업을 주기적으로 수행했고, 이는 고종 대까지 이어졌다. 고아라, 앞의 논문(2018), 77-90쪽.

17 한성 하수도 설비에 관해서는 환경부, 앞의 책, 145-147쪽. 이에 의하면 1896년 암거를 의미하는 음구(陰溝) 공사가 남대문로 방면으로 12처, 을지로 1가에 12간, 신문로 구간에 4간 및 소구 15간에 걸쳐 예정되었고, 관련 예산이 편성되었다고 한다. 또 1897년에는 용산-청파구 간 16곳, 아현동 2처의 공사를 위한 예산도 책정되었다.

대문로, 태평로, 정동을 아우르는 신시가지 정비사업의 일환으로 기획되었고, 처리해야 하는 하수의 양과 지역에 따라 하수구 굵기를 구분해 체계별로 시공하는 계통적 하수도 구축을 시작했다.[18] 이 사업과 함께 경무청은 '위생 훈령'을, 내부(內部)는 '공중위생 전반에 관한 조목'을 제정하고 반포했는데, 이는 노상 대소변 금지, 오물 쓰레기 투기 및 죽은 짐승의 유기(遺棄) 금지와 같은 내용으로 구성되었다. 1904년에는 '한성내 청결법 시행규정'을 공포해 쓰레기 및 분뇨의 수거와 관리도 시도했다. 이런 관련 법제정은 하수도 정비와 함께 위생 상황 개선을 위한 기초가 되었다.

1910년 전후 계통적 하수로는 경운궁(현 덕수궁), 태평로, 남대문로를 통해 청계천으로 약 6.8km 정도 암거로 매설되었다.[19] 이때 작은 도랑 및 개천 규모의 지선(支線)은 물론, 이들이 모여 이루는 굵은 줄기의 간선(幹線) 하수로를 구(溝, 네모난 대형 하수도관)와 거(渠, 둥근 대형 하수도관)는 깎은 돌이나 벽돌을 쌓아 만들었다.[20] 또 이 하수로에는 계란 모양이나 말굽 모양의 하수관 즉 이형(異形)관도 배치되었는데, 이 이형관들은 물 흐르기에 적당한 경사가 주어지지 않은 곳에 설치해 유속(流速)을 유지할 수 있도록 고안된 관자재(管資材)였다.[21] 또 두 하수관이 합류되는 지점에서 유체에 의한 마찰로 하수관이 마모되는 것을 방지하기 위해 연결 부분을 부드러운

18　계통적 하수도, 혹은 계통적 하수관로는 도시 지상을 흐르는 더러운 물(일상 하수와 공장 폐수 등), 빗물, 지표수, 지하수 같은 물들을 가장 빠르게 교외로 배출하기 위해 설계, 배치된 하수도 체계를 의미한다. 岡村雅夫, 『最新衛生工學: 下水道編』(1937, 東京 鐵道圖書局), 32-35쪽; Mansfield Merriman, *Elements of Sanitary Engineering*, 2nd, (London: Chapman & Hall Ltd. 1899), pp. 152-154. 계통적 하수도를 통해 시외로 배출된 쓰레기와 찌꺼기, 모래와 흙 등이 섞인 하수와 함께 하수종말처리시설에서 분리, 소각, 정화의 과정을 거친다. 이 계통적 하수도 구축과 하수처리시설이 하수정비시설의 핵심적 두 축이다.

19　서울시사편찬위원회, 『서울육백년사 4(상)』 (서울특별시, 1979), 416쪽.

20　이때 시공된 간선 하수로 가운데 서울광장과 남대문로의 지하 배수로가 발굴되어 서울특별시기념물 제41호로 지정되었다.

21　환경부, 앞의 책, 150쪽.

유선형(流線形)으로 구축하기도 했다.[22]

이 하수정비사업 배경에는 제국의 청결한 수도 건설이라는 목적과 더불어 콜레라나 이질, 장질부사와 같은 수인성 전염병의 유행을 방지하겠다는 위생정책도 자리잡고 있었다. 비록 강제 병합으로 사업 주도권이 일제에게 넘어갔으나, 이 사업이 대한제국기에 전개되었음은 대한제국 정부가 근대적 도시 구축에서 하수정비의 중요성을 인식하고 있었음을 보여주는 예라고 할 수 있다.

(2) 일본 하수처리와 위생공학

일제에 의한 강제 합병으로 대한제국의 하수정비사업 역시 중지되었다. 이는 하수정비라는 위생과 관련된 사회 기반 사업에서 가장 중요한 부분인 사업비와 설계와 시공 등 사업을 구성하는 중요 행위자가 바뀌었고, 이는 하수정비에 관한 의도가 대한제국 정부 때와는 매우 다를 수 있고, 또 사업의 방향 역시 달라질 수 있음을 예고하는 일이었다.[23]

이미 일본은 도시 규모의 하수정비사업을 시행한 바 있었다. 1890년대 말 대만에서의 하수정비사업이 바로 그것이다. 세균학자로 유명한 독일 코흐(Heinrich H. R. Koch)의 연구실에서 수학한 고토 신페이(後藤新平)는 대만 민정국장으로 부임하기 전인 1896년, 영국 출신의 도쿄대학 위생공학 교수인 버튼(W. K. Burton)에게 타이페이 전 지역을 망라하는 하수도 가설 및 하수종말처리시설 설치 등 위생 기반 구축 사업을 의뢰했다.[24] 이때 이루어진 하수정비사업으로 땅 위를 흐르던 더러운 생활 하수(오수, 汚水)와 빗

---

22   경남문화재연구소, "서울 중구 관내 근대배수로 정밀조사" (2013), 64-66쪽.

23   Tristan R. Grunow, "Cultivating Settler Colonial Space in Korea: Public Works and the Urban Environment under Japanese Rule", *International Journal of Korean History* 25:1 (2020), pp. 85-121.

24   이에 대해서는 渡辺利夫, "後藤新平の臺灣開發―日本の'開發學'の原點", 『環太平洋ビジネス情報 RIM』 29:8 (2008), 1-5 중 4쪽; 김나영, "고토 신페이(後藤新平)의 유기체적 도시 및 도시계획론", 『일본연구』 37 (2014), 189-206쪽.

물(우수, 雨水), 지표수(地表水), 지하수, 그리고 산에서 흘러내린 계곡물 등이 대부분 땅에 묻힌 하수도로 흘러들게 되었다. 이 땅속의 하수도는 개별 가옥에서부터 지선의 도랑, 지선이 모이는 더 큰 규모의 간선 도랑, 그리고 최종 단계인 대하수구 등 단계별로 하수를 집결시켜 흐르도록 설계된 계통적 하수도였다. 이 하수도에는 물뿐만 아니라 쓰레기와 찌꺼기, 모래와 흙 등이 섞여들었고, 이들은 하수와 함께 하수종말처리시설에 이르렀다. 이 시설에서 물은 물대로, 찌꺼기는 찌꺼기대로 분리되어, 물은 정화 과정을 거쳐 바다로 방류되고, 찌꺼기 등은 침전되어 건조되거나 제거되었다.

물론 일본 안에서도 하수정비사업이 진행되었지만, 수도 도쿄에서조차 타이페이보다 늦은 1910년대에야 비로소 시작되었다.[25] 1870년대 이래 줄곧 콜레라 등 수인성 전염병이 유행했고, 사망자가 급증하는 상황 속에서 일본 정부는 하수정비사업보다 상수 공급이 더 시급하다고 판단해 도쿄를 포함한 도시 곳곳에 상수도를 공급하는 사업을 1880년대에 추진했다.[26] 하지만 이 상수 공급만으로는 인구 밀집 도시에서 전염병 예방이 어렵다는 인식이 확산되었고, 이를 배경으로 하수정비사업의 필요성이 대두되었다. 그리고 그즈음인 1900년과 1901년 하수도법과 오물청소법 및 관련 법과 시행령이 제정되기도 했다.[27] 이런 인식의 변화를 바탕으로 1900년대는 개별 건물 및 가옥의 하수 배출 중심의 사업이, 1911년 전(全) 도시를 대상

---

25 Susan Burns, "Public Health, Urban Development and Cholera in Tokyo", in Mohammad Gharispour and Caitlin DeClercq eds, *Epidemic Urbanism* (Chicago: Intellect Univ. Chicago press, 2021), p. 260, p. 265. 일본에서 도쿄 사업 이전에 하수도 정비공사가 전혀 없었던 것은 아니었다. 1890년대 후반, 콜레라 창궐로 오사카, 센다이 나고야, 도쿄의 외국인 거류지 등에서 지역적 하수도 공사를 수행했다. 하지만 계통적 하수도 체계에는 미치지 못하는 수준이었다. 이에 대해서는 岡村雅夫, 앞의 책, 11쪽.

26 岡村雅夫, 앞의 책, 4-8, 11-12쪽; 丹保憲仁, "環境衛生工學の回顧と展望",『土木學會論文集』, 552 (1996), 1-10 중 1-2쪽.

27 이는 개별 가옥의 하수배제 및 오물처리를 도시 단위의 광역으로 확장하는 데에 필요한 규칙과 규제였다.

으로 하는 계통적 하수도 사업이 시작되었다.[28]

　도쿄의 하수정비사업은 1923년까지의 제1기 사업과 1920년에 착공된 제2기 사업으로 나누어 진행되었다.[29] 이 사업을 통해 개별 가옥 단위의 위생과 도시 전역 대상의 광역 위생, 즉 건축학과 토목공학 사이를 오가던 하수정비 관련 공학은 1920년대 중엽 이후부터 토목공학 쪽으로 경도되기 시작했다. 그즈음 위생공학이라는 이름으로 제국대학 등에 전공과목이 신설되었다.[30] 상수 생산 및 급수 그리고 하수정비를 포함한 위생공학은 토목공학과에서 전공필수 교과목으로 명시되었을 뿐만 아니라 특론에서 전문적 지식을 더 확보할 수 있도록 편재되었다.[31] 또 1910년 전후 외국 서적과 번역서에 의존했던 전공 서적도 1920년대 중반 이후부터는 일본인의 직접 저술로 전환되었고, 고등공업학교에서조차 수력학(水力學)을 '토목

28　1910-20년대 위생공학은 관련 위생공학 서적들 내용에 의하면 가옥 하수처리에 더 많은 관심이 쏠려 있었다. 이는 가옥 및 개별 건물의 부엌과 세면시설 및 목욕탕뿐만 아니라 변기에서 배설되는 각종 다양한 하수가 배출되는 설비가 지선이나 간선 등의 영역으로 배출되기 전 정비되어야 했기 때문이었던 것으로 보인다. 특히 분뇨처리는 위생공학에서 누누이 강조한 지점이기도 했다. 이에 대해서는 北浦重之, 『横手社會衛生叢書:建築衛生工學第十六冊』 (東京: 金原商店, 1927); 大澤一郎・櫻井省吾, 『建築衛生工學』 (早稻田大學, 1924) 참고.

29　12년간 도쿄에서 이루어진 제1기 하수정비공사는 아마쿠사-시타야-간다 지역에 계통적 하수도를 구축하는 사업으로, 총예산은 약 4천4백만 엔이 투여되었다. 또 1920년부터 시작된 2기 공사는 니혼바시-쿄바시-마룬오치 지역이 중심이었다. 이때도 4천3백만 엔의 공사비가 들었다. 이에 대해서는 "Reconstruction of Tokyo-Yokohama District", *The Far Eastern Review* (1929. July), p. 316. 그런데 이 2기까지의 공사 결과는 1928년 관동대지진으로 붕괴되었다. 도쿄의 위생 기반시설, 특히 분뇨처리 과정에 대해서는 Takanori Hoshino, "Transition to Municipal Management: Cleaning Human Waste in Tokyo in the Modern Era", *Japan Review* 20 (2008), pp. 189-202.

30　위생공학은 화학공학, 생물학, 수력학을 포함한 물리학, 기계 및 재료공학, 위생통계 등의 분야로 이론적 기반을 구성했다. 이에 대해서는 Mansfield Merriman, 앞의 책, pp. 15-44. 위생통계의 한 예로 하수도 연장거리와 전염병 발생률 및 사망률 사이의 상관관계 도출 등을 들 수 있다. 이에 대해서는 岡村雅夫, 앞의 책, 4-8쪽.

31　京都帝國大學 編, "土木工學科", 『京都帝國大學一覽, 自大正15年至昭和2年』 (京都帝國大學, 1927), 171-172쪽. 그 이전인 1910년대 중반, 규슈대학에서 위생공학을 토목공학과에서 다룬 흔적을 찾을 수는 있다. 하지만 이수 시간은 훨씬 적어 제3학년 2학기에 상수도 또는 하수도의 설계를 수강할 수 있게 한 수준이었다. 이에 대해서는 九州帝國大學 編, "土木工學科", 『九州帝國大學一覽』 (九州帝國大學, 1914), 211쪽. 위생공학은 주로 수력학, 수리학 등 물리학 분야, 화학, 화학공학, 위생통계, 미생물학, 건축설계 등으로부터 이론적 지원을 받았다.

공학'의 과목에서 함께 다루도록 교과서가 바뀔 정도로 확장되었다.[32] 또 위생공학 학회도 설립되어 학문적 교류가 활발해졌다.[33] 더 나아가 관련 하수관거 제작을 포함한 관련 산업의 협회도 구성되었다.

이처럼 1920년대 이래 일본에서는 하수정비사업 관련 전문인력 양성 체계가 확립되고, 인력 배출이 늘어났다. 대학에서 위생공학을 포함한 토목공학을 전공한 전문가들은 일본 곳곳의 신규 공사뿐만 아니라 관동대지진으로 파괴된 도시를 복구하고 정비했으며, 지하 매설물의 내진(耐震)이라는 쉽지 않은 과제도 해결했다. 이런 다양한 실행의 과정을 거쳐 건축학과 토목공학 사이에 자리했던 하수배제와 관련한 각종 기술은 관련 분야의 이론적 지원을 받으며 위생공학이라는 전문 분야로 구성되었다.

2) 경성 하수정비사업 구상과 기획

(1) 사업 구상의 배경

일본에서조차 하수정비 기술과 관련한 전문인력이 풍부하지 않았던 1910년대 초, 강제 합병으로 대한제국의 한성 하수도 정비사업을 넘겨받은 총독부가 할 수 있었던 것은 사업 구상 이외에는 별로 없었다.[34] 따라서 위생 기반시설의 구축 대신 총독부와 경성부는 개인위생 지침의 강조와 선전, 강제와 통제에 의한 위생사업을 적극적으로 전개했다. 그들은 특히 수해에 의한 수인성 전염병 예방을 위해 위생 지침 제시를 반복했다.

32　中村猪市·河合信 著,『新撰土木工學全書』(工學社, 1915-1916); 大澤一郎·櫻井省吾, 앞의 책; 岡村雅夫, 앞의 책; 川口虎雄·三浦鍋太郎 等 著,『土木工學』(東京: 丸善株式會社, 1915), 386-487쪽. 이 책 서문에 의하면 이 책은 於熊本高等工業學校의 교과서로 집필, 제작되었다.

33　丹保憲仁, 앞의 글, 3쪽.

34　하수배제와 관련해 일본에서 양성된 전문인력은 1920년 중반 즈음에야 그 수가 늘어났다. 1910년대 활동했던 엔지니어들은 미국과 독일 등지에서 유학을 다녀왔고, 이들은 제국대학 토목공학과에서 교수로 재직하면서 인력을 배출했다. 丹保憲仁, 앞의 글, 3쪽 참조.

예를 들면 "깨끗한 물로 침수된 집과 가구들을 닦고 씻어 햇빛에 말리고, 침수된 밭의 야채를 먹지 말며, 하수로는 모두 준설(浚渫)하고, 오염이 심해진 땅에는 석회 또는 석탄산액(페놀)이나 승홍수(염화제2수은)를 뿌리고, 오니(汚泥, 쓰레기 섞인 부패한 진흙)는 말려 태우며, 침수된 우물은 준설했어도 사용하지 말거나 충분히 끓여 사용"하라는 것이었다.[35]

하지만 이런 지침조차 경성에서 실행하기란 쉽지 않았다. 일단 경성에는 오물을 씻어내기는커녕 음용을 위한 물조차 절대적으로 부족했다.[36] 또 침수된 우물은 화학약품으로 소독해야 한다는 훈시는 있었지만, 이 작업이 쉽지 않았다.[37] 경성 오염의 주범인 분뇨는 제대로 수거조차 되지 않아 침수 지역은 더 더러워졌다. 이런 까닭에 수해 뒤 전염병 예방을 위한 위생 지침을 실천하기란 매우 어려웠고, 경성부민들은 전염병에 그대로 노출될 수밖에 없었다. 이를 해결하기 위해 식민권력은 그들이 주창하는 바 위생 환경 조성을 위한 위생 기반시설을 확보해야 했지만, 대규모 투자와 공학 설계가 필요했기 때문에 그보다는 우선 위생경찰을 동원해 강압적이고 폭력적인 방법으로 일상생활을 통제하는 쪽을 택했다.[38]

총독부가 동원한 위생경찰이 수행한 위생사업의 이론적 근거는 세균설이었다. 일본은 독일로 파견된 유학생을 통해 비교적 일찍부터 세균설을

---

35 "水害後의衛生", 《매일신보》, 1912. 7. 23. 유사한 내용의 기사로 "洪水後衛生(1)", 《매일신보》, 1912. 7. 25.; "洪水後衛生(2)", 《매일신보》, 1912. 7. 26.; "洪水後衛生(3)", 《매일신보》, 1912. 7. 27. 등을 들 수 있다. 이런 기사들은 매년 반복적으로 실렸다.

36 당시 경성의 상수도 공급 상황에 대해서는 주동빈, 앞의 글 (2013), 12-64쪽.

37 소독약에 대해서는 신문에서 지속적으로 소개되었다. 대부분 용량과 용법을 제대로 설명하지는 않았으며, 이런 사정은 1930년대를 넘어서도 마찬가지였다. "전염병이 만흔 이때 음료수에 주의", 《조선일보》, 1930. 7. 19.; "우물과 전염병 수도 설비가 업는 고데서는 우물의 소독을 하십시오", 《매일신보》, 1930. 7. 20. 화학약품을 거론하면서 용량을 설명한 기사도 있었지만, 소독약 희석과 관련한 이해 불가의 설명으로 점철돼 별로 도움이 되지 못했다. "苦X의 夏節과 傳染病의 脅威", 《동아일보》, 1931. 6. 20.

38 일제강점기 위생경찰에 대해서는 정근식, "식민지 위생경찰의 형성과 변화, 그리고 유산 ─ 식민지 통치성의 시각에서", 『사회와 역사』 90 (2011), 211-270쪽; 유선영, "식민지 근대성과 일상폭력", 『대동문화』 96 (2016), 9-46쪽.

수용했고, 이에 입각한 위생론을 피식민지의 통치수단으로 삼아 기회가 있을 때마다 이를 표방하며 불결함을 지탄하고, 생활을 통제하며 개인위생을 관리했다.[39]

물론 통제와 계도만으로 전염병을 차단할 수는 없었다. 전염병을 예방해야 하는 실제적 이유가 총독부를 압박했다. 그것은 경성에 거주하는 일본인의 존재였다. 심지어 일본으로부터 조선 식민(植民)을 위한 이주를 권장해야 했기에 총독부는 경성의 위생 상태를 주시하지 않을 수 없었다. 여기에는 하수의 상태도 포함되어 1913년 경성 하수도 세균 수 검사를 실시하기도 했다. 수도수질시험소의 히게다(樋下田) 주임이 시행한 이 조사에 의하면 도심 청계천 1cm³당 세균 수는 교외 세균 수보다 30배가 많았다.

[청계천] 세균수는 검수 1cm³ 중에 약 11만7천 개, 동으로 장교 부근 12만 개, 수표교 부근이 13만8천 개, 앵정정[을지로3가]에서 총독부의원[현 서울대학교병원 의학박물관]부근을 지나 효교 부근 12만6천 개, 다시 동쪽으로 흘러 우교[동대문의 서쪽] 부근은 13만 개, 동대문 성벽 밖은 약 1/3인 5만3천 개, 다시 동쪽으로 흘러 청량리역 부근은 2만 개로 조사되어 수표교의 1/7이 된다.[40]

이처럼 세균 수가 경성 밖에서 급감하는 이유로 그는 물의 자정작용이나 일광(日光), 하천 폭의 넓어짐에 따른 찌꺼기의 침전 등등을 제시했다. 이 조사 결과는 조선인의 불결함 지적과 하수구 청결 강조 등으로 연결되

---

39 일본의 세균설 도입에 대해서는 이종찬, "메이지 일본에서 근대적 위생의 형성과정, 1868~1905", 『醫史學』, 12:1 (2003), 36~47쪽; 조정은, "근대 상하이 도시위생과 세균설의 수용", 『도시연구: 역사. 사회. 문화』, 18 (2017), 65-94 중 75-76쪽.

40 "下水道의 變化와 注意", 《매일신보》, 1913. 4. 17.

었지만,[41] 무엇보다 도시위생을 위해 하수의 신속한 교외 배출 체계의 확보가 요구됨을 의미했다.

(2) 사업 기획

도심 하천의 위협적인 세균 수의 의미를 총독부도 인지하고 있었다. 이에 총독부에서 하수정비사업을 위한 사전조사 작업을 시작했다. 총독부의 토목국장 모치지 로쿠사부로(持地六三郞)는 하수도 사업 관련 발표에서 1913년 사전조사를 시작했음을 밝힌 바 있다.[42] 이 조사 사업을 수행한 총독부 토목국 기사 야마오카 하루이치(山岡元一)는 1914년 "시민의 생활에서 상수도가 하루라도 없어서는 안 되는 설비이듯이 하수도 또한 수도 사용 후의 오수와 인류배설물 기각장(棄却場)으로 하루라도 없어서는 안 될 설비"라며 "지상에 있는 오수의 설류(渫溜, 부패한 찌꺼기)가 항상 유행병의 발원지(發源地)가 되는 것은 내가 끊이지 않고 실제 목격하는 일"이라고 주장했다.[43] 그리고 "유럽에서 더러운 물이 거리에 있는 것을 본 적 없고, 분뇨가 운반되는 추태를 본 적 없다"고 청결한 유럽 도시 상황을 소개하기도 했다.[44] 무엇보다 그는 하수정비시설을 암거하수도와 하수처분장으로 구분해 설명했다. 그에 의하면 "하수라 함은 수도 사용 후의 오수, 분뇨와 우수 등이고, 하수도라 함은 하수를 대개 길 아래에 매설한 지하의 암거로 인도

---

41 "사설: 下水道의 注意",《매일신보》, 1913. 4. 17.

42 "下水案의 內容, 工費 百六十万圓",《매일신보》, 1916. 6. 27; "京城의 下水溝, 土木局長 持地六三郞氏 談",《매일신보》, 1916. 6. 28. 토목국장인 持地六三郞는 도쿄제대 법과대학 출신이다. 그에 대해서는 박양신, "식민지 관료 경험과 식민정책론: 모치지 로쿠사부로(持地六三郞)를 중심으로," 『이화사학연구』 48 (2014), 167-198쪽.

43 "都市의 衛生設備",《매일신보》, 1914. 10. 25. 山岡原一은 1908년 하천정비 항만 구축에 관한 공학 전문서인 『河海工學』를 저술한 하안정비 전문 공학사였다. 山岡原一, 『河海工學』 (玄同社藏版, 1908). 상수 공급과 하수배제는 인구과잉의 근대도시에 핵심적인 위생 설비로 지목된다. 이에 관해서는 Mansfield Merriman, 앞의 책, pp. 7-11; 丹保憲仁, 앞의 글, 1쪽. 야마오카가 경성부의 하수도 설계를 담당했음은 "京城下水計畫, 東流로 決한 內容",《매일신보》, 1916. 7. 26에서 확인할 수 있다.

44 "都市의 衛生設備",《매일신보》, 1914. 10. 25.

하여 이를 멀리 시외 적당한 땅에 흘러가게 하며, [이것이 모이는] 하수처분장(下水處分工場)에서 하수를 청결하게 해 다시 위생상의 방해를 일으킬 걱정이 없게 하는 일체의 설비를 총칭하는 것"이었다.

이런 규정을 바탕으로 야마오카는 1916년 경성 하수도정비사업의 기본 구상을 발표했다.[45] 지역에 대한 그의 구상의 핵심은 경성 안과 밖(용산) 둘로 크게 구분하는 것이었다. 경성 안의 경우, 도로와 지천(支川)을 직선으로 정리하고, 하수관은 분리식(分離式)으로 오수와 우수를 각기 다른 관에서 흘러가도록 계획했다. 도로에 빗물을 처리할 도랑을 만들고, 오수를 모으는 하수관은 분뇨와 함께 땅에 매설한 암거를 통해 하수종말처리장으로 보내 모두 정화하고, 정수처리된 물만을 한강에 방류하겠다는 구상이었다. 그리고 그가 성 밖으로 지칭한 용산 방면은 우수와 오수를 같은 관에서 처리하는 혼합식으로 설정하고, 암거로 모아 하수종말처리장 없이 한강으로 보내 처리할 예정이었다. 하수도 종점이 다른 두 구역의 하수종말처리장 설치에 대해 그는 동대문 밖 청계천과 중랑천 등이 한강과 만나는 지점은 그리 수량이 많지 않고, 인근에 뚝섬 상수도 수원(水原)이 위치하므로 하수처리시설이 필수적이지만, 만초천이 한강과 만나는 지점은 한강 중류로 노량진에 있는 상수도 수원지보다 하류여서 오염이 그리 큰 문제가 되지 않기 때문에 처리시설이 필요하지 않다고 설명했다.

야마오카의 설계는 그가 사전조사 결과로 보고했던 "암거화된 하수거, 하수종말처리시설"을 두 축으로 했다. 그의 설계대로 하수배제와 하수처리가 시행되면 "(하수는) 일각도 정체치 못하고, 배제된 하수는 다시 시민에게 위해를 미치지 않게" 되어 부민은 적어도 하수에 의해 수인성 전염병에 걸리는 일은 없을 듯했다.[46]

45 "都市衛生과 下水溝—京城下水道의 設計에 취하야—總督府技師 山岡元一氏談", 《매일신보》, 1916. 10. 3.
46 같은 기사.

(3) 기획의 변경

하지만 이런 설계는 시행되지 못했다. 설계가 변경된 것은 총독부 토목국 장 모치지가 경성 하수 사업비의 범주를 발표한 것과 관련된 것으로 보인 다. 모치지는 "최초의 [논의가] 공비 450만 원을 투입해 최신식 시설에 암 거식을 채용하여 우수, 오수와 함께 분뇨도 배설(排泄)케 하는 안(案)이더 니, 중도에 이를 변경하여 개거식에 의하여 오수와 우수만을 배설케 설비 를 시(施)함에 그쳐 공사비 약 160만 원을 계상"했다고 발표했다.[47] 즉, 3년 동안 진행한 구미(歐美) 조사를 토대로 한 설계는 막대한 사업비 투입을 요 구하므로 폐기하고, 160만 원의 규모로 시행할 수 있도록 재설정했다는 것 이었다. 그는 450만 원이 투입되는 "공사는 내지(內地)에서도 행하지 못하는 것으로 하물며 조선 현하의 시세(時勢)와 민도(民度)와는 균형을 잃은" 것이 라고 폐기 이유를 밝히기도 했다. 새로 발표된 사업비 규모와 관련한 개거 식 하수도의 구상은 야마오카도 밝힌 바 있다. 그는 "이런 완전한 시설은 비용상 내일로 양(讓)하고… 총(總)히 개거(開渠)", 즉 뚜껑을 덮지 않은 도랑 으로 진행함을 밝혀 총독부 내에서 사업 규모와 관련한 협의가 진행되었 음을 암시했던 것이다. 그는 모치지가 제시한 사업비 규모를 알고 있었고, 그에 맞추어 설계 방향까지 전환했음에도 군이 위생적으로 거의 완벽한 구상을 발표한 것은 위생 및 위생공학적 기반시설에 관한 총독부의 인식 과 지식을 과시하는 한편 그것을 수용하지 못하는 조선의 민도 등의 현실 을 지적하기 위한 정치적 수사(修辭)라고 할 수 있다.

야마오카의 "총히 개거" 언명과 관련 설계 구상 발표 이후로도 두어 차 례의 변경을 겪었는데, 가장 큰 원인은 공사비였다.[48] 경성 가나야 주(金谷

---

47 같은 기사.

48 "京城下水延期",《매일신보》, 1917. 1. 27; "京城府 豫算, 下水工事調査費 計上乎",《매일신보》, 1917. 2. 23. 등 여러 기사에서 확인할 수 있다.

充) 부윤(府尹)은 이 변경 과정을 보고하면서 "실행조사 결과 강우량과 우수의 유출 분량 등이 이전 조사에 비하여 현저히 증대"했을 뿐만 아니라 "물가 등귀의 영향"으로 자재비와 노임(勞賃)이 증가해 "공사비의 다대(多大)한 증액을 보기에 이르고, 당초 설계로는 도저히 수행하기 불가"해 "이에 설계변경의 필요를 인정하고 부에서 협의회 자문을 통해 변경"했다고 밝혔다.[49]

최종적으로 결정된 설계의 핵심은 "청계천과 만초천 2대 간선과 그에 유입되는 대소 13개 지선의 개수"였다. 즉, 청계천은 경복궁 부근으로부터 경원선 철도교 부근까지 강바닥부터 4척(약 1.2m)을 더 깊게 파고 직선화하며, 만초천은 서대문역 부근에서 하류 한강에 이르는 구간을 준설하고 폭을 정리하겠다는 것이었다.[50] 그리고 마지막에 "일부분을 암거로 하고 일부를 개거로 하여 그 실시 순서는 공사의 사세(事勢)와 기타 완급으로 한다"고 덧붙였다.[51] 공사 실시 순서에 관한 이 언명은 이후 하수정비공사에 여러 방식으로 임의로 적용되어 경성 전역의 위생에 부정적인 영향을 미쳤다. 이런 상황을 초래한 이 언급은 1916년의 그의 발표와 배치되는 것이기도 했다. 당시 그는 "하수구의 개설은 단순히 도시 미관"만의 문제가 아니라 "공중위생과 개인위생에 큰 이익"이자 "도시 위생 상태가 건전안고(健全安固)하게 되고, 위생비의 지출액을 감소"하는 것이라면서 도시 전역에 관한 하수정비의 필요성을 강조했던 것이다.[52]

(4) 설계안의 확정과 기대 효과

경성부 하수정비사업의 실시 설계를 담당한 경성부 토목기사 스기(杉)는

---

49 "하수공사에 대하여(상)", 《매일신보》, 1919. 1. 21.
50 같은 기사.
51 같은 기사.
52 서울역사편찬원, 앞의 책 (2020), 23쪽.

1919년 이 사업의 개요를 조선토목학회에서 발표했다.[53] 위생공학을 기반으로 한 그의 설계는 야마오카의 "총히 개거"와 달리 "암거를 본위로 한 개거"로 구상되어 있다. 그는 계통적 하수도의 기본을 위생공학 서적에서처럼 암거라고 인식했다.[54] 그는 "암거가 위생적이고 수해에 의한 범람을 효과적으로 방지할 수 있는 시설이고, (복개를 하면) 지면(地面)을 이용할 수 있으며, 청결하여 위생적일 뿐만 아니라 토사(土砂)에 의한 수로 매몰을 방지할 수 있는 방식"이라고 소개했다.[55] 그가 보기에 암거는 위생적이기는 했지만 "빗물이 하수도관으로 유입될 때까지 도로상을 흐르므로 도로 위에 수로가 발생할 가능성"도 있었다. 그러나 이 단점은 "수로를 임의 방향으로 부설할 수 있어 하수도의 거리를 단축"하면 해결될 수 있는 것으로 그리 큰 문제가 되지 않았다. 또 암거로 정비할 경우 도로 옆에 빗물 처리를 위한 도랑은 반드시 가설해야 하는 시설이어서 그가 단점으로 지적한 일은 발생하지 않을 수 있었다. 그럼에도 암거의 장점은 경성의 지역에 따라서는 "청소에 유리하고, 감독도 용이"해 관리 경비를 절약할 수 있고, "호우시에 우수를 속히 도랑(渠中)으로 유입케" 할 수 있다는 개거의 장점에 밀려 개거 정비로 결정되었다. 그가 암거와 개거의 장단점을 비교하며 내린 결론은 "위생에서 중대한 관계가 있는 하수도일 뿐만 아니라 경성토지의 형편에 따라 가급적 암거식을 채용하는 것이 마땅"하지만 "지형(地形) 등 관

53 "京城의 下水道(1)",《매일신보》, 1919. 5. 30.
54 "京城의 下水道(3)",《매일신보》, 1919. 6. 1. 1910년대 일본에서 발간된 하수도 관련 위생공학 서적은 암거를 하수도의 기본으로 설정하고 있다. 中村猪市, 河合信 著, 앞의 책, 1434쪽; 1930년대에 발간된 책에서는 이미 이를 기본으로 수용한 듯 이에 대한 언급조차 아예 없이 매설과 관련한 토목공학적 설명이 제시되어 있다. 岡村雅夫, 앞의 책, 16쪽. 한편 스기가 위생공학을 토대로 하수 설계를 진행했을 것이라는 추론은 그의 발언 중 그가 상수도보다 하수도가 늦게 시공되는 까닭에 대한 설명이 Mansfield와 같다는 점과 또 이 글에서는 소개하지 않았지만, "京城의 下水道 (1)"에 쓴 하수배제와 관련한 6단계 논의가 大澤一郎, 櫻井省吾의 책에서도 유사하게 설명되고 있기 때문이다. Mansfield Merriman, 앞의 책, p. 142, p. 152; 大澤一郎, 櫻井省吾, 앞의 책, 405쪽; "京城의 下水道 (1)",《매일신보》, 1919. 5. 30.
55 "京城의 下水道(3)",《매일신보》, 1919. 6. 1.

계로 획일적(劃一的)으로 하기는 곤란"하다는 것이었고, 이미 관련 계획을 세웠다고 밝혔다.[56]

발표된 1기 사업에서 개거와 암거로 정비될 지역을 청계천을 중심으로 하는 표로 만들어보면 다음 〈표 9-1〉과 같으며[57] 이를 지도에 표시해보면 〈그림 9-1〉과 같다. 그림과 표에서 알 수 있듯이 스기의 계획은 청계천을 중심으로 청계천 상류는 암거, 중하류는 대부분 개거, 청계천 남쪽은 대부분 암거, 북쪽은 대부분 개거로 정비하는 것이었다. 청계천 상류에는 조선 통치와 지배를 위한 관공서들과 이곳 근무자들을 위한 관사들이 들어선 지역이었고, 청계천 남쪽 중 황금정(을지로) 주변에는 조선 경제를 장악한 조선은행 등 금융기관들이, 남산 쪽에는 일본의 조선 지배와 통치의 상징인 신궁과 경성부 관사, 각종 관련 기관, 관저 등이 위치하고 있었다. 물론 청계천의 중하류 지역에도 암거 정비 지역이 없었던 것은 아니었다. 하지만 그 지역 주변에는 동대문경찰서, 총독부 관사, 총독부 병원 등 조선 지배와 관련된 권력 기관들이 자리잡고 있었다. 북촌에 있던 두 곳의 암거 정비 지역 가운데 한 곳은 총독부 관사, 또 한 곳은 식산은행이었다. 반면 개거로 정비되는 지역은 조선인이 밀집해 거주하는 위생환경 개선이 시급한 곳들이었다.[58] 그럼에도 경성부는 '사세의 완급'에 따라 이 지역의 암거 정비를 미루었다. 남쪽에 개거로 정비되는 지역이 없었던 것은 아니었다. 하지만 이들 지역은 남산의 기슭으로 맑은 물이 흐르고, 경관 조성이 필요한 신궁 등이 들어선 곳이었다. 이런 그의 설계는 제1기 정비사업에만 그치지 않고 지속적으로 암거와 개거 정비 지역 설정에서 일종의 기준처럼 활용되었다.

---

56 같은 기사.
57 "京城의 下水道(4)", 《매일신보》, 1919. 6. 2.
58 서울역사편찬원, 앞의 책 (2016), 49-50쪽.

〈표 9-1〉 스기에 의한 암거 개거 정비 구역의 구분 (출처: "京城의 下水道(4)",《매일신보》, 1919. 6. 2.)

청계천		암거	개거
상류	북	파고다 공원(종로2가) 서측분	
	남	상품진열소 앞	
중하류	북	총독부 병원(혜화동) 앞	병목정(쌍림동), 초음정(오장동) 돈화문 통 이북(以北)분
	남	남북미창정(남창동, 북창동) 동척(東拓)서(西)분(황금정, 을지로 1정목) 통감부옆(統監府脇, 회현동)과 일출교(日出校, 회현동) 뒤(裏) 용산 전차 도로와 원정(원효로)	노인정(老人亭, 필동)에서 흘러내리는 것 상류 남산정변 남북미창정(남창동, 북창동)을 통하는 것의 하류 욱정(회현동)1, 2 정목

〈그림 9-1〉 1933년 경성 시가지. 가운데 검은 선으로 표시한 것이 청계천으로 왼쪽이 상류 오른쪽이 중하류, 청계천으로 위가 북쪽, 아래가 남쪽임. 둥글게 표시한 지역은 스기가 암거로 설계한 지역임. (출처: "경성부시가지도", 서울역사박물관 소장)

스기는 하수정비사업을 통해 확보될 수 있는 위생적 효과를 밝히기도 했다. 그에 의하면 경성에서 이 하수정비사업이 끝나면, 첫째, 시내 곳곳의 부패한 오수는 모두 배제되고, 둘째, 저지대의 습지가 모두 제거되어 부민의 위생 상태가 개선될 것이며, 결과적으로 셋째, 전염병 유행의 근원을 모두 없앨 수 있고, 넷째, 홍수를 맞아도 오수가 범람하지 않게 되며, 따라서 다섯째, 하수로에 흙과 모래가 흘러 내리지 않고, 여섯째, 중앙 대하수를 포함한 간선에 흙과 모래가 퇴적하지 않으므로, 동대문 밖 대하수구 지역으로의 시구(市區) 확장까지도 가능했다.[59] 그가 제시한 이 전망은 위생 공학에 근거한 하수정비의 세 가지 목적, 즉 하수를 도시에서 신속히 배제해 전염병을 예방하며 수해를 방지할 뿐만 아니라 위생적 환경 조성에 기여한다는 목적을 그대로 담아낸 것이었다.[60] 그럼에도 그의 설계에는 위생상 시급한 지역은 사업 우선대상지역에서 배제되어 있었다.

(5) 하수정비사업비와 설계 요소의 결정

앞에서 살핀 대로 총독부 및 경성부의 토목기사들이 제시한 위생공학적 하수정비 계획이나 전망은 "조선 현하(現下)의 민도(民度)에 감(鑑)한다"는 총독부 토목국장 모치지의 언명을 구현하는 것으로 전환되었다.[61] 사실 민도보다는 "암거로 구성하면 빗물을 유송(流送)하는 여러 지선을 두어야 하는데 이 공사비용이 만만치" 않다는 점이 이 결정에 강력한 영향을 미쳤다.[62] 경성의 사업비 추산액은 1천만 원부터 1백만 원에 이를 정도로 차이

---

59 "都市衛生과 下水溝──京城下水道의 設計에 就하야──總督府技師 山岡元一氏談",《매일신보》, 1916. 10. 3.

60 이런 하수배제 체계 도입의 효과에 대해서는 岡村雅夫도 다루고 있음을 볼 수 있다. 岡村雅夫, 앞의 책, 3-9쪽. 岡村雅夫는 여기에 더해 상수원 오염 방지를 위한 하수처리시설의 중요성을 강조했다.

61 "京城下水計畫",《매일신보》, 1916. 7. 26.

62 "京城의 下水道(2)",《매일신보》, 1919. 5. 31. 스기는 암거로 작업을 하면 1천만 엔이 필요하다고 추산했다. 실제 경성부에서 수행된 암거 공사비용은 개거공사보다 토목공사만으로도 평균 250%가 더 들었다. 이 값은 필자가 조선총독부,『조선토목사업지』 (1937), 1242-1250쪽에 제시된 암거와 개거의 공사비를 정리해 산출했다.

가 났다. 여러 차례 진행된 부의회와 관계자 회의에서 공사비 규모에 따라 기채(起債), 국비 보조, 지방비 등 재정 구성 방식이 협의되었다. 사업비 합의에 이르지 못해 시행이 연기되기도 했다.[63]

사업비 규모 축소에 따라 경성부는 하수종말처리장 구축 계획은 세우지도 못했다. 이 시설은 야마오카가 지적했듯이 위생공학의 핵심이자 총아였다. 도시의 모든 하수는 이 시설에서 하수청정법(대개 명반으로 찌꺼기를 응고시켜 제거하는 과정을 여러 번 거쳐 물을 정화하는 방식)으로 정수되어 방류되어야 했다. 이 시설은 침전물, 쓰레기, 분뇨 등이 뒤섞인 하수를 담아내는 거대 수조, 하수와 화학약품의 반응을 촉진시키기 위해 필요한 거대 프로펠러 장치를 장착한 여러 수조들, 정수된 물을 이동시키는 배수관과 펌프, 그리고 동력원 등으로 구성되었다. 이런 대규모 시설의 구축, 가동, 관리를 위해서는 비용도 비용이지만 이를 위한 고도의 기술력도 요구되었다. 이를 확보하지 못한 식민권력은 이 처리시설을 도입하지 않고 하수를 한강에 배출하기로 결정했다. 한강을 하수처리장으로 삼은 것이다.

경성의 하수도 설계에 관한 구체적이고 세부적인 사항들도 결정되었다. 먼저 오수와 우수를 하나의 하수구로 모아 방류하는 혼합식이 선택되었다.[64] 이 역시 야마오카의 초기 구상과 달랐다. 그는 성 안에 한해서는 오수와 우수를 각기 다른 관으로 모아 흘러가게 하는 분리식을 구상했다. 하지만 실제 설계는 분뇨 섞인 오수와 우수를 하나의 관으로 모으는 혼합식으로 결정되었다. 이에 대해 스기는 혼합식은 빗물에 하수관의 침전물이 씻겨 내려가 하수관이 침전물이나 쓰레기에 의한 막힘이 적고, 오수와

---

63 "下水計劃 중지",《매일신보》, 1915. 8. 18.; "下水와 京城府",《매일신보》, 1916. 7. 6.

64 "京城의 下水道(2)",《매일신보》, 1919. 5. 31. 분리식과 혼합식에 관한 글들은 앞에서 검토한 위생공학 서적들에서도 소개되고 있다. 大澤一郎·櫻井省吾, 앞의 책, 247쪽; 岡村雅夫, 앞의 책, 14-15쪽. 특히 岡村雅夫는 혼합식이 비용은 적게 들지 모르지만, 홍수에 취약하다는 점을 지적했다.

우수를 함께 처리하기 위해 하수도 관경(管經)을 크게 설계하므로 내부의 문제를 쉽게 파악할 수 있으며, 하수도관 하나만 관리해도 되므로 비용도 적게 든다고 장점들을 소개했다.[65]

하지만 혼합식은 단점도 있었다. 특히 위생을 생각한다면 그리 좋은 방법이 아니었다. 스기도 이를 모르지 않았다. 그에 의하면 이 방식은 강우에 따라 관내(管內) 수위가 달라지고 특히 가물면 관 바닥에 오수만 흘러 내벽이 부식될 위험이 컸고, 하수관 세척을 위해서는 폭우 정도의 수량(水量)을 사용해야만 가능했다.[66] 그리고 관내에서 나쁜 가스들이 많이 발생했고 이를 외부로 강제로 배출시켜야 하는 문제도 있었다. 그럼에도 혼합식으로 결정한 것은 시공비가 쌌기 때문이었다. 심지어 설계나 시공 등 기술면에서도 복잡한 지하에 두 개의 관을 병행 매설해야 하는 분리식보다 혼합식이 수월했다.[67]

대하수구로 향하는 하수도 배치 방식은 수직식(垂直式)으로 결정했다. 이에 따라 경성에서 정비되기로 결정되었던 13개의 간선은 대하수구와 곳곳에서 수직으로 만났다.[68] 수직식으로의 결정은 빗물이 청계천을 거쳐 한강에 이르는 평균 시간을 최소화해 수해를 방지하기 위해서였다. 이 수직식은 직선화를 전제로 하는 것이어서 지상을 이리저리 굽이굽이 흐르는 실개천이나 지하수로를 막아 직선으로 정리하거나 뚫어 청계천과 만초천과 수직으로 연결하고, 이 두 대하수구 역시 한강까지 직선으로 이르도록 설계되어야 했다.[69] 또 중심 하수구를 향하는 하수로는 펌프와 같은 기계의

---

65 이 분리식과 혼합식의 이점에 대해서는 岡村雅夫, 앞의 책, 14-15쪽에도 비슷하게 제시되어 있다. 그는 구미의 도시에서 분리식은 이미 지하에 종횡으로 매설된 시설들이 많은 상태에서 두 개의 관을 또 설계 시공하는 일이 복잡하고 축조 비용이 많음을 지적했다.

66 "京城의 下水道(2)",《매일신보》, 1919. 5. 31.

67 岡村雅夫, 앞의 책, 14쪽.

68 "京城의 下水道(4)",《매일신보》, 1919. 6. 2.

69 "京城의 下水道(3)",《매일신보》, 1919. 6. 1.

도움 없이 중력에 의해 정체를 이루지 않고 유속을 유지하도록 경사를 부여하는 자연유하식으로 결정했다.[70]

경성 하수도 관경 결정의 기준값도 정해졌다. 이 작업은 스기에 의하면 "하수도 계획 중, 제일 세밀한 조사가 필요하며 기술자의 가장 큰 문제"였다.[71] 관경은 오수량과 우수량(雨水量)의 예측값으로 정해지는데, 오수량은 경성 평균 1인 1일 5척³(약 9L)의 상수 사용량으로 대체되었다. 혼합식 배치에서 관경 결정에 오수량보다 우수량이 더 중요했다. 그는 경성측후소의 4년 기록값을 중심으로 1905년 이후 인천측후소에서 관측한 값을 참고해 계산했다고 밝혔다. 그에 의하면 경성의 강우(降雨)는 "비는 장시간이 될수록 1분간의 양은 줄어"들고, "비정상적으로 강력한 비는 그리 오래 지속지 못"하는 특징이 있었다. 또 이 비는 "경성에서는 모두 50분 이내에 동대문 밖까지 유출"되며, "옥상에 떨어진 비는 90%, 모래흙 길에는 50%, 임야에는 80~30%만이 유출되고, 나머지는 증발"되므로 이를 고려해 최종적으로 우량을 시간당 66ml로 설정했다고 발표했다.[72] 그는 이 값을 바탕으로 관경은 예상 강우량 값보다 15% 정도의 여유를 두고, 조율(粗率: 불완전하거나 제대로 제어되지 않은 관측치를 보정하기 위해 설정하는 값)을 0.013으로 설정했다.[73]

70 "京城의 下水道(4)", 《매일신보》, 1919. 6. 2.

71 같은 기사.

72 당시 우수량을 결정하는 數式에는 해당 토지의 句配, 배수 지역의 면적, 1시간의 강우량 등이 포함되었다. 이에 대해서는 長崎敏音, 『近世土木工學要覽 下』 (大倉書店, 1916-1917), 576-577쪽; 강수량에 대해서는 고아라, 앞의 글 (2018), 95쪽; "京城 下水工事에 對하여(上)", 《매일신보》, 1919. 1. 20.

73 환경부, 앞의 책, 151-152쪽.

3. 경성 하수정비사업 성과와 특징

1) 사업 진행과 성과

이와 같은 설계를 바탕으로 경성 하수정비사업은 공간적으로는 청계천을 중심으로 한 이남과 이북, 청계천 상류와 중하류, 그리고 용산 등 다섯 지역으로, 시기적으로 1918년부터 1924년까지의 제1기, 1925년부터 1931년까지의 제2기, 1933년부터 1936년까지의 제3기, 마지막으로 1937년부터 1943년까지의 제4기 등 네 차례의 장기계획으로 구분되어 20여 년 동안 국비 및 지방비와 기채(起債)로 조성된 세금 기반의 예산으로 진행되었다.[74]

1기와 2기 사업비 대부분은 경성의 대하수구 및 주요 간선 공사에 투입되었다. 청계천의 경우, 하천 바닥을 이전보다 1.2m 이상으로 깊게 팠고, 양측 옹벽(擁壁)은 높이 2.7~3.0m로 돌로 쌓아 조성했다.[75] 이 사업으로 경성부 토목과는 청계천이나 만초천이 빗물이 모두 빠르게 교외로 배출될 것으로 기대했다. 깊어진 만큼 이 대하수구에는 교통을 위해 다리들을 놓아야 했다. 이때 청계천에 놓인 다리는 55개였다.[76] 하수정비라는 위생공학

---

74 이에 대한 자세한 내용은 고아라, 앞의 글(2018), 96-183쪽을 참조할 것. 각 기간별로 투입된 공사비와 중점시행구역 및 공사 내용을 정리하면, 제1기는 공사비 160만 원(국고 66만 3백 원, 지방비 보조 10만 5천 원, 부비 85만 1,322 원)이, 제2기는 112만 원(처음 계획은 125만 원[국고보조 62만 5천 원, 부비 62만 5천 원]), 제3기는 12만 원, 제4기는 총공사비 약 17만 3천 원이다. 이에 대해서는 조선총독부, 앞의 책 (1937), 1242, 1251쪽. 제3기인 1935년의 계획에 의하면 32개소 103,690m 정비가 목표였고, 부비만으로 시행된 짧은 지역은 13개소였다. 이에 대해서는 "萬三百六十九米 市內下水道工事着手", 《조선일보》, 1935. 3. 10. 한편 이때 하수 공사비의 세금에 의한 정부 예산 편성에 대해서는 "京城 下水工事에 對하여(上)", 《매일신보》, 1919. 1. 20. 이 공사에 의한 세금 증가에 대해서는 "稅金에 窒息할 부민", 《조선일보》, 1927. 2. 13.
75 "京城 下水工事에 對하여(上)", 《매일신보》, 1919. 1. 20.
76 제1기 청계천에는 목조 34개, 목조와 콘크리트 혼합 4개, 콘크리트 7개, 만초천에는 목조 5개, 콘크리트 1개의 다리가 부설되었다. 또 제2기는 모두 32개가 더 가설되었다. 경남문화재연구소, 앞의 글, 67-70쪽; 조선총독부, 앞의 글 (1937), 1243-1244쪽. 목조다리일 경우 상판이 없어지거나 유실되는 일이 비일비재했다. 이에 대해서는 "호우에 蹂躙된 경성", 《매일신보》, 1923. 8. 3.; "橋梁없는 寒川에 아동들의 모험 통학", 《조선일보》, 1936. 4.

사업이 경성에서는 대부분 도심을 관통하거나 비껴 흐르는 개거 상태의
대하수구 설치, 통행을 위한 다리 놓기, 수직식 연결을 위한 지천 및 간선
의 폐쇄와 직선화로 실행된 셈이었다.[77] 이처럼 1, 2기 공사의 약 3백만 원
에 달하는 사업비 대부분은 대하수구의 정비작업에 투여된 것이다. 이와
달리 3기, 4기는 지선 정비를 중심으로 진행되었고, 사업비는 10~20만 원
수준에서 수행되었다.

　국비 보조로 진행되는 장기계획들과 별도로 경성부는 1937년부터 1,
2차에 걸친 각 5개년 장기계획을 수립해 부비(府費)로 하수도 설비공사를
시작하겠노라고 발표했다. 1차 사업은 1941년까지로 총 250만 원을 투입
해 하수도 시설을 40%로 끌어올리겠다는 계획이었다.[78] 그리고 1942년부
터 진행될 예산 500만 원의 제2차 계획에는 청계천 복개(覆蓋)와 각 지선의
암거화가 포함되었다. 그리고 이 계획을 추진하기 위해 경성부는 특별세를
징수했다.[79] 하지만 이 사업은 대개 전시상황의 악화에 따른 총독부의 기
채 제한, 예산 삭감 등으로 진행되지 못했다.[80] 경성부에서 수행된 전 기간
하수정비사업을 위해 집행된 비용은 400여만 원으로 이는 도쿄의 1기 공

12.

[77] 또 이 교량구축비는 시구개정사업비가 아닌 하수정비사업비에서 지출되었다. 교북동에서 의주1정목 사이의
다리 가설비는 그 구간 전 공사비의 15%를 차지했다. 이에 대해서는 조선총독부, 앞의 글 (1937), 1253-1254쪽.

[78] "病菌의 溫床, 下水道 第二次 改修計劃", 《동아일보》, 1938. 5. 26.; "제2차 下水道 改修費 五百萬 圓을 豫算?", 《조선
일보》, 1938. 5. 26.

[79] "京城府特別稅土地坪數割條例(上)", 《동아일보》, 1935. 3. 10.; "京城府特別稅土地坪數割條例(中)", 《동아일보》, 1935.
3. 12.; "京城府의 新課稅", 《조선일보》, 1938. 3. 9.; '昭和 十一年부터 징수하는 坪數割', 《조선일보》, 1938. 3. 9. 이 특
별세에 의해 경성부는 1938년 300여만 원을 징수했는데, 이는 5년 동안 진행하겠다고 발표한 2차 정비사업의
총공사비 250만 원보다 더 많이 걷은 것이었다. 하지만 계획한 사업은 전시상황으로 돌입함에 더 이상 진행되지
않았고, 이 사업비는 전용되었을 것으로 보인다.

[80] 1938년 이후 하수도 공사 등 토목공사와 관련해 발행하는 기채에 대해 총독부는 금액이 크지 않은 것만
을 허용했다. "非常時局의 不急起債 全面的으로 否認", 《조선일보》, 1938. 1. 11.; "東大門→安岩町間 太平通→阿峴町道路
工事延期", 《동아일보》, 1938. 7. 28.; "頓挫된 京城市街計劃 總經費千六百萬圓中 四割減削", 《동아일보》, 1938. 7. 28.; "國
庫補助削減으로 都市計劃事業蹉跌", 《조선일보》, 1938. 8. 25.; "阿峴, 新村間永登浦地區內 二大幹線道路 明年度에 工事着
手", 《조선일보》, 1938. 12. 3. 이 기사에 의하면 하수도 공사는 대부분 중지되었다.

사의 10%에 지나지 않았다.

3기 사업이 완료된 1936년, 약 16년 공사를 진행하는 동안 계통적 하수 관로는 전체 계획의 22.8% 정도만 정비되었을 뿐이었다. 즉, 경성 하수 간선 46,200m, 중소 개천 468,000m로 조사된 전체 514,200m 가운데 암거 복개 정비 하수로는 간선 22,500m, 소개천 58,500m, 즉 전체의 15.7%에 머물렀고, 소개천 정비는 107,900m, 즉 22.8%에 지나지 않았다. 전혀 손도 대지 못한 302,200m의 지천이 방치되어 있었다.[81] 이를 행정구역으로 보면, 전체 259개 동·정(町) 중 하수와 관련해 하수도가 스치지도 않은 지역이 23개에 달했다.[82] 당시 이 지역에 경성 인구 40만 가운데 20%인 8만이 모여 살고 있었다. 이런 밀집 지역을 배제한 하수정비로 결국 이 지역의 위생 상황에 따라 경성 위생 전반이 영향을 받지 않을 수 없었다.

2) 경성 하수정비사업의 특징

(1) 하수도로 경성 구획 짓기

1918년 말부터 시행된 경성의 하수정비사업은 앞서 언급한 총독부 모치지 토목국장이 제시한 하수정비사업비 규모와 경성부 가나야 부윤의 "시세와 상황"이라는 지침에 맞추어 전개되었다. 특히 가나야 부윤의 지침은 암거 정비 지역에서조차 설계, 특히 빗물받이와 같이 하수도정비에 필수적인 부속시설의 배치에도 적용되었음을 볼 수 있다. 1934년 경기도지사에 제출된 하수도 개수와 관련한 두 건의 설계도는 모두 암거 복개 지역의 측구

---

81 "長安의 心臟을 흐르는 下水道에 大手術", 《조선일보》, 1936. 4. 18.
82 "하수구 불비인 대경성", 《동아일보》, 1938. 10. 14.; 또 다른 기사에 따르면 "현재 부내 23개 정중 4, 5개 町村의 일부분이 겨우 하수구 시설의 혜택을 입고 있는 형편인데…"라며 다른 수치가 제시되기도 했다. "橫說竪說", 《동아일보》, 1938. 10. 15.

(側溝, 길옆 도랑) 관련 설계를 포함하는데, 하나는 화동-안국동으로 청계천 중류 지역의 골목길이고, 다른 하나는 청계천 상류 지역의 도렴동으로, 전화국 및 통신 기관 등의 후면 도로였다.[83] 이 두 설계도에서 대표적으로 빗물받이 간격이 다르게 설계되었음을 볼 수 있다.[84]

화동부터 안국동 사이의 골목길과 관련한 설계도는 경성고등보통학교(현재 정독도서관)에서 소격동과 화동 및 송현동, 안국동을 지나 인사동으로 이어지는 약 길이 200m, 폭 약 6m의 좁은 골목 개천의 암거 복개 도면이다. 이 골목길은 경성고보와 조선여자교육협회 및 창덕궁별궁(현재 공예박물관)과 면해 있었다. 폭 6m라고는 하지만, 골목길에는 양쪽 집들이 침범해 있었고 개천까지 흘러 좁혀졌고, 통행은 쉽지 않았다.[85] 거기에 더해 1925년 전후로 경성고보가 본관을 신축할 만큼 확장되었고, 1920년 설립된 조선여자교육회가 1925년 근화학교로 승격해 통행량은 늘어났다.[86] 학생들의 안전한 왕래를 위해서라도 개천을 덮어 노폭을 확보하는 사업이 시급했지만, 이 공사는 1934년에야 비로소 시행되었다.

〈그림 9-2〉는 개천을 직선으로 정리하고 암거를 매설하는 공사를 위한 설계도이다. 구간은 크게 네 부분으로 나누어졌다. 구간마다 하수관경이 다른 하수관을 0.30-0.45m의 깊이로 묻는 것으로 설계되었다. 큰 도로와 연결되는 암거는 좀더 굵은 60호로 깊이 0.6m에 묻혔다.[87] 이 암거 복개의

---

83 "토지수용-공조추가의 건(하수도개수) ─ 경기도: 昭格洞一四二 花洞 六三番地間 下水改工事 平面圖"(1933), 국가기록원 소장.

84 빗물받이는 순식간에 내리는 폭우로 인해 단시간에 불어난 빗물을 저수(貯水)하기 위해 도로에 설치하는 구조물이다. 이에 대해서는 岡村雅夫, 앞의 책, 78쪽.

85 국가기록원, 앞의 그림 (昭格洞).

86 "불평", 《동아일보》, 1924. 4. 13.

87 이 설계도를 좀더 자세히 살펴보면, 이 골목길 옆 가옥이나 건물들의 하수는 모두 이 암거로 흘러들도록 했음을 볼 수 있다. 또 빗물 처리를 위해 화동 주거지 쪽으로 연결되는 약 59m의 골목에 0.4~0.5m 깊이의 뚜껑 덮는 측구와 1개의 빗물받이도 설계되었다. 기타 관련 부대시설을 보면 이 도로 양쪽 끝에는 석판으로 덮인 토구(吐口, 출수구), 암거 보수 및 정비, 유속 관리와 하수관거 정비를 위한 인공(人孔, 맨홀) 2개, 화동 쪽 골목 측구

문제점은 하수관거를 지나치게 얕게 묻었다는 점이다. 경성의 경우, 적어도 깊이 1m를 확보하지 않는 한 하수관이 얼고 녹는 과정에서 균열이 우려되었다. 또 "겨울이 되면, (하수관내 물이) 얼어붙어 더러운 물이 넘쳐나오"는 일도 발생했다.[88] 이렇게 하수관을 얕게 묻은 것은 경성의 평년 기온을 고려하지 않은 것이었을 뿐만 아니라 위생공학 교과서에 제시된 지침을 따르지 않은 일이기도 했다.[89]

〈그림 9-2〉 소격동 화동 간 하수 개수 공사 평면도 (국가기록원 소장, "토지수용공조 추가의 건[하수도 개수]: 소격동 화동 간 하수개수공사평면도", [1934])

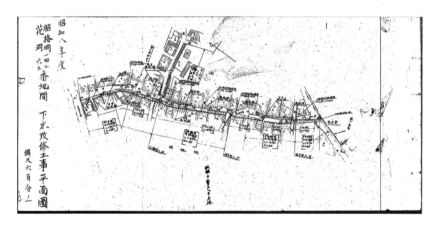

또 다른 도면 〈그림 9-3〉은 '도렴동 15-8번지 간 하수 개수 공사평면도'이다. 이는 경성의 대표적 평지인 도렴동(당시 체신국[현재 세종문화회관] 뒷

에서 흘러나오는 물을 받아내는 인공 1개가 배치되어 있다. 또 도로 끝에 4개의 빗물받이를 설치할 계획이었다. 매설될 암거가 다른 하수관과 만나는 지점, 즉 골목으로 연결되는 지점에는 취합관(취부관)을 8개 두었는데, 이 취합관은 하수관 내 유속을 조정하는 역할을 한다. 의전병원(현재 현대국립미술관 주변) 앞으로 진행되는 골목은 총독부 이전과 관사 건축으로 이미 암거화가 완료되었다. 도로 끝 60호관이 묻힌 것은 측구를 타고 내려오는 빗물도 함께 처리하기 위해, 그리고 60cm 깊이로 가장 깊게 묻힌 것은 하수로의 유속을 유지하며 하수간선으로 연결되는 지점과 높이를 맞추기 위한 조치로 보인다. 국가기록원 소장, 앞의 그림(昭格洞).

88 "惡菌培養源於된 卅萬米市內下水道",《조선일보》, 1935. 1. 24.

89 岡村雅夫, 앞의 책, 59-60쪽.

길)의 빗물 처리를 위한 측구(側溝) 설계도였다.[90] 제목은 하수 개수를 위한 것으로 되어 있지만, 이미 암거 매설이 끝나 복개된 도로에 빗물 처리 측구를 옥인동 간선에 연결시키기 위한 도면이었다.

〈그림 9-3〉 도렴동 하수 개수 공사 평면도 (국가기록원 소장, "토지수용공조 추가의 건[하수도 개수]: 도렴동 십오-십팔번지 간 하수개수공사평면도", [1934])

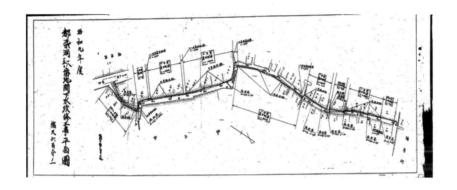

도렴동과 소격동 설계에서 가장 큰 차이는 빗물받이 간격에서 찾을 수 있다. 소격동의 빗물받이는 약 200m에 4개, 즉 빗물받이 사이 간격이 50m나 되었다. 위생공학 서적에서는 15~40m를 둘 것을 권했고, 이와 크게 어긋나지 않게 센다이는 36m, 후쿠오카는 15~30m, 미야자키는 30m를 두었다.[91] 이에 비해 소격동의 경우는 측구 사이 간격이 넓었다. 소격동은 촘촘한 인가의 옥상 강우 배출량이 도로의 90%로 감소함을 감안해도 넓었다. 좁은 골목길 복개(覆蓋) 정비의 경우 빗물받이는 역류를 방지하는 데 중요한 역할을 담당함에도 이런 고려가 반영되지 않은 것이다. 이는 한 빗물받이가 담아내야 할 빗물이 많아져, 집중적으로 많은 비나 폭우가 왔을 때 도로로 빗물이 범람할 수 있음을 의미했다. 이는 또 역류 가능성도 내

90 "土地收用共助 追加의 件(하수도 개수): 道濂洞十五~十八番地間 下水改修工事平面圖" (1934), 국가기록원 소장.
91 岡村雅夫, 앞의 책, 77-78쪽.

포했다. 반면 도렴동의 경우 300m에 빗물받이 8개가 두어져 사이 간격이 37.5m로 일본 도시 평균보다는 길지만, 소격동보다는 짧은 편이었다. 이는 이 도로가 광화문전화국에서 통신국으로 이어지는 중요 시설과 면한 까닭에 폭우에도 빠르게 빗물을 처리해야 한다는 필요성과 비교적 도로 폭이 넓었기 때문에 취해진 간격이라고도 할 수 있다. 이와 같은 두 지역에서 이루어진 빗물받이의 간격 설정의 차이는 침수 방지라는 기본적 하수 정비의 설계 기준보다는, 비용 절감을 염두에 둔 스기의 하수도정비구역 구분에 대한 초기 기준이 더 중요하게 영향을 미친 결과라고 할 수 있다.

이런 경성의 구획 짓기는 "총독부의원의 여러 박사며 경성부 위생계"가 수행한 연구 결과에 배치되는 것이었다.[92] 이 연구자들은 "지금까지의 [전염병 발생] 현상으로 보아 남부는 위생시설이 비교적 충실히 되어 전염병 같은 것도 북부에 사는 조선인보다 [그 수가] 적어야" 되는데, 이런 예상과는 달리 "일본인 십의 팔, 조선인은 십의 이"가 전염병에 걸렸다고 보고했다. 그들은 이런 상황이 북부 시가에 위생설비가 제대로 정비되지 않았기 때문에 의한 것이라고 결론을 내렸다.[93] 이런 결론으로 신문은 "북부의 위생설비는 재조(在朝) 일본인의 자위책(自慰策)"이라는 제목으로 이 기사를 게재했다.[94]

이런 상황을 인지한 듯 경기도 위생과장 스오(周防)는 "하수도의 완비는 참으로 위생시설에서 근본적 시설"임을 천명하기도 했다.[95] 하지만 제2기 사업에서도 청계천 중하류와 북쪽 지역들에 대한 구체적인 정비계획은 마련되지 않은 채, 청계천 상류와 남쪽 지역의 암거 정비를 중심으로 공사가

92 "北部 衛生施設은 日本人의 自衛策", 《동아일보》, 1925. 12. 20.
93 같은 기사. 이 기사에 의하면 이들 연구 이전에는 이들 유행병을 풍토병으로 인식했다.
94 같은 기사. 그럼에도 적극적인 조치를 취하지 않은 것은 이 기사 말미에 덧붙여진 "1925년 대수해로 다시 엄밀히 한 결과 조선인 전염병자도 십의 육"은 된다는 재조사 결과에 의한 것으로 보인다.
95 "京城의 下水道는 언제나 完備될가 第一共同便所 改善이 急務", 《매일신보》, 1929. 9. 9.

진행되었고, 이 상황은 3기, 지선 중점 정비사업 때에도 별다른 변화 없이 지속되었다. 3차 사업이 마무리되었을 때 남촌은 조선신궁 등 경관을 위한 지역을 제외하고는 대부분의 하수도가 지하로 매설되어 도로는 말끔해지고 하수구 악취는 가려졌다.

이런 구획 짓기에는 경성부가 설정한 '경성부민'의 범주가 투영된 것으로 보인다. 경성부윤 우마노 세이이치(馬野精一)는 1925년 경성을 "인구는 30만이지만(1925년 당시) 2/3는 빈약한 조선인으로, [이들을 제하면] 10만의 내지(內地) 수도와 비슷"하다고 평가했다.[96] 10만 가운데 일본인 7만8천이었음을 감안하면, 그가 인지하는 경성은 결국 일본인 10만의 도시였던 셈이었다.[97] 그 도시의 "위생설비는 문명 시설 가운데 가장 열등"한 상태였다. 이런 "경성에 애써서 와 안주(安住)했어도 수년 안에 전염병에 걸려 사망자가 나온다는 말들이 '경성부민'의 생활을 위협"하는 상황을 개선시켜야 했다. 그는 조선 통치를 위한 식민(植民) 이주에 매우 불리한 위생 상황을 전환하기 위해 위생설비를 구축하는 일이 급선무임을 강조했다. 그의 이 언급은 경성부의 위생설비가 식민이주에 중요한 조건임을 밝힌 것이며, 재경일본인의 거주지역이 하수정비사업의 우선대상지역임을 명시하는 일이기도 했다. 그리고 이런 생각은 이미 1918년 스기에게서도 찾을 수 있다. 그의 지역 구획에는 이미 이런 인식이 깊숙이 개입되어 있었다.

(2) 분뇨와 도시 하수정비

근대도시의 하수설비는 기본적으로 하수를 시외로 흘려보내 위생환경을 개선하고 수인성 전염병을 예방하고 수해를 방지하는 것을 목적으로 한다. 하지만 경성에서는 하수정비 이전이나 공사가 진행하는 동안은 물론이

---

96 서울역사편찬원, 『국역 일제강점기 경성부윤 자료집』 (2020), 122쪽.
97 이혜은, "일제침략기 서울의 민족별 거주지분포", 『향토서울』 25 (1965), 105-155 중 132쪽.

고 일본인 거주지역의 암거 정비가 마무리된 후에도 전염병 발생 상황은 개선되지 않았다.[98] 이들 전염병은 하수도 매설 여부와 관계없이 경성 전역에서 유행했고, 심지어 1932년에는 185개 정(町)과 동(洞) 가운데 181개에서 발생하기까지 했다. 당시 경성부윤이었던 이노우에 기요시(井上淸)는 이 상황의 원인으로 "상수도 급수호수가 아직 보급되지 않았고, 세부적 하수시설이 불충분하며 오물의 처분이 비위생적인 점"을 지적했다.[99] 특히 하수도 설비와 분뇨처분의 문제는 의료진에게도 기생충 감염의 배경으로도 지적되었다. 삼호의원 정민택(鄭敏澤) 원장은 만연된 기생충 감염의 문제를 지적하면서 가장 큰 원인으로 "화려한 경성의 큰 상점조차 화장실을 제대로 갖추지 못함과 하수도 설비가 없음"을 들었다.[100] 그리고 세전(世專, 세브란스 의학전문학교) 교수 민산해(閔山海)도 십이지장충 창궐에 주목하면서 그 원인으로 "이십 년 전에 비해 그다지 크게 개량되지 못한" 하수도를 지목했다.[101] 그들의 지적이 아니더라도 경성의 하수도는 고작 84km밖에 되지 않을 정도로 열악했다.[102] 조선의 의료진이 보기에 불완전한 하수도는 전염병과 기생충의 소굴이었고 시급히 해결되어야 하는 위생의 현안 과제였다.[103]

이런 상황은 경성이 하수도 시설이 완전하지 않기 때문이기도 하지만, 초기 기획에 이미 내포된 문제, 즉 불완전한 분뇨처리와 관련되어 있다. 특

98 진종휘, 『한국현대의학의료문화연표』 (의학출판사, 1994), 36-48쪽. 하수와 전염과의 상관성에 대해서는 "傳染豫防으로 下水改修計劃", 《동아일보》 1925. 1. 12.; "府民保健問題", 《조선일보》, 1928. 10. 12.; "금년 수해 이후 전염병 환자 격증", 《조선일보》, 1925. 12. 22.; "염병과 시중의 풍설", 《매일신보》, 1928. 2. 21. 1932년의 경우, 장티푸스와 이질 환자 총수는 경성 1만 명당 37.1명으로 도쿄의 23.4명, 오사카 31.7명, 교토 37명, 나고야 15.3명보다 높았다. 서울역사편찬원, 앞의 책, 219쪽. 그 후의 환자 발생 상황은 "八面鋒", 《조선일보》, 1935. 6. 20.; "衛生施設의 積極面과 消極面", 《조선일보》, 1936. 4. 2. 참조.

99 서울역사편찬원, 앞의 책 (2020), 220쪽.

100 "백명 중에 아흔 명은 기생충을 가졌다", 《조선일보》, 1929. 9. 13.

101 "虎疫 等은 激減 結核病 猖獗", 《동아일보》, 1936. 1. 1.

102 "大京城의 市勢 比較는 末位", 《조선일보》, 1938. 6. 18.

103 "傳染病의 巢窟인 下水道改修", 《동아일보》, 1933. 4. 28.

히 개거로 정비할 경우, 분뇨의 분리수거는 필수였다. 스기가 개거로 정비되는 지역의 생활하수에는 분뇨가 포함되지 않는다고 명시했지만, 실제 당시로서는 실현이 불가능했다. 경성의 분뇨 수거 체계 자체가 제대로 작동하지 않았기 때문이었다.[104] 경성에서 배출되는 40만~60만 석 이상의 분뇨 중 수거율은 70%에 불과해[105] 나머지 약 30%는 동네마다 흐르는 개천을 타고 1920년대 정비된 대하수구 청계천과 만초천으로 향했다고 해도 과언이 아니었다. 분뇨 투기(投棄)도 늘 일어날 수밖에 없는 일상사였다.[106] 이런 상황이면 아무리 식민권력이 청계천같이 도심을 관통하는 거대한 도랑을 뚫어 신속하게 하수를 배제한다고 해도 도시위생은 개선되기 어려웠다.[107]

또 도시 전역에서 거의 매년 발생하는 수해는 이 상황을 악화시켜, 수인성 전염병 유행의 공포를 불러일으켰다.[108] 이는 실제 청계천이 심각하게 오염되었음을 보여주는 연구 결과로 나타났다. 1938년, 부위생실험실(府衛生試驗室)의 기수(技手) 세 명이 실시한 연구, 즉 청계천의 수질 조사 결과와 청계천 부근 주민의 전염병 환자 발생률 및 일반 사망률의 상관관계 분석에 의하면 청계천에 가까워질수록 발생률과 사망률이 높아졌다.[109]

104 경성의 분뇨 수거 작업은 항상성·일관성·효율성과는 거리가 멀었고, 심지어 부정과 비리로 점철되었다. 이에 관해서는 서호철, "서울의 똥오줌 수거 체계의 형성과 변화", 『서울과 역사』 93 (2016), 197-215쪽. "傳染病의 豫防策으로", 《조선일보》, 1937. 10. 17. 이 기사는 "해마다 도내의 전염병이 증가하는 경향을 보인다"고 보도했다. 또 이에 의하면 수세식을 채용한 건물은 경성에 400여 개소였다.
105 "四十萬石의 糞尿", 《매일신보》, 1912. 7. 14.; "便所의 不備와 井水의 사용", 《매일신보》, 1931. 7. 14.; "糞尿六十萬石", 《조선일보》, 1934. 4. 26. 분뇨탱크에 모은 분뇨도 사실상 많은 양이 한강에 투기되었다. 이에 대해서는 "飲料水難에 우는 漢江沿岸 數万住民", 《동아일보》, 1928. 7. 15.; "三十萬府民이 누는 糞尿四十八萬石", 《조선일보》, 1930. 4. 22. 이런 행위는 경성 상수수원지인 뚝섬에서 장티푸스가 창궐하게 하는 원인이 되었다. 이에 대해서는 "纛島 水源地에 腸窒扶斯가 發生", 《조선일보》, 1935. 7. 30.
106 "모단 京城의 大侮辱 糞尿 汚物의 亂舞 변소가 업서 함부로 처치하는 집이 종로서 관내만 三七三건 衛生上一大問題", 《매일신보》, 1932. 7. 15.; "南大門 境內에 不潔物 遺棄嚴禁", 《동아일보》, 1933. 4. 8.
107 "暗渠업는 淸溪川은 絶好한 排菌溫床", 《조선일보》, 1935. 9. 4.; "衛生施設의 積極面과 消極面", 《조선일보》, 1936. 4. 2.; 이정, 앞의 논문, 83쪽.
108 "施設完備區域에 傳染病 盛行의 怪現象", 《조선일보》, 1935. 10. 8.; "전염병의 창궐", 《조선일보》, 1938. 8. 23.
109 "淸溪川邊 居住者는 死亡率이 놉다!", 《조선일보》, 1938. 3. 1.

하수도로 분뇨 배출이 가능했던 암거 정비 지역은 청계천을 더 더럽혔다. 이 지역, 즉 일본인 거주 및 활동 지역에서 배출된 분뇨는 제대로 처리되지 않은 채 청계천으로 그대로 방출되었기 때문이었다. 청계천에서는 이들 지역에서 쓸려온 분뇨가 형체 그대로 목도되기도 했다. 이런 사태를 방지하기 위해서는 분뇨를 저장하는 분뇨통, 즉 정화조는 필수였다. 일본에서는 이미 1910년대를 전후해서 이 정화조를 둔 수조변소 설치가 위생공학의 핵심으로 다루어졌음에도 경성에서는 주임관 급의 신축 관사에서조차 이를 채용하지 않은 채 암거로 연결했다.[110]

심지어 경성의 근대적 경관을 형성했던 대형건물조차 분뇨처리 후 배출은 차치하고라도 화장실조차 마련하지 않기도 했다.[111] 이는 경성부가 하수정비사업 초기 적어도 분뇨배제 문제를 심각하게 생각하지 않거나 혹은 해결이 어려운 문제로 치부하고 손도 대지 않았음을 보여주는 일이다.[112] 그들은 1935년이 되어서야 분뇨배제 체계 정비 및 구축은 재정상 할 수 없다고 선언하면서 "궁여지책으로 분뇨급취수부료안(糞尿汲取手敷料案)을 창설"한다는 수준의 대안을 내놓았을 뿐이었다.[113] 하지만 이는 해결책이라기보다는 오히려 분뇨 수거 시 '웃돈'의 빌미가 되어 빈궁한 지역은 더 더러워지고, 경성의 전염병 예방은 더 요원해지게 만들었다.[114]

---

110 "奏任官乙號官舍 新築設計圖"(1922), 국가기록원 소장.

111 "京城建築物의 汚物排出 不備 某汚物調査委員談", 《동아일보》, 1922. 11. 24.

112 1916년 토목국에서 남대문통 도로공사에 쓰기 위해 마련했던 시멘트를 교섭해 얻어 분뇨통과 쓰레기통을 만들어 빈민에게 무료로 나누어줄 계획을 세우기는 했으나 그 양이 많지 않았다. 이에 대해서는 "洋灰桶 三百個, 변소를 설비하라고 빈민들에게 교부함", 《매일신보》, 1916. 11. 21. 분뇨통 등의 개비 실적이 저조했던 경성부에서는 분뇨를 투기하는 일을 개혁해야 할 조선의 악습으로 전환시켜버렸다. "銀行會社의 便所에서", 《동아일보》, 1922. 12. 1. 1923년부터 경성부는 화장실 개조를 위한 변기 3천7백 개를 배부했지만, 분뇨처리의 문제는 변기만으로 해결할 수 없었다. 이에 대해서는 서울역사편찬원, 앞의 책 (2016), 122쪽.

113 "분뇨 汲取안을 汲取하라", 《조선일보》, 1935. 3. 4. 이는 호별세를 내는 부민들을 3개로 차등을 두어 분뇨 취수부에게 수수료를 내게 하는 것이었다.

114 "傳染病의 豫防策으로", 《조선일보》, 1937. 10. 17.

이런 태도는 제3기 정비사업이 마무리되는 즈음에 이르러서야 비로소 전환되기 시작했다. 1936년 분뇨 투기를 금지하는 법안인 '조선오물소제령(朝鮮汚物掃除令)'과 '소제시행령'이 반포된 것이다. 이 시행령에는 특히 "똥오줌을 하천, 못 등 공공의 수면(水面)에 쏟아 흘리는 것"을 금하고 이를 위반한 사람은 100원 이하의 벌금 또는 구류 과료에 처한다는 내용이 포함되어 있었다.[115] 그리고 경성의 분뇨 분리배출 강제는 1937년 2월에 시작했다. "변소취체규칙"을 제정, 공포한 것이다.[116]

하지만 이 시행령이 제대로 작동한 것은 아니었다. 경성에는 화장실 자체가 없는 집이 많았기 때문이었다.[117] 1938년의 기사에 의하면 "경성부 내에 변소 없는 집이 944호, 있으나 없는 듯한 집이 24,465호"나 되었다.[118] 이들 2만5천여 집의 사람들은 분뇨를 하천에 투기하거나 혹은 70여 개로 조사된 공동변소를 이용했는데,[119] 이 공동변소 역시 제대로 관리되지 않아 매우 더러웠다. 오히려 공동화장실을 없애달라는 민원이 제기될 정도였

---

115 "똥오줌을 내버리면 백 원 이하의 벌금", 《조선일보》, 1936. 12. 5. 100원은 당시 경성부 뚝섬 상수공장 일고(日雇)의 한 달 급료의 4~5배에 해당하며, 현재 가치로 환산하면 약 785,900원 정도이다. 이에 대해서는 도리우미 유타카, 『일본학자가 본 식민지근대화론』(지식산업사, 2019), 242쪽. 이런 분뇨투기금지조치는 1932년에도 단발적으로 시행된 바 있다. "모단 京城의 大侮辱 糞尿 汚物의 亂舞 변소가 업서 함부로 처치하는 집이 종로서 관내만 三七三건 衛生上 一大 問題", 《매일신보》, 1932. 7. 15.

116 "民衆保健策 確立코저 水洗式便所를 獎勵", 《매일신보》, 1937. 2. 22. 물론 이 취체규칙 반포 이전부터 경성의 고층 건물들은 수세식 화장실과 함께 정화조를 설비하기는 했지만 대부분 부실하게 운영되었다. "本社新社屋의 偉容", 《조선일보》, 1935. 7. 6.

117 "모단 京城의 大侮辱 糞尿 汚物의 亂舞 변소가 업서 함부로 처치하는 집이 종로서 관내만 三七三건 衛生上 一大 問題", 《매일신보》, 1932. 7. 15. 1934년의 통계와 1932년의 기사를 통합해 보면, 종로관서에 변소 없는 집이 경성부의 82.8%나 몰려 있었다. 용산서 관내에는 변소 없는 '병신가옥'이 2633호, 변소 보조가 필요한 것이 2,441호라고 보도되었다. 이런 사정은 오히려 시간이 지날수록 악화되어 1938년 5월에는 변소 없는 집이 944호, 있으나 없는 듯한 집이 24,465호로 보도되었다. "橫說堅說", 《동아일보》, 1938. 5. 25. 이런 가옥에 사는 사람들의 직업은 농업, 행상, 직공, 인부, 무직과 기타 등이었다. "非衛生 都市의 京城 不良住宅 千餘戶", 《동아일보》, 1934. 11. 2.

118 "橫說堅說", 《동아일보》, 1938. 5. 25.; "맹물술의 取締等 道會서 衛生施設不足論難", 《동아일보》, 1940. 3. 10.

119 공동변소가 공식적으로 집계된 것은 1915년의 일로 이때 전 경성에 78개가 있는 것으로 조사되었다. "共同便所增設, 공진회를 위하야", 《매일신보》, 1915. 8. 8.; "京城의 下水道는 언제나 完備될가 第一共同便所改善이 急務 京畿道衛生課長談", 《매일신보》, 1929. 9. 9.; "觀光客에 첫 象은 顰蹙할 共同便所", 《매일신보》, 1938. 11. 6.

다.[120] 특히 변소취체규칙과 시행령의 제시는 식민지 조선에서 분뇨처리방식의 중요한 전환점을 이루는 일이었지만, 관련된 설비가 빈약한 상태에서 이 규칙은 엄포에 불과했다. 심지어 1920~30년대 정화조를 겸비해 설치된 수조식 화장실들, 예를 들면 경성부의 관청, 병원, 학교, 백화점 등 400여 개 대형건물의 화장실들도 제대로 운영되지 않았다.[121] 1938년 11월, 398개 건물의 수조변소 일제 조사에 의하면 70%가 불량이었다. 이는 정화조에서 약품 처리 등을 지침대로 시행하지 않은 채, 분뇨를 하수도로 그대로 방출했다는 의미였다. 급속 수리를 명했지만, 시정상황은 보도되지 않았다.[122]

남북촌, 청계천 상중류를 막론하고 분뇨가 섞인 하수를 깊이 판 거대 도랑인 청계천으로 흘려보내는 것을 정비하지 못한 채 경성의 '위생' 상황을 개선하겠다고 천명하는 것은 문제였다. 특히 청계천 남쪽과 상류 지역과 같이 대형건물들이 즐비한 지역은 암거로 복개되어 시각적 후각적으로는 깨끗해 보일지 모르지만, 이 지역에서조차 분뇨를 제대로 처리하지 않았음은 그들의 위생공학, 그리고 그 기반인 세균설이 경성에서는 내용을 확보하지 못했음을 보여주는 일이었다. 그들의 목표인 조선 지배를 위한 이주 식민정책을 위협하는 일이기도 했다.

하수종말처리 과정도 일본과 달랐다.[123] 경성에서는 분뇨들이 오수와 함께 청계천이나 만초천을 지나 한강에 퍼부어졌는데, 이 한강은 경성의 상수도 수원(水原)이었다. 이를 고려하면, 상수도 역시 안전할 수 없음을 의미

---

120 "毛橋共同便所 좀 없새 스면", 《조선일보》, 1938. 9. 17.
121 "서양서는 변소가 긴한 얘기를 하는 곳", 《조선일보》, 1937. 11. 3.; "傳染病의 豫防策으로", 《조선일보》, 1937. 10. 17.
122 "말 못 되는 수세 변소", 《조선일보》, 1938. 11. 2.;"府內 大建物 수조변소의 정화", 《조선일보》, 1937. 11. 16.
123 "京城建築物의 汚物排出 不備 某汚物調査委員談", 《동아일보》, 1922. 11. 24.

했다.[124] 이런 경성의 상황과 달리 도쿄는 1920년대 초 제1기의 대하수거와 간선하수 공사가 마무리될 즈음 하수처리장도 설치해 하수를 정수하고 바다에 방류했다. 일본에서는 암거와 하수종말처리라는, 세균설을 기반으로 한 위생공학을 실천한 것이다. 하지만 경성에서는 "간단없이 훈시(訓示) 가지고 각색 위생관념의 보급과 전염병 예방과 건강 운동에 힘"을 쏟아내기만 하고 위생 기반시설 구축을 위한 위생공학 고려 및 실천은 거의 이루어지지 않은 셈이었다.[125]

(3) 홍수 예방과 경성 하수도

위생공학에 의거한 하수정비의 중요한 목적 가운데 하나는 수해 방지였다.[126] 수해는 하수구를 범람시키고 땅 위를 하수로 덮어버렸다. 하수가 쓸고 간 자리에는 수인성 전염병과 피부과 질환이 남겨졌다.[127] 하수도의 계통적 설치는 이를 예방하는 최소한의 조치였다. 분뇨배제가 되지 않았더라도 하수로가 제대로 체계를 갖추어 지형에 따라 설계되고 시공되면 매년 반복되는 장마와 홍수에 의한 똥물의 범람을 막을 수 있었고, 수인성 전염병의 위험을 다소나마 감소시킬 수 있었다.

하지만 경성에 구축된 하수도 체계는 수해 예방에 그다지 효과적이지 않았다. 예를 들면 1921년 경성부는 명시적으로 홍수 범람을 지목하며 신속한 우수배제를 위해 "황금정[을지로] 3정목에서 창덕궁 앞 관수교에 이르는 '조선제일 큰 하수도관'", "두 아름이나 될 만큼 큰 하수도"를 매설했다고 했지만,[128] 이 큰 하수도조차 우수배제 기능을 제대로 발휘하지 못했

---

124 "纛島 水源地에 腸窒扶斯가 發生", 《조선일보》, 1935. 7. 30.

125 "京城의 下水道는 언제나 完備될가 第一共同便所改善이 急務 京畿道衛生課長談", 《매일신보》, 1929. 9. 9.

126 Mansfield Merriman, 앞의 책, p. 172.

127 "社會와 家庭에 對한 外科的 衛生(二)", 《조선일보》, 1927. 3. 27.

128 "(京城小景) 말하는 사진(七) 지하의 거물", 《동아일보》, 1921. 7. 29. 이 기사에서 언급한 황금정3정목, 즉 을

던 것이다. 이 하수도를 간선으로 하는 창덕궁 인근의 교동과 사동에서는 "소낙비 한 줄기만 오더라도 바닥은 개천이 되고 장마통에는 방고래에 맹꽁이 소리에 사람이 잠을 자지 못"했다.[129] 경성의 하수로는 홍수는커녕 소나기 혹은 심지어 "세우(細雨)에도 오수가 거리로 범람"하거나 혹은 역류하기를 반복했다. 이런 상황은 지천 정비를 사업의 핵심으로 했던 제3기와 4기 공사 중에도 개선되지 못했다.[130] 신문에서는 아예 침수 원인으로 '하수도 불완비', '하수설비 부족'을 지목했다.[131] 이런 설계로 청계천 북쪽 및 중하류 지역 그리고 저지대는 고스란히 수해를 당할 수밖에 없었다.[132]

지로 3가 지역은 저지대로 남산에서 경사로를 타고 내려오는 하수 및 우수가 집결되는 지역이다.

129 "暴注하는 豪雨로 市內浸水八百餘戶",《조선일보》, 1929. 7. 13.

130 "(京城小景) 말하는 사진(七) 지하의 거물",《동아일보》, 1921. 7. 29.; "횡설수설",《동아일보》, 1939. 5. 18.

131 "夜來의 暴注로 10여호 침수 ― 창신동에 하수도물이 넘어서",《동아일보》, 1935. 6. 29.; "市內에 暴雨被害―鐘路管內 浸水 33호, 하수도 不完備가 원인",《동아일보》, 1934. 7. 13.; "우수 진개(쓰레기) 범람으로 교통 위생에 대지장",《동아일보》, 1940. 7. 17.; "물로 망처노흔 시가로",《동아일보》, 1940. 7. 24.; "장마치른 長安에 糞尿塵芥氾濫",《조선일보》, 1940. 7. 16.; "衛生施設 不備의 산 標本",《동아일보》, 1940. 7. 17.

132 "京城市街에도 低地에는 濁流",《조선일보》, 1929. 8. 27.; "淸溪川 修築遲延은 東部發展에 支障, 漢水 逆流와 下水 不通 等으로 浸水騷動 每年反復",《동아일보》, 1936. 8. 27.

〈그림 9-4〉 황금정3정목과 창덕궁 앞을 잇는 하수로. 이 규모의 하수로 매설에도 불구하고 수해 예방에는 실패했다. (출처: "[京城小景] 말하는 사진[七] 지하의 거물", 《동아일보》, 1921. 7. 29.)

　　이는 먼저 강우량과 강우 강도가 제대로 예측되지 않은 결과라 할 수 있다. 10여 년간의 인천측후소의 관측값과 4년간의 경성 관측치에 의한 관경 기준값은 1920년대의 연례행사와 같은 홍수에도 불구하고 그대로 유지되었다. 또 아현동의 물난리에서 볼 수 있듯이 유속과 지형적 특징을 관 크기와 관 형태 결정에 반영하지 못했다.[133] 그리고 폭우에 의한 유량 변화에 의한 역류도 방지하지 못했다. 이는 토구의 위치 설계가 잘못되었거나 앞에서 살폈듯이 측구의 빗물받이가 적게 배치되었던 것도 한 원인이었다.

133　"阿峴町 水國化, 浸水家屋 90호", 《동아일보》, 1936. 8. 12. 이 기사는 "큰 골작에서 내려 막질라는 물의 하수 공사를 불과 직경 2, 3척의 토관으로 단 한 곳으로만 하수설비"한 설계를 문제로 제기했다.

그리고 하수도관 관리 부실로 제때 제거되지 않은 각종 찌꺼기로 하수도가 막혔기 때문이기도 했다.[134]

　설계와 관리만의 문제도 아니었다. 시공 과정도 문제였다. 이로 인해 적은 비에도 집이 잠기고 무너져 내리는 사태가 발생했다.[135] 이런 일은 특히 몇 안 되는 종로서(鐘路署) 관할의 암거 공사 지역에서 발생했다. 공사 지역의 상황을 고려하지 않은 실시 설계로 좁은 골목을 깊고 넓게 팠고, 이로 인해 지반 침하가 일어나 기초가 약해져 적은 비에도 담과 집이 붕괴되는 일이 발생했다. 또 공사를 위해 가로(街路) 옆에 남겨놓은 개천이 넘쳐흘러 30분 홍수에 인근 지역 40여 호가 침수되기도 했다.[136] 이런 상황에도 이들 지역의 공사현장은 개선되지 않아 "낙원동과 인사동의 하수공사가… 여름에 진행되어 실로 화약을 옆에 두고 지내는 불안"을 조성했고, 그나마 끝내 예산 부족으로 공사조차 중도에 폐지되었다.[137]

(4) 경성의 위생공학 전문인력

경성 하수정비사업과 관련한 다양한 문제는 최소한의 비용만을 투입하려는 경성부의 태도에서 비롯되었다. 이는 관련 분야의 전문인력 확보 및 양성 체계에도 영향을 미쳤다. 물론 경성의 부족한 관련 분야의 전문인력 부

134　"不意中의 洪水, 하수도가 막혀서",《동아일보》, 1924. 7. 20.

135　"下水工事 中 家屋 倒壞",《동아일보》, 1924. 5. 13.; "家屋倒壞 하수도 공사 중에",《매일신보》, 1924. 5. 14. 물론 이런 공사현장에서 발생하는 부실 공사 및 오류는 일제강점기 경성만의 문제는 아니었다. 예를 들면 미국에서도 발생했다. 다만, 차이는 이를 문제들이 수렴되고 재발생 방지를 위한 분석이 진행되고 결과가 이후 공사에 반영되는 구조를 확보했는가의 여부라 할 수 있다. 이에 대해서는 Martin V. Melosi, *The Sanitary City: Urban Infrastructure in America from Colonial Times to the Present* (Baltimore: John Hopkins University Press, 1999); Joel A. Tarr, *Transportation Innovation and Changing Spatial Patterns in Pittsburg, 1850-1934*, (Chicago, IL: APWA, 1978); Joel A. Tarr, *The Search for the Ultimate Sink: Urban Pollution in Historical Perspective* (Akron, OH: University of Akron Press, 1996), 162-190.

136　"豪雨 半時餘에 浸水四十餘戶",《조선일보》, 1926. 7. 13.

137　"貧窮한 京城府 北村工事中止 인사동 관훈동 하수공사 맛춤내 중도에 폐지한다",《매일신보》, 1926. 9. 24.; "北部一帶의 道路와 下水道改良은 何時",《조선일보》, 1926. 12. 26.

족은 일본에서조차 1920년대 위생공학, 특히 광역 하수정비 분야의 전문인력이 적었던 것과도 관련되어 있고, 관동대지진의 영향도 있다. 총독부 및 경성부에는 토목공학을 전공한 기사급 고급 인력은 소수였고, 그들조차 지진 복구에 투입되어야 했기 때문이다. 조선에서 활동했던 앞서 언급한 야마오카는 하천정비 항만구축 전공 공학사였고, 스기도 위생공학서의 하수배제 분야에 문외한은 아니었지만, 전공자는 아니었다.

이런 토목기사들이 1919년 경성의 하수정비사업 기공 즈음 총독부에 7명이 있었다. 그중 3명은 전라도와 충청도 등지에 파견되어 있었다.[138] 나머지 4명이 모두 경성의 토목공사만을 담당한 것은 아니었다. 그들은 20명 정도의 기수 및 기수보와 함께 한반도의 항만 및 도로 신설, 하천 및 수력조사, 댐 및 보 기초 조사, 하안 정비 및 간척 등 전 국토 대상의 대규모 토목사업을 진행했고, 때로는 신설 학교부지도 정비했다.[139] 이런 조선의 전문인력 사정은 일본제국대학 출신의 위생공학 관련 전공자들이 증가하고 관동대지진 복구가 마무리된 1930년대 중반 이후에도 크게 달라지지 않았다. 조선에서는 기사급 2명과 기수급 3명 정도만이 더 늘었을 뿐이었다.[140] 경성부 역시 사정은 마찬가지여서 토목기사 한두 명이 경성의 시구 개선을 위한 도로 정비, 하천정비를 포함한 각종 토목공사 등을 담당했던 것으로 보인다.

이런 전문인력의 부족은 재정 상태에 따라 시시때때로 설계를 변경해야 했던 경성의 하수정비공사는 설계 및 시공의 임기응변 처리와 부실 감독,

---

138 7명으로 증원된 것은 1919년 5월의 일이었다. "土木技師 증원", 『매일신문』, 1919. 5. 17. 그리고 1934년에 그 인원이 변경되었다. "土木技師의 定員을 變更", 《매일신보》, 1934. 12. 20. 토목기사의 정원을 19일부 府令으로 변경했는데, 이에 의하면 인천에 1명 신설, 전라도 3명을 4명으로 바꾸었다. 그리고 토목기수는 21인에서 24인이 되었다.

139 "土木技師 증원", 《매일신보》, 1919. 5. 17.

140 "土木技師의 定員을 變更", 《매일신보》, 1934. 12. 20.

공사현장 사고의 개연성을 내포했고 실제 현실에서 벌어졌다. 심지어 이중 설계에 의한 예산 낭비도 야기되었다.[141] 또 청부업자들을 관리하지 못해 "130여 명의 역부가 일한다고 계상하고는 실제는 수삼십 명 정도의 인부만"으로 공사를 진행하는 사건도 발생시켰다.[142] 이 늦어지는 공사 탓에 주민들은 통행 불편은 물론 생업 지장을 감수해야 했고, 장마철 수해를 걱정해야 했다.[143]

하수정비공사 중에 발생하는 문제를 해결하기 위해서라도 전문인력 양성 및 배출 체계를 조선 안에 구축해야 했다. 1915년에 설립된 경성공업전문학교에 1916년 토목과가 개설되기는 했지만, 이 학과에서 훈련받은 학생들은 실습을 중심으로 하는 기능적 훈련을 통해 졸업 즉시 현장에 투입되는 인력이었다.[144] 조선에서 기수급으로 총독부나 경성부의 기술 관료로 진입 가능한 고급전문인력 양성 체계는 1941년 이후에나 등장했다. 경성제국대학에 7명의 교수진을 확보한 토목학과가 개설된 것이다. 교수진 중 3명은 교량 공학, 석철근(石鐵筋) 공학, 하천항만 공학 전공자들로 그나마 위생 공학에서 활용 가능한 분야를 전공한 셈이었다. 하지만 이들이 양성한 학생들은 전쟁이 격화된 1944, 45년에나 졸업할 수 있었고, 경성부 위생 기반시설 정비사업이 아니라 전쟁 수행을 위한 설계 및 공사에 동원될 수밖

141 "黃金町 改修工事로 府當局의 失態暴露",《동아일보》, 1926. 7. 4.
142 "緩慢한 下水道工事와 寺洞住民大恐慌",《동아일보》, 1926. 7. 4. 조선에서 활동하던 일본인 토목 청부업자들의 이윤 확보 방식에 대해서는 도리우미 유타카, 앞의 책, 177-228쪽.
143 "下水工事中 家屋倒壞",《동아일보》, 1924. 5. 13.; "緩慢한 下水道工事와 寺洞住民大恐慌",《동아일보》, 1926. 7. 4.; "貧窮한 京城府 北村工事中止 인사동 관훈동 하수공사 맛츰내 중도에 폐지한다",《매일신보》, 1926. 9. 24.
144 1924년까지 토목과 졸업생은 42명에 불과했고, 그중 32명이 총독부 등 관청에 취업해 기수보 등 하위 기술직에 종사했다. 김근배,『한국 근대과학기술 인력의 출현』(문학과지성사, 2005), 166쪽; 정인경, "일제하 경성고등공업학교 설립과 운영",『한국과학사학회지』16:1 (1994), 31-65쪽. 물론 이 학교 토목학과 학생들도 상수도 하수도를 포괄하는 위생공업이라는 교과목을 공부하기는 했다. 하지만 이 역시 현장에서의 실습을 위주로 이루어졌던 것으로 보인다. "우리는 무엇을 할가",《동아일보》, 1924. 3. 3.

에 없었다.[145] 일제강점기 내내 위생 기반시설 확보 사업은 최소의 비용에 의한 최소의 인력만으로 추진된 셈이었다.

(5) 하수관 자재 제작 기술

대한제국기에 정비된 하수구는 돌과 벽돌을 쌓아 만들었다. 당시 시멘트를 국내에서 생산하지 못했던 탓에 가격이 비쌌기 때문이었다. 이때 사용한 벽돌은 한성위생회에서 독점 제작해 공급했다.[146] 하지만 일제강점 이후 상황이 변했다. 특히 1919년 평안남도 경의선 철로변에서 시멘트를 생산하기 시작하면서 시멘트는 하수정비를 위한 주요한 재료가 되었다. 경성에서도 위생공학 서적에 등장하는 토기, 모르타르, 콘크리트 등 세 가지 재료로 하수관거들을 저렴하게 생산할 수 있게 된 것이다.[147]

경성 하수정비사업에 사용하는 이 세 가지 재료를 하수관, 인공, 출수구, 빗물받이, 연결관 등등 하수도 연결을 위한 각종 자재들에 활용했다. 토기는 제작비용이 싸고 형태 가공이 쉽다는 장점으로 특히 가옥 하수를 받아내는 적은 구경의 하수관거로 주로 사용되었다. 하지만 구경이 커질수록 가공이 쉽지 않았고, 또 쉽게 깨졌으며, 커질수록 비용이 추가되었다.[148] 이런 단점으로 큰 관경의 설비들은 주로 모르타르나 무근 혹은 철근 콘크리트로 제작되었다.[149] 구(溝)와 거(渠) 규모의 하수관은 거푸집을 공사현장에서 만들어 제작했다. 철근 콘크리트의 네모진 거대한 구를 제작하는 광경을 당시 신문은 "도로의 중앙을 깊이가 넓이 열 자가량(3m)이나 파

---

145 김근배, 앞의 책, 468쪽.
146 경남문화재연구소, 앞의 글, 60-61쪽.
147 도관은 직경 60cm 이하에만 사용되어야 했다. 그리고 1929년 공포된 일본표준규격 제59호 '도관 규격'을 기준에 맞추어 제작되어야 했다. 이를 제외한 하수관은 모르타르와 콘크리트로 제작되었다. 岡村雅夫, 앞의 책, 61-65쪽. 이 표준 도관 규격이 조선에서도 적용되었는지는 알려지지 않았다.
148 같은 책, 61쪽.
149 같은 책, 67쪽.

고 그 속에 쇠로 뼈를 만들고 양회로 사방을 다져서 상하좌우가 각기 한 칸(1.8m)씩 되는 네모진 홀을 묻는다"고 묘사해 보도했다.[150] 나무판자로 거푸집을 세워 만들면서 철근을 일정한 간격으로 끼워 넣은 다음 모래와 자갈과 물을 섞은 시멘트를 부은 후 굳기를 기다렸다. 콘크리트가 다 마르고 나면 나무판자를 제거했는데, 구의 경우 대부분 철근 콘크리트로 제작되었다. 한편 원형 관인 거는 철근을 넣어야 하는 규모든 아니든 운반하기 쉽지 않았던 까닭에 현장 인근에 제작소를 설치해 부어 만들었다. 규모가 구거 수준은 아닐지라도, 지름이 1.2m에서 2m 정도 되는 맨홀이나, 빗물받이 등은 틀로 찍어 제작했다. 이보다 규모가 더 작아 시멘트블록공법으로 만들어낼 수 있는 자재들 역시 현장에서 제작되었다. 다만 공사 지역이 좁거나 토기를 사용해야 할 경우는 운반이 편리한 다른 지역에서 만들어 공급했다.[151]

이들 하수관은 다른 일반적인 시멘트 벽돌들과는 달리 특별한 기술이 필요했다. 예를 들면 심지어 직선의 하수관을 연결할 때도 누수 없이 하수가 흐르도록 접합 부분을 위한 설계가 필요했고, 자연유하식으로 배치되는 만큼 유속 유지를 위한 이형관도 제작되어야 했다. 그리고 두 관의 합류 지점에서는 압력과 와류 등 유체의 특성을 고려해 설계되어야 했고, 합수(合水)에 의한 유수 충돌을 피하기 위해 두 관 사이의 적절한 각도가 제공되어야 했다.[152] 따라서 하수관 제작과 공급은 경성부 소속의 부관제관공장(府管製管工場)이 관리했다.[153]

하지만 고급 기술이 요구되는 흄관 같은 관자재는 조선에서 생산되지

---

150 "조선에서 제일 큰 하수도, 지하의 거물", 《동아일보》, 1921. 7. 29.
151 경성부, 『경성부토목사업개요』(1938), 69쪽; 환경부, 앞의 책, 152쪽.
152 岡村雅夫, 앞의 책, 61-62쪽.
153 이 시멘트블록 제조법은 1940년에 이르면 꽤 널리 쓰여서 조선에서 관련 조합이 결성되기도 했다. "세멘트 뿌럭 제조조합결성", 《동아일보》, 1940. 2. 22.

않았던 것으로 보인다. 이 흄관은 다양한 외부 압력과 유체가 가하는 여러 압력을 수용할 수 있도록 원심력을 활용해 제작한 것이다. 이 흄관은 계란형이나 말굽형과 같은 이형관을 대체하는 것으로 일본에서는 1925년 요코하마에 도입되어 1940년대 널리 사용되었지만, 경성에서 제작한 흔적을 찾을 수 없다.[154]

이처럼 경성에서 사용한 시멘트관은 시멘트블럭공법으로 틀을 만들어 부어 말리는 방법으로 제작했다. 문제는 이렇게 시멘트를 모래나 자갈을 섞어 만드는 제품들은 시멘트를 적게 넣어도 겉보기만으로는 하자가 드러나지 않는다는 데에 있었다.[155] 이 시멘트 함량 미달의 제품들은 조직이 치밀하지 않아 건조시킨 후에는 부스러지거나 균열이 생기기 쉬웠다.[156] 부관제관공장에서 제작 관리를 한다고 하더라도 모든 현장을 감독하지 않는 한 불량품이 제작, 공급될 수 있었다.

이런 상황에 더해 무엇보다 1937년, 중일전쟁의 발발은 하수정비사업을 포함한 모든 토목공사 방식을 전환시켰다. 전시체제에 돌입하면서 철조(鐵條) 사용허가제가 실시되어 대부분 공사가 무근 콘크리트로 진행된 것이다.[157] 더불어 경성부는 공습에 대비한 소개(疏開)체제 구축에 돌입하게 되었고, 총독부는 토목공사 등과 관련해 대규모 기채(起債)를 허용하지 않았다. 이에 따라 경성 하수정비사업은 국가 보조이든 경성부 단독 사업이든 간에 지지부진하게 진행될 수밖에 없었다.

---

154 경남문화재연구소, 앞의 글, 66쪽.

155 "세멘트불량", 《동아일보》, 1937. 6. 8.

156 "府民保健問題", 《조선일보》, 1928. 10. 12.; "東亞短評―상수도에서 오물이 湧出함은 하수가 不備한 경성이라 上水道가 下水道를 겸했는가", 《동아일보》, 1936. 5. 5.

157 "建造用 鐵材使用 法令으로써 制限", 《조선일보》, 1937. 10. 26.

4. 마치며

대한제국기 황도 구축을 위해 시도되었던 하수정비사업은 일제의 강제 병합 이래 식민권력의 의도에 따라 재구성되었다. 경성은 일개 식민지 도시로 전락했다. 이 도시의 위생설비는 매우 열악했음에도 이런 도시로의 식민이주는 권장되어야 했다. 식민이주라는 목적 달성을 위해서라도 식민권력은 위생 기반시설을 구축하지 않을 수 없었다. 특히 경성의 시각적 후각적 불쾌감을 제공하는 하수시설은 개선되어야 할 중요한 사업 목표로 대두되었다.

경성 전역을 대상으로 하는 위생공학 차원에서 설계되는 하수도 사업은 막대한 사업비가 필요했다. 이 암거 정비와 하수종말처리시설의 설치가 핵심인 위생공학적 설계는 추진되지 않았다. 막대한 경비를 투자할 수 없었기에 사업은 매우 선택적으로 진행되었다. 암거 매설 지역이 선택되었고, 하수종말처리시설 구축은 시도조차 하지 않았다. 이런 불완전한 하수도 사업이 진행된 원인으로 경성부나 총독부는 "조선의 민도"를 꼽았다.

경성의 하수도 사업은 청계천을 중심으로 한 암거와 개거 정비 지역을 구분해 추진되었다. 일본인들의 업무 공간과 거주지역만을 암거로 정비해 재경 일본인에게 쾌적한 위생환경을 제공하고 나머지 지역은 저렴한 비용으로 정비 가능한 개거로 정리한다는 계획이었다. 하지만 이런 하수정비로 재경 일본인들은 시각과 후각에 관한 비교적 깨끗한 환경을 보장받을 수 있었다. 하지만 전염병과 관련한 위생적 안전함은 확보하지 못했고 실제 수인성 전염병 발병률은 일본의 다른 어떤 도시보다 높았다.

또 수해를 방지하는 것이 위생공학상 하수도 정비의 중요한 목적이었지만 이 역시 경성에서 성공적이지 못했다. 수해 방지를 위해서는 계통적 하수도 설계와 시공이 전제가 되어야 했지만, 4개의 산과 구릉이 발달한 지형의 경성에서 이는 쉽지 않았다. 특히 자연유하식을 채택한 만큼 적절한 경사가 제공되고 동시에 이에 맞는 하수관경이 설정되어야 했지만, 이런 섬세한 작업을 수행하기에는 전문인력이 매우 부족했다.

경성의 하수정비사업은 공사 시작 이전부터 청결한 근대도시 환경, 전염병 예방 및 수해 방지와 같은 위생공학적 담론과 기대 효과가 제시되었다. 하지만 실제 사업은 하천 직선화와 준설, 대하수구 구축, 교량 부설 등의 공사와 더불어 선택적이고 지엽적인 암거 정비, 인구 밀도 높은 대부분 지역의 개거 정비, 분뇨배제 실패, 부실시공으로 구성되어 경성의 하수정비사업을 전개하며 내세운 효과를 거두기 어려웠다. 특히 20여 년이 넘게 사업이 진행되었음에도 불구하고 전문인력 양성 체계를 구축하지 못했고 따라서 기술 이전이 전혀 이루어지지 못해 경성에 그 사업 전개 결과로 남겨진 것은 거의 없었다. 따라서 경성의 하수정비사업은 지속적으로 일본의 전문 공학인력에 의존할 수밖에 없었음에도 일본조차 이들 인력을 적절하게 공급하지 않았다. 더불어 하수관 자재 산업 역시 초보적 단계에서 벗어나지 못했음을 지적할 수 있다.

일본의 위생공학을 바탕으로 실천된 경성 하수정비사업은 전염병 예방, 수해 방지, 청결한 환경 조성 등 위생공학의 목표를 달성하지 못했고, 경성에 남겨진 위생공학적 기술 역시 거의 전무했다고 평가할 수 있다.

제국의 수의학과 식민지의 가축: 일제강점기 가축 전염병 관리[*]

천명선 (서울대학교 수의학과)

1. 들어가기

19세기 말은 가축 전염병을 진단하고 치료나 예방하는 데 있어서 획기적인 변화가 있었던 시기이다. 1879년 가금콜레라를 시작으로 루이 파스퇴르는 탄저 백신(1881)과 광견병 백신(1884)을 개발했고, 로버트 코흐, 에밀 폰 베링, 파울 에를리히 등은 세균학과 면역학의 기틀을 마련하고 있었다.[1] 이런 근대과학의 성과는 국가 차원의 전염병 관리를 강화하고, 근대산업과 자본주의 발전의 근간이 되면서 제국과 식민지의 지배 관계에 적극 활용된다. 당시 백신 개발은 가축의 주요 질병에 집중되었고 국가의 지지를 받았다. 백신 개발에 있어 가축 질병이 관심을 받았던 이유는 사람에 비

---

[*] 이 글은 2022년 『과학사학회지』 44권 1호에 실린 같은 제목의 논문을 수정 보완한 것이다.

1 Maurice R. Hilleman, "Vaccines in historic evolution and perspective: a narrative of vaccine discoveries", *Vaccine* 18:15 (2000), pp. 1436-1447.

해 동물을 활용한 백신의 효능 실험이 용이했던 이유도 있지만, 더불어 백신을 통한 가축 질병 예방이 산업을 보호하고 정치권력을 견고히 하는 데 도움을 주었기 때문이다. 이런 관점에서 볼 때, 일본의 식민지정책에서도 가축 전염병의 방역은 중요한 위치를 차지한다. 일제강점기의 가축 방역과 근대 수의학을 규정함에 있어 '제국 의학(imperial medicine)'이라는 개념을 차용해 그 주체를 식민통치권력으로 보고 이들의 이익에 종사하는 통제된 가축 방역 시스템과 수의료 행정, 수의학 연구와 교육의 총체로 볼 수도 있을 것이고,[2] 식민지 영토 내에서 행해지는, 식민지와 식민지배권력의 연결선상에서 파악되는 '식민지 의학(colonial medicine)'의 개념을 빌려 일제 권력의 영향 아래에서 식민지 조선의 가축 방역과 수의학 발전으로 정리할 수도 있을 것이다.[3] 그러나 국내에서는 이 시기의 가축 전염병에 대한 역사적인 분석이 양적으로나 전문성 면에서 충분하지 못하고, 연구의 주제가 역사학, 수의학, 의학, 보건학, 축산학, 미생물학 등 다양한 전문 분야에 분절되어 있으며, 연구자의 지속적이고 통합적인 관심을 유지하기가 어렵기 때문에 당시 가축 방역과 수의학의 발전이 가지는 성격을 규정하기에는 어려움이 있다.

관련 분야의 희소한 통사[4]를 제외한다면, 국내 일제강점기의 가축 질병의 전파와 방역에 대한 기존 연구는 소의 생산과 수출을 위한 질병의 관

---

2 서기재, "한센병을 둘러싼 제국의학의 근대사: 일본어 미디어를 통해 본 대중관리 전략," 『의사학』 26:3 (2017), 417-453쪽.

3 Iona McCleery, "What is 'colonial' about medieval colonial medicine? Iberian health in global context", *Journal of Medieval Iberian Studies* 7:2 (2015), pp. 151-175.

4 본 논문에서는 다음의 통사를 참고하였다. 케이키치 야마와키(山脇圭吉), 『수의과학국역총서 5. 일본가축전염병예방사(1868-1912)』 (국립수의과학검역원, 2008a); 케이키치 야마와키(山脇圭吉), 『수의과학국역총서 6. 일본가축전염병예방사 대정·소화 1편 (1912-1937)』 (국립수의과학검역원, 2008b); 케이키치 야마와키(山脇圭吉), 『수의과학국역총서 7. 일본가축전염병예방사 대정·소화 2~3편 (1912-1937)』 (국립수의과학검역원, 2008c); 이시영, 『한국수의학사』, (국립수의과학검역원, 2010); 강면희, 『韓國畜産獸醫史研究』 (향문사, 1994).

리와 경제적 영향을 통해 식민지배와 수탈의 역사를 밝히거나 일본에 의해 주도된 근대 검역 및 방역 법률과 전문가 양성, 전문기관 설립을 다룬다. 또한 흩어져 있는 질병 발생 자료를 통합하고 분석하여 질병의 양상과 분포를 제시하거나 식민지배의 틀에서 축산과 방역정책의 변화를 다룬 연구도 최근 발표되고 있다. 예를 들어, 심유정과 최정업은 수출우검역소와 우역혈청제조소의 설립을 중심으로 일제강점기 가축 질병의 검역과 방역 제도를 질병 통계와 함께 제시했다.[5] 천명선과 이항은 일제강점기 주요 가축 전염병의 발생 통계, 예방과 치료 백신 현황, 대중을 대상으로 한 계몽과 홍보, 사회적 인식 등을 조사하여 그 자료를 정리했다.[6] 또한 주요 질병의 발생이 가지는 지리적 특성을 분석하여 국경형 질병과 토착형 질병 그리고 개량형 질병으로 나누고, 일제가 기존의 가축 질병의 경우 강한 위생 정책을 바탕으로 백신 개발과 검역을 통해 관리했지만, 돼지와 닭의 신종 질병을 품종 개량 등 외래종 도입을 통해 한반도로 유입했음을 보여준다.[7] 한편, 인수공통감염병인 광견병 방역정책은 조선의 상황이 아니라 일본의 상황을 기반으로 수행되었고 강압적이고 폭력적인 방식으로 대중의 거부를 이끌어냈으며, 결과적으로 성공을 거두지 못했다고 분석되었다.[8] 조선 소 수출을 둘러싼 식민지 검역과 경제의 특성을 설명하는 임재성의 논문에서는 일제강점기 동안 근대 검역제도와 축산업 발전이 이루어져 생산성이 높아진 것처럼 보이지만 실제로 "제국화된 소(cattle of empire)"는 제대로 성장하지 못한 채 작은 체격으로 수출되어야 했음을 지적한다.[9] 차철욱

5 심유정·최정업, "근대 수의전문기관의 설립과정과 역사적 의미 — 수출우검역소와 우역혈청제조소를 중심으로," 『농업사연구』 10:1 (2011), 73-88쪽.

6 천명선·이항, 『근대 가축전염병의 발생과 방역』 (농림축산검역본부, 2019).

7 천명선, "일제강점기 가축전염병의 지리적 분포," 『문화역사지리』 31:1 (2019), 57-70쪽.

8 천명선, "일제강점기 광견병의 발생과 방역," 『의사학』 27:3 (2018), 323-355쪽.

9 Chaisung Lim, "Korean Cattle and Colonial Modernization in the Japanese Empire: From 'Cattle of the Peninsula' to 'Cattle of the Empire'", *Korea Journal* 55:2 (2015), pp. 11-38.

은 조선 소의 일본 수출이 가지고 있는 식민지의 경제구조와 우역 통제를 빌미로 한 식민지배 강화와 일본 본국의 보호 장치로서 국내 검역 시설의 설치를 설명한다.[10] 장윤걸은 이중검역체제라는 검역과 방역의 방식이 조선 소를 매개로 일본제국의 영향력을 키워나가는 과정을 분석한다. 이 논문에서는 일본 국책사업을 수주한 한국흥업이 조선의 근대 검역제도와 함께 식민지배의 안착을 도움으로써 축산 자원 공급처로서의 한반도의 역할을 부여했음을 보여준다.[11] 노성룡은 1910년 조선의 식민지 가축 방역체계가 일본 경찰기구의 행정력과 물리력을 바탕으로 전개되어 조선인들의 반발을 가져왔고, 일본 수의학의 조선 내 도입이 일본 통치의 정당성을 뒷받침하는 근대성을 상징했지만 인프라와 기술력의 부족으로 기대만큼 방역 효과를 가져오지는 못했다고 본다.[12] 이처럼 기존의 연구는 식민지 한반도에서 근대 검역제도의 도입과 주요 가축의 질병 방역의 성패를 다루고는 있지만 일제의 식민통치의 흐름에서 방역의 의미와 자원의 배치, 전문인력의 활용 등을 총체적으로 다루지 못하기 때문에 기존의 제국 의학이나 식민지 의학의 개념에서 정리되지는 못했다.

19세기 산업의 발전과 도시화, 그리고 제국의 식민지배에 있어 수의학은 중요한 역할을 담당했다. 수의사는 18세기 말 근대과학에 기반한 원인론과 효율적인 치료 방식으로 무장하고, 식민지와 제국을 오가며 가축 질병 방역을 도구로 제국민의 식민지 정착과 식민지배의 권위 강화에 역할을 담당했다.[13] 해외에서도 가축 전염병과 방역에 대한 역사적 연구는 특

---

10   차철욱, "일제강점기 조선소(朝鮮牛)의 일본 수출과 관리시스템," 『역사와 경계』 88 (2013), 227-261쪽.

11   장윤걸, "제국 일본의 한반도 축산 통제 — 이중검역체제의 성립과정과 그 의미," 『한일관계사연구』 69 (2020), 63-94쪽.

12   노성룡, "1910년대 식민지 가축방역체계 연구," 『사학연구』 142 (2021), 43-81쪽.

13   Brown, Karen, and Daniel Gilfoyle, *Healing the Herds: Disease, Livestock Economies, and the Globalization of Veterinary Medicine* (Athens, Ohio, Ohio University Press, 2010), pp. 1-18.

정 질병 또는 일정 시기의 질병이 사회경제적으로 미친 영향을 중심으로 이루어지거나 전염병에 대한 획기적인 예방책의 발명과 개발에 집중한다. 따라서 식민지 수의학(colonial veterinary medicine)에 관한 연구는 그 수에 있어 매우 제한되어 있으며, 식민지 수의학의 개념과 범주를 깊이 있게 규정하고 있지도 못한다. 다만, 유사한 시기 진행된 인도와 아프리카에 대한 유럽 열강의 식민지배와 식민지에서 근대수의학 성립에 대한 연구는 제국 열강의 필요에 따라 수의학 근대화의 방향성이 어떻게 다른지 보여주면서 이것이 식민지 스스로에게 필요한 것이었는지 되묻는다. 데이비스(Davis)는 아프리카 북부의 프랑스 식민지와 영국령 인도의 수의학 근대화를 비교했다. 두 곳에서 모두 제국의 수의학은 초기에는 군사적 목적으로 도입되어 현지의 가축을 군사적 목적으로 이용하고 관리하는 데 활용되었다. 살아 있는 동물이 식민지의 수출 상품으로 매력이 없었기 때문에 현지 동물의 질병에는 큰 의미를 두지 않았다. 20세기 초반 무렵부터 제국이 가축 전염병 관리에 관심을 두면서 민간 수의서비스와 수의학 전문교육이 시작되었다. 영국 출신의 수의사들은 말과 소의 열대성 질병에 대해 관심을 가졌다. 반면에 프랑스령 아프리카에서는 본국의 수의사들이 대거 군에 고용되었는데, 식민지의 유목 위주 축산 행태로 인해 초지를 관리하는 일이 가축을 돌보는 데 중요한 업무였고 가축 전염병 관리와 더불어 가축 사양이 같은 중요도로 다루어졌다. 축산과 축산 환경에 대한 교육이 통합적으로 이루어진 프랑스의 수의학 교육과 아직까지는 말 중심으로 단편적이었던 영국 수의학 교육의 특성은 이들이 식민지에서 일하는 방식에도 차이를 가져왔다.[14] 인도의 경우, 가축 질병에 대한 관심이 공중보건에 집중되기 때문에 수의학은 공중보건의 일부로 근대화되기도 했다. 또한 식민지 내 영

---

14 Diana K. Davis, "Brutes, beasts and empire: veterinary medicine and environmental policy in French North Africa and British India", *Journal of Historical Geography* 34:2 (2008), pp. 242-267.

국인을 보호하기 위한 인도의 위생정책에서 인수공통전염병, 특히 말의 인수공통전염병인 비저의 경우, 페스트나 콜레라와 마찬가지로 관심을 받았다.[15] 일제강점기의 가축 질병 방역과 근간이 된 수의학의 발전 특성을 분석하고 규정한 연구 역시 매우 제한되어 있다. 가즈야(山内一也)는 바이러스학자였던 개인의 경험과 역사 자료를 바탕으로, 우역을 중심으로 한 일본의 가축 전염병 예방 대책이 일본의 식민지와 본토에 어떻게 활용되었는지 설명하고 있다.[16] 유럽 열강이 인도와 아프리카와 아메리카 대륙에 두었던 식민지나 일본이 식민통치한 대만이나 만주와는 다르게 한반도는 지리적으로 일본과 매우 근접해 있다. 특히 주요 가축 전염병인 우역이 대륙에서 한반도를 거쳐 섬인 일본으로 유입되었던 역사적인 경험으로 인해 한반도에서는 일본제국의 가축위생과 별도로 분리된 전략을 취하기가 어렵다. 이는 식민지를 식량과 군사 자원의 공급지로 활용하고자 하는 제국의 열망과 전염병 전파에 대한 강박적이고 방어적인 일본의 태도 사이에서 갈등을 가져왔다. 한편, 일본은 만주로의 대규모 식민지 이민을 계획하면서 남만주철도의 책임을 고토 신페이(後藤新平)에게 맡겼다. 이미 대만에서 '생물학 원칙에 기반한 식민지배'를 실험한 바 있는 고토는 남만주철도회사에서 수의사와 농학자 등을 고용하여 한반도에서와 유사하게 만주 지역의 농업과 질병에 대한 기초 연구를 진행하고 질병이 만연한 이곳을 일본인 이민자들이 안전하게 살 수 있는 곳으로 전환하고자 했다. 지역의 가축 품종을 서양 품종과 교배하여 개량종을 개발하고 우역을 비롯하여 구제역, 탄저, 광견병 등을 막고자 했다. 그러나 한반도와는 다르게 백신의 수급을 위한 시설 구축이 늦어진 만주에서는 우역의 근절은 물론 다른 질병

---

15 Saurabh Mishra, "Beasts, Murrains, and the British Raj:Reassessing Colonial Medicine in India from the Veterinary Perspective, 1860–1900", *Bulletin of the History of Medicine* 85 (2011), pp. 587-619.

16 山内一也, 『史上最大の伝染病牛疫-根絶までの 4000年』 (岩波書店, 2009).

의 제어도 쉽게 이루어지지 못했다. 1930년대 이후에도 내몽골 지역과 인접한 만주 지역에는 우역이 토착화된 채로 남아 있었고, 일본인의 이민 규모는 예상에 못 미쳤고, 일본에 의한 만주국 등장으로 오히려 산업적인 발전 없이 일본의 물자 공급원으로 이용되는 데 그치게 된다.[17]

　일제강점기 한반도의 가축 방역과 수의학의 발전은 다른 식민지에서와 유사하면서도 다른 양상을 보였다. 식민지의 가축 방역에 일본의 근대수의학이 활용되었지만, 방역의 성과는 식민지배의 성과였을 뿐 식민지 내 수의학과 관련 학문의 발전에 영향을 주지 못했다. 본 논문에서는 통감부가 설치되는 1905년부터 일제강점기 전반을 살펴보는데, 조선수역예방령이 효력을 발생하는 1915년과 조선에서의 근대수의학 고등교육과 면허제도가 시작되는 1937년을 기준으로 하고, 그 전후의 가축 질병 발생과 방역의 변화, 수의 인력 활용의 특성을 식민통치의 흐름을 반영하여 정리해보고자 한다. 특히 각 시기별로 일본과 조선의 가축 이동, 발생한 주요 가축 전염병, 방역 인프라의 확충, 방역 전문가(수의사) 수급에 있어 비대칭성에 주목하고자 한다. 특정 가축 전염병의 지속적인 발생으로 인한 피해는 물론, 새로운 질병의 유입으로 인해 생긴 예상치 못한 사회경제적 피해는 방역과 검역의 틀을 변화시킨다. 이 과정에서 식민지의 가축위생 전략이 어떤 방향성을 가지고 진행되었는지, 어떻게 식민지 수의학의 특성을 드러내는지도 함께 살펴볼 것이다.

17　Robert John Perrins, "Holing water in bamboo buckets-Agricultural Science, Livestock Breeding, and Veterinary Medicine in Colonial Manchuria", Brown, Karen, and Daniel Gilfoyle eds., *Healing the Herds: Disease, Livestock Economies, and the Globalization of Veterinary Medicine* (Athens, Ohio, Ohio University Press, 2010), pp. 195-214.

2. 대한제국의 축산과 수의 근대화 노력

개항 이후 다른 산업 분야와 마찬가지로 축산을 포함하는 농업 분야도 근대 학문과 지식, 제도의 도입이 시작되었다. 대한제국은 농상공부 주도의 농업진흥정책을 펼쳤고, 궁내부에서도 관련 업무를 이어갔다.[18] 이에 따라 1884년 농상공부 농무목축시험장을 설립했다. 미국 시찰에서 돌아온 최경석이 주축이 되어 미국에서 말과 젖소, 조랑말, 돼지, 양을 종축으로 들여오고 동적전(東籍田)에 목장을 만들었으나 그의 사망 이후 방치되었다. 이후 여러 번의 조직 개편을 거쳐 신설된 가축모범사육장에서 농상공부 기사로 고용된 프랑스인 쇼트(M. Schott)가 1902년 돼지, 면양, 젖소 등을 사육했는데 우역으로 인해 피해를 입어 목장을 폐지함으로써 정리되었다. 그러나 외국 종축을 수입하여 사육하고 기술을 축적하는 방식의 근대화를 추진한 사례로 남았다.[19] 가축모범사육장의 종축이 전염병으로 폐사하는 것을 막을 수 없었던 것은 관련 전문가 중에 질병을 다룰 수 있는 세균학자와 수의사가 부재했기 때문일 것이다. 근대 축산에서 가축 전염병 방역의 중요성은 일본을 통해 강조되기 시작한다. 근대의학이 유입되는 경로가 서양 선교사와 일본 등으로 이분화되었던 데 비해, 근대수의학의 유입 경로는 일본 수의학으로 제한되어 있었다.[20] 개항이 외국과의 통상을 의미하고, 당시 무역의 대상 품목으로 살아 있는 가축과 축산물이 중요했기 때문에 개항지를 중심으로 검역제도가 다른 가축위생 규정보다 신속하게 구축되어야 했다. 1890년대 부산항을 통해 이루어지는 살아 있는 소[生牛]

---

18 이영학, "대한제국의 농업정책," 『중앙사론』 46 (2017), 135-176쪽.
19 강면희, 앞의 책 283쪽; 김영진·홍은미, "농무목축시험장의 기구 변동과 운영," 『농업사연구』 5:2 (2006), 71-85쪽.
20 박윤재, "한국 근대 의학사 연구의 성과와 전망," 『의사학』 19:1 (2010), 45-68쪽.

의 수출 규모는 청일전쟁이 있던 1894년에는 1,262두까지 커졌다. 우역이 크게 유행한 1896년과 1897년에 약간 주춤하여 각각 121두와 36두로 감소하지만, 1897년에는 다시 785두로 증가했다.[21] 그러나 조선과 대한제국은 아직 검역을 수행할 근대 전문가를 양성하지 못하고 있었고[22] 업무는 수출 대상국의 수의(獸醫)에게 맡겨졌다.[23]

당시 가장 중요한 가축 질병은 우역(牛疫, rinderpest)으로 조선에서는 1541년부터 20세기 초반까지 주기적으로 발생하여 농경의 짐이 되고 있었다. 일본은 역사적으로 수백 년간 크고 작은 우역이 조선을 통해 유입된 것으로 분석하고 무역을 통한 우역 전파에 대한 대비를 시작했다. 게다가 1892년 이후 일본에서 "한국계 우역"이 지속적으로 발생하자 일본 정부는 늘어나는 조선 소 수입을 고려하여 1897년 부산 주재 일본 영사에게 수출하는 축우에 대해 검사를 시행해 검역증명서를 발급하도록 하는 농상무성 훈령을 내렸다. 한편, 일본 축산협회는 일본 정부에 우역 방역을 청원하고 전문가를 직접 조선에 파견하여 우역 유행 상황과 축우 사양에 대한 사항을 조사하기도 했다. 이런 내부적 압력으로 인해 일본은 수역예방법(1896)과 이에 의거한 우역검역규칙(1897)을 제정하게 된다.[24] 대한제국의 부산과 인천 항만에 일본 농무성의 수의(獸醫)가 파견되었고 이들은 우역을 이유로 일본으로의 소 수출을 금지할 수 있었다. 이에 앞서 이미 청일전쟁 직후 일본군 수의사가 일부 지역에서 우역에 걸린 소를 살처분한 사례가 있었고, 대한제국이 시도한 근대 위생제도의 일환으로 도축검사가 시

21　김연지, "1890년대 부산항 생우의 일본 수출," 『한일관계사연구』 53, 233-264쪽 〈표 1〉에서 재인용.

22　의학교 교장 지석영이 1900년에 의학교 교과과정에 수의과(獸醫科)를 가설하자는 청원을 올렸다고 보도되었으나 실제 시도되지는 않았다 ("請設獸醫,"《皇城新聞》, 1900. 9. 28.). 대한제국에서는 1903년 우역이 치성하고 있으니 우의국(牛醫局)을 신설하여 우역을 치료하기 위해 우의(牛醫)와 약을 제공할 수 있도록 해달라는 요청이 있었지만 내부는 불필요하다고 결론 내렸던 바 있다. "牛醫請人,"《皇城新聞》, 1903. 9. 30., 2면.

23　《皇城新聞》, 1900. 3. 19., 2면.

24　케이키치 야마와키(山脇圭吉), 앞의 책 (2008a), 72-73, 96-103, 156-157쪽.

작된 1896년에도 일본인 수의사들이 도축검사원으로 활동을 시작한 전례가 있어서 일본인 수의사의 한반도 진출은 이미 시작되고 있었다.[25] 이와 같이 개항장에서의 검역과 국립 목축시험 시설로서의 종축시험장은 대한제국에 대한 외부의 근대화 압력과 자구적인 근대화 노력이 집합된 결과물이었다. 그러나 국내에서 전문인력의 수급이 이루어지지 못한 상태였기 때문에 체계적인 추진이 어려웠고, 결국 검역과 종축 개량은 외부 전문가에게 주도권을 넘겨주는 주요 지점으로서의 역할을 수행하게 되었다.

3. 제국의 가축과 수의학 도입 (1905-1914)

러일전쟁으로 한반도에 대한 지배권을 확고히 한 일본은 조선통감부(1905)를 통해 실제적인 영향력을 확장해나갔다. 일본의 실제적인 식민지배의 시작에 있어 이미 주도권을 넘겨받은 일본인 가축 방역 전문가들은 궁극적으로 일본인의 식민 진출과 본국으로의 안전한 식민지 자원 이동에 목적을 둔 방역정책을 시도하기 시작했다. 일본은 식민지정책의 틀에서 일본인이 조선과 만주로 농업 이민을 할 수 있도록 한반도의 농업 현황을 조사하고 농업 시설과 농업 기구를 개량하여 이민자들에 공급하기를 원했다.[26] 또한 일본은 향후 대륙에서의 세력 확장에 있어 한반도의 역할을 일종의 병참기지로 설정했다. 따라서 한반도의 농업생산성이 제국 운영에 중요한 이슈가 되었다. 게다가 상대적으로 가격이 저렴한 조선 소를 일본으로 수출하여 늘어나는 일본의 소 수요(육용과 사역용)에 대응하는 것도 중요했다. 조선의 농업생산력, 축산생산력을 높이는 것은 일본에 그 생산물

---

25 이시영, 앞의 책, 247-249쪽.
26 정연태, "대한제국 후기 일제의 농업식민론과 이주식민정책," 『한국문화』 14 (1993), 449-491쪽.

을 수출하고, 일본의 농민이 한반도로 이주하는 데 근간이 된다고 판단했다.[27] 따라서 이 시기 일본의 가축 방역정책은 식민지배를 준비하기 위해 가축 전염병의 현황을 파악하고 검역을 위한 제도를 정비하는 데 중점을 두었다.

1906년 일본의 영향 아래 설립된 권업모범장(勸業模範場)은 일본식 축산을 이식하면서 종축의 질병을 관리했다. 수의기사나 전담 수의사가 상주하지는 않았지만, 1907년에는 계두와 가금콜레라가 발생하여 면역혈청을 제조하여 주사하였고, 소에서 탄저 면역혈청 예방접종, 결핵 검사 등도 시행되었다.[28] 1905년 일본 농상무성에서는 한반도의 수역 조사를 목적으로 일본인 수의사를 파견했다.[29] 후에 일본 수역사무소 소장이 된 수의학 박사 도키시게 하츠쿠마(時重初雄)는 부산으로 입국하여 한반도 전역을 돌며 가축 전염병 상황을 조사했다. 그의 보고서에 따르면 당시 한반도에는 우역, 탄저, 기종저, 구제역(유행성 아구창), 돈역, 광견병, 계역 등의 가축 전염병과 고창증과 같은 비전염성 가축 질병이 만연해 있었다. 그의 보고서는 통감부 이후 대한제국을 잠식해가던 일본의 식민지 가축 방역정책에 큰 영향을 주었다.[30] 특히 이 시기 우역은 식민지 가축 방역의 근간을 마련하는 데 가장 중요한 질병이었다. 예를 들어, 1907년 온성 지역에서 발생한 우역은 1908년에는 비교적 큰 규모로 퍼졌다. 한반도에서는 한 해 동안 1,221두의 소가 우역으로 죽었다.[31] 일본에서도 양상은 비슷해서 전년도 대비 10배에 달하는 3,331두의 소가 우역으로 폐사했다.[32] 상황을 조사하고 질병의 전

27 이영학, "통감부의 농업조사와 농업정책," 『역사문화연구』 49 (2014), 81-123쪽.
28 농촌진흥청 축산연구소, 『축산연구 사업보고서-권업모범장 (朝鮮總督府 勸業模範場 事業報告書, 1906-1915)』 (농촌진흥청 2005), 16-19쪽.
29 "農商工業 調査,"《皇城新聞》, 1905. 5. 13., 1면.
30 山内一也. 앞의 책, 103-105쪽.
31 韓國農會, 『朝鮮農業發達史 發達篇』 (韓國農會, 1944).
32 케이키치 야마와키(山脇圭吉), 앞의 책 (2008a), 221쪽.

파를 막기 위해 일본인 수의사가 우역이 발생한 지역에 파견되었다.[33] 일본은 한반도를 통해 우역이 유입되는 것을 막기 위해 조선의 수출항에서 한 번, 그리고 일본의 수입항에서 한 번 더 검역하는 이른바 "이중검역제도"를 마련했다. 이를 위해 조선통감부는 1909년 7월 10일 수출우검역법을 제정했다. 이 법을 통해 일본으로 수출하는 조선의 소는 수출항에서 모두 검역을 마쳐야 했다. 농상공부 훈령으로 발표된 수출우검역법으로 "일본으로 수출 소가 증가하는 상황에서 우역으로 인해 일본이 수입을 금지할 경우, 앞으로 수출무역의 일대 손해가 있을 수 있어 일본과의 합의를 통해 법을 시행하고 검역증명서를 발급"하도록 했다.[34] 수출 소 관리를 위해 부산 우암리에 설치된 수출우검역소는 우사 5개동에 127두를 수용할 수 있는 시설로 시작했으나 이후 2,500여 두까지 수용할 수 있는 시설로 확장된다.[35] 식민지배가 시작된 이후, 수출우검역소가 이출우검역소로 명칭이 변경되었지만, 같은 방역 시스템 내에서의 가축 이동이 아니라 타국과의 수출에서와 같은 수준의 이중검역은 지속되었다.

한편, 일본은 본토에서 1908년 우역 유행 시 우역면역혈청을 주사하여 다음 해에는 우역을 종식시켰던 경험이 있었다. 이에 조선에 우역의 첫 번째 예방선을 마련하고 직접 한반도에서 우역면역혈청을 생산하는 방안을 고안해냈다. 한일합병 직후, 1911년 조선총독부는 농상무성 우역혈청제조소를 부산 암남동에 설립한다. 우역 바이러스를 소에 접종하고 면역혈청을 제조하기 위해 필요한 넓고 안전한 토지를 부산항에 확보했고 일본 본토의 수역조사소의 경력자들이 고용되었다. 1915년 우역혈청제조소의 연보

---

33 "各費支撥,"《皇城新聞》, 1907. 2. 23., 2면; "畜産長發往,"《대한매일신보》, 1908. 7. 14., 2면.

34 "訓令,"《皇城新聞》, 1909. 8. 20., 1면.

35 김준·박효민·유재우, "일제강점기 적기(赤岐) 부산수출우검역소 건축배경과 특성," 『대한건축학회 논문집—계획계』 30:11 (2014), 117-124쪽.

에 소장인 모치즈키 타키조는 "우역혈청제조소 창립 후 일본 본부에 우역이 침입하여 참혹한 피해를 주는 일이 다행히 면하고, 나아가 양축 농가는 장래 사업을 기획하는 데 주저하지 않게 되어 본 제조소의 설립목적을 달성"했다고 평가했다.[36] 충분한 면역혈청을 확보한 조선총독부는 중국과 국경을 맞대고 있는 함경도와 평안북도 지역에서 우역에 있어 면역지대를 형성하는 검역과 방역의 방식을 도입할 수 있었다. 1912년 함경북도 두만강 연안을 따라 우역 면역지대를 형성하고자 일본인 수의사와 한국인 조수 총 9명을 파견하여 약 5만 마리의 소에 공동주사법(독혈과 면역혈청을 동시에 주사)을 적용하고 이 소들이 있는 지역을 격리할 계획을 세웠다. 첫 시험지로 회령군 우두면의 238두의 소를 대상으로 했는데 손실률이 6.7%이며, 중증을 보인 소는 15.1%로 나름 성공적이었다는 보고가 있었다.[37] 우역면역혈청 공동주사법의 효과가 있었는지 1912년부터 우역 발생은 200두 안팎으로 유지되다 점차 감소했고 함경도와 평안도 이외의 지역에서는 거의 발생하지 않았다.[38]

1908년 대한제국은 우리나라 최초의 근대 수의 양성 과정으로 관립농림학교에 수의속성과를 설치해 이 과정 졸업생이 "우역을 예방하고 치료하며, 식육을 검사하는 업무를 수행하는 수의(獸醫)가 되어 세인에게 환영받는 축산계의 지도자"가 된다고 광고했다.[39] 그러나 1회 졸업생 20명을 끝으로 일제강점기가 시작되는 1910년부터는 조선인 수의의 배출은 중단되었다. 1908년 한국관보는 우리나라 최초의 공식 수역조사표(융희 원년)를 게재했다. 모든 지역을 조사할 수 있었던 것은 아니고 지역의 관청에서 보

---

36 국립수의과학검역원, 『수의과학국역총서 1. 조선총독부 우역혈청제조소 연보 제1~4차 (1913-1917)』 (국립수의과학검역원, 2007), 401쪽.

37 국립수의과학검역원, 같은 책, 48-80쪽.

38 朝鮮總督府, 『家畜衛生統計』 (1944); 韓國農會, 앞의 책, 第19表.

39 "獸醫養成," 《皇城新聞》, 1908. 3. 20., 1면.

고가 있는 경우만 게시했기 때문에 많은 정보를 담고 있지는 않다. 탄저와 우역의 경우 병우와 폐사일, 발생 원인과 계통에 대한 설명, 그리고 광견병에 대해서는 구체적인 정보가 없이 발생하고 있다고만 언급되어 있다.[40] 1910년 일제의 식민지배가 시작되면서 근대화의 원동력은 조선총독부가 갖게 된다. 한편, 식민지 위생경찰은 조선총독부가 가축 방역과 검역 업무를 장악하는 데 있어 보건과 위생 분야에서와 동일하게 억압과 강제의 주체로 역할을 담당했다.[41] 통감부의 영향으로 경무국에 설치된 위생과는 위생, 검역, 의사업, 약품업뿐만 아니라 수역 예방에 관한 사항도 관장했다. 조선총독부의 위생과에는 1914년부터 방역계와 보건계에 모두 수의 촉탁(기수)이 증가하는데 이는 1915년 수역예방령을 수행하는 데 있어 필요한 인력들로 이들이 현장에서 도축, 가축 방역과 수출 우의 검역을 지휘했다.[42]

결국, 이 일제통감부로부터 한일합병에 이르는 식민 초기에 조선 소의 안전한 일본 이동을 위한 국내 방역의 도구화, 외래종의 도입을 통한 재래종의 쇠퇴, 한반도 내 전문인력 양성의 좌절이라는 특성을 보이며, 일본은 일본 본국을 위해 식민지 영토 내 위생 권력 행사의 기반을 마련했다. 반면, 식민지로 전락한 조선은 가축위생 분야 근대화의 주도권을 넘긴 채 식민지 산업과 위생정책의 간접적인 수혜자로서의 역할을 수행하게 되었다.

---

40 "隆熙元年中韓國獸疫調査表,"『韓國官報』第3997號, 1908. 2. 14.

41 정근식, "식민지 위생경찰의 형성과 변화, 그리고 유산: 식민지 통치성의 시각에서,"『사회와 역사』90 (2011), 221-270쪽.

42 1914년 수의무촉탁(獸醫務囑託)으로 경무총감부 위생과에 계약된 사람은 일본인 여섯 명이었다. 이 외에도 촉탁 수의들은 지방 관서의 경찰부 또는 검역소 등에 배치되었는데 1914년에만 12명이었다. "조선총독부 직원록,"『한국사 데이터베이스』자료 참조, http://db.history.go.kr/ (2022. 2. 21. 접속).

4. 식민지 내 제국의 가축위생 제도화 (1915-1936)

식민지 영토 내 가축위생의 근간을 마련한 일본은 일본 본토의 관련 제도를 이식하고자 했다. 3·1운동 이후로 식민통치에 있어 자치주의 지배체제로의 전환을 검토하면서, 조선인을 존중하고 제국의 일원으로 대우하며 조선 농공상인의 생활을 안정시키겠다는 명분이 제시되었으나[43] 가축위생 정책은 일본인 엘리트 전문가들에게만 권한을 부여했다. 식민지 조선의 농업은 제국의 양식에 공헌하며, 수출에 적합한 농산물을 위주로, 축산의 생산성을 높이는 방향으로 설정되어 있었다. 이는 일본의 인구증가와 이로 인한 식량 부족을 해결하기 위한 것이기도 했다.[44] 한반도 내 가축 개량으로 인해 돼지와 닭은 외래종과 교배한 개량종 사육이 증가하고 있었으나 소의 경우 재래종의 개량이 이루어졌다.[45] 다만, 축우 두수가 기대한 만큼 증가하고 있지 않았고, 우수한 소의 이출이 증가하면서 생산성이 떨어지는 악순환이 지속되고 있었다.[46] 일본의 축우 수요를 충당하는 데 여전히 조선 소의 개량과 증산, 빠른 이출이 중요했기 때문에 가축 전염병으로 인한 무역의 정체는 긴급히 해결해야 할 문제였다. 가축 전염병을 막는 데 있어 일본과 한반도는 같은 제도로 묶는 것이 효율성이 높아진다. 단순히 제도의 일방적인 이식뿐 아니라 일본 내로 질병의 유입과 전파를 막는 궁극적인 목표를 달성해야 했다.

---

43 김동명, "식민지 조선에서의 일본 제국주의 지배체제의 개편과 동요," 『동양학』 39 (2006), 147-158쪽.

44 이영학, "1920년대 조선총독부의 농업정책," 『한국민족문화』 69 (2018), 303-336쪽.

45 강면희, 앞의 책, 266-276쪽; 차철욱, 앞의 논문, 236쪽 〈표 2〉에 따르면, 1915년 조선 내 소 사육두수는 1,353,531두로 일본과 비슷한 수준으로 파악되었다. 부산항을 통해 일본으로 보내진 소는 총 11,332두로 0.8%였다. 식민지 초기에 비해 증가량이 많아져서 1936년에는 사육두수가 1,740,898두로 약 30% 정도 증가했으나, 이출두수는 61,509두로 4배로 증가했고 이는 총 사육두수의 3.5%였다.

46 노성룡, "1920년대 조선총독부의 '경우대부사업(耕牛貸付事業)'운영과 성격," 『역사와 현실』 104 (2017), 299-336쪽.

1915년 한반도에 최초의 가축 방역 법령인 수역예방령(獸疫豫防令)이 공포되었다. 이는 일본의 수역예방법을 근간으로 한다. 이 법의 모체는 1886년에 제정된 일본의 가축류 전염병 예방규칙으로 우역, 탄저열, 비저 및 피저, 전염성 흉막 폐렴, 전염성 아구창, 양두를 지정하고 감염이 의심되는 가축을 격리하여 수의사가 진단할 수 있도록 규정한 첫 근대 가축위생 법령이다. 이 규칙은 일본이 메이지유신 후 재래종 개량을 위해 서구에서 우량종 가축을 수입하면서 유입되는 질병을 막고, 수의 기술의 발달에 따라 기존에 발견되지 않던 질병을 진단할 수 있게 되어 필요했던 법이었다. 그러나 10년 후 1896년에 제정된 일본의 수역예방법에는 1892년부터 지속적으로 조선에서 유입된 우역으로 인한 피해를 막고 방지하려는 의도가 포함된다. 법은 몇 가지 질병을 추가하여 우역, 탄저, 기종저, 비저 및 피저, 전염성 늑막폐렴, 유행성 아구창, 양두, 돈콜레라, 돈역, 광견병을 지정하고, 이 질병에 걸리거나 걸렸다고 의심되는 가축이 있을 때 신고하도록 강제했다.[47] 조선 수역예방령(獸疫豫防令)은 일본의 제도를 가감 없이 옮겨놓은 것으로 제도를 수행하기 위한 행정인력과 전문인력, 관련 자원을 고려하지 않은 것이었다. 조선의 수역예방령 총 19조는 가축 전염병에 대한 총체적이고 일반적인 사항을 담고 있다. 1930년에는 수역예방령을 대신하는 가축전염병예방령(家畜傳染病豫防令)이 제정되었다. 일본의 가축전염병예방법(1922)과 유사하며, 대상 가축의 범위를 나귀, 닭, 오리로 확장하고, 한반도 내 면양 사육 시도와 새롭게 유입된 전염병 유행을 반영하여 우폐역과 양두, 돈역, 가금콜레라를 추가했다.[48]

그러나 한반도가 일본제국에 편입되었다고 해서 조선과 일본 사이의 무

---

47 케이키치 야마와키 (山脇圭吉), 앞의 책 (2008a), 26-31쪽.
48 이 법은 한국전쟁 이후 1961년 가축전염병예방법이 제정될 때까지 한반도 내 가축 전염병 관리에 대한 유일한 법이었다. "朝鮮家畜傳染病豫防令,"『朝鮮總督府 官報』第1050號, 1930. 7. 4.

역이 한 제국 내 동물과 축산물의 이동으로 간주되어 검역이 면제된 것은 아니었다. 오히려 조선 내 방역을 강화해서 일본 본국의 가축 전염병 유입 위험을 낮추기 위해 검역은 강화된 측면이 있다. 법령에는 가축 전염병에 대한 방역 지시나 보고의 대상이 경찰, 헌병, 경찰수의, 검역위원 등으로 되어 있으며 살처분과 예방주사의 경우 지방 장관의 권한에 포함되기도 했다.[49] 역시 한반도 내 방역에 대한 권한이나 의무는 일본인 전문가와 행정 관리자에게만 해당되었다. 조선총독부는 식민지에 일본에서와 마찬가지로 고등교육기관으로서 수의학 교육기관을 설립하려는 계획을 세우지 않았다. 이는 의학 교육에서와 마찬가지로 예산의 부족에 기인할 수도 있고,[50] 개체의 치료가 아니라 전염병 관리에 집중된 식민지 수의학에서 고등교육을 받은 수의사의 필요성을 낮게 평가했기 때문일 수도 있다. 다만, 수역예방령을 제정한 이후 부족한 수의인력을 보충하기 위해 전통적인 의미의 우의(牛醫)를 활용하는 전략을 활용했다. 그러나 이들이 한시적이나마 면허나 진료권을 획득한 것은 아니었다. 이들이 도수 검사, 세균 검사, 우유 검사, 그리고 수역예방법을 익힐 수 있도록 지역별로 각도 경무부 헌병대 소속 수의를 활용하여 단기 교육(우의강습회, 수의강습회, 축산강습회)를 개최했다. 지역마다 선발된 인력이 20명을 넘지 않아 충분한 인력을 교육하여 조달하기에는 부족했을 것이다. 이시영의 조사에 따르면 조선총독부 관보를 기준으로 1915년부터 1916년까지 20회 남짓의 단기 교육이 공지되었고, 지역별로는 이후에도 면 단위에서 부분적으로 우의를 방역에 활용한 것으로 보인다.[51]

---

49 "獸疫豫防令," 『朝鮮總督府 官報』 第0819號, 1915. 4. 29.

50 Yunjae Park, "Medical policies toward indigenous medicine in colonial Korea and India", *Korea Journal* 46:1 (2006), pp. 198-224.

51 이시영, 앞의 책, 286-293쪽.

일본인 전문인력의 수급은 가능했지만 일본 내 제조 시설로만 가축 질병 예방을 위해서 백신을 개발하고 수급하는 것은 어려웠다. 그래서 식민지배 초기부터 일본은 한반도에 면역혈청과 백신 제조 시설을 완비했다. 우역면역혈청을 제조하고 시험하며 면역혈청을 배포하고 판매하는 일을 담당했던 우역혈청제조소(牛疫血淸製造所)에서 제조하던 면역혈청의 양은 1911년 당시 1,016,300ml 였는데 1915년에는 두 배가 넘는 2,680,300ml(일반 큰 소의 예방 용량으로 계산 시 13만 4천 마리 분량)까지 증가했고, 조선총독부는 생산된 면역혈청의 최대 판매처였다. 이후, 우역면역혈청 제조 이외에도 우역면역혈청의 현장 연구, 유효성 연구, 치료 시험, 현장 조사 등의 업무도 함께 담당했다. 1918년에는 소속을 일본 농상무성에서 조선총독부로 이관하면서 명칭을 수역혈청제조소(獸疫血淸製造所)[52]로 변경하고 우역뿐 아니라 다른 가축 전염병의 면역혈청과 백신 생산으로 업무를 확장하고 연구시험의 중점을 두게 된다. 일본에서는 1910년 이후 우역이 거의 발생하고 있지 않았고, 한반도에서도 1920년대에는 대규모 우역 발생은 없었기 때문이기도 했다. 수역혈청제조소의 역할은 가축 전염병의 예방접종에 대한 검증, 가축 전염병 연구, 종두법을 위한 두묘 제조, 예방접종액, 두묘 등의 배부와 판매였다. 1917년에는 최초의 우역 불활화 백신이 우역혈청제조소에서 개발되어 1924년부터 함경북도와 평안북도, 간도를 중심으로 시험에 들어갔다. 1924년과 25년에는 8,995두, 7,648두에 시험적으로 접종했고 이후 접종 수를 늘려 매년 4만~5만 두 수준을 유지했다. 1926년부터 1936년까지 약 51만 두의 소에 새로 개발된 백신을 접종했다.[53] 토착화되어 있는 질병 중에 탄저와 기종저는 "각지에서 연속 발생하며, 국민에게 피

52 "朝鮮總督府獸疫血淸製造所官制,"『朝鮮總督府 官報』號外, 1918. 4. 1.

53 朝鮮總督府,『家畜衛生統計』(1944), 2-3쪽.

해"[54]를 주고 있었다. 식민지배 초기 이 전염병의 발생률이 증가하다가 탄저의 경우 1914년을 정점으로 기종저의 경우 1927년 이후 감소하는 것으로 파악되었다.[55] 일본 수역조사소에서 면역혈청의 대량 생산이 가능해지는 시기가 차이가 있었기 때문에 탄저는 1908년부터, 기종저는 1920년대에 들어와서야 조선과 만주에 대규모 접종이 가능해졌다.

우역을 제외하고 한반도의 검역에 영향을 미친 가축 전염병은 구제역과 우폐역이었다. 특히 "동양 최초" 발생으로 소개된 우폐역[56]은 1922년 평안남도에서 발생한 것으로 알려졌다. 소의 전염성 늑막폐렴이라고도 불린 이 질병에 대해서는 규정이 없었기 때문에 우역에 준하여 방역이 이루어졌다. 1923년 봄에는 이로 인해 평안남북도의 소시장이 폐쇄되고 이동이 금지되었다.[57] 막상 일본에서의 첫 발생은 1924년으로 만주에서 수입한 거세소에서였고, 1925년에는 수입된 조선 소에서 우폐역 의심 사례가 보고되었다. 조선 내에서는 1923년 첫 발생 이후 확연한 감소 추세에 이었고 1927년 간헐적인 증가가 있었을 뿐 큰 유행은 없었다. 그러나 일본은 조선에서 우폐역의 유행 위험을 가정하고 의심 우에 대한 살처분을 포함한 강력한 방역정책을 적용하고자 했다. 우폐역으로 인해 조선 소의 사육을 기피하고 일본 소를 구입하거나, 축우 사육을 단념하는 농가가 있었다는 보고가 이어졌다.[58] 구제역의 경우도 크게 다르지 않아서, 실제 가장 큰 규모로 발생

---

54 "炭疽豫防接種,"《皇城新聞》, 1908. 11. 22., 1면.
55 탄저와 기종저는 1907년 최초의 대한제국 수역조사표에도 기록된 질병으로 일제강점기 이후 급격하게 발생이 증가했다기보다는 감별진단과 발생 보고가 안정화되는 데 시간이 걸릴 수 있음을 고려해야 한다. 탄저는 1914년 1,754두에서 발생했고, 1919년 이후 1,000두 이하로 감소하기는 했으나 1920년대까지는 200~800두 사이의 발생 규모가 유지되었다. 기종저는1920년대에는 연 2,000두 수준으로 지속적으로 발생하고 있었다; 朝鮮總督府,『家畜衛生統計』(1944), 2-3쪽.
56 "价川에서 牛肺疫,"《동아일보》, 1923.3.17., 3면.
57 케이키치 야마와키(山脇圭吉), 앞의 책 (2008b), 220-222쪽.
58 같은 책, 322쪽.

한 것은 1919년이지만 발생 규모가 10% 수준이었던 1933년 유행이 더 주목을 받았다. 이는 당시 시모노세키항에서 조선에서 수입된 소가 구제역에 걸린 것으로 진단을 받은 것이 계기가 되었기 때문인데, 검역 기간을 연장하고 수입된 소를 계류시켜 증상이 완화되고 회복된 것을 확인한 후 방출했다.[59] 구제역이 무역에 큰 영향을 미칠 것으로 보도되었으나[60] 실제로는 이출 우의 수는 구제역이 발생한 연도를 기준으로 1919년에는 전년도와 유사한 수준이었고, 1933년에 오히려 증가했다(55,322두에서 67,595두). 가축 전염병이 이출 우 규모에 미치는 영향이 크지 않았음을 확인할 수 있다.[61] 1920년 이후 한반도와 일본에서 우역이 거의 발생하지 않은 상황에서 우폐역 같은 새로운 질병, 구제역처럼 간헐적으로만 발생하는 질병은 검역에 기반한 식민지 가축위생정책을 운영하는 데 우역을 대신할 질병이 되었다.

본격적인 식민지배가 시작된 이 시기(1915-1936)에는 근대 가축위생 법령과 제도, 전문가와 경찰력을 근간으로 일본은 식민지 조선이 아니라 제국인 일본의 필요에 의한 조치를 취했다. 두 차례의 관련 법령은 일본 내 가축 질병 변화의 양상을 바탕으로 제정 또는 개정되었다. 또한 토착화된 질병보다는 일본 본토에 영향을 미칠 수 있는 질병에 우선적으로 대응하는 모습이 빈번했다. 검역에 기반한 방역체제는 지속되었다. 그래서 한반도 내 방역을 위한 진단과 백신 제조 역량이 강화되었음에도 불구하고 여전히 전문가의 부재는 해결되지 않았고, 전통적인 의미의 관련 인력은 단기 교육을 통해 보조 인력으로만 활용되었다.

59 케이키치 야마와키(山脇圭吉), 앞의 책 (2008c), 161-184쪽.
60 "소구제역 발생이래 방역비만 8만원 전후 피해액 약 250만원, 소 수출 당분간 정지,"《매일신보》, 1933. 4. 24., 2면; "가축의 치명적인 악질이 점차 남하하는 형세,"《동아일보》, 1933. 5. 27., 2면.
61 차철욱, 앞의 논문, 236쪽 〈표 2〉 재인용.

4. 식민지 내 제국의 가축위생 상황 변화와 전문인력 양성의 시작 (1937-1945)

식민 말기에 이르면서 일본 내 상황과 식민지정책에는 일부 변화가 있었지만, 중일전쟁(1937)으로 인해 군수물자를 공급해야 한다는 필요와 일본과 식민지의 농업생산량을 늘리기 위한 축우의 수요 증가가 조선 소의 수요 증가로 이어지면서 조선총독부는 여전히 축우를 증식해야 하는 임무를 부여받았다. 조선우증식계획(朝鮮牛增殖計劃綱領)에 따라 20년간 250만 두 생산을 목표[62]로 한 조선총독부는 1938년 축산과를 신설하여 가축의 개량 증식과 수역혈청소 등의 업무를 관장하게 하고 1941년에는 경무국에 두었던 가축 전염병과 가축위생, 검역 업무까지 모두 이관했다.[63] 이는 일제가 조선수의사규칙 제정과 수의학 고등교육기관을 설립하는 시기와 맞물려 이전까지 전문인력을 일본인 수의사로 제한을 두거나 초급 단계의 전문가를 훈련하던 것과는 다른 방식을 도입한 것이다. 지역의 우의를 단기간 훈련하여 가축위생 업무에 투입하던 기존의 방식으로는 필요한 규모의 축산 증식이 어렵다고 판단한 것으로 보인다. 조선의 농촌에서 만날 수 있는 수의사는 "축산동업조합의 일본인 수의사와 조선인 조수"뿐이고 "이들이 농가에서 사육 중인 농우를 보호하기에는 그 수가 부족하여 본연의 업무를 수행하지 못하고 있고," "축산동업조합의 수입을 일부 사용하더라도 각 도의 농업학교에서 수의과를 설치하여 수의를 양성"하자는 의견[64]이 받아들여졌는지, 1931년 실업학교인 이리농림학교에 수의축산과가 개설되었다. 5년제인 농림학교에서 3학년부터 시험에 합격한 학생들이 수업을 들을 수

---

62 "朝鮮牛增殖計劃綱領으로 卄六萬餘圓을 보조,"《동아일보》, 1938. 7. 1., 6면.

63 이시영, 앞의 책, 255-259쪽에서 재인용.

64 吳性善, "獸醫敎育の 必要,"『朝鮮農會報』 4:3 (1930), 70-71쪽.

있었고 이들은 해부조직, 가축생리, 제학(장제학)을 기본으로 하여 병리병해, 세균, 약리, 내과, 기생충, 외과를 두 번째 해에, 우육위생, 전염병, 축과, 수의경찰학을 마지막 해에 수강했다. 이곳에서는 1941년까지 매년 15명에서 34명까지 총 333명의 한국인 졸업생을 배출하였다.[65] 이후 고등교육기관에서는 처음으로 1937년 수원고등농림학교에 수의축산학과가 개설되었다. 1937년 조선수의사규칙은 식민지 조선에서 교육을 받은 사람들에게 수의사 면허를 부여하는 법적 제도였다. 한편, 가축의생규칙[66]은 이 제도가 마련되기 전 이미 가축의 질병을 진료하고 치료하던 사람들에게 도지사가 7년의 기한을 두고 업무를 지속할 수 있도록 해주는 제도였다. 전통 수의학적인 진료를 수행하던 인력을 구제할 수 있었고, 진료 체계의 혼란을 줄이고 시급하게 필요한 진료와 위생 인력을 확보할 수 있었기 때문에 한시적인 허가제를 마련한 것으로 보인다. 이들을 위해 도 위생과에서는 "원시적 요법으로 그냥 한구석에 잊은 듯이 버려두고 있던 소위 우(牛)수의(獸醫)에게 신시대의 과학적 지식을 넣어"[67]주려는 가축의강습(家畜醫講習)을 진행하기도 했다. 조선에서의 수의학 고등교육과 면허제 실시는 일본에서 1886년부터 수의면허와 수의개업면허가 시행된 것을 고려할 때 가축전염병 관리에 대한 다른 제도들에 비해 늦게 적용되었고,[68] 의학 분야에서 식민지배 초기부터 한의사에게 의생규칙을 시행한 것과 비교해도 늦게 적용되었다고 볼 수 있다.[69]

가축 질병의 양상 차원을 살펴보자면 당시 가축 사육의 변화를 먼저 고려해야 한다. 1930년대까지 돼지와 닭에서 개량종 생산량이 급증

65   이시영, 앞의 책, 313-317쪽에서 재인용.
66   "家畜醫生規則,"『朝鮮總督府 官報』第133號, 1937. 9. 1.
67   "家畜醫講習,"《조선일보》, 1939. 8. 15., 6면.
68   케이키치 야마와키(山脇圭吉), 앞의 책 (2008b), 46-49쪽.
69   박윤재, "일제의 한의학 정책과 조선 지배,"『의사학』17:1 (2008), 75-86쪽.

했다. 1914년과 비교하여 1939년에는 개량종 돼지의 사육두수는 91배 (959,267두), 개량종 닭의 경우 약 40배 (3,826,562수) 증가했다.[70] 이와 더불어 돼지콜레라(돼지열병)가 지속적으로 발생하고, 가금페스트, 가금콜레라, 뉴캐슬병의 발생이 보고되었다. 이에 따라 수역혈청제조소의 생산 백신과 혈청은 우역, 기종저, 탄저, 가금콜레라, 닭티푸스, 추백리 진단액으로 늘어났다.[71] 또한 우역 위주의 시험이 주를 이루었던 수역혈청제조소의 연구는 추백리, 양출혈성, 돼지 패혈증, 오리 기생충, 파라티푸스, 뉴캐슬 등으로 다양해졌다. 점차 다양한 축종의 전염병 연구 기능을 담당하는 전문 연구기관이 필요해지자 조선총독부는 수역혈청제조소의 기능을 확대하여 1942년 가축위생연구소를 설립했다. 이 기관은 가축위생에 관한 조사와 시험, 연구, 예방제와 치료제 제조 및 배부, 병성감정, 가축위생 강습 등을 업무로 했다.[72] 당시 가축위생연구소의 기사는 모두 일본인이었다.[73] 유일한 조선인 기사인 김종희는 김용태와 더불어 일본 홋카이도대학에서 근대수의학 교육을 마치고 학사학위를 받은 수의사로 1942년 부임하였다.[74]

식민 말기에 이르면서 한반도에서는 일본으로의 가축 전염병 유입 방지를 위한 검역에 중점을 둔 제국의 검역 완충지로서의 기능에서 벗어나 축산의 변화에 맞춘 새로운 가축 전염병에 대응하고 전문인력과 연구 역량을 갖출 필요가 생겼다. 그러나 이런 식민지 내부의 요구를 반영한 식민지

70 朝鮮總督府,『家畜衛生統計』(1944).

71 이시영, "국립수의과학검역원 100년의 활동,"『국립수의과학검역원 100년사』(국립수의과학검역원, 2009), 74-76쪽.

72 "朝鮮總督府家畜衛生研究所官制"『朝鮮總督府 官報』, 第4586號 1942. 5. 6.

73 대한수의사회·한국수의사학연구회,『한국수의인물사전』(한국수의사학연구회, 2017), 80-82쪽. 그러나 그의 이름은 조선총독부 직원록에서는 확인이 되지 않는다.

74 그가 독립 후 연구소의 책임자가 되어 기존의 역할과 기능을 그대로 연계했고 일제강점기에 연구소의 일본인 기수(越智勇一, 中村稌治)들이 고문의 역할로 연구소에 남아 업무를 지도했다. 저자는 연구소에 남은 일본인 오지가 해방 직후 연구소장이었던 것으로 기록하고 있다. 이시영, 앞의 책 (국립수의과학검역원, 2009), 103쪽.

내 가축위생의 체질 변화는 이후 일본제국의 몰락으로 눈에 띄는 성과를 보이지는 못했다.

5. 결론: 일제강점기 가축 방역과 수의학 발전의 특성

일본에게 있어 한반도는 일본식 개량종 가축을 생산하여 공급하고 일본으로 유입되는 가축 질병을 미리 차단하는 완충 지역이었다. 또한 일본과 지리적으로 인접해 있는 한반도는 이중검역법과 수역예방혈청과 백신의 개발과 생산, 수역면역지대 형성과 같은 일본의 새로운 제도와 기술의 시험지의 역할도 수행하게 된다. 따라서 식민지의 가축 전염병은 본국와 식민지를 통합하거나 구분하는 보이지 않는 경계선이 되었으며, 식민지의 인간은 가축 방역체계에 수동적으로 편입되어 당시에 필요한 가축 진료 서비스를 요구하거나 제공할 수 없었다. 식민지의 가축 전염병과 방역의 경험이 일제의 식민통치에 기여했고, 일본의 관련 과학기술 발전에 도움을 주었지만 정작 이 과정에는 참여할 수 없었다. 메이지유신 이후 근대 방역제도와 수의학 교육체계를 어느 정도 갖춘 일본은 식민지배를 위해 행정과 경제를 장악하는 데 적절한 도구로서 가축 전염병 검역과 방역을 활용할 수 있었다. 또한 식민지의 가축은 전염병의 매개체이자 본토에 공급되는 식민지 자원으로, 개량되어야 할 열등한 존재였으며 본토로부터 유입되는 전염병에 대해서는 보호받지 못했다.

한편으로는 우역이 발생하는 곳으로서의 한반도는 비위생적이며, 관리가 필요한 열등한 지역이라는 이미지를 강조하는 데 적절하게 사용되었다.[75]

---

75 차철욱, 앞의 논문. 239–242쪽.

축우를 수출하여 부가되는 경제적 이익은 개항 직후부터 농민에게 새로운 수입으로 부각되었기 때문에 가축 전염병이 수출을 강제적으로 막을 수 있다는 이유로 검역제도에 대한 순응을 이끌어낼 수 있었다. 근대 위생의 이미지와 경찰행정력을 기반으로 수행된 제국의 가축위생정책은 조선인들이 한 번도 겪어보지 못한 국가 차원의 가축위생, 예를 들어 대규모의 면역혈청이나 백신 접종, 감염 가축의 살처분, 시장 폐쇄, 이동 제한 등에 순응하는 환경을 조성했다. 식민지로서 한반도는 본토에 값싼 농축산물을 제공할 수 있는 생산지의 기능을 담당했지만, 가축 전염병이 유입될 수 있는 경로로 방역에 대한 투자가 없다면 오히려 위험을 내포하고 있는 곳이기도 했다. 따라서 일본의 권력이 작용하기 시작하는 시점부터 한반도에서의 검역 역시 일본의 수입 검역에 포함되었다. 일제강점기 동안 "이중검역" 방식은 지속되었다. 제국의 가축위생정책이 조선에 거의 그대로 이식되었음에도 가축 전염병은 오히려 일본과 조선을 체계적으로 통합하지 못하는 이중적 태도의 이유가 되었다. 그러나 이 검역의 방향성은 조선에서 일본으로의 수출에만 집중하고 있어 일본에서 유입되는 가축 질병은 고려하지 않았다. 일본을 통해 수입되어 개량종을 생산하는 데 활용된 수입 가축이 한반도로 유입한 가축 전염병은 정책적으로 다루어지지 않았다.[76]

한편, 제국의 경계로서의 한반도는 가축 전염병 방역에 있어 공동 운명체이기도 했다. 일본은 중국으로부터 조선을 거쳐 일본으로 유입되는 질병으로서 우역을 막기 위해 한반도를 "우역 예방의 제1선"으로 만들었다.[77] 하지만 우역이 식민통치의 구실로 이용된 것만으로 보기는 어렵다. 다른 전염병에 비해 우역이 주목을 받았던 이유는 우역의 유입 경로가 오랜 경험으로 파악되어 있었고, 검역에서 중요한 질병이었으며 치사율이 높아 공

76   천명선, 앞의 논문, 57-70쪽.
77   山內一也, 앞의 책, 103쪽.

포심을 유발할 수 있기 때문이다. 게다가 조선에서도 우역은 17-18세기 주기적으로 발생하여 피해를 가져왔고,[78] 전통 수의학적인 개체의 면역 관리 방식으로는 전파를 막을 수 없는 급성전염병이었다. 부산에 설치한 우역혈청제조소(후에 수역혈청제조소)는 제국의 수의학 기술을 한반도에 적용하는 데 필요한 자원을 공급했다. 규모와 생산성 측면에서 일본의 시설을 능가했고 일본인 엘리트 인력이 파견되어 실제 대량 생산이 가능한 우역 백신 2종[79]이 수역혈청제조소에서 개발되었다.[80] 그러나 조선총독부는 한반도에서 지속적으로 발생하고 있던 탄저와 기종저 등에는 제도적인 관심이 상대적으로 적었다. 특히 탄저의 경우 인수공통전염병으로 사람에게 전파되며, 식육위생에서도 중요한 질병이었음에도 시험적인 예방접종만 시행되었다. 조선총독부가 1914년까지 탄저면역혈청을 지속적으로 접종했지만 탄저의 발생은 1914년까지 지속적으로 증가했다. 우역의 경우, 1910년 이후 발생이 미미했다. 그러나 우역으로 유도된 가축위생에 대한 순응도는 계속 유지되는 것이 바람직했고, 이에 따라 가축 전염병 예방과 검역 강화가 소 수출을 용이하게 하는 것으로 조선 농가에도 이득이 된다는 홍보는 지속되었다. 우역의 자리는 구제역과 우폐역 등과 같이 중국을 통해 유입되는 다른 가축 전염병으로 대체되었고 이들 질병은 검역제도를 강화하는 데 유사한 방식으로 이용되었다.

일제강점기 가축위생에서 가축 전염병에 대한 정보와 전문교육은 식민지인에게는 제한적이었다. 가축 전염병의 조사부터 면역혈청 개발, 방역사업까지 한국인은 전혀 주도적인 역할을 담당하지도 적절한 교육과 훈련을

78　천명선·이항, 『조선시대 가축전염병의 발생과 양상』 (국립수의과학검역원, 2015).

79　1917년 카키자키 치하루가 개발한 불활화 백신과 1938년 나카무라 준지가 개발한 약독 생백신을 말한다. 천명선·이항, 앞의 책, 34쪽 〈표 6〉.

80　山内一也, 앞의 책, 147-174쪽.

받지도 못했다. 오히려 일제강점기 시작과 함께 20세기 초반의 근대화와 인력 양성의 노력은 단절되었다. 제국의 수의학은 철저하게 식민지에 대한 우월한 지위를 견고히 하는 데에만 활용되었다. 그 결과, 독립 당시 전문학교 이상의 수의학 교육을 받은 조선인 출신 제국의 수의사는 단 두 명에 불과했다. 1930년대 말에 이르러서야 필요에 의해 실업학교와 전문학교 졸업자들이 배출되었고, 전통적인 방식으로 가축을 치료하던 우의(牛醫)들은 근대적인 단기 훈련을 통해 가축의생으로 한시적인 업무만을 담당할 수 있었다.

즉, 가축 질병 유입에 있어 제국의 경계이며, 가축 질병이 만연한 비위생적인 식민지로서의 한반도는 제국의 내부이며 동시에 외부인 지역으로, 식민지 가축 방역은 이런 모순점을 반영한 제도를 가질 수밖에 없었다. 일본은 가축 방역과 관련된 과학기술과 전문가, 방역 관련 시설 등을 식민지 내에 유치하고, 일본의 방역제도를 이식하고자 했으나 국내외 정치적 상황으로 인해 일본과 동일한 인프라를 구축할 만한 여력이 부족했다. 따라서 제국 수의학이라고 부를 수 있는 식민통치의 흐름을 반영한 일관적인 방향성이나 성과가 제시하지도 못했고, 식민지 영토 내에서 지배 권력의 강력함을 보여주기에도 애매한 수준에 머물렀다. 지배 권력의 유지에 용이한 우역과 같은 질병에 기반을 둔 검역으로서의 방역정책으로는 가축 사육과 발생 질병의 양상 변화에 따라 유연하고 효율성 있게 대응하기에도 어려웠다. 간략하게 표현하자면 제국의 수의학으로 식민지의 가축 질병을 관리했을 따름이다. 따라서 일제강점기의 근대수의학과 가축 방역제도의 도입을 평가하는 데 단순히 식민지 근대화나 발전의 틀로 포장하는 것은 부적절하다. 본 논문은 일제강점기 근대 가축위생제도와 수의 인력의 활용이 식민지 내 가축위생과 식민지 내 수의학의 특성을 어떻게 보여주는지 개략적으로 정리하는 데 그쳤다는 한계를 가진다. 따라서 향후, 방역과 연구

현장의 일본인 수의사와 조선인 보조자들에 대한 연구, 가축위생정책에 대한 농민(단체)의 반응은 물론 일본의 대만 및 만주 식민지의 가축위생정책과 수행 과정을 통합하는 연구를 보충해 단순한 근대화의 틀을 벗어난 식민지 가축위생과 식민지 수의학의 특성을 보다 정교하게 분석할 수 있을 것이다.

한국 근대 한의학 정책사,
1876–1945

신동원 (전북대학교 과학학과 및 한국과학문명학연구소)

1. 머리말

동양의 의술은 기(其) 연원한 바가 원(遠)히 신농씨로 창(創)하야 이후 수
천년에 경험과 명의의 연찬에 의하야 행림(杏林)이 점영(漸榮)하야 금일에
태(迨)□ 고로 한의(漢醫)의 술이 자유기장(自有其長)하다하나 연(然)하나
만근(挽近)에 의술이 대진(大進)하야 생리의 학이 익익정미(益益精微)에 입
(入)하고 심온(深蘊)한 학리(學理)□ 고묘(高妙)한 기술과 상의(相依)하야 일
진월보(日進月步)의 추세에 재(在)하나 차시(此時)를 제(際)하야 도(徒)히 구
법을 묵수하고 신지식을 구(求)치 아니하면 갱(更)히 세운(世運)에 후(後)
하여 인술이 그 용(用)을 주(做)치 못함에 지(至)할지라. 여(予)는 낭자(曩
者)에 의사급의생규칙(醫師及醫生規則)을 제정하야써 기(其) 자격을 한(限)
하고 인명을 오(誤)할 위험을 방지하얏다 하나 연(然)하나 시(時)는 오즉
과도시대(過渡時代)의 응급수단이오 장래의 일층 의술을 장려하야 차(此)

에 종사하는 자의 자격을 고(高)케 하야써 제생구료(濟生救療)의 도(道)를 완(完)케 함을 기(期)하노라. ("寺內總督閣下訓示",『東醫報鑑』, 1916, 3쪽).

아국(我國)에는 동양 수천년래의 치료적 경험을 가진 화한약(和漢藥)이 잇서 이에 의하야 질병을 치료하고 건강을 증진시킨 공적을 몰각(沒却) 할 수는 업는 것이다. 또 그뿐만 아니라 사실상 그 효과가 현저한 것도 적지 안하다. 물론 동양의약과 서양의약은 각각 일장일단이 유(有)하야 어느 것이 시(是)요 어느 것이 비(非)라고 일률(一律)로 논할 수는 업는 것 이다. 따라서 국민의 질병치료, 건강증진 상에 쌍방의 장(長)을 취하고 단(短)을 보(補)하는 방법을 강구하여야 될 것이다. 그런데 종래에 서양 의약에 편중되고 동양의약을 경시하야 그 까닭으로 동양의약의 조사연 구와 그 응용을 등한(等閑)에 부(附)하는 경향이 잇섯든 것은 심히 유감 으로 생각하여 오든바 근래에 우리나라에 잇서서나 또는 구주제국(歐洲 諸國)에 잇서서나 동양의약에 관한 연구가 점차 진척되며 기(其) 효과가 과학적으로 천명되는 것도 불소(不少)하다.… 현시(現時)와 여(如)한 비상 사변에 처하야 서양의약의 수입두절과 가액등귀(價額騰貴)의 쓴 경험에 감(鑑)하야 다시 한 층 더 동양의약에 관한 조사연구와 원료증산과 그 응용의 보급이 극히 중요한 것을 통감하는 바이다. (總督府衛生課長 西龜三 圭, "東洋醫藥復興의 時局的 意義",『東洋醫藥』1, 1937, 17-18쪽).

위의 두 인용문은 각기 일제 초기와 일제 말기의 조선총독부가 한의학 을 어떻게 인식했는가를 잘 보여준다. 1916년 데라우치 조선총독은 한의 학은 서양의학을 배워야만 살아남을 수 있음을 강조하면서 한의술 인정이 단지 과도적인 조치임을 분명히 했다. 이에 비해 30년 후의 세이키 조선총 독부 위생과장은 한의약에 대한 기존 견해의 그릇됨에 유감을 표하면서 한의약의 중요성을 통감하고 있다.

왜 조선총독 데라우치는 이런 생각을 했을까? 그의 생각은 구체적으로 한의학 정책에 어떻게 구현됐을까? 왜 총독부 위생과장 세이기는 일제 초기의 정책 기조를 바꾸었던 것일까? 그의 견해는 한의학 정책과 제도의 실질적인 변화와 어떻게 관련되어 있었을까? 이러한 변화는 식민지배자의 한의학 정책을 근본적으로 뒤엎은 것인가 아니면 부분적인 수정에 불과한 것일까? 나는 이 논문에서 이런 질문에 대한 답을 찾으려고 한다. 이를 위해서는 일본제국주의가 식민지의 과학과 의학 발달, 안전한 의학의 확보, 보건의료 자원 배분 등에 어떤 입장을 취했는지를 고려해야 할 것이다. 이는 궁극적으로 한의학이라는 주제를 통해서 일제 식민정책의 근대적 성격과 식민지적을 동시에 논의하는 것이 될 것이다.

이 논문이 다루는 주제에 관한 선행연구로는 이종형의 "한국동의학사(韓國東醫學史)"(1977년)이다.[1] 이 글은 한의학 내부의 시선으로 일본의 정책을 비판하면서 악조건 속에서도 한의사의 분투가 있었음을 서술했다. 이런 입장은 일제시대를 겪었던 한의사의 입장을 대변하며, 현대의 한의사 대다수가 공유하는 것이다. 한마디로 말해 "일제의 한의학 말살 정책"이 펼쳐졌다는 것이다. 이보다 좀더 중립적인 표현을 쓴다면, "서양의학의 융성과 한의학의 몰락"이 있었다는 것이다. 이런 견해에는 이민족 통치자가 식민지인의 민족 전통을 억눌렀다는 인식이 깔려 있다. 이전의 조선시대에 누리던 지위, 아니 그보다 가까운 시기의 대한제국의 우호적인 분위기를 생각한다면, 이런 생각이 전혀 근거가 없다고는 말할 수 없을 것이다.

사료를 읽다 보면 한의학에 대한 식민당국의 단호한 정책 의지와 한의약 종사자의 위기의식이 먼저 눈에 띈다. 1913년 발포된 "의생규칙(醫生規則)"에

---

1 이종형, "한국동의학사", 『한국현대문화사대계 4 (과학기술사)』 (고대 민족문화연구소, 1977).

는 한의학에 대한 식민당국의 입장이 가장 잘 드러나 있다. "한의학을 시술하는 한의사를 '의생'이라 부르고, 이 규칙이 발포될 때 개업 면허를 받은 사람들 이외에 추후에는 개업 면허를 내주지 않겠다"는 것이 그 규칙의 요점이다. 한의학이 서양의학처럼 국가가 인정할 만한 의술이 아니기 때문에 궁극적으로 그것을 부정한다는 점에서는 '근대'의 논리를, 한시적이나마 인정한 한의사의 존재를 일본에서처럼 '의사'가 아니라 '의생'(의사가 되기 위해 공부하는 학도를 뜻함)으로 낮춘 것은 '식민지'의 논리(문화적으로 일본보다 열등하다는 의미에서)를 적용한 것이다. '의생규칙'과 같은 맥락에서 식민당국은 공식적으로 한의학을 초근목피에 의존하는 비과학적인 의술로, 반면에 근대 서양과학에 입각한 서양의학만이 진정한 보편적인 의술로 규정했다. 이런 정책에 대해 한의학계는 대단한 위기의식을 느꼈다. 한의학이 한두 세대만 지나면 사라질 것이라는 위기감이 팽배했고, 한의학이 그 어떤 가치―과학적이건, 경험적이건, 철학적이건 간에―를 지니고 있음을 밝혀야 한다는 절박함을 시시각각 표출했다.

이런 부류의 사료를 중시하면 결론은 분명해진다. '일제의 한의학 말살정책', '한의학의 몰락', '한의계의 처절한 몸부림' 따위의 용어가 결론을 내리는 데 사용된다. 이런 결론은 어느 정도 타당하다. 분명히 식민당국은 어느 시점 이후부터는 식민지 조선에도 서양의학만으로 의료체계를 꾸린다는 입장을 밝혔다. 식민 모국인 일본에서는 근대의 이름으로 한의학을 부정했는데, 근대화시킨다는 명목으로 식민지를 삼은 조선에서 그것을 인정한다면 논리적으로 모순에 빠지게 되었기 때문이다. 시기별 의생 수의 변화를 살피면, 일제시대 말기에는 초기의 2/3 수준으로 줄었다. 또 대다수 면허자가 3년마다 갱신해야 하며, 정해진 지역에서만 개업할 수 있는 한년, 한지 면허였다. 이는 한의학의 처지가 초기보다 후기에 훨씬 악화했으며 존재 자체가 위협받는 상황에 이르렀음을 말해준다.

이런 가운데 한의사들은 협회나 강습소를 만들어 스스로 근대서양의학 지식을 공부하기도 하고, 한의학의 유용성을 직접 대중에게 알리기도 하고, 강습소를 개최하여 제한적이나마 인력을 양성해내기도 했다. 열악한 상황의 타개를 위한 이들의 활동은 눈물겨운 것이었다. 비록 그러한 측면이 있었다고 해도, 이런 해석은 문제가 있다. 그것이 정치적 수사(rhetoric)에 근거한 결론이기 때문이다. 실제 한의학을 둘러싼 현실은 그러한 정치적 수사와 반드시 일치하는 것으로 나타나지 않았다. 또 현실은 그 수사보다 훨씬 다양하고도 복잡한 모습을 띠었다.

박윤재의 "한말·일제 초 근대적 의학체계의 형성과 식민 지배"(2002)는 이러한 한의학 내부의 시각을 극복하였다. 이 논문은 식민지 통치 이데올로기와 보건의료의 현실이라는 측면에서 이 시기 한의학을 다루었으며, 식민지 '의학체계'의 성립이라는 맥락에서 일제 초기 한의학 정책의 전반적인 특징을 밝혔다.[2] 이 논문의 기조를 받아들이면서, 이 글은 다섯 가지 측면을 좀더 깊이 살펴보고자 한다.[3] 첫째, 한말·일제 초기 한의학 정책의 성립 과정을 분석한다. 둘째, 한의학 정책이 응축되어 있는 법령을 전면적으로 분석한다. 셋째, 한의학 정책을 대한제국, 대만, 일본과 비교하여 고찰한다. 넷째, 식민지 한의학 정책의 실시와 그에 대한 한의계와 조선 민중의 반응을 살핀다. 다섯째, 식민시기 초창기에 형성된 정책이 1930년대 전시기(戰時期)에 들어서면서 다소 우호적으로 변화되는 상황과 동기를 짚어본다. 궁극적으로 일제강점기의 한의학 정책, 더 넓게는 대한제국기, 일제강점기에 형성된 한국 근대한의학의 성격을 파악한다.

---

2 박윤재, "한말·일제 초 근대적 의학체계의 형성과 식민 지배" (연세대학교 대학원 박사학위논문, 2002).
3 본 논문은 필자의 선행 논문 "1910년대 일제의 보건의료 정책—한의학 정책을 중심으로", 『한국문화』 30 (2002), 333-370쪽; "조선총독부의 한의학 정책—1930년대 이후의 변화를 중심으로—", 『의사학』, 제12권 제2호 (2003), 110-128쪽을 통합해 정리한 것임을 밝힌다.

2. 대한제국의 한의학 정책과 통감부의 정책 기조 변화

1) 대한제국의 한의학 정책

엄밀한 의미에서 국가 한방의료정책은 갑오개혁기에 처음 이루어졌다. 한방의료라는 용어 또는 개념은 서양의료의 존재를 의식하여 만들어진 것이다. 그 이전까지는 한방의료가 아닌 그냥 의료정책이었다. 1895년의 갑오개혁은 서양의료를 전면에 내세운 형태의 개혁이었다. 위생국이 설치되었고, 서양식 의학교와 병원을 세우려는 계획을 세웠다. 반면에 국가 최고의 의료기관이었던 내의원이 왕실의료에 국한되었으며, 오랫동안 관직 의원을 양성해온 기관인 전의감이 폐지되었고, 의과 역시 철폐되었다. 한의 인력을 양성하기 위한 그 어떤 대안도 마련되지 않았다. 또한 갑오개혁 정부는 실제로 민간의 의료를 책임지고 있는 수천 명의 한의 인력에 대한 질적 관리에 대해서도 크게 관심을 보이지 않았다.[4] 이런 사실을 놓고 볼 때, 갑오개혁 정부는 한방의료를 국가의료에서 배제하려는 정책 의지를 가지고 있었다고 말할 수 있다.

1897년 대한제국이 선포되면서 이러한 경향은 수정되었다. 그것은 두 가지 측면에서 나타났다.[5] 첫째는 공식 영역에서 한의를 중시했다는 점이다. 1899년에 설립된 국가병원인 내부병원(1900년 광제원으로 개칭)에 한방 진료부를 두었으며, 1902년 전국적인 전염병 유행 때에도 한의를 구제위원으로 삼아 구료활동에 나서도록 했다. 두 번째는 이전 시기에 전혀 논의되지 않았던, 민간 영역의 한의에 대한 질 관리를 시도하고 한의 양성을 위한 교육

---

4 갑오개혁기의 한의학 정책에 관한 내용에 대해서는 신동원, 『한국근대보건의료사』 (한울아카데미, 1997) 제4장을 볼 것.
5 대한제국기 한의제도에 대해서는 신동원, 『한국근대보건의료사』 (한울아카데미, 1997) 제5장을 볼 것.

기관의 설립 추진을 도왔다는 점이다. 1900년도 반포된 "의사규칙"은 민간 의료인력에 대한 질적 관리를 내용으로 하고 있으며, 1906년 한의 양성 학교인 동제의학교 설립에 고종황제는 내탕금을 내어 그것을 지원했다. 이러한 방침은 '작고참금(酌古叅今)'의 원칙을 따른 것이었다. 이 말은 1905년 대한적십자사 병원 개원에 즈음하여 고종황제가 직접 쓴 표현이다. 그는 '작고'로서 기존의 혜민서·활인서의 전통을 잇기 위함을, '참금'으로서 적십자 정신과 서양의술을 언급했다.[6] 서양식 의학을 공부하기 위한 의학교의 설립과 서양식 의술을 펼치기 위한 병원의 설립이 새로운 시대적 조류를 추스르는 것이었다면, 한의의 양성과 한의술 기관은 옛것을 존중하는 것이었다.

대한제국기 한방의료정책은 "의사규칙"(1900.1.17, 내부령 제27호)의 공포로 구현되었다.[7] 이로써 한의의 지위와 행위가 역사상 최초로 규정되었다. 이 규칙은 일곱 조항으로 이루어져 있으며, 의사의 정의, 의사의 자격 획득, 인허 수속과 인허증 재발급 등을 규정하였다. 이에 따르면, "의사는 의학을 관숙(慣熟)하여 천지운기(天地運氣)와 맥후진찰(脈候診察)과 내외경(內外景)과 대소방(大小方)과 약품온량(藥品溫凉)과 침구보사(鍼灸補瀉)를 통달하여 대증투제(對證投劑)하는 자"(제1조)로 정의되었다. 의사가 되기 위해서는, 첫째 의과대학이나 약학과를 졸업해야 하며, 둘째 국가의 의료 담당 기구인 내부(內部)에서 행한 시험에 합격해서 인허증을 획득해야만 했다(제2조). 단, 아직 의과대학이나 약학과가 설립되어 있지 않기 때문에 임시로 의사 지망자의 의술을 위생국(衛生局)에서 시험하여 대신이 의사 인허장을 부여할 수 있었다(제2조). 중앙정부에서 인정하는 인허장이 없는 경우에는 내외국인을 막론하고 의업을 펼칠 수 없었다(제7조). 이 밖에 인허장 관련 내용을

6 『관보』, 1905. 7. 12.;《황성신문》, 1905. 7. 10.
7 『관보』, 1900. 1. 17.

보면, 인허장 발부 수수료는 3원(元)이었으며(제4조), 지방에 있는 의사가 인허장을 받기 위해서는 시험 증서를 해당 관찰사를 경유하여 내부(內部)에 청원해야 했으며(제3조), 정부에서는 인허장을 내주면서 의사의 관련 기록을 의사 명부에 올려 이를 공준하도록 했다(제5조). 의사가 인허장을 잃어버리거나 개명, 이적하여 인허장을 재발급받기 위해서는 그 사실을 해당 관찰사를 경유하여 1원의 수수료와 함께 내부에 청원해야 했다(제6조).

이 "의사규칙"은 두 가지 큰 특징을 보인다. 첫째, 국가가 모든 의사의 질을 관리하겠다는 의지를 담고 있다. 전문적인 대학과 학교를 졸업한 자 또는 내부에서 시행하는 자격시험을 합격한 자에게만 개업 인허를 내주는 방식으로 그 질을 관리하려고 했다. 둘째, 민간의 한의가 '질 관리'의 주요 대상으로 규정되었다는 점이다. 의학의 정의가 "진맥, 내외경, 대소방 등" 한의학 식으로 내려져 있음을 볼 때, 이는 당시 의사의 절대다수인 한의 인력을 염두에 둔 표현이라 할 수 있다. 실제로 이 법령을 반포한 직후 내부에서는 서울 지역의 한의를 대상으로 인허 시험을 시행했다.[8] 하지만 의도와는 달리 그것은 제대로 시행되지 못했다.[9]

한약의 관리도 규정되었다. "내부령 제27호"는 "의사규칙"에 이어 "약제사규칙", "약종상규칙", "약품순시규칙" 등을 두어 약무를 규정했다. "약제사규칙"에서는 약제사의 정의, 약제사의 자격 획득, 약국 개설 관련 사항, 의사의 처방과 관련된 여러 가지 업무, 외국약 취급 사항, 극독약의 관리, 환자에 내주는 약제의 용기와 포장에 적어야 할 사항, 허가 없는 비방의 제조, 판매의 금지 등을 규정하였다. "약종상규칙"에서는 약종상을 "약품 판매하는 자"로 단순하게 정의하는 한편, 그 자격 조건으로는 별도의 시험을 두지 않고, 지방청에서 인허를 내주도록 했으며, 그들의 극약, 독약 판매

---

8 《황성신문》, 1900. 3. 3., 182; 《데국신문》, 1900. 3. 3., 317.
9 대한제국의 한의 면허에 대해서는 신동원, 『한국근대보건의료사』 (한울아카데미, 1997), 304-305쪽을 볼 것.

를 제한했다. "약품순시규칙(藥品巡視規則)"에서는 감시원(위생관리·경찰관리·약제사 등)을 두어 약국과 약품 판매, 제조하는 장소를 순찰토록 했다. 감시원은 감시할 시간을 미리 예고·고시하며, 검사 도중 썩거나 상한 약품이 발견되면 즉시 소각하도록 했다. 이와 함께 이 규칙에서는 한약과 양약 중 극·독약, 임신 중 금기약 등을 명기했다. 한약 중 극독약으로는 대황(大黃) 등 63종을, 임신 금기약으로는 반하(半夏) 등 46종을, 양약 중 독약으로는 승홍 등 26종을, 극약으로는 석탄산 등 100여 종을 규정했다. 이상 약무에 관한 업무도 국가의 약에 대한 관리 의지의 표현과 함께 그 안에 한약 관리를 포함하고 있다는 점을 특징으로 한다.

대한제국의 한의학에 대한 우호적인 태도는 한의학교 설립의 지원에서도 나타난다. 갑오개혁 때 의과가 폐지된 이후 한의 인력을 전문으로 양성하는 공적 또는 사적 기관이 존재하지 않았다. 이는 서양의사 양성기관으로 의학교(1899년 설립)와 세브란스의학교(1899년 설립) 등 두 기관이 있었던 것과 대비된다. 따라서 한의계에서는 1904년 사립 대한의학교 설립을 학부에 청원한 적이 있었으나 허가되지 않았고, 다시 1906년에 동제의학교 설립에 나섰다. 이 기관의 설립에 대해 고종황제는 적극적인 후원에 나섰다. 그는 이 기관에 교사를 하사했으며, 경비를 대주었다.[10] 비록 공립은 아니었지만, 탁지부에서는 일정 정도의 경비를 지원했다.[11] 학교장에는 전 농상공부 협판 이근상이 임명되었고, 의교장에는 대한의원 설립 청원서를 제출했던 전 시종 겸 전의인 장용준이 임명되었으며, 교사로는 이기영, 이교각, 송태환, 조용환 4명이, 여교사로는 김필주의 부인 김씨가 고빙

---

10 《황성신문》, 1906. 11. 8. 동제학교의 위치는 서서(西署) 봉상사동(奉常司洞) 내섬시(內贍寺) 내에 위치했다(《대한매일신보》, 1906. 10. 14.). 경비 지원에 대해서는 이종형, 『한국동의학사』, 281쪽을 볼 것.
11 김두종, 『한국의학사』(탐구당, 1966), 519쪽. 여기서 탁지부 경비란 사립학교 지원금을 뜻할 것이다. 왜냐하면, 당시 예산표에는 동제의학교에 대한 별도의 지출 항목이 잡혀 있지 않기 때문이다.

되었다.[12] 학과로는 전문과와 중등보통학과 두 과가 있었으며,[13] 한의학뿐만 아니라 서양의학, 국한문, 산술, 외국어학(일어) 등의 과목이 교수되었고,[14] 수업 연한은 명확치 않다. 동제의학교는 1906년 6월 20일부터 교수에 들어갔는데,[15] 한의학 수업보다 기초 과목 수업이 먼저 이루어진 듯하다. 수업은 설립 초기부터 활기를 띠어 "교장이 열심이고, 교사가 고명해서 학원이 날로 증가해 교사(校舍)가 부족할 정도"였다.[16] 하지만 1907년 여름 헤이그 밀사 사건을 계기로 고종이 퇴위하게 됨에 따라 동제의학교는 문을 닫았다.[17] 후원자 고종의 퇴위라는 직접적인 사실도 작용했겠지만, 더 넓게 볼 때에는 일본의 조선 식민지화 작업이 성공을 거두어 보건의료 부문에 대해서도 자신의 의사를 관철할 수 있게 되었기 때문이라고 할 수 있다.

근대화를 표방한 대한제국이 한의학을 무시하지 않은 까닭은 무엇일까? 그것이 보건의료의 근간을 이루고 있기 때문에 그것을 부정할 수 없었던 현실적 이유가 매우 컸을 것이다. 달리 말해 한의학을 대체할 수 있는 서양의학의 토대가 너무나 빈약했으며, 서양식 의료는 경제적 비용이 막대한 것이었다. 그렇다고 해도 이미 일본이 택했던 길, 즉 보건의료 현실은 인정하되 이념적으로는 서양과학을 추구한다는 점을 강하게 부각시키는 방법이 없었던 것은 아니다. 대한제국의 한의학 정책은 이와는 분명히 달랐다. 일본에 비해 한의학에 대해 훨씬 우호적이었으며, 동과 서를 대등하게 취급하겠다는 의지를 드러냈다. 그것은 '작고참금(酌古參今)'이라는 용어에 압축되어 있다. 이 원칙에 입각하여 대한제국 정부는 방역을 위한 보건 분야

---

12 《대한매일신보》, 1906. 6. 28.; 기창덕, 『한국근대의학교육사』 (청년의사, 1995), 406쪽.

13 《대한매일신보》, 1906. 6. 26.

14 《대한매일신보》, 1906. 7. 1. 서양의학 교수 내용은 《대한매일신보》, 1906. 10. 14.를 볼 것.

15 《뎨국신문》, 1906. 5. 31.

16 《대한매일신보》, 1906. 6. 28.

17 이종형, 『한국동의학사』, 281쪽.

에서는 서구적인 방법을 대민 병원과 민간의 의료에서는 한의학을 위주로 삼았다. 또한 서양식 의사를 양성할 수 있는 의학교를 세웠으며, 조선식 의사를 양성할 수 있는 동제의학교를 후원했다. 이런 사실은 대한제국의 한의학 정책이 "문화적 정체성을 유지하면서 서양 문물을 이식한다"는 정책의 틀 안에서 이루어졌음을 뜻한다.

2) 일본의 조선 강점과 식민지 한의학 정책의 형성

조선(대한제국)이 일본의 식민지가 되면서, 조선의 한의학에 대한 정책에 커다란 변화가 있었다. 서양의학과 한의학을 대등한 수준으로 고려했던 대한제국의 정책과 달리 식민지 통치자가 된 일본제국은 서양의학만을 공식적 의학으로 인정하는 정책을 펼쳤다.[18] 조선의 한의학에 관한 식민지적 구상이 구체화하여 나온 것은 1906년 4월이었다. 이달 4월 9일 한국통감부 관저에서 열린 제3회 「한국시정 개선을 위한 협의회」에서 이 문제가 논의되었으며, 당시 학부대신 이완용의 의견에 대해 한국통감이었던 이토 히로부미(伊藤博文)는 한의학에 대한 자신의 구상을 다음과 같이 내비쳤다.

> 이완용: 의학에 관해 내가 느낀 점을 진술하면, 완비된 적십자병원과 의학교를 합치는 것은 의술의 진보라 의심할 바 없으나 비록 한국인이 아직까지 외국의 의술을 충분히 믿지 못하는 것은 필경 한방의를 깊게 믿는 까닭인 고로 한방의들은 충분한 학술을 닦지 못하고, 면허장을 가지고 있지 못하면서 환자를 진료하고 투약하기 때문에 위험이 적지 않다. 그렇기 때문에 정부에서는 한방의를 감독할 필요가 있으며, 이를 감시,

---

18 대한제국의 한의학 정책에 대해서는 신동원, 『한국근대보건의료사』 (한울아카데미, 1997), 196쪽 참조.

단속하면 외국 의술이 신속하게 발달할 수 있으리라 믿는다.

이또오: 이 일을 용이하게 하게 위해서는 외국의 의술을 연구하는 것에 면허장을 주는 것도 가능하다. 다수의 인민이 의연이 한방의를 믿고 있어 일단 한방의를 금지하면 한국에 의자(醫者)가 전혀 없는 상태에 빠지며, 내가 일본의 내부대신을 맡고 있을 때 일본에서도 4만 기천의 한방의들이 있었지만 그 후 양의의 수가 증가해서 정부에서 의술 개업을 감독한 이래에 형세가 점점 변해서 요즘에는 한방의들의 자제들이 모두 서양의술을 연구하고자 한다. 그렇기 때문에 한국에서도 의술 개업의 감독은 점점 이를 시행하는 것이 옳지 급작스럽게 하는 조치는 마땅치 않다.

각 대신: 그렇군요.

이또오: 나는 이 일에 관해 경험이 있다.[19]

위 인용문을 보면, 통감부가 주체가 된 새로운 의료체계 안에서 "서양의학을 발전시키고 한의학을 정리해야 한다"는 입장에서는 이완용 학부대신과 한국통감 이토 히로부미가 같은 정책 의지를 보였음을 알 수 있다. 하지만 정리 시기와 방법에 대해서는 차이가 엿보인다. 이완용이 당장 한의학을 단속해서 서양의약을 진작시켜야 한다는 입장을 보인 반면에 이토는 점진적으로 한의학을 도태하도록 하면 자연히 서양의학이 발달하게 될 것이라는 입장을 보였다. 급하게 한의학을 정리하면 현실적으로 그것을 대신할 의료인력이 없다는 것이 그 이유였다.

1910년 8월 조선의 강제적 병합 후 조선총독부의 한의학 정책은 큰 틀에서 통감부의 그것을 그대로 계승했으나, 난항을 겪었다. 병합 직후부터

---

19 金正明 編, 『日韓外交資料集成』 6(中), (日本 巖南堂書店, 1964), 180-181쪽.

바로 한의학에 관한 정책이 이루어졌음은 《매일신보》의 여러 기사를 통해 알 수 있다. 가장 이른 것은 병합 후 한 달 정도가 지난 1910년 10월 6일자이다. "조선의사 취체"라는 기사 내용을 보면, "금후 조선의 의사는 시험합격자를 한하여 허가하고 우(又)는 개업지역을 한정할 방침으로 훈령을 발하였다더라. 이상 동경발 5일 착"과 같다. 이 내용은 강제 병합 후 일본 본토에서 날아온 가장 이른 것으로, 조선의사 곧 한의에 대해 시험합격자에 한해 개업을 허가하고, 개업 지역을 한정한다는 내용을 담고 있다. 한 달 보름 정도가 지난 1910년 11월 20일자 "조선의사의 쇠퇴"라는 기사는 또 다른 정보를 가지고 있다. "구의(舊醫)의 정리와 신의의 진작"이라는 방침과 함께 이를 규정하는 "규칙을 편성하고 있으며 그 규칙이 나오면 구의는 자연히 무용케 될 것"이라는 내용이 그것이다.[20] 불분명하기는 하지만, 한의의 점진적인 도태를 암시하고 있다. 사흘 후인 11월 23일자 다음 기사에는 좀더 구체적인 내용이 실려 있다.

> 시세의 추이를 반하야 조선의사에 관한 규칙을 설정함이 목하의 급무됨은 본보가 누계하는 자어니와 내무부 위생국에서 해 규정을 기초하는 중이라는데, 기 내용을 문한즉 의사는 내무대신의 면허장 우는 의술 개업의 인가증을 유한 자와 조선총독의 면허증을 유한 자에 한하되 제국대학 의과 졸업생, 혹은 외국에서 의사의 인가를 득한 자, 조선총독부 의원부속의학교 졸업생에 한하여 면허인가를 여하기로 하고 차 다년 의업에 종사하여 기 학식과 경험이 개업의의 자격에 합할 자로 인정하는 자에게는 특히 차를 허가할 터인데, 해 규정은 장관회의 심의를 경한 후 명년 4월 1일부터 시행할 계정이라더라.[21]

20   "朝鮮醫士의 衰退", 《매일신보》, 1910. 11. 20.
21   "醫師規則의 內容", 《매일신보》, 1910. 11. 23.

이에는 논의 심의 주체, 의사 자격에 대한 규정, 시행일 등에 관한 정보가 담겨 있다. 우선 논의 심의 주체는 내무부 위생국이었음을 알 수 있다. 내무부 위생국은 위생과의 잘못이다. 1910년 10월 당시 위생행정은 서울의 경우는 조선총독부 경무총감부 위생과에서 담당했으며, 지방의 위생행정은 내무부 지방국 위생과에서 담당했기 때문이다. 두 기구 사이에 혼란이 있었고 권한의 다툼이 있었기 때문에 조선총독부의 위생행정은 1911년 8월 이후에 총독부의원과 자혜의원 사무를 제외한 모든 위생 사무는 경무총감부 위생과로 합쳐졌다.[22] 다음으로 의사 자격을 보면 6가지이다. 1)일본에서 의사 자격증을 획득한 자, 2)조선에서 면허증을 획득한 자, 3)제국대학 의과졸업생, 4)조선총독부의원부속의학교 졸업생, 5)외국에서 의사 면허를 획득한 자, 6)다년간 의업에 종사하여 학식과 경험이 개업의의 자격이 충분하다고 인정하는 자 등이 그것이다. 이 중 한의는 여섯 번째의 경우에 해당될 수 있을 것이다. 이 기사에는 의사와 한의의 차별에 관한 내용이 시사되어 있지 않다. 마지막으로 시행일이 1911년도 4월 1일로 예정되어 있었다. 이해 4월로 예정되어 있었던 한의에 대한 방침은 이해 9월 "변호사규칙"과 함께 발표하는 것으로 수정된 듯하지만, 그조차 여의치 않았다. 그 사정은 1911년 9월 22일자 《매일신보》에 잘 드러나 있다.

> 내무부 위생과에서 입안중이던 조선의사규칙은 변호사규칙의 발포와 함호 전후하여 발포할 터인데 실지를 조사한 결과로 비상히 복잡하여 도저히 변호사규칙 입안에 비할 자는 아닌 고로 자연 해령 발포기일도 지연할 터인데 전일 경무총감부로 위생사무를 통일한 이래로 총감부에서 심사하는 중이오 동령은 내무부 관계 당시에 기위(既爲) 조사 입안을

---

22 白石保成, 『朝鮮衛生要義』 (출판사 미상, 1918), 35쪽.

종료하였다 한즉 불원에 제령(制令)으로 발포하리라 하더라.[23]

즉, 매우 복잡하기 때문에 쉽게 정리할 수 없다는 것이었다. 또한 앞서 언급했듯이 두 행정기관상의 혼란도 비춰진다. 무엇이 그토록 비상히 복잡했던 것일까? 그것은 한의를 표준적인 한 틀로 담기 힘들었기 때문이었을 것이다. 의술의 수준과 영업 형태 등이 너무나 다양했기 때문이었을 것이다. 1912년 3월 27일자《매일신보》의 "경찰 기관에서 참고하기 위해서 조선의사의 이력을 수집한다는 기사"가 이를 방증한다. 이는 광범위한 실제 조사 없이 법령을 만들기 어려운 상황을 말해준다. 물론 한의에 대한 기본 입장은 1913년 6월 이전에 이미 확립되어 있었다. 1913년 6월에 나온『위생경찰강의일반』에서는 "의사령과 기타 의료인에 관한 규정은 목하 심의중에 있으며 얼마지 않아서 발포될 것인데, 그 기안에는 고래의 가전의(家傳醫)는 의사와 구별하고, 현재의 자(者)는 특별 규정 아래에 두어 장래에 이를 허용할 방침을 심의"[24]했음을 밝히고 있는데, 이는 그해 11월에 발포된 "의생규칙"의 내용과 동일한 것이다. 이상의 내용을 보면, 1910년 강제 병합 이후 조선의 한의학 정책의 세부 내용에 대한 논란이 있었음을 알 수 있다.

하지만 서양의사와 한의를 동등하게 취급하지 않으며, 한의를 한시적으로만 인정한다는 큰 틀에 관한 논란이 있었던 것 같지는 않다. 이는 일본 제국이 식민지배를 시작하면서 내세운 핵심 이념과 관련되어 있는 부분이기 때문이다. 일본이 내세운 핵심 이념이란, "식민지배를 통해 선진 문명인 일본이 그 혜택을 조선인에게 주기 위한 것"이며 그것을 의학에 적용하면, "발달한 서양의학을 각 지역에 넓게 혜택을 주기 위한 것"이라는 점이

---

23 "朝鮮醫師規則",《매일신보》, 1911. 9. 22.
24 平安南道警務部 編纂,『衛生警察講義一斑』(平安南道警務部, 1913), 128쪽.

었다. 이 논리는 조선총독 데라우치(寺内)의 다음과 같은 연설문에 잘 나타나 있다.

유래로 조선에 재한 의료의 시설은 아직 유치한 역을 미탈(未脫)하여 조선인으로 의업에 종사하는 자 전토를 통하여 약 1천 5백명을 산함에 불과하되 기 다수는 의학의 소양이 충분치 못한고 기술이 또 졸렬하여 질병구치의 효를 거하기 부족한지라. 시이(是以)로 객년(客年)에 총독부를 설치한 이래로 각도에 자혜의원 1개소를 치하여서 환자의 구치에 종사케 하였더니 이래로 기 성적이 파이 양호하여 본년 1월 이래로 5월에 자한 간에 시료환자수가 합계 7만6천여인이오 보통환자가 합계 1만3천여인이오 차의 연인원이 58만 2천여인데, 각원 1일의 평균환자수는 약 3백인의 다수를 달한지라. 연이나 의원의 설치로서 보(普)히 전도의 의료에 종사케함이 불능함은 물론하고 벽추(僻陬)의 지방에 재하여 기 익(益)을 수(受)함에 지(至)치 못함이 유감이더니 행(幸)히 본년 2월 특히 성조를 발(發)하사 시약구료자로 내탕 150만원을 하사하시고 차에 기하여 제생회(濟生會)의 조직을 견(見)함에 지하였는데 조선도 역 기 여택에 점하고저 하나니 장래에 점차 자혜의원을 확장하는 동시에 각 도의 요소에 분원 우(又)는 출장소를 설하여서 궁민의 질고를 광구하여 자인하신 성지를 봉부코저 하기를 기하노라.[25]

이를 보면, 양·질적으로 일본의 식민 의료 혜택이 강조되어 있음을 알 수 있다. 이전 조선의 의술은 수적으로도 적을뿐더러 수준이 졸렬했음을 말하고 나서, 총독부에서는 각 도에 자혜의원에 세워 서양의술을 제공하

---

25 "寺内總督의 訓示",《매일신보》, 1911. 7. 2.

여 많은 환자에게 혜택을 주었음을 말했다. 또한 아직 벽촌에 의료 혜택이 미치지 못하는 곳에서는 천황의 내탕금으로 시약 구료를 행하였으며, 이후 자혜의원의 확대로 서양의술의 혜택을 더욱 넓혀나가겠다는 포부를 말했다. 이는 곧 데라우치 조선총독이 서양의학 수준의 발전, 양적 확장을 우선 정책으로 삼아 수준이 낮은 조선의 의술을 완전히 대체하겠다는 의지를 표명한 것이라 할 수 있다.

"서양의학의 진작과 한의학의 궁극적 부정"이란 정책은 일본제국이 일관되게 내세운 논리였으며, 이미 식민모국 일본과 또 다른 식민지 대만에서도 나타났던 정책이었다. 일본에서는 이미 1874년 신 의제(醫制)를 공포하면서 한의제도를 폐지하여 의사 안에 편입시켰으며, 식민지 대만에서도 1901년에 한의를 정리하여 의생 면허를 주었다.[26] 일본의 경우, 기존 한의의 기득권을 인정하여 의사제도 안에 그들을 포함시켜 영구면허를 주면서 신규 면허를 주지 않는 식으로 한의를 정리했다. 대만의 경우도 일본과 거의 동일하지만 한의를 의사보다 한 등급 낮은 의료인을 뜻하는 의생으로 규정했다는 점에서 차이가 있었다. 일본 내에서도 이런 한의학 폐지 정책에 대해 한의계의 거센 반발이 있었고 한의제도를 신설하려는 시도가 줄기차게 있었지만 그것이 성공을 거두지 못했다. 기존 한의학을 인정하는 형식에 대해서는 차이가 있었음에도 불구하고, 일본 본토, 식민지 대만, 식민지 조선 등에서 일본제국의 "기존 한의학의 기득권 인정과 추후 점진적인 폐지"라는 정책은 일관성을 지니고 있었다.

왜 일본은 한의학을 부정하는 입장을 택했을까? 이는 근대화의 길로 나선 일본이 서양과학기술을 전면적으로 택한 것과 관련이 있다. 특히 군부의 입김이 강했다. 1890년대 중반 일본에서 10만 명이 넘는 후원인을 바탕

---

26 일본의 경우 신동원, "일본 보건의료의 근대화 과정", 『과학사상』 32 (2000), 212-213쪽, 대만의 경우에는 「臺灣醫生免許規則」(1901. 7. 23. 부령 제7호)을 참조.

으로 한 한의 부흥운동이 있었음에도 불구하고 그것은 실패로 끝났다. 이때 한의 공인의 입법 청원을 강력하게 저지했던 외과의사 출신 장군인 이시구라(石黑忠德)는 다음과 같이 말했다. "근대 일본의 보건의료제도는 위생적, 법적, 군사적 목적에 부합되는 것이어야 하는데, 한방의료는 이런 일을 수행할 수 없다"고 말했다. 게다가 "일본이 근대보건의료제도를 성공적으로 정착한다면 서양과 마찬가지로 근대문명국가로 발돋움하는 것이 되지만, 돌팔이나 다름없는 한방의학을 공인한다면 문명국가의 비웃음을 살 것"[27]이라고 말했다. 즉, 후발국으로서 근대화를 지향하는 일본으로서는 서양인들이 전근대적으로 생각하는 것을 관용할 수 없었던 것이다.

과학으로서 한의학을 인정하지 않는다고 해도 보건의료로서 한의학을 부정했던 것은 아니었다. 심지어는 의술로서 한의학의 적합성을 인정하기도 했다. 식민지 기관지 성격을 띠는 《매일신보》의 사설 "의학계의 서광"과 "의학계에 대하여"는 이런 상황을 다음과 같이 지적하고 있다.

오호라! 금일의 불가폐할 자도 시 구의업(舊醫業)이오 금일의 불가존(不可存)할 자도 역시 구의업이라 하자오. 범 혈육이 유(有)한 이상에는 질병이 가무(可優)치 못할지니 연한 즉 의치(醫治)의 기관을 광설하여 생명의 행복을 증진할지나 연하나 아 민족 중 차업(此業)에 종사하는 자가 3천여인에 불과하고 우 학술의 족히 합격할 자가 50여인에 불과하다하니 차 소수의 기관으로 어찌 2천만인의 불시질고(不時疾苦)를 능구(能救)하며 차(此)를 취체(取締)하면 3천명의 실업자는 하술(何術)로 가제(可濟)하리오. 신농유법(神農遺業)으로 쇄항시대에는 근근이 적용하였으나 현금 6주가 교통하여 각종의 질병이 수입하여 이증기후(異症奇候)가 번루함으로

27 Bridie Jane Andrews, The Making of Modern Chinese Medicine, 1895-1937 (Dissertation, Cambridge, 1996), p. 157.

구의(舊醫)의 방법으로는 도저히 치료키 난(難)할 뿐 아니라 왕왕 생명을 오(誤)함이 불무(不無)한 고로 불가존할 자가 시야(是也)라.[28]

근일은 서양의학을 수입하여 진찰, 시술을 병(竝)히 문명방법을 용하여 중앙 급 지방에 모범의 의원을 설립하였으나 차 소수의 의사로는 도저히 광제의 효력을 가득치 못할지니 자연 구의약도 가폐(可廢)치 못할지오 우 풍토가 부동하니 서약이 조선인 내과에 개개(個個)히 적합하다 위(爲)키 난(難)한즉 불가불 참고적으로 구의약도 장려함이 가하도다.[29]

　이 두 인용문에는 이들을 부정했을 경우 그것을 대체할 만한 의료가 존재하지 않았다는 점, 한의학에 종사하는 다수의 생계를 외면할 수 없었다는 점, 한의학이 조선의 풍토에 맞는 특성을 지니고 있다는 점 등이 나와 있다. 사실 이 사설들은 총독부의 한의학 정책에 불안감을 느끼고 있는 한의와 조선 민중의 불만을 완화하기 위한 느낌이 강하게 풍긴다. 왜냐하면 총독부의 한의 홀대 방침이 알려지자 한의들이 조직적 반발을 보였기 때문이다. 다음 신문 기사가 이를 말한다.

어떠한 지방에서는 구의사(舊醫士)등이 차등(此等) 추세를 관하고 반항을 시(試)하되 자혜의원은 원래 일본인 자신의 의료기관에 불과하고 조선인에게는 하등 이득을 도(覩)할 자 아니라 하며 차 자혜의원의 의사는 개 군의에 속한 자인즉 군의는 전시에 사상자를 치료함에 불과하고 보통 내과의 환자를 치료하는 수단이 무(毋)하다 하는 등 불미(不美)의 유언(流言)을 전파하고 차치 등은 단체를 조직하여 매약점과 동맹하고 단체

28　"의학계의 서광",《매일신보》, 1911. 1. 12.
29　"의학계에 대하여",《매일신보》, 1911. 8. 22.

이외의 의사에게는 매약을 거절하여 일시적 무용 수단을 용(用)하나 의사취체 규칙이 불원간 발포되는 시는 피등(彼等)의 구의(舊醫)가 자귀무용(自歸無用)함은 확연한 사실이라 하더라.[30]

즉, 한의 정리의 움직임이 있자 한의들은 조직적으로 반발하여 대립의 각을 세워나갔다. 식민통치자가 자혜의원을 세워 서양의술을 보급한다는 논리에 대해서는 그들이 일본인을 위한 기관에 불과하며, 그들의 의술은 사상자나 다루는 외과술에 불과하다는 논리를 펼친 것이다. 이에 대해 식민당국은 결코 당장 한의학을 전폐시킬 수 없을 뿐만 아니라 그렇게 할 생각이 없음을 계속 천명하였다. 단 위생행정을 담당하는 식민지 관리의 생각은 《매일신보》 기자와 같지 않았다. 그들은 한의학의 긍정성을 결코 인정하지 않았으며, 조선인이 미신에 빠져 있다거나 조선인이 한의학에 대해 그런 생각을 가지고 있다는 식으로 받아들였다.[31]

3. 식민지 한의학 정책의 법제화

식민지배 초기 조선총독부의 한의학 정책은 크게 한의 관련 의료인력 관리와 한약과 한약업자 관리의 두 부분으로 이루어졌다. 시기적으로 보면 "약품급약품영업취체령(藥品及藥品營業取締令)"(1912년 제령 제22호), "의생규칙(醫生規則)"(1913년 11월 15일 총독부령 제102호), 1914년 10월 "안마술·침술·구술영업 취체규칙(按摩術·鍼術·灸術營業取締規則)"(경무총감부령 제10호)과 그 시행규칙(경무총감부 훈령 갑 제55호) 등의 공포가 있었다. 이 가운데 가장

---

30 "朝鮮醫士의 衰退",《매일신보》, 1910. 11. 20.
31 白石保成,『朝鮮衛生要義』(1918), 53쪽.

핵심적인 법령은 "의생규칙"이다. 거기에 식민통치자의 한의에 대한 인식과 함께 현재 한의에 대한 규정과 장래의 방침이 담겨 있기 때문이다. 또한 그 것은 대체로 식민지배 전 시기를 관통하여 행사되었다.

의생보다 소수였지만, 안마술자·침술자·구술자를 유사 의료인력으로 제 도화한 점도 무시해서는 안 될 것이다. 의생은 장래가 불투명하게 규정되 었지만, 안마술과 침구술은 그런 제약이 없었다. 이 밖에도 약품과 약품 영업에 관한 규정은 경찰당국의 한약재 감독의 근거를 담고 있으며, 한약 을 다루는 약업인력인 약종상의 자격과 의무를 담았다. 하지만 한약종상 의 경우, 법 규정이 모호했다. 침구술이나 안마술과 달리, 일본 통치자의 한약에 대한 인식이 매우 부정적이었기 때문에 그런 것이다. 따라서 한약 에 대해서는 "약"을 다루는 법령에서 명시적으로 언급하지 않았으며, 다소 임시변통적인 방식을 택했다. 한약과 한약종상에 대해서는 경무총감부 위 생과의 행정적인 훈령으로 법을 대신했다. 예컨대 1914년 "의생의 처방전에 의해 한약을 조합하는 것과 조제 비슷한 행위라 해도 관습을 인정할 것" 과 1916년 "극약·독약의 사용을, 비록 약제사가 아니지만, 관습에 따라 제 한 없이 할 수 있도록 하라."[32]는 훈령이 그것이다.

1) "의생규칙"의 제정

"의생규칙"은 식민당국의 한의학 정책의 골격을 이루는데, 본문 8조와 부 칙 3조로 이루어져 있다. 본문 1조가 같은 날 공포된 "의사규칙"의 9조의 내용을 담고 있으므로 실제로는 본문 17조가 되는 셈이다. 이 규칙의 내 용을 보면, 의생에 관한 규정(제1조), 면허 자격과 면허 부여 주체(제2조), 면

---

32 행림서원 편집부 편, 『한약종상시험정복 전』 (경성 행림서원, 1938), 18-19쪽.

허증의 변경·훼손·분실 시의 변경 또는 재발급(제3조), 면허 발급·변경·재발급 수수료(제4조), 면허의 취소와 의업의 정지 및 회복(제5조), 의업 정지자의 면허 회수와 이후 회복된 면허증에 의업 정지 사실의 명기(제6조), 사적인 의업의 개시·이동·폐업 시 신고("의사규칙" 제7조), 진단서·처방전·검안서·사산증서의 교부("의사규칙" 제8조, 제9조), 의생의 영업광고의 금지("의사규칙" 제10조), 범죄와 관련된 것으로 의심되는 환자나 시체 신고("의사규칙" 제11조), 처방전의 형식("의사규칙" 제12조), 약제 교부 때 환자에게 알려주어야 할 일("의사규칙" 제13조), 진료부 10년간 보존("의사규칙" 제14조), 폐업과 사망으로 인한 의사면허증의 반납("의사규칙" 제18조, 제19조), 서류를 제출할 곳("의사규칙" 제20조), 면허 부정 획득과 부정의료 행위에 대한 처벌(제8조), 의생규칙의 시행일(부칙 제1조), 추후 의생면허 발급 방침(부칙 제2조), 면허 연장에 필요한 서류(부칙 제3조) 등과 같다. 이상의 내용은 의료인에 대한 국가의 질 관리라는 면허제의 보편적 특성과 함께 한의만을 대상으로 한 특수한 조치를 규정하는 것이다.

우선 "의생규칙" 전체를 관통하는 가장 큰 특징은 "국가면허제를 통한 한의의 질 관리"라는 보편적인 측면이다. 국가기관은 일정한 자격이 있는 자에게만 의업을 행할 수 있도록 하며, 그렇지 않은 자에 대해서는 의업 활동을 금지토록 했다. 또한 자격의 취득과 변경, 면허자의 이동, 자격의 취소와 부활, 자격의 소멸, 처벌 사항의 명기 등 모든 과정을 문서화해서 임의성을 없앴으며, 면허 사무의 추이를 담당 관청에서 일관성 있게 관리토록 했다. 이런 사항과 함께 "의생규칙"에서는 의료인으로서 한의의 지위, 권한, 업무 영역을 명시했다. 환자를 진료할 뿐 아니라 건강진단서, 사망진단서의 발급 등 행정 보조적인 활동을 하도록 규정되어 있다. 이 점은 의사와 치과의사의 행위와 동일한 것이었다. "의생규칙" 7조에 규정된 "의사규칙 제7조에서 제14조까지, 제18조에서 제20조까지의 규정을 의생에 준용한다"고 한 점이 이를 말한다. 그 내용을 보면, 의생이 자신의 진찰을 근거로 환자를 치료해야 한다는 것, 자신의 처방을 환자가 알 수 있도록 한다는 것, 상업적 목적을 띠는 의술 광고를 금지한다는 것, 처방전을 10년간 의무적으로 보관해야 한다는 것, 진단서·처방전·사망증서·사산증서의 발급에 관한 것, 범죄자로 의심나는 환자나 시체를 신고해야 한다는 것 등이 포함되어 있다. 여기서 진찰 행위나 여러 진단서·사망증서 등 증서의 발급 행위는 분명히 의료인만이 할 수 있는 행위였으며, 관습적으로 비슷한 활동을 했던 한약종상은 할 수 없는 행위였다.

대체로 이상의 내용은 대한제국기의 "의사규칙(醫士規則)"(1900년)[33]의 규정보다 한 걸음 더 나아간 것이라 말할 수 있다. "의사규칙"이 단지 의사의 진료 활동만을 규정한 데 비해, "의생규칙"은 이와 함께 진단서·사망증서·사산증서 등의 제공, 범죄로 의심되는 자에 대한 신고 등 사회적 구실을 더 규정하는 한편, 부정행위자에 대한 처벌도 분명히 했다. 이런 내용은 분명히 의료의 질 관리와 의료 행정의 강화를 보여주는 것이다. 그런데 지나친 점이 눈에 띈다. 범죄 의심자에 대한 신고를 법으로 규정한 대목이 그것이다. 이는 의사윤리상의 논란을 일으키는 대목이다. 고대의 "히포크라테스선서"에서 "환자에게서 얻은 비밀을 누설치 말라"는 규정이 있으며, 서양에서 의사가 진료 과정에서 얻은 비밀을 묻어두는 것이 하나의 윤리적 규범을 형성해왔기 때문이다. 당시 일본 "의사법"(1906년)의 경우 이 조항이 실려 있지 않다. 오히려 의사의 업무상 비밀 누설을 형법에서 금지했으며, 범죄 수사에 필요해서 경찰관리가 이를 요구할 경우 들어주어야 하

---

33 이 "의사규칙"은 7조로 이루어져 있는데, 각기 의학의 정의(제1조), 의사의 자격(제2조), 의사 자격의 신청(제3조)과 수수료(제4조), 의사명부의 등록(제5조), 인허장의 재발급(제6조), 인허받지 않은 자의 의업 금지(제7조) 등이 그것이다.(『관보』, 1900. 1. 17)

는가 여부에 대한 학계의 논의가 있었다.[34] 그럼에도 식민지 조선의 경우에는 경찰·헌병에 대한 "적극적인 신고"를 규정했으니, 이는 경찰·헌병을 통한 식민지 지배의 일환으로 삽입되었음을 뜻한다.

진료 활동과 진단서 발급 등을 하는 의료인으로 규정되었지만, 한의는 의사나 치과의사보다 열등한 존재로 규정되었다. 열등함은 의료인의 명칭과 면허 발급 주체의 차이로 나타난다. 우선 '의생(醫生)'이란 명칭은 의사(醫師)보다 낮은 등급의 것을 뜻한다. 의사(醫師)에는 스승이나 존귀한 사람을 뜻하는 '사(師)'가 들어 있는 반면 의생(醫生)에는 학생이나 수준이 높지 않은 사람을 뜻하는 '생(生)'자가 들어 있기 때문이다. 이는 대한제국기의 그것과 차이가 있다. 대한제국기에는 양자 모두 의사(醫士)로 규정했다. 다음으로 면허 발급 주체를 보면 의사의 경우에는 조선총독이었지만, 의생의 경우에는 경무총감부의 수장인 경무총감이었다. 대한제국기의 "의사규칙"에서 면허 발급과 관리는 담당국인 내부 위생국이었으며, 발급 주체는 내부대신으로 "의생규칙"의 그것과 달랐다. 이는 위생행정을 담당하는 기관의 차이에서 비롯한다. 일본은 식민지 보건의료를 위생국이 아닌, 경무국에서 담당토록 했는데 이 점이 여기에 반영된 것이다.

한의의 존재는 또한 불안정하게 규정되었다. 그것은 교육기관의 불인정, 면허기간 등의 측면에서 나타난다. 의생은 "20세 이상의 조선인으로 이 규칙 시행 이전에 2년 동안 의업을 하는 자"만을 대상으로 하여 기득권만을 인정하는 식으로 면허가 부여되었다. 이는 국내외의 정식 의학교 졸업 또는 국가시험을 통해 의사의 면허를 얻는 것과 천양지차의 모습이다. 교육기관이 정식으로 규정되지 않았다는 사실은 존재의 연속성이 제도적으로 보장받지 못했음을 뜻한다. 게다가 새로 의생이 되는 사람은 더욱 불안정

---

34 龜山孝一, 『衛生行政法』(松華堂, 1932), 344-345쪽.

한 면허를 받도록 되어 있었다. 최초의 면허자는 영구면허였지만, 그 이후에 면허를 받는 자는 5년에 한해 개업을 허용하는(갱신이 가능한) 한시적인 형태를 띠었다. 즉, 언제라도 영업을 중지당할 수 있는 처지가 된 것이다.

이러한 열등함과 불안정성은 "한의학을 의료로서 완전히 부정하지 않고 현실적 수준에서만 인정하겠다"는 정책에 근거를 둔 것이다. 이러한 기초 위에 식민지 조선의 열악한 의료 현실상 부정할 수 없는 의료인인 한의를 통제하고 활용하려는 의도가 결합된 것이 "의생규칙"이다. 이 부분은 대한제국기의 그것보다 한결 체계적이고 실천 가능한 모습을 띠었다. 하지만 "범죄 혐의자에 대한 신고를 강제한 것" 같은 내용이 삽입되어 있는 것에서 볼 수 있듯이, 경찰 통치 방침을 노골적으로 드러낸 부분도 있었다.

설상가상으로, 1910년대 초반에 확립된 의생제도는 이후 악화되는 모습을 띠었다. 의생의 지위는 면허 지역이 특정 지역으로 한정되었고 면허 갱신 기간이 단축되었다.

1915년 2월 28일 이후 의생을 조선총독이 임명하던 것에서 도지사로 변경했다.[35] 이것은 의생의 지역 이동이 자유롭지 않음을 뜻한다. 즉, 특정한 도(道) 안에서만 개업할 수 있게 된 것이다. 1922년도 1월[36]부터는 특정한 도에서 더 국한하여 특정한 면(面)으로 한정된 한지(限地) 면허로 바뀌었다. 그것은 의생 면허자가 시골보다 도시를 선호해서 도시-농촌 간 의료 편차가 심화했기 때문이었다. 따라서 식민지 위생과에서는 이러한 편차를 완화하기 위해 한의시술자를 농촌에 배치하는 방법을 썼던 것이다. 이런 내용이 《매일신보》에 다음과 같이 실려 있다.

35 『조선총독부관보』 1915. 2. 28.
36 『조선총독부관보』를 보면 1922-1926년 5월까지 신규 면허가 없었고, 1923년 6월 13일 이후 면허자부터 이 규정이 적용되었다.

금회 총독부령 제154호로서 의생규칙개정 개업지역을 정하여 신청하게 되었는데 원래 조선에 재한 의료기관은 토지 인구 등에 비하여 심히 부족하고 총독부 당국에서는 점차 차에 충실을 도할 계획이오 착착 진행 중이나 목하의 과도기에 제하여 종래의 漢法醫인 자를 醫生으로 인하여 山間僻陬地 의료기관의 핍한 지에 개업하는 사를 허가하든바 최초 출원의 제는 인구 희박한 벽취로서 의료기관의 핍한 토지를 선하나 일도 면허를 득하면 인구조밀한 도회에 집중하고 山間僻陬의 地는 의연히 곤란을 감하는 상황으로 장래 면허의 제는 지방 관헌이 십분 토지의 상황을 조사하여 개업의 지역을 한하여 면허하고 일일 면허를 수한 후는 타에 이전하여 개업하는 사를 허치 못함에 지하였더라. 상당의료기관의 구비된 장소의 이전 개업은 금후 허가치 안이할 방침이라더라.[37]

사실 의사의 경우 1913년도부터 한지의업자(限地醫業者)를 두어 벽지의 의료를 담당케 했는데, 이를 한의의 경우까지 확장한 것이라 할 수 있다. 하지만 양자 사이에는 커다란 차이가 있다. 의사의 경우에는 이런 제한이 없는 의사 면허와 별도로 한지의업자를 두었던 데 비해, 한의의 경우에는 신규 면허자 모두를 한지 의생으로 규정했다는 점이다. 한의의 경우 더 천(淺)하다는 인식 때문에 의사의 경우보다 더 불리한 면허 조건에 처하게 된 것이다.

1920년 3월 이후부터 신규 면허자의 면허 유지 기간이 5년에서 3년으로 단축되었다.[38] 1913년에 반포한 "의생규칙" 부칙에서는 "당분간에 한해 5년 동안"이라는 문구가 있으므로, 별도의 법적 조치 없이도 5년에서 3년으로 단축할 수 있었다. 이는 영구면허자를 제외한 나머지 의생의 처지가

37 "의생면허방침", 《매일신보》, 1921. 12. 6.
38 이전의 면허자가 면허 기간이 5년이었는 데 비해, 이때부터 3년으로 단축되었다. 『조선총독부관보』, 1920. 3. 4.

더욱 불안해졌음을 뜻한다. 이러한 단축 조치는 식민지 보건당국이 의생을 수월하게 통제할 수 있음을 뜻한다. 3년마다 갱신을 하는데, 면허 갱신시 특정 지역을 벗어난 의생을 대상으로 면허를 곧 취소할 수 있으며, 당국이 원하는 지역에서 의업을 하도록 유도할 수 있었기 때문이다.

2) 약종상과 한약 약품 관리 정책

약품과 약품영업에 관한 법규로는 "약품급약품영업취체령"(1912.3.28 제령 제22호), "약품급약품영업취체령시행규칙"(같은 날, 부령 제55호), "약품급약품영업취급수속"(1912.5.22, 경무총감부훈령 갑 제33호), "매약검사규정"(1912.7.16, 경무총감부 훈령 갑 제53호), "약품감시규칙" 1913.7.16, 부령 74호), "약품순시규칙시행수속"(1914.2.13, 경무총감부 훈령 갑 제2호) 등이 있었다. 약종상의 경우와 마찬가지로 법적으로 한약이 따로 명시적으로 규정되지는 않았다. 식민당국자가 침술과 안마술과 달리 "초근목피에 의존하는" 한약을 별로 신뢰하지 않았기 때문이다. 따라서 한약에 대한 내용은 "약품취체규칙" 등에 실린 약재의 취급과 단속에 관한 일반적인 사항을 준용했다. 이에 따라 식민당국은 주로 한약재의 진부 여부, 한약국의 위생 청결 상태 등을 집중 단속했다. 그런데 두 가지 측면에서 이 법령들의 문제점이 드러났다. 하나는 관습적으로 한약을 판매해온 한약종상의 규정이 모호했다는 점이었고, 다른 하나는 한약 중 극약·독약이 법적으로 규정되지 않았다는 점이었다.

식민지 조선 한의학 인력 중 다수를 차지하고 있으며, 일반 조선 민중의 의약 생활에 가장 근접해 있었던 직종이 이른바 약종상이었다. 전통적으로 의학을 상대적으로 많이 한 의원과 주로 약을 판매하는 약종상이 있었다. 이렇듯 진찰을 해서 처방을 내리는 의사와 약만을 취급하는 약업(藥

業)의 구분이 상당한 정도로 진척되어 있었지만, 둘 사이의 확연한 구분은 이루어지지 않았다. 의사가 약을 지어 판매하는 일이나, 약종상이 약을 팔기 위해 진찰을 하는 경우도 흔했다. 일반적으로 약종상 이용이 의원의 이용보다 더 많았다. 의원이 벽지에 없는 경우가 많았기 때문이기도 하며, 약종상 이용이 의원의 경우보다 크게 저렴했기 때문이다.

의료인의 경우 한의인 의생을 의사와 구별하여 별도의 정책을 펼쳤지만, 약의 경우는 한약을 따로 규정하지 않았다. 조선총독부의 약품에 관한 정책의 대강은 1912년에 공포된 "약품급약품영업취체령"(1912.3.28 제령 제22호)과 그 시행규칙(같은 날 부령 제55호)에 담겼다. 이에 따르면, 약을 조제하는 전문 직종을 약제사(藥劑師)로 규정하였고, 약품을 판매하는 직종으로 약종상을 규정했다("취체령" 제1조). 약제사와 약종상은 일본약국방과 외국약국방에 기재된 신규 약품으로 관립위생시험소의 검사를 거친 것을 주 대상으로 했다(제4조). 일본약국방과 외국약국방에 한약이 따로 등재되어 있지 않았으며, 극약·독약 중 일부로 한약이 포함되어 있었다.

법규에 규정되지 않았기 때문에 한약을 사용하는 조선인 약종상(한약종상)의 한약 판매 행위와 조제 행위가 곧 문제가 되었다. 조선총독부에서는 조선의 관습을 용인하는 식으로 이 문제를 정리했으며, 그것은 경무총감부 위생과의 행정적인 통첩의 형식으로 이루어졌다. 우선 "취체령"과 그 "시행규칙"이 공포된 직후인 1912년 6월, 한약만을 판매하는 한약종상에 관한 통첩이 있었다.

한약 즉 초근목피류의 취체에 관하여는 본월 10일 위수 제4697호로써 통첩한 사(事)도 있었지만 상(尙)한약으로서 하(何) 약국방(藥局方)에도 기재함이 무(無)하고 차(且) 약·극약 급(及) 취체령 제7조에도 해당치 아니한 것이라 하더라도 주치·효능·용법 등을 부(附)하여 판매하는 것은 일종의 매약 행위오 우(又)는 질병에 대하여 한약을 조합하여 환자에게 투약함과 여(如)한 것은 의업과 유사한 것임으로 상당 취체를 요하는 것이나 선인(鮮人)들은 혹 종래의 관습상 하등의 지장이 없는 것으로 믿고 있는 자도 없지 아니하니 차등배(差等輩)에게는 매약으로 출원케 하고 약종상으로서 법규에 허하는 범위 내에서 영업을 하도록 상당 처치하라는 명령에 의하여 통첩하노라.[39]

이 통첩에서는 조선인 약종상이 한약만을 전문적으로 다루는 것을 용인하고 있지만, 한약종상의 다른 행위, 곧 진료 행위에 관한 내용, 약제사만 다룰 수 있도록 되어 있는 극약·독약의 취급 문제를 본격적으로 다룬 것이 아니다. 따라서 여러 지방의 경무국에서는 그들의 진료 문제를 어떻게 단속할 것인가를 경무총감부 위생과에 문의했다. 이에 대해 위생과에서는 이 문제에 대해 1914년 "의생의 처방전에 의해 한약을 조합하는 것과 조제 비슷한 행위라 해도 관습을 인정할 것"과 1916년 "극약·독약의 사용을, 비록 약제사가 아니지만, 관습에 따라 제한 없이 할 수 있도록 하라"[40]는 해석을 내렸다. 따라서 1918년에 간행된 『조선위생요의(朝鮮衛生要義)』에서는 의생, 한약종상, 약제사의 관계를 종합하여 한약종상의 업무와 권한을 다음 다섯 가지로 정리했다. 첫째, 한약종상이라 함은 조선의 특수 사정에 의하여 한약만에 한하여 판매를 조건부로 도지사의 면허를 받은 자이다. 둘째, 한약종상의 업무권은 한약품의 처방 조제와 무역판매이다. 셋째, 약제사라 하여도 한약 조제에 한해서는 학식과 기술이 부족하므로 관습에 의하여 한약을 조제하는 것은 시험에 급제한 자에 한하여 한약종상이 한다. 넷째, 약제사와 한약종상은 조제 행위에 있어서는 일치하나 약품

39 "漢藥取締ニ關スル件"(衛收 第4697號), 警務總監部, 衛生課 編, 『朝鮮衛生法規類集』(1917), 306쪽.
40 행림서원 편집부 편, 『한약종상시험정복 전』(경성 행림서원, 1938), 18-19쪽.

에 한해서는 양약과 한약의 차이가 있다. 다섯째, 한약종상에 부여한 한약 취급에 관한 업무권은 약제사의 의약품 취급에 관한 업무권과 차이가 있다.[41]

이상에서 살핀 바와 같이, 한약종상의 한약 판매와 조제 행위에 대해서는 현실적인 관습을 그대로 인정하는 식으로 정책이 펼쳐졌으며 그것은 "조선의 특수한 사정"에 기인한 것이었다. 그 특수한 사정이란 "종래 조선인은 전혀 한방에 의하여 의료를 시(施)하여 온 관계상, 아직 양약 사용에 관습이 적고 또한 그에 대한 지식이 결여할 뿐 아니라 따라서 의생 역(亦) 소수의 자를 제한 외에는 대개가 한약을 응용하고 있음으로써 한약의 수요가 불소(不少)함으로 한약 공급 상 대지장(大支障)을 초래할 우(虞)가 있을 것"[42]이라는 점이었다. 이런 정책을 대한제국기의 그것과 비교할 때, 현실적인 결과는 대동소이했다.[43] 하지만 식민당국이 한약의 존재를 대한제국보다 부정적으로 봤다는 데 큰 차이가 있었다. 관습이기 때문에, 그것 이외의 대안이 마련되어 있지 않기 때문에 인정한다는 것이지, 원칙적으로는 인정할 수 없다는 것이었다. 그렇기 때문에 상위 법에서는 그것을 인정하지 않았으며, 잠정적인 행정통첩의 형태로 한약종상 문제를 다룬 것이다.

극약·독약에 관한 단속은 1911년의 "독약·극약품목"(부령 제66호)과 1912년 "매약검사규정"에 입각해서 이루어졌지만, 일본 약국방에 따른 이 규정에는 양약만이 규정되었지 한약이 규정되지는 않았다. 이는 대한제국기에 한약 극·독약을 규정했던 것과 다른 부분이다. 물론 이름만 다를 뿐 양약 중에는 한약 성분을 규정한 것도 있었다. 한약 웅황, 자황은 서양식으로 하면 비소 포함 물질이다. 하지만 명칭이 달랐을 뿐만 아니라 많은

---

41 白石保成, 『朝鮮衛生要義』 (1918), 101-124쪽.

42 행림서원 편집부 편, 『한약종상시험정복 전』 (경성 행림서원, 1938), 17-18쪽.

43 대한제국기 약종상에 관한 내용은 신동원, 『한국근대보건의료사』 (한울아카데미, 1997), 301-305쪽 참조.

극독약 한약의 성분이 밝혀져 서양과학 식 이름을 가졌던 것이 아니다. 따라서 조선인 한약종상이 파는 극독약이 문제로 떠오르자 경무총감부 위생과에서는 "한약취체에 관한 건"(1916.3, 위수 11596호)를 발하여 한약 독약으로 웅황 등 5종, 극약으로 파두 등 5종, 극성약품으로 백부자 등 43종을 정했다.

3) 침구술과 안마술의 제도화

식민지 한의학 정책의 또 다른 특징은 침술, 구술·안마술에 관한 내용이 신설되었다는 점이다. 한의학을 부정한 대신에 침술, 구술, 안마술을 별도로 인정했다는 점이 특기할 만하다. 조선의 전통적인 관습으로 봤을 때, 침구술은 상당한 정도로 분과되어 있었다. 궁중의료를 대표하는 내의원의 직제를 보더라도 침과 뜸을 전업으로 하는 침의(鍼醫)가 약을 전문으로 하는 내의(內醫)와 구별되어 있었다. 또 민간에서도 침구술만 전문으로 하는 침의(鍼醫)가 존재했다. 안마술의 경우는 그다지 크게 전문화되어 있지 않은 직종이었다. 비록 고려시대 때 당대(唐代)의 제도를 모방한 안마박사(按摩博士)라는 제도가 있기는 했지만, 조선시대 의료제도에는 이 비슷한 제도가 없었다. 민간에서도 많은 사대부들이 수양법의 일환으로 안마도인법(按摩導引法)을 행하기는 했지만, 안마를 업으로 하는 사람의 존재가 분명하지 않았다.

　유사의료 행위인 침술, 구술, 안마술에 관한 규정은 1914년 10월 "안마술·침술·구술영업 취체규칙(按摩術·鍼術·灸術營業取締規則)"(경무총감부령 제10호)과 그 시행규칙(경무총감부 훈령 갑 제55호)으로 공포되었다. 안마술·침술·구술은 각각의 면허를 경무부장(경성에서는 경무총감)으로 받도록 규정되어 있으며, 이들에게는 전문인을 뜻하는 '사(師)' 또는 '생(生)'이란 명칭을 쓰지 않고 '영업자'라는 명칭을 썼다. 면허증의 발급과 재발급, 부정행위에 대한 처벌 등의 내용은 다른 규칙과 비슷하며, 전문 영역에 관한 두 규정만이 독특하다. 그 하나는 침술, 구술 영업자는 "사혈, 절개 기타 외과수술은 할 수 있지만, 전기·낙철(烙鐵)의 방식을 쓸 수 없으며 약품을 수여하거나 지시할 수 없다"("취체규칙" 제5조)는 규정이다. 둘째, 소독 규정이다. "안마술 영업자가 시술할 때에는 손가락을 소독하고, 침술 영업자가 시술할 때에는 침, 손가락과 수술할 부위를 소독하도록" 했다(동 제6조).

1900년 대한제국기에 "의사규칙"을 공포할 때에는 침구·안마사에 관한 규정은 없었다. 다만 "의사규칙"에서 의학을 규정할 때, "침구보사를 하는 자"라 하여 침술을 의학 가운데 하나로 포함시켰을 뿐이다. 일본의 경우에는 일찍이 "침구·안마술 취체 규칙"이 제정되었으며, 대만에서도 이를 시행했고, 또다시 식민지 조선에서도 이를 실시한 것이다.

4. 식민지 한의학 정책의 집행과 반응

1) 면허 등록 상황

면허 부여는 한의에게 매우 중요한 상황 변화를 뜻했다. 이전과 같이 관습적으로 의업을 하는 것이 법적으로 금지되며, 오직 면허자만이 의업의 자격이 있게 되었다. 전국적 규모로 이루어진 이러한 면허 부여 상황을 맞이해서 한의들은 어떤 생각을 했을까? 많은 한의가 의사(醫士)에서 '의생(醫生)'으로 격하된 것을 불쾌하게 여겨 의생 면허 등록을 주저했던 듯하다. 이종형은 일제시대에 활발히 활동했던 청강(晴崗) 김영훈(1882-1974)을 회고하면서 그 상황에 대해 다음과 같이 썼다.

총독은 1913년[1914년의 오기: 필자] 1월 1일을 기하여 의생령이라는 준의사제도를 공포하고 동의들을 여기에 등록하게 하였다. 이를테면 지금까지 떳떳한 의사의 신분이었던 것을 의생이라는 천칭(賤稱)으로 격하시키는 법령이었다. 그러나 한편 생각하면 이로나마 이 나라에서 동의의 명맥이 살아남게 되었으니 일본에서처럼 한의학을 아주 없애지 않은 것만도 다행으로 여길 수밖에 없었다. 그 당시 학식 높은 의사나 노숙한 원로들은 비격(卑格)된 의생령에 등록하지 않고 의계에서 숨은 분도 많았다고 한다.[44]

이런 불만 반응은 의생 면허 신청 작업이 지지부진한 결과로 나타났다. 총독부에서는 1914년 1월 1일부터 "의생규칙"이 발효함을 명령하면서 3월 말 이전까지 면허 신청을 완료하려는 의도를 가지고 있었지만, 그것은 순조롭지 못했다. 3월 말까지 면허 신청을 한 사람의 수는 대략 3천 명 정도에 지나지 않았다.[45] 아직도 많은 의자(醫者)가 신청하지 않고 있었다. 그것은 법령에 무지해서이기도 했지만, 이 조치에 대한 반감 때문이었다. 『의약월보』(1914년 8월호)에서는 "법령에 암매함"과 함께 "식견의 고루함"을 그 원인으로 들었는데,[46] 후자는 바로 이런 조치를 못마땅하게 생각하고 있음을 뜻한다고 할 수 있다. 따라서 석 달 안에 면허 부여를 끝마치겠다는 총독부의 생각은 희망사항에 불과했으며, 1914년 12월 말일까지 면허 부여가 계속되었다. 『의약월보』(1914년 12월호)에는 다시 면허 신청을 재촉하는 글을 실었는데, "아무리 고매한 실력을 가지고 있어도 면허 없이는 업을 행할 수 없으며, 총독부가 절대로 이 법령을 조령삼개하여 옛날과 같이 자유방

---

44 이종형, "총강 김영훈선생의 생애와 업적", 『청강의감』 (1992), 489쪽.

45 "의생면허상황", 《매일신보》, 1914. 4. 11.

46 『의약월보』 제1권, 1914년 8월, 6쪽.

임 시술하도록 하지 않을 것"이라는 요지의 내용이었다.[47]

최종 영구 의생 면허자 수는 5,889명으로 집계되었다. 이것은 1908년에 조사한 수 2천 6백여 명의 두 배를 상회하는 것이다. 그것은 1년이라는 기간을 통해 엄격한 법 실시 의지를 밝힌 데서 비롯한 것이다. 또한 총독부에서는 특별한 시험 없이 개술 확인 절차만으로 면허를 부여하는 정책을 썼기 때문이다. 따라서 의업을 행하는 자 다수가 결국에는 면허를 신청하게 된 것이라 추측된다. 반면에 의학 지식은 높지만 구태여 면허를 받아 전문적인 의업을 시술할 필요가 없었을 이른바 '유의(儒醫)'는 여기서 배제되었다고 할 수 있다. 『조선총독부관보』를 보면, 6,007명에 대해서는 출생 연도가 적혀 있기 때문에 초기 한의 면허자의 연령대를 알 수 있다.[48] 그것은 20대가 481명(8.0%), 30대가 1,510명(25.1%), 40대가 1,712명(28.5%), 50대가 1,412명(23.5%), 60대가 755명(12.6%), 70대가 130명(2.2%), 80대 7명(0.1%)으로 나타난다. 이를 보면 40대 이후가 전체의 딱 2/3임을 알 수 있다. 이는 신규 면허가 억제된 상황에서 한의의 노후화가 심각하게 진행될 것임을 시사한다. 실제 『관보』를 보면 조사가 진행 중인 1914년 한 해만 해도 80여 명이 사망했다.

1914년도 조선인 약종상 개업자 수는 7,601명으로 집계되었으며(수백 명을 제외하고는 모두 한약종상으로 추정), 이 수는 1924년까지 10,302명까지 치솟았다. 이 숫자는 결코 소홀히 봐서는 안 될 것이다. 약종상은 대체로 벽지에서 더 싼 값으로 한의학을 공급하는 직종으로 농촌 인구의 의약을 담당했기 때문이다. 비록 의생 수는 계속 감소하는 구조를 가지고 있었지만, 한약 조제 관용이 허락된 이들의 존재는 계속해서 민간에 다수로 존재

---

47 『의약월보』 제5권, 1914년 12월, 2쪽.
48 1914년에 면허를 받은 영구면허자인 5,889명과 1915년 초에 면허를 받은 156명 중 연령이 파악된 사람의 숫자. 이는 일제강점기 총 한의면허번호 9,930명의 대략 60% 정도의 규모이다.

하면서 한의학 수요를 충족시켰기 때문이다.

2) 의생 재교육

총독부에서는 서양의료인력의 증가를 억제했기 때문에 '의생'은 일제강점기 의료의 가장 핵심적인 인력일 수밖에 없었다. "의생규칙"에서는 비록 의사보다 등급이 낮게 규정되기는 했지만, 의료인으로서 '의생'제도를 규정했다. 이 '의료인' 의생은 의사와 치과의사와 함께 국가와 사회가 필요로 하는 각종 진단서를 발급해야 했으며, 총독부의 방역정책을 수행하는 기본인력의 구실을 해야만 했다. 이런 일을 하기 위해서는 서양의학과 위생학 지식의 학습이 필요했다. 이를테면 병의 진단은 당연히 서양의학 질병명을 써야 했으며, 그것을 판정하기 이전에 서양식 질병과 한의학 질병이 어떻게 대응하는가를 이해해야만 했다. 또한 콜레라나 장티푸스 등 급성전염병을 예방하기 위한 방역대책의 시행에도 이들의 서양위생학 지식이 필수적이었다. 이와 함께 각종 서식 내용을 작성하는 법을 배워야 했다.

의생의 서양의학, 위생학 교육은 주로 경찰과 헌병이 담당했다. 경찰은 지역을 나누어 의생을 관리했다. 이를테면 평안남도의 경우, 평양·진남포·광양만·중화·순화 경찰서와 평양·성천·영원·덕천·안주 헌병분대가 의생을 관리했다.[49] 각 경찰서에는 관할 의생을 정기적으로 교육시켰는데, 교육 내용은 생리학과 위생학 대의, 전염병과 지방병의 특징과 예방법, 소독약의 종류와 응용, 의생규칙, 약품취급 및 전염병 예방에 관한 법규, 종두술·구급법·붕대법 및 기타 간이한 기술, 침구술의 주의점, 미신요법 등의 교정 등과 같았다.[50] 이런 내용을 주로 경찰이 직접 나서서 교육했으나 한의

---

49 "경찰구역의 필지", 『의약월보』 1권 제3호, 1915년 10월, 48-50쪽.
50 박윤재, "한말·일제 초 근대적 의학체계의 형성과 식민지배" (연세대학교 대학원 박사학위논문, 2002), 208-

단체나 사적 교육기관에서도 이런 일을 담당했다. 강점 이전의 강습소를 1912년에 확대 개편한 경성 소재 조선의학강습소나 1914년 평양에 설립된 의약강습회 등의 활동이 그것이다.[51] 하지만 이런 단체와 기관은 경성과 평양에 한정되어 있었으며, 그곳의 서양의학, 위생학 강습도 경찰의 활동과 연관되어 있었다.

3) 피병원 내 한방 진료부 설치 논쟁

식민지배자 일본은 서양의학만을 진실된 의학으로 간주하면서 한의학을 공식기관에서 배제했다. 그것은 1906년 대한제국의 대민 전염병 병원인 광제원을 접수하면서부터 시작되었다. 총독부는 공식적인 한의 양성의 부정, 면허의 한시적 인정이라는 것과 같은 맥락에서 공식기관으로부터 한의학을 완전히 배제하는 정책을 펼쳤다.

이런 정책은 큰 틀에서 별 저항을 받지 않았지만, 전염병 환자의 관리라는 측면에서는 적지 않은 문제점을 노출했다. 총독부에서는 전염병 환자를 색출하여 격리시키는 방식의 방역대책을 가장 중요한 대책으로 삼았는데, 피병원에 격리된 조선인이 이에 반발했으며 반발 논리 중 하나로 자신들이 익숙한 한방 치료가 없었다는 것이었다. 물론 문제의 본질은 한방 치료의 유무라기보다는 격리 방식의 강제성과 강제적인 격리에 대한 두려움에 있었지만, 한방 치료의 활용은 조선인의 피병원 기피를 극복하는 대안으로 제시되었다. 1914년 5월 31일자 《매일신문》의 기사는 다음과 같이 말하고 있다.

209쪽.
51 기창덕, 『한국근대의학사』 (아카데미아, 1995), 418-419쪽; 평양의약강습회, 『의약월보』, 1914년 8월.

수년 전 경성내에 전염병이 유행할 시에 당국에서 차를 박멸하기 위하여 가가호호 병자 유무를 조사하야 발현(發現)되는 동시에는 인즉 피병원으로 담여이거(擔昇以去: 들것을 어깨에 메어 보냄: 필자)하고 일변 교통을 차단함으로 인민등은 기 치료방법이 한방의약과 수이(殊異)함을 인하야 공구불이(恐懼不已)할 뿐만 아니라 혹 관민(官民)간 감정이 생(生)하는 영향도 유(有)하얏사온즉 금회에 설계하는 차 피병원이 성립되면 원내에 한약포를 설치하고 고명한 의생 수인이 극력 치료케 한다는 설이 수일래(數日來)로 전파됨이 일반이 찬성치 아니하는 자 무(毋)하다 하오며…[52]

이 기사 앞에는 "관에서 조선인 의생에게 전염병 환자를 발견하는 동시에 관할 경찰서에 보고하라고 하였지만 의생이 일반 인민의 정도(程度)를 따라서 불가하다고 한즉"이라는 언급이 실려 있는데, 이는 전염병 환자 색출 작업에 의생이 적극 동조하고 있지 않음을 뜻한다. 이런 상황에서 백작 이완용과 자작 조중응, 경성부 협의원, 각 은행장 등이 공동 발의하여 피병원에 한방부를 설치하자는 견해를 냈던 것이다.[53] 즉, 전염병 환자 색출과 격리가 워낙 무단적으로 이뤄졌기 때문에 이에 대한 조선 민중의 반감이 극도에 달한 상태에서 그러한 상황을 무마하기 위한 조선인 유력자의 견해였다고 할 수 있다.

이런 견해에 대해서 한의 단체인 한방의생회에서는 환영의 뜻을 표했다.[54] 한의계에서는 조선인의 풍토와 관습이 다르기 때문에 순화원에 한방 의료를 설치하여 조선인의 전염병을 구료하면 큰 효과를 볼 수 있으며, 조선인의 피병원 기피를 해결할 수 있다고 주장했다. "조선 사람들은 본래 온

---

52 "경계자",《매일신보》, 1914. 5. 31.
53 "경계자",《매일신보》, 1914. 5. 31.
54 "경계자",《매일신보》, 1914. 6. 20.

돌에서 거처하고 음식을 많이 먹는 습관이 있을 뿐 아니라 체격과 장위가 원래 서양사람과 다름으로… 조선인의 전염병 환자가 발생하며 그 피병원에 수용하고 한방약으로 그 병을 치료하고 서양약으로 소독하되 온돌에 누워 있게 하고 또 음식도 조선 미음이나 흰죽을 먹게 하라는 계획으로… 한방피병원을 설립하라고 대단히 운동하는 중인데…"는 내용이 그것이다.[55]

1914년 이후 계속해서 한방 피병원 설립 논쟁이 벌어졌지만, 그것은 1930년이 되도록까지 성공을 거두지 못했다.[56] 총독부로서는 이 견해를 선뜻 받아들이기 힘들었다. 왜냐하면 이것이 "풍토와 관습"에 따라 의학이 다르다는 전제에 입각해 있기 때문이다. 총독부 의학 정책의 제1 모토가 "보편적이고 과학적인 의학의 확대"였는데, 한방진료 수용은 이 논리에 역행하는 것이다. 따라서 현실적으로는 한방진료 활용이 타당할 것이었을지 모르지만, 이념적으로는 이를 받아들이기 힘들었다. 이렇듯 중요한 방역 현실과 관련된 문제였기 때문에 이 영역에서만 유일하게 총독부의 한의학 배제 정책에 맞서 한방의료의 공론화 담론이 펼쳐질 수 있었던 것이다.

5. 일제 말 한의약 정책의 변화와 한의계의 어용화

1) 한의 인력의 감소와 의료 상황의 악화

"의생규칙"과 "약품취체규칙"의 공포 후 한의 인력은 차츰 감소했다. 한의

---

55 "한방피병원설", 《매일신보》, 1916. 1. 15.
56 1920년대 논쟁에 대해서는 박윤재·신동환, "일제하 사립 피병원 설립운동 연구", 『의사학』 7:1 (1998), 38-39쪽 참조.

인력 양성을 위한 정식 교육기관을 허용하지 않고 신규 면허를 억제하는 식민지 한의학 정책의 결과이다. 사망, 폐업, 면허취소 등의 이유로 퇴출되는 의생 수가 시험을 통해 새로 진입하는 의생 수보다 한결 많았다. 통계를 보면, 1914년 5,827명의 면허자(영구면허)가 있었지만, 1920년에는 5,376명으로 451명 줄었으며, 1925년에는 4,915명으로 912명 줄었고, 1930년에는 4,594명으로 1,233명 줄었고, 1935년에는 4,044명으로 1,783명 줄었고, 1940년에는 3,604명으로 2,223명 줄었다. 마지막 통계가 보이는 1943년에는 3,327명으로 2,300명 줄었으며, 이는 1914년의 57퍼센트 수준이다.[57]

한의 인력의 감소는 일본의 식민지배가 시작되면서 충분히 예상된 것으로 식민당국으로서는 이를 당연히 자랑해야 할 만한 내용이었다. 그러나 실제 상황은 그렇지 못했다. 한의 인력을 줄이면서 약속했던 서양의학 인력의 증가가 제대로 이루어지지 못했으며, 특히 지방의 경우 서양의학 인력은 태부족이었다. 게다가 인구가 크게 증가한 것을 감안할 때 인구당 전체 의료인력의 수급은 더욱 악화했다. 의사의 경우 해마다 증가하는 모습을 보여서 1914년 608명(조선인 144명, 일본인 464명)이던 것이 1920년도에는 1,006명(조선인 402명, 일본인 604명), 1930년도에는 1,717명(한국인 921명, 일본인 796명), 1940년도에는 3,187명(조선인 1,918명, 일본인 1,269명)으로 늘었다. 1940년도 무렵에는 의사 수가 의생 수(3,604명)에 상당히 근접하는 모습을 띠고 있다. 그런데 의사는 거의 모두 대도시에 근무했다고 볼 수 있다. 시골에는 의사가 있을 만한 경제력을 지니고 있지 못했기 때문이다. 따라서 식민당국은 일찍이 1911년부터 한지의업자(限地醫業者)를 두어 그들에게 시골의 의료를 맡겼다. 한지의업자 수는 1914년에 92명(조선인 1명, 일본인 82명, 외국인 8명), 1920년에는 76명(조선인 5명, 일본인 70명, 외

---

[57] 『조선총독부 통계연보』, 1911-1942; 『조선연감』, 1943-1944.

국인 1명)에 불과했다. 하지만 1930년대 이후 크게 늘었다. 1930년도에는 218명(조선인 116명, 일본인 89명, 외국인 13명)으로, 1940년도에는 436명(조선인 365명, 일본인 65명, 외국인 6명)으로 늘었다. 이처럼 의사와 한지의사의 절대적인 수가 늘기는 했지만, 인구증가를 고려한다면 그 상황이 더욱 악화했다. 1914년 한국인 10만 명당 의료인력(의사, 한지의사, 의생) 수는 1914년에 42.0명, 1920년에 38.3명, 1930년에 33.3명, 1940년에 31.6명의 수치를 보이고 있다.[58]

일제 식민통치자는 이처럼 열악한 상황에 당혹스러워했다. 조선총독부 기사인 가와구치 리이치(川口利一)는 "1938년 현재 조선 전체 2,384개의 부·읍·면 중 무의면(無醫面)이 1,585개소에 달하며, 이 가운데 의생조차 없는 곳이 508개소에 달한다"[59]고 보고하고 있다. 즉, 의사가 없는 곳이 66퍼센트이며, 의생조차 없는 곳이 21퍼센트였다. 이는 식민지 상황이라고 해도 일제가 통치자로서 고민할 수밖에 없는 처지에 놓인 것을 뜻한다.

어떻게 할 것인가? 우선 서양의학 인력의 급격한 증가를 한 방책으로 생각해볼 수 있다. 이는 무엇보다도 의학 교육기관을 크게 늘려야 하는데, 고등교육의 억제를 내세운 식민지 교육정책과 모순된다. 김영훈은 이런 방책이 무용하다는 것을 다음과 같이 표현했다.

성대, 의전, 세전, 대구, 평양 등 각 의교 해서 매년 의사 산출수가 겨우 3백 여인에 불과하다니 이와 같이 가자면 제10년에 3천, 백년에 3만이 난대야 매1인 의사에 인구 1천인의 비례가 되야 겨우 금일의 일본 내지

---

58 신동원, "일제의 보건의료 정책 및 한국인의 건강상태에 관한 연구" (서울대학교 대학원 석사학위논문, 1986), 106쪽.

59 『朝鮮漢藥局方(植物篇)』(大阪: 藥業往來社, 1942), 2쪽. 『조선총독부통계연보』에서는 한약종상 통계를 집계하지 않았다.

의 의사 수에 불과한 셈인즉 구미각국 매 백인비례에 도달하자면 1천년 후에야 其 수자가 상합할 것이다 안인가.[60]

그는 또한 조선의 경제 형편이 서양의료 이용에 어렵다는 것을 지적했다. "문화식 병원에 입원치료를 누가 좋아하지 않으리요. 저 팔자 좋은 문명국 사람들은 1개월 수입 중에 치료비로 1, 2할을 저금한다하지만은 금일 조선인으로서는 1일 2식을 猶有不備어든 奚暇에 병비 저축이 유하겠는가."[61]

다음으로 생각해볼 수 있는 것이 한의학의 적극적인 활용이다. 한의계에서는 이를 강하게 주장했다. 의생 수가 계속 줄어들고 남아 있는 의생이 노후화하자 한의계에서는 '한의의 절멸'을 크게 걱정했다. 1930년대 들어 조선의 의료 현실이 크게 문제로 떠오른 상황에서 그들은 자신의 입장을 이전보다 분명하게 제시했다. 의료 상황의 악화와 함께 한의학에 대한 국내외의 우호적 분위기가 그들을 격려했다. 당시 한의계의 대표적 논객인 조헌영을 식민지 조선의 열악한 의료 현실을 맹렬히 비난하면서 한의학이 의학 본질상으로나 임상적 효험 면에서나 그것을 타개할 중요한 대안임을 지적했다.[62]

2) 식민지 한약 정책의 대변화

조선총독부에서도 한의약의 활용을 중요한 대안으로 생각했다. 하지만 총

---

60 김영훈, "한방의학부흥론에 대하야", 『동양의약』 1 (1935), 1, 4쪽.

61 김영훈, "한방의학부흥론에 대하야", 『동양의약』 1, 1935. 1, 5.

62 조헌영, "동서의학의 비교비판의 필요", 《조선일보》, 1934. 5. 3.부터 박계조, 『한의학의 비판과 해설』 (행림서원, 1942), 46-59쪽. 조헌영의 학술에 대해서는 愼蒼健, "覇道に抗する王道としての醫學—1930年代朝鮮における東西醫學論爭から", 『思想』 (1998. 11), 65-92쪽 참조.

독부의 경우, 그 활용 방식에서 한의계의 주장과 약간 거리가 있었다. 총독부에서는 의생의 지위를 승격시키고, 의생의 양성을 공식화하는 것 대신에 한약의 증산과 과학화에 더욱더 관심을 기울였다. 1910년대에는 총독부 위생과 관리들은 한약을 단지 초근목피로 간주하여 비난했지만, 1920년대 후반부터는 이런 태도가 사라졌다. 약초에 대한 과학적 연구가 시작되고 지방 농가의 약초 재배가 장려되었다.

1920년대 후반쯤에는 한약이 비난의 대상이 아닌 매우 가치 있는 자원으로 인식되기에 이르렀다. 경성제국대학 의학부 약리학 교실의 교수 스기하라 노리유키(杉原德行), 강사 이시도야 쓰토무(石戶谷勉), 총독부 경무국 위생과 기사 가와구치 리이치(川口利一) 등은 식민지 조선의 한약 연구를 본격화했다. 스기하라 노리유키와 이시도야 쓰토쿠는 1926년 11월부터 1928년 3월까지 『滿鮮之醫界』에 "朝鮮の漢藥"을 16호에 걸쳐 연재했다.[63] 이 글에서 둘은 한국산 약초 31종을 연구했다. 이 연구는 고대 문헌과 현대 실험적 방법을 망라한 것으로서 이름과 종류, 만주산·중국산·일본산과의 구별, 분포, 약성에 대한 고찰, 성분 등을 매우 상세하게 연구했다. 이런 활동에 대해《매일신보》에서는 한약이 "현대과학의 메스"를 통해 과학화하고 있다고 보도했다.[64]

이런 인식의 전환에는 일본과 세계 각국의 한약 연구가 크게 기여했다. 생약의 가치를 인정하는 각종 기사가 1930년 전후 신문에 자주 등장하는데, 특히 1931년 국제연맹에서 한약 연구를 위한 특별위원회 설치 결정 사항[65]은 한약에 대한 긍정적 인식을 더욱 확고하게 해주었을 것이다. 신길구는 당시 국내외의 한의학 관심 분위기를 다음과 같이 정리했다.

---

63 杉原德行/石戶谷勉, "朝鮮の漢藥" 1-16, 『滿鮮之醫界』, 1926. 11-1928. 3.

64 "漢方醫學의 原理를 成大에서 硏究에 沒頭", 《매일신보》, 1928. 2. 20.

65 "國際聯盟에서 漢方藥硏究", 《매일신보》, 1931. 7. 1.

저 국제연맹에서 한방의학의 조사연구를 행하고, 불국에서 소장의학자들의 한약보급열이 치성하고, 미국 각 연구소에서 한약의 성분을 연구하여 왕년에 재조선미국영사관을 통하여 일시 마황 3만근을 순창호 박기승씨에게서 수입하여 한약업계에서 일대화제가 된 것은 너무나 저명한 사실이오, 독일에서는 한약의 연구는 물론 한방의학의 원리를 천명코자 다수한 한방의적을 중국에서 수입하여 성히 연구하고, 일본의학자와 약업자간에도 한의학의 원리와 한약의 성분을 연구하며…[66]

1933년 이시도야 쓰토무는 그간 자신의 연구를 한글 번역과 덧붙여 발표했다.[67] 이어 1934년에는 개성에서 대규모의 약초강습회가 열렸다. 이 강습회에는 도내 각 군의 의사, 의생, 약제사, 약종상 군·면의 기수, 약초경작자 기타관계자 약 3백 명의 청강생이 참가했다. 여기서 이시도야 쓰토무는 "주요 약초재배의 요령", "건재의 제조방법", "자연약초의 감별급 조제법"을, 스기하라 노리유키는 "주요약초의 성분과 약효"를, 총독부 위생과 기사 가와구치 리이치는 "근대한약이용의 추세"를, 경성약전 교수 도봉섭(都奉涉)은 "주요한약의 생약학적 감별법"을 발표했으며, 대성황리에 강습회를 마쳤다.[68]

한약 연구의 분위기는 한약의 재배 권장으로 이어졌다. 총독부에서는 그간 간헐적으로 시행되던 한약 재배 장려 사업을 1933년 4월부터 전국적으로 확대했다.[69] 그것은 농촌의 미화, 농촌의 부업, 일본으로의 한약재 수

---

66 신길구, "한의학계의 신기운", 박계조, 『한의학의 비판과 해설』 (행림서원, 1942), 148쪽.
67 石戶谷勉, 『藥草栽培法講話』 (上田勝博商店, 1933).
68 신길구, "한의학계의 신기운", 박계조, 『한의학의 비판과 해설』, (행림서원, 1942), 152쪽.
69 1930년부터 한약 재배 사업이 시작된 사실은 신길구, "한의학계의 신기운", 박계조, 『한의학의 비판과 해설』 (행림서원, 1942), 148쪽을 통해서 알 수 있고 1933년 전국적인 확대 사실은 "漢藥材料 栽培를 奬勵" 《동아일보》, 1933. 3. 14.로 확인된다.

출을 위한 것이었다. 그것의 주목적은 당시 일본에서 소요되는 6백만 원 상당의 중국 수입 약재를 조선 산으로 대체함으로써 식민지 조선은 "농촌 경제의 진흥"을, 일본은 값싼 약재의 안정적 확보를 겨냥한 것이었다.[70] 조선총독부 경무국 위생과에서 전국적인 약재 재배 권장에 관한 안을 작성했다. 이에 따르면, 판로가 확실한 것, 수요가 많은 것, 수입을 대체할 수 있는 것, 재배가 쉬운 것 등을 재배 대상으로 했다. 따라서 처음에 검토되었던 2백여 종 중 위의 조건에 부합되는 약초 57종이 최종 대상이 되었다. 총독부 위생과에서는 이와 함께 각 도 기후 풍토에 적합한 약초, 재배지의 선택, 종묘의 구입에 관한 주의, 생산과 판매의 통제 등에 관한 사항도 입안하여 각 도에 내려보냈다.[71] 이런 방침에 대해 《동아일보》에서는 "해외서도 주문 쇄도, 약초의 황금시대, 득세하려는 한방약" 등의 기대감을 표출했다.[72] 이 약초 재배는 대대적으로 이루어졌다. 1936년 현재 "목하 都鄙를 물론하고 약초재배열이 백열화하여 작추에는 진위 일부에서만 향부자가 물경! 40여 만근을 산출하였다."[73]

1937년 중일전쟁으로 총독부의 한약 활용 정책이 더욱 강화했다. 전쟁으로 인해 서양약품은 물론이거니와 중국으로부터 수입해오던 한약까지 부족한 상태에 빠졌다. 한약 연구와 생약 자원의 채취와 재배가 더욱 독려되었다. "군사체제의 전환 때문에 지방 농가의 약초재배를 권장하기 시작했고, 경성제대 의학부에 한약강좌를 개설하고 경기도청에서는 개성과 가평에서 생약연구 강습회를 열어 각 농가 재배자들을 소집하여 약초 재배법을 실습"시켰다.[74]

70 "漢藥材料 栽培를 獎勵", 《동아일보》, 1933. 3. 14.
71 "藥草栽培案 警務局에서 成案", 《동아일보》, 1933. 3. 24.
72 "海外서도 注文 殺到, 藥草의 黃金時代", 《동아일보》, 1933. 7. 8.
73 신길구, "한의학계의 신기운", 박계조, 『한의학의 비판과 해설』(행림서원, 1942), 148쪽.
74 김영훈 저·이종형 편, 『청강의감』(1991), 505쪽.

총독부 한약 정책의 절정은 한약국방 제정이었다. 중일전쟁 직후 조선 총독부 위생과에서는 한약조사위원회를 만들어 5개년에 걸쳐 한약국방(漢藥局方)의 제정에 나섰다. 한약조사위원회에는 후생성 기사 가리요네(刈米) 박사, 동경제국대학 조교수 후지타(藤田) 박사, 쓰무라(津村)연구소 기무라(木村) 기사, 경성제국대학교수 스기하라(杉原) 박사, 조교수 가쿠(加來) 박사, 경성제국대학 이시도야(石戶谷) 강사, 경성 약전 야스모토(安本) 교장이 위촉되었다. 이 위원회는 5년에 걸쳐 3년째에는 식물성 한약, 4년째에는 동물성 한약, 5년째에는 광물성 한약을 조사할 예정이었다. 계획대로 이 위원회에서는 3년째인 1938년에 식물성 한약 84종을, 1939년에 식물성 한약 91종을 검토했다. 하지만 전쟁의 격화로 예정되어 있던 동물성, 광물성 한약에 대한 검토는 충분히 이루어지지 않았다.

한약국방의 제정은 조선의 의료 부족 현실을 한약으로 메우기 위한 것이었다. 한약의 광범한 사용에 앞서 그것의 질을 표준화할 필요가 있었다. 한약국방의 제정을 나선 이유에 대해 조선총독부 기사 가와구치 리이치(川口利一)는 다음과 같이 밝혔다.

조선에 의료기관도 축년 확충 정비되는 터이나 상차불비의 域을 탈하지 못한 현상이다.… 그런데 차등 무의면의 주민의 질병치료는 주로 한약 또는 매약에 의존하는 상태이다.… 매약의 대부분이 한약을 원료로 하는 것 등 여러 측면을 생각하면 한약 및 매약이 전 조선에 보급되어 있어 조선의 한약의 특수성이 여실히 인식될 터이다. 일면 시장에 출회하는 한약을 관하건대 僞物이 甚多하고 따라서 한약에 대한 성가를 한갓 저하하야 일반민중에 폐해를 끼치는 것은 실로 한심에 不堪한 바이다. 조선총독부에서는 상기한 상황을 감하야 한약의 품질향상의 목적으로써 소화 12년 이래 5개년 간 계속사업으로 한약조사를 착수하게

되었다.[75]

즉, 한약국방의 제정을 통해 총독부에서는 터무니없는 한약 사용을 막을 수 있을 것이며, 누구나 신뢰할 만한 한약만을 사용할 수 있게 될 것을 기대했다. 서양약품의 경우 일본약국방에 규정되어 있었지만, 식민지 조선에서는 워낙 한약의 사용이 많기 때문에 이를 대상으로 한 한약국방이 필요하다는 인식이었다. 한약국방의 제정은 조선총독부의 한의약에 대한 인식을 획기적으로 바꾼 것인 동시에, 식민지 조선의 열악한 의료 형편을 미봉하기 위한 것이었다.

1941년 전쟁의 악화로 한약재도 전시 배급 통제 품목에 포함되었고 한약재의 중요성이 더욱 커졌다. 1941년 3월 조선총독부는 의약품의 배급 통제를 실시했다. 전쟁으로 서양의약품과 한약재의 수입이 막히고 전쟁물자 공급이 부족했기 때문이다. 따라서 총독부에서는 통제, 배급을 위해 의약품 재고와 소비량 조사에 들어갔다. 의료인이 이를 신고토록 했다. 이 신고를 바탕으로 해서 배급량이 결정되었다. 하지만 신고가 정확하지 않은 것으로 드러났다. 더 많이 배급받기 위해서 재고량은 줄이고 소비량은 늘이는 식으로 신고했기 때문이다. 따라서 신고를 안 한 자나 허위 신고의 경우 200원 벌금이라는 중형을 내렸다.[76]

당시 한약 배급 체계는 다음과 같이 구성되었다. 조선 전체 공급자는 조선의약품 통제회사가 맡았으며, 이 회사에서는 각 도의 중앙의약품 배급소로 분배하고, 그것은 다시 도내 약업자에게 분배되어, 최종적으로 의생과 일반 수요자에게 필요량이 배급되었다. 여기서 도내 약업자는 약업조합

---

75 『朝鮮漢藥局方(植物篇)』(大阪: 藥業往來社, 1942), 2쪽.
76 충청남도한방의약협회, "의약품등 현재고 및 소비량 조사에 취하야", 『한방의약』, 38호, 1941.8, 60.

을 결성하여 중앙에서 배급된 약재를 필요처에 배급하는 일을 맡았다.[77]

서양약품의 두절과 약품 통제에 따라 약재의 공급이 여의치 않았기 때문에 민간에서 한약 이용이 장려되었다. 특히 쉽게 구할 수 있는 한약을 이용한 민간요법의 활용이 관심을 끌었다. 대중잡지 『조광』에서는 "전시 가정에 적절한 민간요법"을 1944년 6월호부터 12월호까지 6회에 걸쳐 실었다.[78] 의약품 두절, 의약품 공출의 상황에서 식민지 조선인은 거의 모두가 한약에 의존하는, 그것도 부족한 처지에 놓였다.

3) 조선총독부의 한의학 우호 정책과 한의계의 어용화 시도

한약에 대한 높은 관심과 함께 일본 식민통치자는 한의학 자체에 대해서도 이전보다 한결 긍정적인 시각을 보였다. 이런 변화는 우선 1930년 전염병 피병원인 경성부립 순화의원에 한방부를 둔 데서 감지된다. 총독부 위생과에서는 이 병원에 한방부를 두고자 하는 경성부협의회의 희망을 수용했다. 양약부만 있고 한약부가 없어 조선인 환자가 입원을 기피하는 상황을 타개하려는 것이 한방부 설치의 이유였다.[79] 사실 한방부 설치 문제는 1910년대 초반에 제기된 사안이었지만, 총독부 위생과에서는 이를 수용하지 않았던 것이다. 한방부에는 총독부 위생과에서 촉탁한 의생 1인이 담당했다.[80] 이렇듯 촉탁의를 둔 것은 공적인 위치에 한의를 두지 않겠다는 총독부의 방침이 완화되었음을 뜻한다.

총독부 한의학 정책의 변화는 의생과 한약종상 교양 강의에 한의학을

---

77 "통제약품배급계획서", 『한방의약』, 38호, 1941. 8, 66-67쪽.

78 水原公德, "전시 가정에 적절한 체험본위 민간요법", 『조광』 1944. 6, 62-67쪽; 1944. 7, 86-90쪽; 1944. 8, 88-91쪽; 1944. 9, 84-88쪽; 1944. 11, 46-51쪽; 1944. 12, 34-36쪽.

79 "傳染病院順化院에 漢方醫藥部 新設", 《매일신보》, 1930. 5. 30.

80 "傳染病院順化院에 漢方醫藥部 新設", 《매일신보》, 1930. 5. 30.

포함시킨 데에서도 나타난다. 각 도의 위생과에서 매년 의생과 한약종상을 대상으로 하여 정규적인 교양 강의를 실시해왔다. 강의 내용은 전부가 다 서양의학이었으며, 주로 도립의원 의사가 이를 맡았다. 이렇듯 서양의학만 강의 대상으로 삼은 데에는 한의학 지식을 천하게 여기는 일본 식민통치자의 시각이 반영되어 있었다. 한의학 지식 그 자체의 확장보다는 그들에게 부족한 서양의학 지식을 주입시키기 위함이었다. 의생이 각종 진단서를 내기 위해서는 서양의학 지식이 필수적이었다. 그런데, 1930년대 초반 이러한 방침이 바뀌었다. 1932년 함경북도 위생과장인 나가카즈(長和)는 의생 강습 내용 개선을 천명하고 있다.

> 종래는 의생강습을 전혀 도의원에 위탁하야 양의술을 교수한 것인데 그 결과가 양호치 못한 듯하다. 즉 한방의는 한방의로서의 독특한 묘미를 가지고 잇는 것인데 그것을 망각하고 함부로 양의를 모방하라는 까닭에 그 치료가 철저치 못할 뿐 아니라 도로혀 폐해가 잇는듯하다. 그럼으로 금년에는 해 의법만은 양식기술을 가르치고 치료는 전혀 한약으로 하는 방법을 교수할 방침이며 따라서 의사도 경성 동서의학연구회에서 학식과 기술이 탁월한 한방의생을 초빙할 예정이다.[81]

1934년 9월부터 1935년 1월 사이에 함경북도, 함경남도, 전라북도, 충청남도 등 4개 도에서 한의학 강좌를 실시한 것이 확인된다. 함경북도의 경우 3개월이라는 비교적 긴 기간이었으며, 나머지 도는 5일에서 6일 정도였다. 강사는 동서의학연구회에 위촉했으며 전광옥, 조헌영, 김영훈, 김동훈 등의 한의계 지도자들이 강사로 초빙되었다.[82] 의생 교양에 한의학이 포함

---

81 "漢方醫는 漢方醫로서 獨特한 妙味津津 醫生講習內容改善에 對하야 長和咸丘衛生課長談 ",《每日申報》, 1932. 5. 28.
82 "본지 창간 후 한의약계의 동향", 『동양의약』 2 (1935. 2), 70쪽.

된 것을 두고 당시 동서의학연구회 회장인 김명녀는 "동양의학의 일대 진전"으로 평가했다.[83]

의생시험 문제에도 한의학 문제가 포함되었다. 1936년 충청남도 도 위생과가 주관한 도 의생시험에서는 관례를 깨고 한의학 문항을 포함했다. 서양의학 절반, 한의학 절반의 비중이었다. 이해 문제로 네 가지 문항, 즉 "황달의 원인급 치료방법을 문함", "12지장충병(朶毒)의 원인·병증급 치료방법을 문함", "폐결핵(부족증)의 증상 병 치료방법을 술하라", "고관절염(환두통)의 원인·병증 급 치료방법을 문함"은 "한법(漢法)"으로 설명이 요청되었다. 한의계에서는 줄곧 의생을 뽑는 데 한의학 지식이 아닌 서양의학 지식만을 묻는 것은 모순이라고 주장해왔다. 특히 1935년 조헌영은 『신동아』(제5권 11호)에 실려 세간의 주목을 끈 "한방의학의 위기를 앞두고"라는 논설에서 "한방의생시험을 양의가 보이는 것"을 한방의생제도의 결함의 하나로 맹렬히 비판한 바 있으며,[84] 식민통치자가 이러한 비판을 수용한 것이다. 그런데 예고 없이 갑자기 한방 문제가 나오자 의외의 문제에 의생 수험생은 크게 당황했다.[85] 충남에서 1937년에도 의생시험 문제에 한방이 출제되었음이 확인된다.[86] 의생시험에 한방이 포함된 것은 단지 충남에 국한된 것이 아니라 전국의 의생시험에 공통되는 것이었으며, 이후에도 지속된 것으로 짐작된다.

1937년 중일전쟁, 1941년 '대동아전쟁'의 발발은 일본 식민통치자로 하여금 한의학을 더욱 적극적으로 활용토록 했다. 전쟁으로 심화한 부족한 의료 자원을 메우기 위해 의생 양성을 공식화했다. 도립으로 경기도립 의

---

83 김명녀, "시기와 노력", 동서의학연구회장 김명녀, 『동양의약』 2 (1935. 2), 1쪽.
84 조헌영, "한방의학의 위기를 앞두고", 박계조, 『한의학의 비판과 해설』 (행림서원, 1942), 137쪽.
85 편집부, "수험안내" 『충남의약』 제6호 (1936. 7), 77쪽.
86 편집부, "수험안내", 『한방의약』 제12호 (1937. 7), 64-66쪽.

생강습소를 설치했다. 이렇듯 총독부 당국에서 한시적이나마 의생 교육기관을 공식 인정하고, 비교적 대규모의 의생 양성을 꾀한 것은 이전에 없던 일이다. 이종형은 총독부 당국이 의생 양성을 공식 허락한 것이 당시 한의 지도부의 끈질긴 요청 때문이었다고 보았다. 그는 당시 한의 지도부와 총독부 위생과장 사이의 협상을 다음과 같이 기술했다.

> 동의 간부들은 이러한 계제를 놓치지 않고 당국에서 이렇게 한약 재배를 장려하는 것이라면 그 한약을 쓸 줄 아는 의생들이 필요할 것이니 따라서 의생의 양성을 병행해야 한다는 논거를 들고 天岸敏介를 찾아갔다. 당시는 서울의 행정관할이 경기도 관하에 속해 있고, 의생면허발급은 도 관할사항이었으므로 도 위생과장은 바로 주무과장인 셈이다. 천안이라는 사람은 넓직한 이마에 성격이 호탕한 사람으로 다행히 한약에 대하여 이해가 깊은 왜리였다. 동의대표들의 의생양성기관설립의 제언을 받은 천안은 처음에는 난색을 표명했으나, 수차에 걸친 동의들의 끈질긴 접촉 끝에 마침내 경기도립으로 의생강습소를 설립하기로 결정을 보게 되었다.[87]

이 인용문을 보면, 총독부 위생과장이 강습소 설립을 주도하지 않은 것처럼 되어 있다. 하지만 신길구는 같은 사안을 달리 표현했다. 그는 "소화 12년에 당시 경기도위생과장인 天岸이란 자가 무슨 마음이였는지 한의학에 많은 관심을 갖고 경기도 위생강습소란 것을 두어"라고 말하고 있다.[88] 즉, 주체가 경기도 위생과장의 뉘앙스를 풍긴다. 아마야스 도시스케(天岸敏介)는 1937년 동양의약협회 창립에 즈음하여 "동양의약계의 신생명"이라는

---

87   김영훈 저·이종형 편, 『청강의감』 (1991), 505–506쪽.
88   "좌담회 한의학 진흥의 당면과제", 『동양의학』 제1권 제1호 창간호 (1947. 12), 51쪽.

축사를 했는데, 이를 보면 그가 수동적 입장에 있지 않았음이 분명하다. 그는 이 협회의 창립에 대해 "일·지·만 연환하야 전통적 동양의약계에 새로운 생명을 부여하고 그 우수성을 발휘하야 인류의 복지를 증진하고 문화의 향상에 기여하려 하니 이는 시국상 참으로 기의에 적한 계획으로 邦家를 위하야 참으로 경축하야마지 안는 바이다"라고 말했다. 이어서 "아제국은 曠古 미증유의 금차 성전을 계기로 동양영원의 평화를 확보하고 민족고유의 문화를 작흥하야 인류의 복지를 증진할랴고 하는 천업에 매진하며 잇다."고 하여 극우 쇼비니즘적인 견해를 제시했다.[89] 경기도의생강습회 설치도 이러한 연장선에서 헤아릴 수 있을 것이다. 의료인력의 절대 부족, 전쟁으로 인한 악화의 상황에서 식민통치자로서도 이런 식의 대안 이외의 것을 생각하기 힘들었기 때문이다.

경기도립 의생강습소 설치와 운영은 도청에 예산이 없어 강습소 경비 일체와 강사료 등은 한의 측에서 부담하고, 도청에서는 강의 장소와 직원 1명으로 운영사무만을 돌봐주는 것으로 합의가 되어 1937년 4월부터 교육이 시작되었다. 한의가 한의학의 강의들을 맡았고, 전염병학 등 서양의학의 과목은 도위생과 의사들이 담당했다.[90] 이후 5년 동안 300명이 배출되어 의생 자격을 획득했다.

경기도에 의생강습소를 설치하여 의생을 양성한 것과 별도로 다른 도에서는 공의생(公醫生) 제도가 실시되었다. 조선총독부에서는 식민지배 초기부터 공의(公醫)제도를 두어 시골에 필요한 의료를 담당토록 했다. 한지의업자와 달리 공의는 자유 개업하는 형태가 아니라 관에서 의사를 고용하여 봉급을 주는 형식을 취했다. 공의는 관에 예속된 상태이기 때문에 관이 필요로 하는 제반 사항을 수행했다. 전쟁의 심화로 1939년 이런 공의제도와

89 天岸敏介, "축사 동양의약계의 신생명", 『東洋醫藥』 1 (1937), 19쪽.
90 김영훈 저·이종형 편, 『청강의감』 (1991), 506쪽.

유사한 제도인 공의생제도를 실시했다. 함경남도 도령 제3호로 발포된 "공의생규칙"에 따르면 공의생은 지방에 배치되어 의업을 시술하면서 도지사의 지휘를 받아 전염병의 예방, 종두법 시행, 행려병자의 진료와 변사상자의 검안, 공중위생 사항 등의 사무에 종사토록 하였다. 공의생제도를 마련한 것은 의사가 절대적으로 부족한 상황에서 공적인 의료 활동을 보완하기 위한 것이었다.[91] 경기도 의생과 달리 공의생은 시험을 치러 뽑았다.

1942년 이후 전쟁의 악화로 의생시험은 폐지된 듯하다. 의생시험 폐지 방침은 1930년대 후반 계속해서 떠돌던 것이었다. 한의계에서는 이 시험 폐지가 곧 한의제도의 폐지로 받아들여 그 불가함을 거듭 천명했다.[92] 하지만 1942년 충청남도 위생과에서는 의생시험을 폐지했지만, 의생 면허 부여를 포기하지는 않았다. 고참 한약종상에게 의생 자격을 부여하도록 했다. "한약종상중에서 연령 40세 이상의 자로서 본도에서 15년 이상 영업을 계속해왔고 인격 식견이 수수한 자" 29명이 그 대상이었다.[93] 이 또한 충남만의 현상이 아니라 전국적인 현상이었을 것이다. 관습적인 의업을 행함에 의생과 한약종상의 차이는 별로 없었지만, 진단서 발급 등 국가가 필요로 하는 행위에서 양자 사이에 차이가 있었다.

조선총독부의 한의학 우호 정책과 함께 한의계의 어용화가 동시에 이루어졌다. 한의학은 이전과 다른 대접을 받으며 "절멸"의 불안감에서 벗어나고 있었지만, 불행히도 그것은 "성전(聖戰)"의 분위기를 동반하는 것이었다. 일본 식민통치자가 한의학을 채운 속박의 논리를 거두게 된 결정적인 이유 중 하나가 서양에 대항하는 동양 정신의 옹호였으며, 계속 속박한 채로 둘 수 없었던 것이 의료 현실의 악화였기 때문이다. 한의학 우호 정책에 대

---

91 "公醫生 제도 실시", 《동아일보》, 1939. 6. 5

92 조헌영, "한방의학의 위기를 앞두고", 박계조, 『한의학의 비판과 해설』 (행림서원, 1942), 137쪽.

93 『한방의약』 44호 (1942. 11), 43쪽.

해 한의계에서는 어용화로 화답했다. 1939년 3월 어용단체인 동양의약협회가 창설되었으며, 창간사에는 다음과 같은 내용이 포함되어 있다.

> 그뿐만 아니라 시대는 이미 지나사변을 계기로 동아자주의 정신에 입각한 신질서건설의 역사적 단계에 입하야 학문, 도덕, 사상, 문예 등 제반 문화 영역에 亘(긍)한 일반적부흥운동이 활발히 전개되려는 형세에 잇고 따라서 의약계에 잇서서도 日滿支 삼국을 통하야 동양고유의약의 부흥운동이 촉성되여 잇다. 우리는 이러한 시운에 감하야 비상시국에 처한 총후국민으로서 민중보건과 의약보국을 위하야 의료기관의 개선확충, 동양의약의 과학적 부흥을 기코자 이제 「동양의약협회」 창립을 발기하는 바이다.[94]

협회의 기관지 발간에 임해서 강혁이란 인물은 "신동아건설의 대국책에 협력하야 우리의 소유한 철학적 의약을 지나에 환원시킴으로써 일지융화에 공헌하여야 할 것이다. 이것이 목하의 급무일가 한다. 이 사업을 현실코저하는 열창이 즉 금회에 조선의 한방의약업자 제씨와 이에 관심을 가진 인사의 궐기를 보게 된 동기이요 따라서 동양의약협회가 탄생된 이유이며 동양의약협회가 이 사업을 완성하랴함에 잇어서 그 목탁이 되고 구설이 되랴하는 것이 본지의 사명이라"이라고 하여 어용적인 성격을 더욱 분명히 드러냈다.[95]

동양의약협회는 일본 의도회 총재인 미나미 하이잔(南拜山)이란 인물이 와서 결성을 주도한 것이다. "그는 당시 80세의 노령으로 南次郎(미나미 지로) 총독의 친척일 뿐 아니라 일본 국내에서 중추인물에 속"했다. 그가 조

---

94 "발간사", 『동양의약』 제1집 (1939. 7), 11쪽.
95 "발간에 임하야", 『동양의약』 제1집 (1939. 7), 26쪽.

선에 온 이유는 "일본 동양의도회에 조선 의생 및 한약종상들을 입회시켜 그의 세력을 확대하며, 또한 입회금과 회비를 받아 회세(會勢)를 강화시키기 위한 것"이었다. 하지만 그는 일본 의도회 가입에 앞서 조선의 "한의약업자부터 서로 단합이 필요하므로… 총독부에서 한의약계의 단합을 적극 지원해주도록 주선하여 줄 것을 부탁"했다.[96] 1939년 4월 16일 총회 개회가 있었고 궁성 요배, 지나사변전몰황군장사추도묵기, 국민서서제창 등이 있었고, 회의가 끝난 후 조선신궁 참배로 첫날의 행사를 마쳤다. 동양의약협회가 추진할 굵직한 일에는 한방의약전문학교와 부속병원 설립 건이 포함되어 있었다.[97]

이 사업은 그동안 한의계에서는 그동안 강력히 소망했던 숙원 사업이다. 하지만 그것은 식민당국의 협조가 있어야 가능한 일이었다. 식민지 의료 상황이 열악한 채로 방치되어 있고, 설상가상으로 전쟁이 그것을 더욱 악화시키던 상황에서 일본 식민통치자는 그들이 인정하지 않으려 했던 한의계의 도움이 절실했다. 또한 한의의 수가 감소되어 미래를 기약할 수 없으며, 다수의 한의가 한년 면허라는 불안한 처지에 놓여 있던 한의계는 식민당국의 관심이 필요했다. 이로써 한의계의 어용화를 설명할 수 있을 것이다.

6. 결론

식민지 초기 한의학 정책은 다음 세 가지로 정리할 수 있다. 한의학 제도의 근대적 형식화, 한의학의 식민지적 주변화, 한의학의 조선인 주력 의료

---

96 이종형, "한국동의학사", 『한국현대문화사대계』 4 (고대민족문화연구소출판부, 1981), 300쪽.
97 "동양의약부흥의 봉화를 들고", 『동양의약』 제1집 (1939. 7), 14-15쪽.

기관화 등이 그것이다. 그것은 이미 1906년 통감부 설치 이후부터 본격화했으며, 1913년 "의생규칙"의 발포로 윤곽을 확정 지었다.

총독부는 한의학을 짜임새 있는 법령 체제 안에 위치 지었으며, 경찰·헌병을 통해 실질적인 행정을 집행했다. 이는 대한제국기의 그것과 차원을 달리한다. 비록 대한제국기에도 의약인 면허와 약품 관리의 필요성을 골자로 하는 한의학에 대한 '근대적 형식화'를 시도했지만, 그것은 성공을 거두지 못했다. 법이 엉성했으며 무엇보다도 행정적인 실천 의지가 결합되지 못했다. 이런 미비함은 식민지 강점 이후 극복되었으나, 이제는 오히려 '과도함'이 문제였다. 한의 인력 관리와 약재 단속 등 의학, 의료적 측면에서 해결해야 할 많은 부분이 그보다는 강압적인 경찰력의 행사를 통해 관리, 통제되었다. 이런 의미에서 한의학에 대한 '근대적 형식화'는 식민지 지배 통치라는 좀 더 큰 범주에 귀속된 것이었다고 말할 수 있다.

총독부는 서양의학에 대한 한의학의 주변화를 심화시켰다. '고유의학의 주변화'는 사실 20세기 초반 서구식 근대화를 강요받는 모든 국가에서 나타난 현상이었기 때문에 식민지 조선도 그러한 경향의 연장선 위에 있었다고 할 수 있다. 하지만 일본의 식민지인 조선의 경우는 이전의 대한제국이나 식민본국 일본과 다른 모습을 띠었다. 대한제국에서는 서양의학과 위생학의 도입에 적극적인 태도를 보이면서도 '작고참금(酌古叅今)'의 원칙에 따라 한의학을 존중하는 정책을 펼쳤다. 이런 정책은 보기에 따라 '적극적인 개혁'을 이루어낼 수 없는 소극적이면서도 과거 회귀적 정책으로 평가할 수도 있고, 한의학의 치료 효과를 인정할뿐더러 그것이 국가 의료의 중추를 이루고 있으며 짧은 시일 내에 서양의료를 착근시킬 수 없다는 현실을 직시한 정책으로 평가할 수도 있다. 식민지적 지배를 '신정(新政)'과 '개혁'으로 정당화했던 총독부에서는 당연히 전자의 입장을 택했다. 이런 정책은 일본의 또 다른 식민지였던 대만에서 이미 펼쳐졌던 것이다.

식민지 조선의 한의학 정책은 일본의 그것과 적잖은 차이가 있었다. 침구·안마술을 독자적인 범주로 독립시킨 점에서는 식민지 조선과 일본이 같았지만, 한의제도인 '의생'제도를 둔 것은 한의제도를 없애서 의사(醫師)제도 안에 편입시킨 일본의 그것과 크게 달랐다. 일본에서는 개개 한의의 지위 하락은 없었지만 집단 전체가 부정되었다. 식민지 조선에서는 집단 전체는 '한시적으로' 살아남았지만 개개 한의의 법적 지위는 강등되었다. 이런 차이가 발생한 것은 '근대화 의지'의 차이였다. 일본의 경우에는 국가 의료 전체를 '서구적으로 근대화'하겠다는 매우 강한 의지에 입각해서 엄청난 재원을 서양의학에 투자하면서 한의제도를 무력화했다. 이에 비해 식민지 조선이나 대만에서는 그럴 의지가 없었으며, 그럴 능력 또한 부족했다. 따라서 의사보다 한 등급 낮은 한시적인 '의생'제도를 고안함으로써 일본제국은 식민본국과 식민지 사이의 괴리를 해소하려고 했다. 즉, 한의학을 서양의학보다 하등으로 규정하고 한시적으로 존치함으로써 '신정' 즉 '서구적인 근대화'의 의지를 손상시키지 않으면서도 한의제도를 인정함으로써 식민지 보건 현실을 미봉할 수 있었기 때문이다. 우리는 이를 한의학의 식민지적 주변화라고 말할 수 있을 것이다.

식민지 전체 의료정책 가운데 한의학 정책은 다수 조선인에 대한 의료정책이라 말할 수 있다. 왜냐하면 이데올로기적으로 중심 의학인 서양의학과 의료가 철저하게 식민지 지배계급에 봉사하고 공적인 방역사업을 수행하는 데 필요한 규모만큼의 인력과 시설이 책정되었기 때문이다.[98] 이를 달리 말하면 다수의 식민지 피지배계급인 조선인에게 서양의학과 의료는 거리가 멀었으며, 관습적인 개업 형태를 모두 용인한 상태에서 한의 인력(의생과 한약종상)이 이전처럼 조선인의 보건의료 대부분을 담당토록 했음을 뜻

---

98 일제 초기 식민지 보건의료정책 전반에 관한 것으로는 박윤재, "한말·일제 초 근대적 의학체계의 형성과 식민 지배" (연세대학교 대학원 박사학위논문, 2002) 참조.

한다. 즉, 한의학이 이데올로기적으로 주변화했음에도 불구하고, 현실적으로는 지배적인 의료로 규정됐던 것이다.

이데올로기와 현실의 괴리라는 측면에서 일제 초기 한의학에는 긴장감이 있었다. 총독부에서는 한의학을 낮추어 보면서 한의에게 서양의학 재교육을 시키고, 방역사업에 동원하고, 그들이 한시적인 존재에 불과함을 각인시켰다. 한의계에서는 이러한 식민정책에 불안함을 느끼면서 면허 신청에 저항하기도 하고, "서양의학이 외과술 이외에 효과가 없으며 한의학이 내과에 더 낫다"는 주장을 시중에 유포하기도 하고, 전염병 피병원에 조선인이 기피하는 일반적 현실의 틈을 비집고 들어가 공적 기관에 한의학이 왜 필요한가를 주지시켰다.

일반 조선인의 입장에서 서양의학은 학문 내용, 시술 공간과 방법, 언어 등 모든 측면에서 익숙하지 않았다. 식민당국에서는 이를 "무지의 소치"라고 비난했지만, 식민지 조선인에게 서양의학은 경제적으로 접근이 용이하지 않았을 뿐만 아니라 그들은 기존의 의료 관습을 지키면서 한의학에 대해 여전한 신뢰를 표시했다. 총독부에서는 그것을 비난하면서도 그것의 실체를 인정하지 않을 수 없었으며, 총독부에서는 그것을 '관습'의 용인이라는 형태로 별다른 제한 없이 한의 정책에 담았다. 사실상 총독부 한의 정책의 가장 큰 골격은 "한의학을 근대적 형식으로 묶고, 그것을 주변화하고, 한의에게 서양의학과 위생학을 지도·학습했음"에도 불구하고 한의학을 대다수 조선인의 기본적인 의료로 삼았다는 점이다. 이 골격은 이후 의생 수가 감소하고 서양의학, 의료기관이 증가했음에도 불구하고 식민지 시기 전체를 관철한 특징이었다. 역설적으로, 그것은 대다수 조선인의 한의학에 대한 관습 또는 애정과 식민통치자의 조선인에 대한 민족적 차별 의식이 한데 어울린 형태의 모습을 띠었다.

식민국가의 한의학 정책이 초기에 천명했던 원칙은 일관되게 관철되지 못했다. 일제의 식민지 한의학 정책을 제약한 것으로는 우선 한의학의 대안인 서양의학의 높은 경제적 비용, 서양의사의 대량 양성을 억제했던 식민지 고등교육정책, 1931년 만주사변, 1937년 중일전쟁, 1941년 대동아전쟁 등 일제가 벌인 침략전쟁으로 인한 물자의 부족 등을 들 수 있다. 일본에서와 달리 식민지 조선에서는 빠른 기간 내에 서양의사나 병·의원을 대폭 늘리지 못한 까닭은 식민정부 차원의 경제적 부담 능력이 없거나 그런 의지를 가지지 않은 데서 찾을 수 있다. 서양의사로 충분히 대체되지 않는 상황에서 식민당국은 한약종상에게도 진료권을 인정하거나 편법적으로 의생을 양성하는 식의 정책을 펼쳤다. 또한 전반적으로 고등 인력을 배출하려는 교육정책은 의학 부문도 예외는 아니어서, 비록 다른 부문보다 상대적으로 나은 형편이기는 했지만, 서양의사의 배출은 제한될 수밖에 없었다. 전쟁 상황에서 서양의약품 수입이 제한 또는 두절되면서 한약의 재배와 연구가 장려되고 한의에 대한 관심이 더욱 높아졌다.

한의학의 일관성을 저해한 또 다른 중요한 변수는 일본에서의 국수주의 논리의 확산과 그 여파를 들 수 있다. 일본에서는 1931년 만주사변 이후 일종의 국수주의적 복고사상이 대두되었으며, 국수주의자들은 한방 부흥 문제를 국수주의 논리의 하나로 활용했다. 군국주의적 극수주의자들은 동양의 제국으로서 일본의 혼 또는 동양의 혼이라는 이데올로기를 부각시켰으며 '동양의학' 분야는 그 혼을 찾기 위한 좋은 대상 중 하나로 이용했다. 이런 분위기는 일본의 한의학계를 크게 고무시켰다. 그들은 1934년 일본 한방의학회를 창립했으며, 기관지인 『漢方と漢藥』을 발간했다.[99] 식민지 조선도 일본과 동일한 분위기에 휩싸이는데, 조선총독부 관리들이 국수주의적 색채를 보였으며, 한의계에서도 열렬한 한의학 부흥운동을 벌였다. 전장이

---

99 竹山晉一朗, 『漢方醫術復興の論理』 (績文堂, 1972), 173-174쪽.

만주에서 중국으로, 중국에서 태평양 전체로 확산되면서 군국주의적 극수주의는 더 맹렬해졌으며, 그럴수록 한약의 효과와 한의학 고유이론의 가치가 재인식되었다. 이는 메이지, 다이쇼 시대의 서양화(西洋化) 지향과 크게 달라진 태도였다.

그렇다고 해서 일제 초 형성된 식민지 한의학의 전반적인 성격이 크게 달라지지 않았다. 우선 한의학은 여전히 일제시대 보건의료의 핵심이었다. 당시 통계 수치를 보면 모든 시기 동안 식민지 보건의료 전 체계 내에서 한의학이 차지하는 비중이 서양의학의 그것보다 월등히 높게 나타난다. 특히 조선 농촌의 경우에는 거의 전적으로 한의약에 의존했다고 할 수 있다. 식민통치를 시작하면서 일본은 조선 전역에 서양의학의 혜택을 주겠다고 공언했지만, 적어도 35년 동안 이런 일은 잘 이루어지지 않았으며 식민통치 이전처럼 한의약에 의존했다. 다만 달라진 점이 있다면 그들에게 면허를 부여하고, 그 면허를 한년(限年), 한지(限地)로 제한하면서 이들을 농촌에 묶어두는 정책을 펼쳤다. 현실은 이와 같았지만 식민통치자는 이데올로기적으로 한의학은 서양의학보다 열등한 것으로 규정하면서 그것의 양성을 억제했다. 일제 말 이런 억제 정책이 풀릴 가능성이 엿보였지만, 이는 전쟁의 소용돌이 속에서 이루어지지 않았다. 마지막으로, 식민통치 시기 우여곡절을 겪으면서도 한의학이 이전의 한의학과 다른 모습으로 변모하고 있음을 놓쳐서는 안 될 것이다. 서양의학, 근대문물의 자극을 받으면서 한의학은 분명히 변화했다. 한의 인력은 반드시 서양의학을 공부해야 했고 이는 오늘날에도 지속되는 특징이다.

보론

19세기 조선 의약 풍경과 '약로(藥露)': 신대우 가계 기록물과 서유구, 이규경의 저술을 중심으로*

전종욱 (전북대학교 한국과학문명학연구소)

1. 들어가며

조선시대 의학 자료 정보의 원천은 다양하고 그들은 각기 저마다의 의미를 가지고 있다. 『동의보감(東醫寶鑑)』을 위시한 세계적 종합의서가 한 시대의 의학 정보를 총합하여 정리하면서 기본 축을 형성해주고 있고, 질병 유행이나 기아(饑饉) 등 특수 상황에 대처하기 위한 의서와 유의(儒醫)를 비롯한 전문의사의 체험적 저술이 또 한 부분을 이루고 있다.[1] 정부의 공식 기

* 이 논문은 2021년 11월 26일 한국의사학회 학술대회에 발표한 "신현의 간찰로 보는 조선 지식인의 일상 의료"의 내용을 수정 보강하고 다음 해 2월 『한국의사학회지』 35:1 (2022)에 "19세기 조선의약 풍경과 약로—신대우 가계 기록물과 서유구 이규경의 저술을 중심으로—"라는 제목으로 간행된 것을 재구성하여 올린 것이다. 19세기를 살았던 신대우와 그 아들 삼형제의 저술과 간찰, 그리고 『성도일록』의 원 자료가 의약적으로도 중요한 내용을 담고 있고 또한 서유구와 이규경의 저술에 보이는 '약로' 항목 역시 같은 시대 작성된 것으로 긴밀히 연결되고 있다. 거대한 변화가 몰려오기 직전의 조선 사회의 일면을 볼 수 있기에 본 총서에 수록하게 되었다.

1 김남일, 『한의학에 미친 조선의 지식인들: 유의열전(儒醫列傳)』 (들녘, 2011); 이수귀 저, 신동원·오재근·이기복·전종욱, 『역시만필: 어의 이수귀의 동의보감 실전기』 (들녘, 2015); 소백누인 저, 박상영·오준호 역, 『국역 상한경험방(傷寒經驗方)』 (수퍼노바, 2016); 장태경 저, 안상우·황재운 역, 『(국역) 우잠만고·우잠잡저』 (한국한의학

록인 『조선왕조실록(朝鮮王朝實錄)』과 『승정원일기(承政院日記)』 속에도 국왕의 질병과 치료기록이 풍부할 뿐만 아니라[2] 성리학으로 무장한 조선의 사대부 지식인들은 일기(日記), 문집(文集), 간찰(簡札) 등의 개인적 저술에서 양생(養生)과 식이(食餌)를 포함하여 풍부한 의약 정보를 남기고 있다.[3] 조선시대 개인기록과 관찬기록의 정보는 서로 연동되는 효과를 보이면서 때로 개별 기록이 노출하는 부족하고 의심스러운 정보를 보강하거나 걸러주는 역할을 하면서 균형과 보완을 이루기도 한다.[4] 최근 활발하게 진행되는 의안(醫案) 연구는 이런 점을 잘 보여주고 있다. 이와 함께 조선의 의관들이 통신사(通信使), 연행사(燕行使)와 함께 일본, 중국에 사행을 한 결과물에 동아시아 의학에 대한 비교 담론의 흔적을 남김으로써 조선의 의학이 국제 교류에서도 일정한 역할을 했었음을 드러나고 있다.[5]

본고는 이러한 연구의 흐름 위에서 특히 조선의 사대부 지식인의 건강, 질병에 대한 대처에 유의하여 신대우 가계의 기록물을 살펴보고 핵심적 부분을 정리하였다. 신대우 가계라 함은 신대우(申大羽, 1735-1809)와 아들 삼형제 곧 신진(申縉, 1756-1835), 신작(申綽, 1760-1828), 신현(申絢, 1764-1827)을 말한다. 이와 함께 신현의 아들 명호(命濩, 1790-1851)와 신진의 아들 명연(命淵, 1792-1854)이 등장한다. 주요 기록물은 신대우의 사후 문집 『완구문집(宛丘遺集)』, 둘째 신작의 『석천일승(石泉日乘)』이라는 가계 일지, 막내 신현의 『성도일록(成都日錄)』이라는 성천(成川) 부사 시절 일기, 그리고 이들이

연구원, 2010).

2 홍세영, "왕실의 議藥", 『한국의사학회』 23:1 (2010), 105-113쪽; 홍세영·차웅석, "『承政院日記』의 臨床醫學 記錄 研究", 『민족문화』 33 (2009), 103-174쪽.

3 신동원, "조선후기 의약생활의 변화: 선물경제에서 시장경제로―『미암일기』, 『쇄미록』, 『이재난고』, 『흠영』의 비교 분석" 『역사비평』 75 (2006), 344-391쪽.

4 김남일, "한국의학사에서의 의안연구의 필요성과 의의", 『한국의사학회』 18:2 (2005), 189-195쪽.

5 함정식·차웅석·유원준·김남일, "조선통신사 사행원과 기록 연구: 18세기 사행록과 의학문답 기록을 중심으로", 『한국의사학회』 20:1 (2007), 41-61쪽.

서로 긴밀하게 주고받은 간찰이 그것이다.[6]

신작은 늘 경전 공부에 매달린 책벌레였는데, 그는 눈을 혹사하다가 눈병이 생겨 종내는 멀리 남도까지 내려가 몇 달을 거처하면서 침 치료를 받는 모습이 나온다. 후에 그는 이런 경험으로 명연, 명호의 눈병에도 자잘한 조언을 하고 있다. 그는 사주당 이씨의 『태교신기』에 서문을 썼고, 다산 정약용과도 매우 긴밀한 학술 토론을 한 인물이다. 막내 신현의 일기에는 전염병이 창궐하여 모든 지역 사람들이 두려움에 떨고 시신이 쌓인 참혹한 모습에 힘들어하고, 또 그 와중에 가족과 친지의 안위에 관심을 곤두세우는 모습도 보인다. 이들 형제는 평생을 질병과 의약의 문제를 계속 고민하고 걱정하고 또 마음을 다스려가는데 생의 마지막까지도 그런 장면이 드러나 있어 여운을 남긴다.

특히 '약로(藥露)'의 사용이 신현의 간찰에 나타난 것은 조선의 의약사 차원에서 주목할 만하다. '약로'는 수분이 함유된 각종 화초, 약재 등을 증류하여 그 엑기스를 추출한 것인데, 이는 『동의보감』에는 실리지 않은 것으로 조선 후기 의약 생활의 한 특징으로 볼 만하다. 전통적 한의약의 제형과는 다른 증류액으로서의 '약로'가 당시 실제로 사용되는 모습이 신현의 간찰 속에 여실히 드러난 것이다. 약로는 서양 전래의 신문물로 웅삼발(熊三抜, Sabbathino de Ursis, 1575-1620)[7]의 한역서학서 『태서수법』에서 소개되어 있었는데, 신현과 동시대를 산 일군의 지식인들이 이를 중요하게 다

---

6 주로 신현이 작성한 간찰이 많은데, 벼슬살이를 하면서 외직에 나가 있는 시기가 많고 또 재정적으로 가장 여유가 있는 지위이기도 하여 집안 대소사에 항상 적극적 관심을 기울였던 것으로 보인다. 간찰 자료는 5백여 건 이상으로, 가회고문서연구소장 하영휘(전 성균관대 교수) 선생이 주도하는 신현간찰읽기모임에서 정밀하게 윤독하며 조선 후기 실상에 대해 다각도로 연구하고 있다. 본고에서 간찰에 붙은 L000이라는 번호는 모두 이 간찰강독회에서 부여한 것이다. 눈병 자료 집록에는 同會의 김정수(한중연 석사) 선생의 도움을 받았다.

7 웅삼발은 우르시스[Sabbathino de Ursis]의 한어명이다. 그는 1606년 이태리에서 중국에 온 예수회 선교사로 수학·천문학·역학(曆學)에 능하여 서광계(徐光啓) 등으로 하여금 명나라 역법(曆法)의 미비점을 서양역법을 활용하여 개편하도록 했으며, 『태서수법(泰西水法)』, 『간평의(簡平儀)』 등을 저술하였다.

룬 점이 확인되었다. 곧 서유구(徐有榘, 1764-1845)의 『임원경제지』「인제지」의 '약로' 기사, 이규경(李圭景, 1788-?)의 『오주연문장전산고』의 '약로' 관련 기사가 그것이다. 이들은 공히 전통적 복약 제형인 환·산·탕제보다 약로가 뛰어난 점을 설명하고 그 방식을 채용할 것을 강력히 주장하고 있었다. 실제로 약로를 제작하여 사용한 경험을 말하기도 하고, 약로 제작기구의 그림을 구체적으로 수록하여 활용을 권장하기도 하였다(후술). 물론 신현, 서유구, 이규경의 예만으로 약로가 실제로 당시 조선의 의약 생활에서 중요한 일부를 담당하였다고 확언할 수는 없지만, 최소한 이들 지식인의 의식과 활동 속에서는 뚜렷이 기존 의약 생활 패턴과 다른 의약 지향이 드러난 것만은 분명하다. 약로는 조선에서 진행되었던 조용하지만 끊이지 않는 국제적 교류와 내면적 소화 과정의 일면을 보여주고 있는 것이다.

2. 신대우의 가계와 주요 자료

완구 신대우(宛丘 申大羽)는 1749년 하곡 정제두(霞谷 鄭齊斗, 1649-1736)의 손녀(정후일의 딸)와 혼인하고 얼마 뒤 장모 문화 유씨의 주선으로 강화도로 이거하여 살았다. 그는 조선 양명학을 대표하는 정제두의 손자사위로서 하곡의 학문을 계승한 문인이자 학자이다. (그림 12-1)[8] 정제두의 아들 정후일(鄭厚一, 1671-1741)은 외아들 정지윤(鄭芝潤)과 다섯 딸을 두었는데, 그 사위들이 이광명, 이경호, 임달호, 신대우, 이영익 다섯 명이다. 특히 이광명의 가계는 이후 이충익, 이면백, 이시원, 이상학, 이건창으로 이어지는 하곡학

---

8   신창현, 『해공 신익희: 그 생애와 사상 및 일화』(해공신익희선생기념회, 1992), 6-7. 자료 정보는 해공의 손자 신기현(호주 국립대 교수)의 도움을 받았다. 신현은 임시정부의 요인이자 독립운동가인 海公 申翼熙(1892~1956)의 증조부이다.

파의 중요 가계를 형성하였다. 정제두가 1709년 강화도 하일리로 이거하고, 이듬해 이광명이 정제두의 문하로 들어오면서 강화학파가 시작되었다고 할 정도다. 넷째 사위 신대우는 첫째 사위 이광명을 스승으로 여겼고, 이광명의 아들 이충익은 신대우를 종유하였으며, 막내 사위 이영익(李令翊)도 신대우와 긴밀하게 교유하였다. 특히 이영익의 아버지 원교 이광사(圓嶠 李匡師, 1705-1777)는 일찍부터 정제두의 학문을 흠모하여, 본인도 강화로 와서 직접 가르침을 듣고자 했으나 정제두가 작고하여 뜻을 이루지 못했다고 한다. 신대우는 정후일의 행장을 썼고 정제두의 유고를 정리했다는 점에서 그가 하곡학파에서 차지하는 위상을 짐작할 수 있다. 신대우는 본인이 정후일의 학문을 다시 정지윤의 아들 정술인(鄭述仁)에게 전해주었다고 술회했다. 요컨대 조선의 양명학이라고 일컫는 강화학파의 주요 가문은 정제두, 이광명, 신대우 이들 세 가문으로 압축된다.[9]

〈그림 12-1〉 신대우 초상

〈그림 12-2〉 신현 초상

9 이남옥, "하곡 정제두의 인적네트워크", 『陽明學』 49 (2018).

신대우는 강화도로 온 뒤 1785년 50이 되던 해 출사하기 전까지 근 삼십 년간 강화도에 거처하면서 자신의 동생 신대흡(申大翕), 아들 3형제 곧 신진(申縉), 신작(申綽), 신현(申絢), 정제두의 증손 정술인 등에게 학문을 강학하였다. 유학의 기본 경서와 사서(四書), 문집을 비롯해 정시(程詩), 정문(程文) 등 과거에 필요한 공부 역시 가르쳤는데, 강화도에서 양명학이라는 가학 배경을 가진 자손과 제자들에게 과거를 보도록 적극 권했다는 점을 주목할 필요가 있다. 특히 신대우와 아들 삼형제의 관계는 당시에도 특별히 긴밀하여 편지와 일록이 많이 작성되었고 그 일부가 지금까지 보존되어 있다. 신대우의 문집은 그의 사후 신진, 신작, 신현 세 아들에 의해 수습되어 자신들의 집에서 자비를 들여 유집(遺集)으로 간행되었다. 그것이 『완구유집』이다(그림 12-3).[10]

〈그림 12-3〉 『완구유집』. 아들 삼형제가 편찬했다.

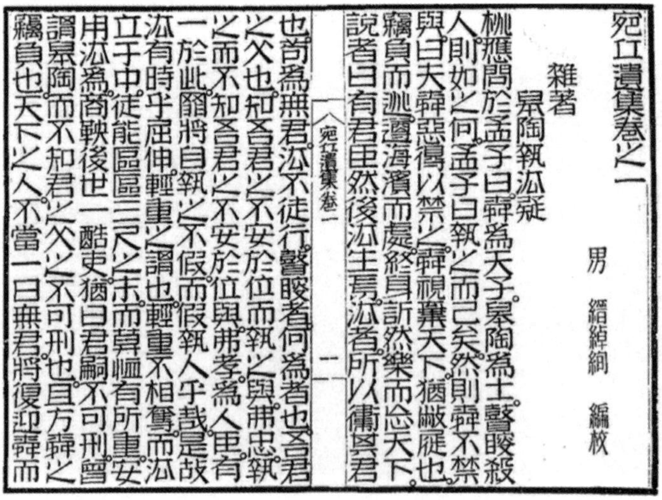

10 원래 맏형 신진의 임소인 新寧縣(경북 영천시 신령면)에서 판각하려고 필사를 진행했으나 여의치 않아 최

신현 삼형제는 장년이 되어 경기도 광주 사촌(社村)에 함께 살았는데, 이는 아버지 신대우가 자식들이 서울보다 향촌에서 모두 모여 살도록 한 당부가 큰 영향을 미쳤다.[11] 둘째 석천 신작은 1809년 과거시험에 장원을 하고도 평생 관직에 나아가지 않았다.[12] 대신 오랫동안 가까이서 아버지를 모시면서 아버지 때부터 기록되던 가승(家乘)을 이어 『석천일승』을 남겼다. 사후에는 『석천유집』이 전한다. 신작은 당대(唐代) 이전의 고주(古註)를 연구하여 『시차고(詩次故)』, 『서차고(書次故)』, 『역차고(易次故)』 등 삼차고를 저술했는데, 이로써 조선 후기 경학의 대가의 반열에 올랐다.[13] 그는 증거 자료를 널리 수집하고 이를 근거로 치밀하게 고증하였는데, 이때 광주 사촌과 가까운 거리에 강 하나를 사이에 두고 살던 다산 정약용과도 친분을 맺게 된다.[14]

신작은 『태교신기(胎教新記)』에 서문을 쓰기도 했다. 이 책은 사주당 이씨(師朱堂 李氏, 1739-1821)가 쓰고 아들 유희(柳僖, 1773-1837)가 펴낸 것으로 조선조 태교에 대해 획기적인 저작으로 평가된다.[15] 서문에서 그는 "태라는

종적으로 광주 사촌의 집에서 간행하였다. 『완구유집』의 서체는 아름답고 정교한 예서체로 되어 있는데, 조선조의 문집에서 그 유례를 찾기 어렵다. 신대우 가의 삼형제는 모두 글씨를 잘 썼고 서체도 비슷했다고 한다. 그중에서도 신작이 예서에 특별한 조예가 있어 유집의 글씨를 썼다.

11 敎曰, 別無可託於汝輩者矣. 吾於家事, 豈能大段有爲, 而自謂粗成模樣. 須繼此善爲之, 士官不容人力爲也. 吾沒之後, 汝輩 不必京居, 往住社村爲好. 連庚豹壬皆可能文, 以至孝乙亦必能文. 鄕居而敎子, 善莫大焉. 兄弟同室, 豈不是好事, 終有行不得者, 須圖析居之道也. 此其大略也. 餘外秋此善爲之, 每事常存遠慮, 從容好居也. 양상훈 외 경기도박물관 학예연구팀, 『성도일록 역주본』(2008), 347쪽.

12 과거시험을 치르던 시점에 성천에 就養하던 아버지가 돌아가시는 바람에 임종을 보지 못했다는 죄책감 때문이었다. 이후 부친의 묘소가 있는 廣州 사촌(社村)에서 경학 연구에만 몰두하고 꿈쩍도 하지 않았다.

13 鄭寅普는 이 3부작에 대하여 평가하기를 "신석천의 시차고, 서차고, 역차고는 乾隆·嘉慶년 간의 여러 유학자들의 博學으로도 그 엄격하고 정확함을 따르기 어려울 만한 저술이다"라고 하였다. 이우진, "강화학파 형성담론의 재구성", 『陽明學』 33 (2012).

14 두 사람의 학문적 토론은 정약용의 『喪禮全書』, 『梅氏書評』과 신작의 『시차고』를 서로 교환하여 보면서 심화되었고, 신작이 『시차고』를 완성하자 정약용은 그 책을 보고 자신의 『尙書古訓』을 재편집하기도 했다. 양상훈 외 경기도박물관 학예연구팀, 『성도일록 역주본』, 612쪽.

15 윤은경, "韓醫學的 觀點에서 본 胎教新記의 胎教論", 『대한한의학원전학회지』 31:1 (2018), 158쪽.

것은 천지의 출발, 음양의 시작, 조화의 풀무, 만물의 시작이다. 태초에 기가 엉겨 혼돈의 구멍이 뚫리지 않았을 때에 오묘한 기운을 발하여 은밀히 돕는 공은 사람에게 달려 있다"면서, "현명한 스승에게 받는 십년 가르침도 어머니의 배 속의 열달 태교만 못하다(賢師十年之訓 未若母氏十月之敎)"고 하여 태교의 중요성을 크게 높였다. 그 이유를 구체적으로 말하기를, "음화가 잘 보호되고 맥양이 매달 전변되면 영원(靈原)이 호흡을 통해 전신을 돌고 기부(寄附)는 영혈이 흘러 들어간다. 이때 임신부가 병이 들면 태아도 병들고 임신부가 평안하면 태아도 평안해지는 법이니, 태아의 감성과 본성, 재능과 덕망이 어미의 움직임을 따르게 되고 어미의 먹고 마시고 덥고 찬 것이 태아의 기와 혈이 되는 것이다"[16]고 하여 한의학적으로 상당한 깊이를 보여주고 있다. 특히 혼돈의 구멍을 뚫는다는 부분은 본디 장자에 나오는 고사인데 신작이 자신만의 변용을 수행하고 있는 것이다. 『장자』 원문은 눈 코 입이 없는 중앙의 신 혼돈을 가엾게 여긴 남북의 신들이 그에게 구멍을 뚫어주자 결국 죽고 말았다는 이야기인데, 신작은 오히려 태라는 혼돈(混沌)에 사람이 적절한 도움을 주어 빼어난 인재를 얻을 수 있다는 방향으로 풀어가는 것이 눈에 띈다. 신대우 집안에서는 『장자(莊子)』를 주요한 가학의 텍스트로 삼고 있었기에 그 이해의 깊이에서부터 이러한 독자적 풀이가 가능하지 않았는가 생각된다.[17]

막내 신현(1764-1827)은 삼형제 중 가장 현달하여 1794년 문과에 급제한 뒤 정조에 의해 초계문신(抄啓文臣)으로 발탁되었고, 이조 정랑, 사헌부 집의, 사간원 대사간 등 문관이 거치는 요직과 함께 순천, 화성, 강원도관찰

---

16 夫胎者 天地之始 陰陽之祖 造化之橐籥 萬物之權輿 太始氤氲 混沌之竅 未鑿 妙氣發揮 幽贊之功 在人 方其陰化保衛 脈養月改 靈原之呼吸流通 寄附之榮血灌注 母病而子病 母安而子安 情性才德 隨其動靜 哺啜冷煖 爲其氣血 『胎敎新記』 序.

17 가학의 영향으로 신작은 노장사상도 자유롭게 공부하여 『노자지략』을 펴냈는데, 조선조 박세당(朴世堂)의 『노자주』로부터 신작의 이종형 이충익의 『초원담로』로 이어지는 노자 연구의 전통을 이었다. 양상훈 외 경기도박물관 학예연구팀, 『성도일록 역주본』, 612쪽.

사 등의 외직을 두루 역임했다. 1808년 평안도 성천 부사로 임명되자, 자연 풍광이나 누각 등 매우 운치가 있는 이곳에 아버지 신대우가 취양을 오게 된 것이다. 『성도일록』은 그가 성천 부사로 부임하면서 기록한 관리 일지 같은 것이었는데 이후에도 1821년까지 13년간 일기 형식으로 계속 쓰여 졌다.

신현은 형제가 한집안처럼 살고 있는 상황에서 실제적 살림살이에 큰 뒷받침을 하였다. 실제로 큰형 신진(申縉)은 1817년 8월 음서로 신녕(新寧, 현재 경북 영천 신녕면) 현감에 임명되었는데, 그 과정에 모종의 역할을 했을 가능성이 높고, 둘째 형 신작의 경우 아버지의 훈계도 있었거니와 신현이 물심양면 많은 도움을 준 것으로 보인다. 신작의 안질 치료에 금산(錦山)까지 동행한 것도 신현이었다.[18]

정조는 신현을 보덕(輔德, 동궁을 보필하는 벼슬자리)에 임명하면서 "궁관(宮官, 東宮 소속 관리)으로는 마땅히 신현밖에 없다"고 했다. 또 "신현은 질실(質實)하고 성실(誠實)하고 순실(淳實)하다. 이 세상에 이런 사람이 또 있겠는가"라고 했다고 전한다. 신현의 호가 '실재(實齋)'인 것도 이런 이유가 있다.[19] 순조 때(1824년, 도광4년)는 신현을 강화유수(江華留守) 겸 진무사(鎭撫使)에 임명하였다(그림 12-4).

18   『석천일승』 1791년 4월 기사.
19   신현 묘비. 양상훈 외 경기도박물관 학예연구팀, 『성도일록 역주본』, 613쪽.

〈그림 12-4〉 신현의 강화유수 겸 진무사 밀부유서(密符諭書)

3. 의약 기사로 본 의료 생활

본 절에서는 『성도일록』, 『석천일승』과 그 외 간찰 등의 기사를 중심으로 신대
우 가계들 중심으로 여러 질병과 침과 약의 치료 등 전반적 의약생활 양상을
정리하고(표 12-1 참조), 이후 각각의 질병과 기사에 대해 살펴보고자 한다.

〈표 12-1〉 신대우 가계 인물 정보와 의료 기사

	주요 관직	의료 기사	기록물	비고
신대우 1735~1809	음직/호조참판	말년의 풍질(風疾)	『완구유집』 간찰	정제두의 문집 정리 책임자
신진 1756~1835	음직/신녕현감	아들의 안질(眼疾)	간찰	아들 명연
신작 1760~1828	장원 급제 후 벼슬 포기	본인의 안질(眼疾)	『석천일승』 『석천유집』 간찰	태교신기서 『시차고』 정약용과 긴밀 교유 正祖의 賜名
신현 1764~1827	강원도관찰사 성천부사 사간원대사간 강화도 유수	아들의 안병(眼疾) 1821년 역병(疫病) 말년의 인후병(咽喉病)	『성도일록』 간찰	아들 명호 정조의 인물평 순조의 인물평

1) 안질에 대하여

먼저 둘째 신작의 눈병은 29세 되던 1788년 12월에 처음 시작된 것으로 나타난다. 헤아릴 수 없이 많은 독서 때문이라고 했는데, 눈병이 나서 책을 더 볼 수 없는 지경이 되자 독서를 폐하기에 이른다. 하지만 병이 잠시 나아졌는지 다시 『맹자』, 『문선』, 『후한서』 등을 읽다가 병이 더욱 심해져 결국 1791년 4월에 옥천(沃川)의 박의(朴醫)에게 침을 맞으러 동생 신현과 함께 떠난다. 치료 차 옥천까지 떠난 것은 가까운 지역의 의사들에게 치료받은 침과 약이 효험이 없었기 때문이었다. 여기서 박의에게 침을 6도(度) 받고 40일 만에 회복되어 돌아온다. 그해 12월에 다시 눈병이 재발했는데 한 번 더 내려가 박의(朴醫)에게 침 치료를 받았고 그 뒤로는 재발하지 않았다고 했다(표 12-2 참조).[20] 이 기사는 『석천일승』에 나오는데, 침 치료만으로 눈병을 치료한 것이다. 당시 과거 공부를 하는 젊은이들이 눈을 혹사하여 눈병을 앓는 이가 상당했던 것으로 추측된다.[21]

20 석천일승 (석천유집 제6책).
21 신동원, "조선후기 의약생활의 변화: 선물경제에서 시장경제로—『미암일기』, 『쇄미록』, 『이재난고』, 『흠영』의 비교 분석", 344-391쪽.

일시	내용	기록물
1788-12	十二月 始患眼【公眼患有根底 有妨緇閱 是歲二月做程文 兼看漢書 又看海東名臣錄 餘外無可紀】	石泉日乘
1789-12	○是歲公眼患頗作廢書時多 七月閱西河詩說 八月繼看漢書 至九月讀穆字天傳 十月看左傳 兼閱詩故 十二月始閱後漢書 至明年五月畢 可紀者如此】	石泉日乘
1790-02	二月壬戌 與朴仲實鄭叔當同做賦【是歲有慶科增廣 故會做程賦 是年春 繼閱後漢書 以眼患旋廢 五月畢 繼閱文選 十一月讀孟子】	石泉日乘
1791-04	四月丁未 與季氏往沃川朴醫家 轉至錦山受針 五月甲午還自錦山【公眼眚?年添肆 自去月尤 鍼藥俱無效 聞朴君思貞在沃川善針 與季氏偕往 朴君先已往錦山矣 仍往錦山 館子舍人朴璜家 壬子季氏先還 公留受針六度 凡四十日而差 與往錦山】	石泉日乘
1791-12	十二月壬寅 還【眼患復發 更往受針而自後不復發】	石泉日乘
1806-09	九月庚戌 領命淵往 留泮中 就醫針治 壬戌還【命淵眼病甚苦 聞嶺醫鄭烈在泮 率針醫李彦■ 隨其■揮 受針一度】撰日涉亭解【尙書書公起小亭於後園 以日涉名亭 而請公題額 公以古篆書送 又請記於宛丘府君 公承親教作】	石泉日乘

　　신작은 이후 자식과 조카들의 눈병 치료에 대해 본인의 경험을 바탕으로 적극적으로 간여한다.[22] 1812년과 1815년 신현의 아들 명호의 눈병에 대해 신작이 다음과 같이 말한다.

　　　　(1812) 명호의 눈병에는 풍이 감촉되면 안 될 것이다.… 찬 성질의 약을 함부로 투여하여 경락을 난자하는 짓을 용렬한 의사들이 늘 하는 짓이라, 이는 이득은 없고 해만 있는 결과로 된다. 차라리 치료하지 않고 편안히 두는 것을 치료라고 여긴다면 보통 정도의 의술을 가진 의사를 만난 것이나 마찬가지이리라.[23]

　　　　(1815) 이 병은 좀 나아졌다고 조금이라도 염려를 느슨히 할 수 없는 것이다. 모름지기 눈을 잊어야 눈이 온전하고 욕정을 잊어야 정이 왕성해

---

22 『석천유집』 권4, 서간문. 與季氏. 조선학보 31집의 기사.
23 『석천유집』 권4, 서간문. 與季氏. 조선학보 31집의 기사. 1812년 4월(141쪽). 護也眼病未宜觸風 旣送而未能弭念 添損固其勢也 且數且念 妄進凉劑 亂刺經絡 具是庸醫之所是 恐是無盆而有害 無寧以不治爲治 猶得中醫之術也.

지도록 해야 한다. 능히 조금 나았을 때의 경계를 잘 지킬 수 있을지 어떨지 모르겠구나.[24]

신작은 제대로 된 의사를 만나지 못하고 용렬한 의사에게 맡길 바에야 차라리 치료하지 않고 편안한 상태로 두는 것이 더 낫다는 뜻을 말했다. 의약에 대한 불신이라기보다 본인의 경험에 비추어 하는 일상적 권고처럼 들린다. 신작은 스스로 노자주석서 『노자지략』을 지을 만큼 도가(道家) 양생(養生)에 대한 소양이 남달랐다. 『태교신기』의 서문에서도 본 것처럼 여기서도 풍한의 기운, 한온의 약성, 경락의 흐름을 전제하고 이를 거스르는 행위의 해악이 부르는 결과를 명쾌하게 펼쳐내고 있다. 두 번째 기사는 '소유지계(少愈之戒)'에 대해 특히 방점을 두었다.[25] 병이 조금 나았을 때 특히 더 조심하여 조리해야지 그렇지 않으면 심각한 병이 된다는 경계를 언급했다. "눈을 잊어야[忘] 눈이 온전하다. 정(情)을 잊어야[忘] 정(精)이 왕성하다"는 표현은 문장을 짓는 신작의 재능이 은연중 드러나 보이는 구절이기도 하면서, 동시에 장자(莊子)의 망(忘)이 건강을 지키고 질병을 이기는 데 매우 좋은 방도가 됨을 적절히 표현한 것으로 보인다.

이후 신작은 1818년 기사에서 아이들의 눈병 치료에 대한 회의감, 희망을 동시에 보이고 있다.

아이들이 침 치료를 받았지만 어찌 효험을 기필할 수 있겠는가. 그렇지만 모든 것이 자신에게 달린 일이라, 쓸 만한 의약을 잘 물어볼 따름이

---

24 『석천유집』 권4. 서간문. 與季氏. 조선학보 31집의 기사. 1815년 12월(146쪽). 護兒眼病稍有減勢 極可幸也 然此疾不可以作減弭慮 須使忘目方是目全 忘情方是精旺 未知能存少愈之戒否也【乙亥臘月】.

25 少愈之戒는 『내경』이나 『상한론』에서부터 병이 조금 나았을 때 더욱 조심하여 다스리지 않으면 급격히 예후가 나빠지는 경우를 들어왔던 것이다.

다. 어찌 알겠는가? 이를 계기로 평소 때처럼 막을 걷어내고 밝은 눈을 뜨게 될지…[26]

신작은 한편으로는 침을 맞아 효과를 볼 기대가 없다고 하고, 또 한편으로는 무엇이든 열심히 치료를 받아야 좋을 것이며 그렇게 하다 보면 이전처럼 건강한 눈을 회복할 것이라는 희망을 동시에 말하고 있다.

신현의 아들 명호(命濩, 1790-1851)와 신진의 아들 명연(命淵, 1792-1854)의 눈병도 『성도일록』과 간찰에 자주 보이는데, 20대 초반이 되는 1814년 즈음에 안질에 관한 기사가 처음 보이며 이후에도 종종 나타난다(표 12-3 참조). 신작과 마찬가지로 과도한 독서, 특히 과거 공부와 관련이 있는데, 이때가 과거 공부에 집중하는 시기인 것이다.

---

26 『석천유집』 권4. 서간문. 與季氏. 조선학보 31집의 기사. 1818년 9월 22일(150쪽). 送後獨處 不勝蕭踈 人馬回 承手字 披復如對 兒輩受針 何能責效 然亦盡在己之事 以聽醫藥而已 又安知不因此而撥雲開明如平昔也.

〈표 12-3〉 명호 명연의 안질(眼疾) 기사

일시	내용	기록물
1814-04-04	이의(李醫) 명운(命運)이 와서 명호의 눈병에 대하여 논하였다	成都日錄
1814-04-05	명호가 백봉(白峯) 이명운(李命運)의원한테 가서 자면서 診脈하고 養肝丸 (補肝湯)등 몸 안의 水氣를 튼튼하게 하여 눈을 밝게 하는 처방을 얻어가지고 왔기에 차례로 시험삼아 써보기로 하였다	成都日錄
1814-12-13	巡將 金啓行이 눈병을 잘 본다는 이름이 있어 청하여 명호의 눈병을 진찰하게 하였다	成都日錄
1814-12-15	명호의 눈병에는 김계행의 말을 듣고 지황결명산(地黃決明觸)을 쓰고 금화진(錦花澤)으로 점안(點眼)하였다	成都日錄
1815-02-09	명호가 눈병으로 심히 괴로워하는데 懷德의 金醫가 침을 잘 놓는다고 하여 청하여 침을 놓기 시작하였다	成都日錄
1818-09-28	두 아이는 눈병으로 침을 겨우 한 번 맞았는데 호濩는 조금 효험을 보았으나 또한 기한이 찰 때까지 나을지 여부를 모르겠고, 연淵은 달리 증세가 더하거나 덜함이 없습니다. 모두 낫기 어려운 증세라서 몹시 걱정스럽습니다.	簡札(L001)
1818-12-23	명호가 복용하는 약이 마침내 백첩이 되었으니 관官의 힘이 아니면 불가능한 일입니다. 이번 겨울에 눈병이 그렇게 더하지 않은 것이 침의 효과가 아니라 약의 효과입니다. 상충桑虫은 돈으로 구할 수 있는 물건이 아니니 무슨 수로 다시 백첩을 복용할 수 있겠습니까. 내년 봄에 주朱의원의 약을 복용하고 그에게 침을 맞아야 할듯 합니다.	簡札(L067)
1820-12-16	명호의 눈병이 겨울사이에 점점 더하여 진맥한 뒤에 方文을 내고 다음 날 돌아갔다.	成都日錄
1821-01-11	명호가 유생(柳生) 경(儆)을 찾아보고 저녁에 돌아왔다. 눈병 예약을 문의하기 위해서이다.	成都日錄
1821-01-22	명호가 눈병에 침을 맞으려 서울로 올라갔다. 들으니 나주(羅州)에 침을 잘 놓는 의원이 올라왔다고 하여서이다	成都日錄

1815년 4월 5일 기사를 살펴보자.

명호가 백봉 이명운(李命運) 의원한테 가서 자면서 진맥(診脈)하고 양간
환(羊肝丸) 보간탕(補肝湯) 등 몸 안의 수기(水氣)를 튼튼하게 하여 눈을
밝게 하는 처방을 얻어 가지고 왔기에 차례로 써보기로 하였다.[27]

27　양상훈 외 경기도박물관 학예연구팀, 『성도일록 역주본』, 386쪽. 1815년 4월 5일 기사. 初五日 濩也往白峯 李醫命運處留宿, 診脈得養肝丸 補肝湯 壯水明目之方以來 , 次第誠用.

의원으로 이명운, 회덕(懷德) 김의(金醫), 류생(柳生) 경(儆), 주의원(朱醫員), 나주(羅州)의 침의(鍼醫) 등이 나타난다. 앞의 신작의 경우처럼 연이 닿는 의사에게는 모두 치료를 받고 있는 것처럼 보이는데, 회덕이나 나주의 경우는 그 지역을 찾아간 것이라기보다 신현이 있는 곳 가까이로 이들 의원이 머물고 있다는 소식을 듣고 시간에 맞게 찾아간 경우로 보인다. 이름 있는 의원은 이렇게 지역을 옮겨 다니면서 치료한 듯하다. 꼭 의원이 아니어도 순장(巡將) 김계행(金啓行)의 말을 따라 병을 진료하는 모습도 보인다(1814-12-13). 치료 방법은 주로 침을 많이 쓰는 듯하고, 약으로도 양간환(養肝丸), 보간탕(補肝湯), 지황결명산(地黃決明散)을 쓰고 점안약으로 금화진(錦花津)이란 약명이 나타난다. 양간환과 보간환은 간의 기운이 허약하여 눈이 흐릿하고 안화가 피는 것을 치료하는 약이므로 명호의 안질을 실증이 아닌 허증으로 보고 있다고 하겠다. 지황결명산은 『동의보감』 등 종합의서에 이름이 보이지 않지만 간신(肝腎)의 허증을 보하여 명목(明目)을 꾀하는 약방임을 추정할 수 있다. 금화진(錦花津)은 무엇인지 알 수 없다(1814-12-15). 다만 후술하는 약로(藥露) 부분에 '금은화로(金銀花露)'가 출현한 것을 미루어 볼 때 이와 관련성을 생각해본다. 열이 문제가 되는 안질의 기본 속성을 감안하면 열을 식혀주는 데 특장이 있는 '금은화'의 약성을 바탕으로 한 치료 방법도 예상해볼 수 있다. 다만 점안약임을 전제하고 봤을 때 간신의 허증과는 별개로 표증(表症)을 치료하는 간편약으로 보인다.

신현은 중형(仲兄) 신작의 안질 치료 때와는 달리, 아들의 눈병에 침이 아니라 약이 효과를 본다고 생각하면서 그런 방향으로 치료의 길을 찾고 있다. 누군가 제공한 정보인 듯한 상충(桑虫, 桑螵蛸)이 안질에 도움 된다고는 인정하지만 백 첩이나 복용할 약을 구할 방도가 마땅치 않은 상황에 난감해한다(간찰 L067). 그보다 차라리 차선책으로 내년 봄 주(朱) 의원에게서 약을 먹고 침을 받는 것을 택하고 있다. 여러 의원들이 제공하는 치료법을 두고 자신의 처지에 가장 합당한 방법을 형량(衡量)하고 있는 모습이다.

2) 신대우의 풍질(風疾)

1809년 4월 성천으로 요양을 온 신대우는 그해 11월 초 갑작스런 풍질(風疾)로 견체(牽滯)의 증상이 와서 수족을 잘 쓰지 못하게 된다. 이에 청심환(淸心丸), 소합원(蘇合元), 정기산(正氣散) 등의 약제를 바로 써보았지만 효험을 보지 못했고(11월 2일), 다음 날 차음(茶飮)과 환제(丸劑)를 시용하고, 성천읍의 고정운(高正運)이 의술을 좀 알기에 가까이 있으면서 돌보도록 한다. 며칠 뒤에도 환후가 그대로 변함이 없자 희죽(稀粥, 묽은 미음), 임죽(荏粥, 깨죽) 등을 올려드리는데(6일), 신기(神氣)가 조금 나은 듯해서 자리를 옮기기도 하고 말을 보내 정식으로 의인(醫人) 이명운(李命運)을 맞이했다. 또 평양에서 보내온 환약(丸藥), 죽력(竹瀝)을 받았다(9일, 10일). 이명운이 진찰하고 삼력고(蔘瀝膏)를 시용했다. 여러 날을 몸져 누워 있으니 음식을 더욱 싫어하여 낙죽(酪粥, 우유를 졸여 만든 죽), 인유(人乳) 같은 것도 극소량만 드셨다(13일). 그리고 15일부터는 물도 약도 들지 못했으며(自是日, 酌飮不得進, 而藥亦停之.) 결국 22일 사시(巳時)에 망극한 지경에 이르렀다.[28]

초기 증상이 나타났을 때 청심환, 소합원, 정기산을 썼고 다음과 환제를 연이어 시용했다. 이명운 의원이 처방한 삼력고(蔘瀝膏)는 인삼과 죽력을 합해 만든 고(膏)로 비위의 힘을 북돋는 처방일 것이다. 이름이 따로 보이지는 않으나 「인제지」에 삼력음(蔘瀝飮)이 나타난 것으로 봐서 이와 유사한 약방으로 추정된다.[29] 75세의 고령에 풍질(風疾)로 거동이 어려워지고 비위

---

28 양상훈 외 경기도박물관 학예연구팀, 『성도일록 역주본』, 83~86쪽.

29 蔘瀝飮 [簡便方] 胃虛惡心, 或嘔吐有痰. 人蔘一兩, 水二盞, 煎半, 入竹瀝一杯, 薑汁三匙, 食遠溫服, 以和爲度. 「인제지」 권1. 內因.

의 기능이 저하되어 희죽(稀粥), 임죽(荏粥), 낙죽(酪粥), 인유(人乳) 등속의 음식마저도 받아들일 수 없게 되자 끝내 기운이 스러졌다. 성천 부사인 아들 신현이 당시로서 할 수 있는 모든 방도를 취한 것으로 보인다.

3) 돌림병에 대하여

1821년 콜레라로 추정되는 전염병의 창궐에 대한 생생한 기록이 『성도일록』에 실려 있는데, 신현은 이 전염병으로 죽은 사람이 약 10만 명가량 된다고 추산했다. 함경도 감사와 조정 간에 계속 장계가 올라가고 전교가 내려가는 등 상황이 긴박하게 그려진다. 이때의 장계와 전교는 『조선왕조실록』의 당일 기사에도 동일하게 나타난다.[30]

> 8월 14일/ 비국(備局)의 초기(草記)에서 이르기를 "평안감사의 장계를 보니 병명을 알 수 없는 괴병(怪病)이 날이 갈수록 치성(熾盛)하여 열흘 사이에 사망자가 줄을 잇고 있다 하고 해서(海西)에도 이 병이 있다 하니 양서(兩西)의 도신(道臣)에게 분부하여 여제(厲祭)와 위안제(慰安祭)를 설행하게 하소서" 하니 윤하(允下)하였다.

> 8월 15일/ 전교(傳敎)하기를 "도성에 괴질(怪疾)이 돌아 점차 치성(熾盛)할 기미가 있어 민심이 소요(騷擾)한다 하니 참으로 걱정이다. 5일 동안 도살(屠殺)을 금지하라고 분부하라" 또 "죄질이 가벼운 죄수들은 석방하라"고 하였다.

---

30 조선왕조실록 순조 21년 8.22. 기사. 한국고전종합DB. https://db.itkc.or.kr/

8월 21일/ 영의정 김조순(金祖淳, 1765-1832)의 돌림병이 매우 중하여 어의(御醫)를 보내 간병(看病)하게 하였는데 침과 약을 많이 써 차도가 있다 하였다.

8월 22일/ 돌림병이 극도로 치성하여 죽은 자가 이루 다 헤아릴 수 없었다. 사촌(社村)의 낭저(廊底)에도 이 병이 많다 하여 곧 떠났는데, 동대문 안팎에서 강가에 이르는 도처에서 보는 것만도 극히 처참하였다. 이는 천지간(天地間)의 일대겁운(一大劫運)이다.

신현은 15일 일기에서 이 병에 대한 전반적 평가를 남겼다. 요동(遼東)에서 시작하여 점차 전염되어 왔는데 먼저 양서(兩西, 관서와 해서 곧 평안도와 황해도)에서 치성하여 10일쯤에는 서울 가까이까지 오더니 이날쯤에는 무섭게 번졌다는 것이다. 그 증세가 가장 심한 자는 근육이 뒤틀리고 곽란을 하다가 순식간에 죽고, 일부는 몇 날 며칠을 토사하다가 죽는 수도 있고 사는 수도 있다고 했다. 당대의 권력자 김조순은 이 병에 걸렸으나 어의가 간병하는 등 집중적 치료를 받고서 회복한 사실도 주목된다. 이처럼 날마다 죽어나가는 자가 천 단위로 헤아릴 정도였다고 한다. 당시 의원(醫員)의 말에 올 여름에 비가 오래 내려 40~50일을 이어진 탓에 서습(暑濕)과 재려(災沴)가 뭉쳐서 이런 변고가 생겼다고 하는 설명을 곁들였다. 이 말을 그대로 신뢰하는가의 여부와는 별개로 전염병균이 활동하기 좋은 기후와 환경이 조성되었고, 서양과 중국의 통상과 교역의 질서가 점점 해이해지는 19세기 전반기에 청으로 가는 길목이 되는 양서 지역에서 역병의 불길이 오른 것은 우연의 일치로만 보기 어려운 부분이다.

4) 그 외의 의약 기사들

신작은 두창(痘瘡)을 앓는 아이들의 예후를 말하면서 순증과 역증을 구분하였다.

> 다 큰 아이는 순증이어서, 창농(瘡膿)이 생기는 단계에 인삼 녹용이 들어간 약으로 약간만 보해주면 곧 신통한 효험을 보지만, 젖먹이 아래는 증상이 가볍지 않아서 의약으로 효과를 볼 수 있는 것이 아니다. 오로지 맑은 물의 공에 맡길 따름이다.[31]

창농이 생긴 즈음에는 인삼 녹용이 든 약제로 조금 보하면 신통한 효험을 본다고 하고 영아의 경우 의약보다는 정화수를 놓고 천지신명에 비는 수밖에 없다고 했다. 마지막으로 신작의 거의 말년 즈음에 1827년 쓰인 기사를 보면, 동생 신현이 인후병(咽喉病)을 앓고 식사량이 줄어들어 야위어 가는데 좋은 의사의 신묘한 처방이 상황을 호전시킨 것을 매우 칭송하고 계속 건강을 회복하기를 격려하는 편지가 보인다.

> 약이 영험한 효과가 나서 (동생 신현의) 인후병이 점점 나아지고 음식 먹는 것이 이곳에 있을 때보다 낫다는 것을 알고… 일반인의 생각이 미치지 못하는 경지에서 처방을 세우고 효과를 거두는 이는 정말 신묘한 의사[神手]가 아니겠는가?[32]

---

31 『석천일승』 1826년 3월 11일(157-158쪽) 書此中痘女 長者症頗順 脹膿之際 少補蔘茸 輒奏神功 其在乳下者 症不輕 似非醫藥所可收效 一任淨水之功耳 此際廊下亦不淨 喪餘隔日不得洩衷 情事罔極 何言【三月十一日】.

32 『석천일승』 1827년 8월 11일(159쪽) 獲手字 審藥有靈效 喉病漸減 食飮還勝於在此之時 從此可期其次第痊減 疲者可 肥 憊者可健 此喜豈減於生孫 須努力加餐 以飯盂爲準 日食之數寧增一分 無或減分 如何 豎人能於平人思不到處立方收功 豈不 是神手耶【八月十一日】.

전문 직종의 의원에 대한 존경까지 포함된 발언이다. 때로 용렬한 의사에 대한 불신을 비치기도 하지만 정확한 약을 써서 귀신같은 치료를 해내는 의사의 존재를 인정하는 발언인 것이다. 하지만 신현은 바로 이해에 세상을 하직하였고, 신작 역시 다음 해(1828년) 작고하였다.

4. 약로에 대하여

신현의 간찰에서 '약로'의 제작과 복용이 이루어졌음을 짐작할 수 있는 대목이 보인다. 약로는 『동의보감』에는 보이지 않는 새로운 형태의 약 제형이다. 원문 이미지를 통해 확인해보자(그림 12-5).

〈그림 12-5〉 신현 간찰의 약로(藥露) 기사

이 간찰은 신현이 형에게 보내는 1821년의 편지로 추정된다.[33] 내용 중 "藥露 如或趁成 則一壺下送 亦好(약로가 만일 완성되었다면 한 호리병을 내려보내주

---

33 간찰은 발신인과 수신인이 표기된 경우도 있지만 별지 등의 경우 표기가 없는 것도 많다. 편지글의 특성상 당사자 사이에만 소통이 가능한 용어 구사나 내용의 압축·생략도 비일비재하다. 본 기사는 간찰독회 내의 축적된 연구 위에서 전후 맥락을 가려 판정한 것이다.

어도 좋겠습니다.)"는 이 시점에 약로(藥露)를 제작하고 있었고, 그에 대한 쓰임새도 상호 간에 충분히 숙지되어 있는 상태를 반영한다고 하겠다. 같은 시기 이규경의 저술에서도 스스로 여러 종류의 약로를 제작했다고 하였다 (후술).

흥미로운 것은 신현(申絢)과 동갑내기 서유구(徐有榘, 1764-1845)의 『임원경제지(林園經濟志)』「인제지(仁濟志)」에서 약로가 매우 상세하게 기록되고 있다는 점이다. 청대 저명한 의가 섭계(葉桂, 1667-1746)의 『임증지남(臨證指南)』과 예수교 선교사들이 지은 한역서학서 중 하나인 『태서수법(泰西水法)』을 인용하여 서유구는 약로가 의약으로 매우 유효한 것임을 거듭 강조하고 있고, 또 약로 제작 방법을 실제 활용할 수 있는 형태의 그림으로 설명하고 있다(그림 12-6 참조). 이는 『태서수법』에 보인 서양의 제약법에 대해 전통의약의 활용이 굳건하던 조선 사회에서도 적극 수용의 자세를 보인 것인 바 조선시대의 전통의약이라는 외연의 테두리가 훌쩍 넓어진 하나의 근거로도 읽힐 수 있다. 한편으로는 전염병 확산의 위험이 점차 고조하고 있는 조선에서 청대 온병학(溫病學)의 발달에 힘입어 역병에 대한 심화된 인식과 새로운 대처법에 대해 이들 지식인을 중심으로 관심이 확산되고 있었던 것으로 해석될 수 있을 것이다. 『임원경제지』「인제지」의 다음 기사를 보자.

대개 역병이란 더럽고 탁한 기운으로 생기는 것이니, 이 때문에 古人은 芳香을 마시고 香草를 채취하여 향기를 끼쳐 거듭 더러운 기운을 씻어냈던 것이다. 이제 선생(섭계)이 내린 처방을 보면, 맑게 풀어주는 과정에 반드시 서각, 창포, 금은화, 울금 등과 같은 방향제로 숨길을 틔워 더러운 것을 쫓아내었다. 만약 邪氣가 營分에 들어가고, 三焦가 서로 뒤섞여 열이 더욱 뭉치고 사기가 더욱 깊어진 경우에는, 맛이 짜고 쓴 약제를 다량으로 써야 하지만 행여 약성이 下焦로 바로 들어가 버릴까 염려되

어 玄蔘·金銀花露·金汁·瓜蔞皮 등으로 기운을 가볍게 올려 上焦를 조리하였다.[34]

역병의 기본 병기(病機)와 치료법의 핵심을 짚었는데 상초(上焦) 중심의 예기(穢氣)를 제거하기 위해 가볍고 맑은 기운을 가진 방향(芳香) 약재 사용이 긴요하다고 했다. 거기에 방향의 효과를 극대화하기 위해 기존의 탕(湯), 환(丸), 산(散)이 아니라 다른 형태의 약이 절실해진 것이다. "모든 물기를 가진 신선한 재료는 적당한 방법에 따라 증류하여 '로(露)'를 만들 수 있다. '장미로(薔薇露)'는 장미꽃으로 만든 것이고 그 외의 약들도 만드는 법이 이와 같다"고 했다. 약로(藥露)가 등장하게 되는 직간접적 배경이 된다고 할 것이다. 「인제지」에는 먼저 이 약로가 서양에서 시작된 것이라는 『泰西水法』의 내용을 기록하였고, 또 "약로(藥露)가 다른 약재보다 나은 이유는 무엇인가?"라고 하면서, 약로가 다른 약제보다 나은 이유에 대해 정리해놓고 있다.

약재가 말라서 오래되면 본성을 잃기도 하니, 예를 들어 묵은쌀로 술을 만들면 술에 힘이 없다. 서양에서 포도를 말려서 술을 만드는데 그 맛이 싱겁다. 약재를 달여서 탕약(湯藥)이나 음자(飲子)를 만드는 경우 역시 본래의 맛이 온전치 못하게 되거나 달이는 과정에서 본성을 잃어버릴 수 있다. 환(丸)이나 산(散)을 만드는 경우도 약재의 조박(糟粕)이 함께 포함되니 이 역시 좋지 못하다. 지금 환(丸)과 산(散)을 쓸 때 모두 건재약으로 만드는데, 약 기운의 정화(精華)는 이미 닳아 없어진 데다 또 위(胃)

---

34 夫疫爲 穢濁之氣, 古人所以飮芳香, 採蘭草以襲芬芳之氣者, 重滌穢也. 今觀先生立方, 淸解之中, 必佐芳香宣竅逐穢, 若邪入營中, 三焦相溷,熱愈結, 邪愈深者. 理宜鹹苦大製之法, 仍恐性速直走在下, 故用玄蔘·金銀花露·金汁·瓜蔞皮, 輕揚理上. 「仁濟志」 外因 卷6 溫疫.

에서 변화(變化)를 겪고 나서야 비(脾)로 전송이 되니, 최후에 몸에 스며들어가 퍼지는 양이 얼마나 되겠는가? 대부분 조박(糟粕)이 되어서 아래로 떨어질 뿐이다. 또 환자의 비위(脾胃)는 노약자처럼 허약한데 탕 산 환의 약으로 굳이 비위를 힘들게 해서야 되겠는가?

약로(藥露)는 약의 정화(精華)로서, 위(胃)의 소화와 비(脾)의 전달 기능을 거치기 전에 이미 정묘하게 만든 것이니, 목구멍으로 넘기기만 하면 바로 몸에 퍼져서 유통되고 근맥으로 스며들어 그 보익되는 것이 매우 크다. 또 증류하여 얻는 것은 모든 물질 중에서 가장 좋은 부분이면서도 또 첫 힘을 얻은 것이므로 그 기운이 두텁고 힘이 세다. 소주의 맛이 다른 술들보다 진하지 않던가?[35]

기존의 약재는 건재약이거나 탕(湯), 음자(飮子)와 같이 달임약이거나 환(丸), 산(散)과 같이 약재 전체를 통째로 사용하는 방법이었는데 이에 대해 건조시키면 원래 맛이 변형되거나 줄어들며, 달이는 과정에서도 본성이 변할 수 있고, 환, 산제는 약재를 통째로 쓰기 때문에 기운이 정미롭지 못하다는 것이다. 대부분 건재약을 쓰고 있는 일반적 탕, 음자, 환, 산제는 이중으로 변형의 위험을 감수하는 것이다. 게다가 허약한 환자의 비위를 힘겹게 작동시켜야 온몸에 포산(布散)할 수 있으니 이 또한 부담이 된다는 설명이다. 이에 반해 약로는 비위를 힘들게 하지 않고 목구멍을 넘기기만 하면 바로 온몸에 퍼지고 스며들어 약효의 전달 효율이 매우 높다고 했다. 증류소주의 예와 같이 진하고 힘이 세고 정미로운 것이다. 다음 항에서 후술하듯이 이규경(李圭景)이 말한바 "의약과 진료의 극(極)에 약로(藥露)가 있다"는 말의 근거라고 보아도 손색이 없는 내용들이다.

---

35 「仁濟志」卷26 附餘, 藥露法, 『임원경제지 4』(민속원 영인본, 2005).

서유구는 「인제지」에서 서양에서 쓰이는 약물 대부분이 바로 이러한 '약로'임을 알렸다. 의사가 병을 진단하고 약을 처방하면 시장에서 약로를 사서 복용하는 관례가 정착된 모습도 전해지고, 각국 정부에서 약로의 유통을 엄격히 관리하여 품질이 잘 유지된다는 점도 거론했다.[36] 이런 약로의 사례를 보고 조선의 지식인들이 상당한 자극을 받았을 것임은 충분히 유추해볼 수 있는 일이다. 앞의 신현의 간찰 속 약로 내용은 마땅히 이런 분위기와 함께 읽어야 할 것이다. 신현의 아들 명호의 점안약(點眼藥) '금화진(錦花津)'이 혹시 위의 구절에서 '금은화로(金銀花露)'와 관련이 있을지도 모른다.

〈그림 12-6〉약로제기도

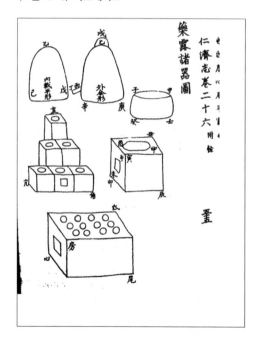

주(注)

甲子壬癸: 구리 솥

乙庚辛: 뚜껑

戌: 손잡이

庚辛: 뚜껑 밑면

戌己: 통수로

丙丁: 관

丑卯辰: 화덕

丑寅: 부뚜막

申酉: 구덕

申酉壬癸 : 결합처

甲子庚辛: 결합처

午未 : 아궁이

亥角亢: 대조

氏房心尾: 평조

36 「仁濟志」卷26 附餘, 藥露法.

서유구는 이 약로를 만드는 방법을 그림과 함께 「인제지」에 수록했다(그림 12-6, 藥露諸器圖). 위의 그림에 대한 설명과 약로를 제작하는 법에 대해 다음과 같이 말했다.

　약로를 만들려면 약재를 깨끗하게 씻은 뒤, 길고 큰 것은 잘라주고 꽃의 꼭지와 심을 제거한다. 구리 솥에 넣을 때는 꽉 눌러서는 안 되니, 그렇게 하면 기가 위로 올라오지 못한다. 구리 솥을 구덕에 맞춰 넣고 뚜껑[兜牟]을 덮고 뭉근불로 불을 지피는데, 벽돌이 뜨거워지면 솥 밑면도 뜨거워지고 다시 그 열기는 뚜껑을 타고 올라간다. 그 증기가 변하여 물이 되면 뚜껑 모서리를 따라서 아래로 내려와 물받침으로 들어가고 다시 관으로 나오게 되는데 이것을 그릇으로 받는다. 뚜껑 겉면에는 베를 덮고 늘 냉수로 촉촉하게 해주어야 하는데, 증기가 위로 올라가서 찬 것을 만나 물이 되기 때문이다. 솥 안의 약재가 다 마르면 바꾸어준다. 여기서 얻은 물은 은기나 석기, 오지그릇에 저장하고 햇볕에 말려 절반으로 줄인다. 이렇게 물기를 다 빼기 때문에 오래 지나도 상하지 않는다. 특히 유리그릇이 더 좋은데 햇빛이 잘 투과하여 쉽게 마르기 때문이다.

　향을 취하기에 적합한 화초는 장미, 목서, 말리, 매화, 연꽃과 같은 종류이다. 약미를 만들기에 적합한 박하, 차, 회향, 자소엽과 같은 종류이다. 모든 향미(香味)는 그 노수(露水)를 사용하는 것이 원물 자체를 사용하는 것보다 낫다. 약방에서 여러 종류의 약로를 많이 만들 적에는 높이가 몇 층이나 되는 대조(大竈)를 만들어 매 층마다 여러 개의 그릇을 두는데 그러면 모두 수십 개의 그릇을 올릴 수 있다. 또는 커다란 평조(平竈)에 수십 개의 그릇을 둔다. 대조나 평조는 한곳에 불을 지펴 수십 개의 그릇에서 노수(露水)를 얻을 수 있으므로 땔감과 인력이 몇 배나

절약된다.[37]

　약재에 쓰이는 모든 향이나 미는 원재료보다 노수(露水)를 사용하는 것
이 낫다고 했다. 환, 산, 탕보다 약로가 모든 점에서 낫다고 한 것은 기존의
약 사용에 하나의 제형을 추가한 정도가 아니라 전통적 약 사용의 기본
양상을 전면적으로 혁신해야 할 것으로 나아갔다. 서유구와 한 세대 정도
뒤에 오는 또 한 명의 박학지사 오주 이규경(五洲 李圭景, 1788-?) 역시 자신
의 『오주연문장전산고』에 약로에 대한 견해를 피력했다. 물극생변변증설(物
極生變辨證說, 사물이 지극해지면 변화를 일으키는 데 대한 변증설)[38]에서 다음
과 같이 서술하고 있다.

> 至於算數之變. 三角, 比例而極矣. 三角, 比例之極. 而幾何, 八線表而極矣.
> 至於儀器之變. 簡平儀而極矣. 簡平之極. 而渾蓋通憲儀而極矣.
> 至於圖書經史之變. 冊府元龜而極矣. 冊府元龜之極. 而永樂大典而極矣. 永樂大典之極.
> 而圖書集成而極矣. 圖書集成之極. 而四庫全書而極矣.
> 至於醫藥診脈之變. 驗器而極矣. 驗器之極. 而璆瓶驗溺而極矣. 璆瓶驗溺之極. 而藥露而
> 極矣.
> ─산수의 변화의 경우 '삼각, 비례'에서 지극해졌으며, '삼각, 비례'의 궁
> 극에 가서는 '기하, 팔선표'가 극을 이룬다.
> ─천문의기의 변화의 경우 '간평의'에서 지극해졌으며, '간평의'가 궁극
> 에 가서는 '혼개통헌의'가 극을 이룬다.
> ─도서와 경전, 사서의 변화의 경우 『책부원귀』에서 지극해졌으며, 『책
> 부원귀』의 끝에 『영락대전』이 극을 이루고, 『영락대전』의 끝에 『도서집

---

37 「仁濟志」 卷26 附餘, 藥露法.
38 현재 한국고전종합DB에서 공개하고 있는 자료로, 人事篇○論學類 / 博物 [0328]로 분류된다.

성』이 극을 이루며, 『도서집성』의 끝에 『사고전서』가 극을 이룬다.

─의약과 진맥의 변화의 경우 '험기(驗器)'에서 지극해졌으며, '험기'의 끝에서는 '리병험뇨(瓈瓶驗溺, 유리병 오줌 검사법)'이 극을 이루고, '리병험뇨'의 끝에 '약로'가 극을 이룬다.

약로가 극을 이룬다는 이규경의 표현이 눈길을 끈다. 수학에서 '기하팔선(幾何八線)'이, 천문에서 '혼개통헌의(渾蓋通憲儀)'가, 도서 경전에서 『사고전서(四庫全書)』가 차지하는 지위를 의약과 진료에서 '약로'가 점하고 있다는 뜻은 분명해 보인다. 이규경이 당시 시대의 관점에서 봤을 때 '약로'는 의약 발전의 최첨단에 있는 것이었다. 이는 서유구가 「인제지」에서 말한 것과도 궤를 같이하고 있는 것이다. 또 노유변증설(露油辨證說)에서 이규경은 더욱 구체적으로 '약로'의 역사 고증과 당시의 쓰임새에 대해 자신만의 방식으로 수록하였다.[39]

장필(?-?, 당나라 말) 『장루기』에, "곤명국(昆明國)에서 장미수(薔薇水) 15병을 바쳤다"고 함.

섭정규(?-?, 12세기 송나라)의 『향보』에, "장미수는 대식국(大食國, 아라비아)의 화로(花露)이다"고 함.

남회인(1623-1688)의 『서방요기』에 약로 제련법이 나옴.

웅삼발(1575-1620)의 『태서수법』에 약로 제련법이 나옴.

방이지(1611-1671)의 『물리소지』에 "장미, 유자꽃은 모두 증류하여 로(露)를 만들 수 있다"고 함.

왕상진(1561-1653)의 『군방보』에 "야장미는 매괴화와 비슷한데, 향이 좋

39 人事篇○服食類/ 香油 [0537] 露油辨證說.

아 다량을 증류하여 로(露)를 만든다'고 함.

『서방요기』에 "장미로(薔薇露)와 같이 약초로부터 약로를 제련하는데, 중국은 이 방법으로 생자소엽을 제련하여 자소엽로(紫蘇葉露)를 만든다'고 함.

『태서수법』에 "무릇 초목, 과채, 곡식과 관련된 약은 모두 수(水)의 성질을 가지고 있으므로 이런 것들을 신선한 재료를 써서 제법에 따라 증류하여 물을 취하는데 이름을 로(露)라고 한다. 장미로는 장미꽃으로 만든다. 향을 내는 것은 장미 목서 말리 매화 연꽃 등이 좋고, 맛[味]을 내는 것은 박하 회향 자소엽 등이 좋다'고 함.[40]

이규경은 자신이 직접 시도해본 여러 가지 경험까지 서술했다. 향, 약재, 과일 종류 중에 약로를 만들기 좋은 것을 뽑아두었고, 또 포도 같은 것은 술을 담아 로(露)를 취하면 음주가들이 좋아한다고 했다.

내[이규경]가 일찍이 박하 자소엽 연잎 생강을 취하여 로(露)를 만들었는데, 모두 쓸 만했다. 그런데 향이 있는 꽃을 취하려면 오얏꽃, 복사꽃, 국화, 귤, 홍귤, 유자나무꽃이다. 속명이 정향이라는 것이 있는데 그 꽃 역시 쓸 만하다. 약재로는 인삼, 백출, 당귀, 향백지, 진뿌리작약 등을 모두 제련할 수 있고, 과일로는 모과, 귤, 유자, 홍귤, 탱자 같은 종류를 쓸 수 있는데, 포도, 영욱 같은 것은 술 담아서 로(露)를 취하는데, 음주가들이 귀하게 여긴다.[41]

이규경은 약로에 대해 각종 문헌에서 찾아 그 근원을 따져들면서 역사

40 「인제지」 卷26 附餘. 藥露法에 인용된 내용과 같음.
41 앞의 한국고전종합DB 출처와 같음.

적 고증을 더욱 깊이 하였다. 당송(唐宋) 시대에서부터 서역에서 전해진 장미수와 향약로가 성행해 왔으며 서양 선교사들이 와서 펴낸 한역서학서에도 계속 이어지고 있음을 알렸다. 수분이 함유된 것은 모두 로를 만드는 것이 가능한데, 그중에서 향에 중점을 두고 만드는 재료가 있고 맛에 중점을 두고 만드는 종류가 있다고 했다. 이러한 약로가 의약으로 효과가 대단히 높다는 것은 '물극생변변증설(物極生變辨證說)'에서 말한 대로였다.

5. 나오며

이상 신대우의 가계 기록물에서 당시 의약 생활의 일면을 살폈다. 눈병에 대한 치료, 신대우의 풍질, 역병의 참상 등을 색다른 관점에서 조명해보았는데 그 과정에서 간찰 속에 나타난 약로 이야기를 실마리 삼아 서유구와 이규경의 저술 속에 나타난 약로 항목까지 끄집어내게 되었다. 솥 안의 고기는 한 점만 맛을 보고도 전체를 알 수 있다고 했다[嘗鼎一臠]. 약로가 신현의 간찰에 나타난 것이 작은 한 편의 기록일 뿐이지만 조선의 의약 발전을 향한 일치된 지향이 있을 법하기 때문이다. 본고에서는 기존에 별로 알려지지 않은 신대우 가계에서 조선 지식인들의 만만치 않은 의약 지식수준을 확인했을뿐더러 당대의 최고 지식인들이 약로를 바라보는 인식 속에서 새로운 약의 제형으로 당시 의약 생활을 첨단화하고자 하는 태도와 실천을 엿볼 수 있었다. 신현 형제들, 서유구, 이규경은 모두 첨단 의약의 도입과 활용의 과정에 적극적인 모습을 보였던 것이다. 어쩌면 조선의 변화의 잠재력이 이들의 의식과 활동 속에 내장되어 있었는지도 모를 일이다. 조선의 지식인들이 은연중에 보여주는 이러한 혁신적 자세를 통해 지금 우리들이 얻을 것이 무엇인지 생각해보게 된다.